大学生
心理健康指南

郭志刚　赵四平　著

中国原子能出版社

图书在版编目 (CIP) 数据

大学生心理健康指南 / 郭志刚，赵四平著 . -- 北京 : 中国原子能出版社，2020.8

ISBN 978-7-5221-0781-3

Ⅰ . ①大… Ⅱ . ①郭… ②赵… Ⅲ . ①大学生－心理健康－健康教育－指南 Ⅳ . ① G444-62

中国版本图书馆 CIP 数据核字（2020）第 156838 号

内容简介

进入大学，很多同学在对未来大学生活充满期待的同时，也会担心自己难以适应新的生活环境，面对新的机遇和挑战，很多人充满迷茫和困惑或者疑虑自己是否能够处理好与新同学之间的关系，是否能够适应新的学习生活环境等等，因此会产生各种各样的心理问题。本书对大学生的各种心理健康问题进行了系统研究，主要内容包括：大学生活的适应、辨识伪心理学、认识科学心理学、心理健康标准、心理咨询、睡眠与梦、认识自我、学习心理、人际交往、恋爱心理、失恋心理、情绪、压力管理、生命教育等。本书论述严谨，内容丰富新颖，是一本值得学习研究的著作。

大学生心理健康指南

出版发行　中国原子能出版社（北京市海淀区阜成路 43 号 100048）
责任编辑　张　琳
责任校对　冯莲凤
印　　刷　北京亚吉飞数码科技有限公司
经　　销　全国新华书店
开　　本　787mm × 1092mm　1/16
印　　张　15.5
字　　数　377 千字
版　　次　2021 年 6 月第 1 版　2021 年 6 月第 1 次印刷
书　　号　ISBN 978-7-5221-0781-3　　定　　价　76.00 元

网　　址：http://www.aep.com.cn　　E-mail:atomep123@126.com
发行电话：010-68452845

序言

在这近一年的时间里，新冠肺炎疫情成为了每一个人生活中的“关键词”。它不仅对我们的生命安全构成了威胁，同时也影响了我们的心理健康。这场疫情防控阻击战不仅是一场与新型冠状病毒斗争的“病毒防御战”，也是一场与不良心理和情绪斗争的“心理防御战”。因为，除了“硬性”的医疗防护，“柔性”的心理防护同样必不可少。

大学生作为一个处于特殊人生阶段的群体，面对来势汹汹的疫情，他们难免会产生许多心理问题。网络上五花八门的有关信息可能让他们应接不暇，甚至可能会进一步影响他们的情绪，不利于他们以理性平和的心态面对疫情。因此，针对大学生的心理援助和支持显得尤为重要。教育部和很多高校也及时采取了一些措施，为大学生提供心理支持。

大学生心理健康教育不仅限于关注重大突发公共事件发生时少数人心理危机的解决，更加需要关注所有人心理品质的全面提升和人格的健全与完善。本书结合心理健康与当下高等教育的通识教育，围绕大学生生活、成长发展的各个方面展开，各部分内容环环相扣，体系完整，内容丰富。

大一新生是大学生们只会拥有一次的代号。刚进入大学，环境发生变化，随之而来引起学习角色、生活角色及人际角色等变化，很多新生会产生一般性适应问题。为了顺利度过新生适应期，需要对此有正确的认知和相应的行动——新生适应心理。

作为一门研究人类以及其他动物的内在心理历程、精神功能和外在行为的学科，科学心理学还没来得及对大学生自我介绍，而各种解梦、读心、星座学、色彩、笔迹、微表情等伪心理学，早已经走进大学生的生活。学习科学心理学，有利于大学生看透伪心理学，看清伪科学、真迷信的套路，更好地免疫伪心理学——对伪心理学说不。

真科学与伪科学的区别在于，真科学必须老老实实地承认，现有科学技术的发展的定点在哪里。科学心理学告知我们什么？真正的心理学遵循科学的标准，做双盲实验、有证伪性、能够被重复验证——科学心理学。我们需要用尺子来丈量每个人的身高，同理我们需要用心理健康标准来衡量一个人的心理健康状况，也就是需要回答什么样的人是心理健康的人——心理健康标准。关于心理咨询，存在很多迷思和误解，人们有时将其神话，有时又把它妖魔化，实际上每个人在人生困难时期，都有可能经历一些“可自愈”的发展性问题，但是在这个过程中一个人感受到的痛苦很多，而专业的心理咨询会让这个过程更容易些，积极寻求帮助是一种勇敢的象征——心理咨询。睡眠是我们与生俱来的技能，也是生命接近三分之一的去向，睡眠并不只是“一闭一睁，一天过去了”这么简单，而是一件神秘而引人入胜的事情——睡眠与梦。“你有什么道理后悔没有早点知道？”知乎上有个点赞 13 万多的回答是知道自己到底是一个什么样的人，生活在一个焦虑时代的少数幸事之一，是我们不得不找到自我——认识自我。从小的教育经历告诉我们好好听老师的话,没有人会培养我们独立思考和自学的能力,但长大之后,人人要求我们有自学的能力,领导安排工作只说个大概,细节需要你自己领悟,你需要每天自学,并且独自承受挂科的后果,学习正在成为一项终身事业——学习心理。我们天生就是爱社交的社会动物,被别人排斥带来的心痛不是矫情,是真痛,合作才是人类的天性——人际关系。虽然爱情究竟是什么,需要每一个人去亲身经历,但是,运用科学心理学范式探讨爱情这一浪漫而神秘的人类活动主题,无疑会帮助人们更好地理解爱情的本质——恋爱心理。失恋是一件常事,但却不是一件小事,爱情的结束,往往是因为彼此之间种种共同因素作用的结果,从"我们"回归到"我"是痛苦的,我们可能会沉溺其中,反复地体验到失恋带来的五味杂陈与敲打,失恋的疗愈从来都没有什么速效救心丸,我们真正需要的是成长为一个新的自信的自己——失恋心理。性是人类正常需求与基本权利的一部分,家长把性视为洪水猛兽,遮遮掩掩,但是学生对于性知识的需求并没有减少,很多人依然对性存在很多困惑,失语的性教育如何破壁?唯有将对性的恐慌这块拿走,补上一堂缺失的性教育课——性心理。最陌生的东西,往往就是那些时刻都在身边伴你一生,却从来都被忽视的存在,七情六欲、离合悲欢,情绪遍布我们生活的每一个角落,有时情绪令我们受伤,让我们饱受困扰;而有时它又会鼓舞我们负重前行,让我们强大起来,我们真正需要学习的,是认识它,学会和这个形影不离的伙伴友好相处——情绪心理。如今我们生活在一个信息爆炸的时代、一个日新月异的社会,这无形中增加了我们生活中面临的各方面的压力,面对形形色色、无孔不入的压力,是任由它牵着我们的鼻子,控制我们的生活?还是学会科学合理地管理那些注定无法避免的巨大压力,实现困境中的逆袭?新时代的学生,无疑需要学会——压力管理。学生,即使医学生,读书期间学到很多东西,但是不包括死亡,生命教育不是权宜之计,不是临门一脚,也不是头痛医头、脚痛医脚,自杀,一个都嫌多,生命教育重要的是要培植个体对自我生命意义的肯定、欣赏和沉浸,以及对他人生命乃至整个生命世界的同情、关怀与珍惜。我们有太多的理由需要强调生命教育——生命教育。

本书由郭志刚、赵四平共同撰写,具体分工如下:

第一章至第四章、第六章、第九章至第十一章:郭志刚(山西医科大学汾阳学院),共计18.544万字;

第五章、第七章、第八章、第十二章至第十五章:赵四平(山西医科大学汾阳学院),共计17.328万字。

心理学的很多知识存在研究起点很高而实践上落点又很匮乏的问题。本书致力于将心理学的科研进展与大学生的生活实际整合在一起,希望可以帮助更多的学生,为他们的成长提供导航引路的作用。

本书的写作过程,面对不小的压力。但是,写作的过程也伴随着极大的乐趣和满足感。写作中,笔者们不断对这些重要而相对复杂且对大众陌生的主题进行思考归纳,并在不断将知识条理化的过程中加入了一些自己的思索。

在本书的编写过程中,我们要感谢很多人的帮助,正是由于他们的积极帮助和不吝赐教,才能使本书得以顺利与读者见面。

目录

第一章　大学生活的适应
——走过分水岭

进入大学，意味着十年寒窗苦读终有所成，同时也带来了新的机遇和挑战，甚至迷茫和困惑。作为fresh man，很多同学在对未来大学生活充满期待的同时，也会担心自己难以适应新的生活环境，或者疑虑自己是否能够处理好与新同学之间的关系，是否能够适应新的学习生活环境等等。在人生的这一重要转折时期，一个人产生喜忧参半、患得患失的想法是可以理解的，从发展心理学的角度来看，这些担心和疑虑体现了同学们在个人成长道路上所面临的问题和需要付出的努力，也只有通过努力，才能获得积极且全面的发展，从而最终无悔青春。

如何度过自己的大学时光，不少fresh man都会有此一问，对于某些人这一问可能会绵延日久甚至到毕业之后多年，很不幸笔者就是这样一个人，虽思虑多年但遗憾的是并未获得一个明确的答案，原因可能在于同学们的人生目标各有不同，自然大学的阶段目标也就千差万别，因而大学生活的过程也就大相径庭。虽然大家的大学生活各有不同，但也存在着许多共性。比如同学们在刚进入大学时会对新环境产生抱怨，体验到强烈的孤独感，对大学中如何学习不知所措，对今后的大学生活甚至个人前途感到迷茫。这些问题和困惑，我想在这一节好好跟大家唠一唠，它涉及了大学新生的生活适应、人际关系、学习转变、生涯规划等多个方面。同学们只有顺利实现这些转变，才能持续发展。接下来我们就来讨论一下这四个方面的转变：融入新环境、结交新朋友、发展新自我和形成新学习方式。

第一节　融入新环境

不少同学在刚进入大学时虽然会对新环境充满了新鲜感，但同时也会对新环境产生一些怨气，一些高考成绩不理想，未进入自己理想大学的同学，这种心态可能更甚。曾有这样一则新闻，大学新生报到当天，一位同学在下车看到即将就读大学的校门时突然崩溃大哭，坚决拒绝入学，最终选择了回家复读。

一、为什么一些同学刚入大学时会出现适应问题？

上面的这个事例虽然极端，但大学新生中确实有不少同学在刚入学时出现了类似梦想幻灭的心理状态，对新环境产生抱怨和不满，此种心理状态出现的原因主要有以下两方面。

（一）理想与现实的落差

高考之前同学们都对大学充满了美好的甚至是不切实际的想象，这种想象既来源于同学们自己也来源于高中老师的“谆谆教导”。由于高中学习压力巨大，为了激发同学们学习动力，提升同学们的士气，高中老师倾向于将大学生活描述的轻松而美好，这极大地提高了同学们对大学的心理预期，甚至使一些同学产生了高中苦大学混的想法，但对大学的美好幻想可能在你入学当天走到校门口的一瞬间就开始崩塌了，你对美丽校园的幻想开始逐渐破灭，随着对大学生活了解的深入，你对大学的老师、同学、实验室、图书馆甚至大学的交友、恋爱和生活的美好幻想也逐渐破灭，这种理想与现实的落差会时不时地激发你的怨气，甚至会使你牢骚满腹。

（二）新旧环境的差异

引发同学们抱怨的除了理想与现实的差距，还有新旧环境的差异。一些同学从遥远的异乡来到大学，此时会产生一种类似于“文化冲击”的感受，并将新环境与旧环境的不同看作不合理。“文化冲击”原指一个人从原有的文化环境移居到新的文化环境所产生的文化上的不适应。初到新的环境，一切都是新鲜的，充满新奇的感觉。这时情绪是愉快的，可惜好景不长，很快便有一系列的问题接踵而至，比如你来自南方，你在老家有天天洗澡的习惯，跑到北方来却发现，洗澡变得非常不方便，而且身边的北方同学都是一星期甚至更长时间才洗一次澡，此时你可能就会对新的生活环境心生怨气，觉得北方人怎么这么不爱干净，觉得大学里怎么连洗个澡都不方便。同样你也可能觉得去餐厅吃饭时饭菜不合胃口，想买一些日用品时不知道超市在哪，诸如此类的问题。大学生活中面临的这些新问题都会使你更加怀念家乡，思念亲朋好友，甚至可能把遥远的家乡美化为人间乐土，开始怀疑自己为什么要“背井离乡，浪迹天涯来到这个陌生的地方”。

二、那么，如何才能更快更好地适应新环境？

（一）在自己不熟悉的场合，观察他人如何应对

当我们来到新环境中之后，很多信息我们无从了解，导致我们不知何去何从，此时最有效的方式就是观察他人如何应对类似场合。比如，我刚来到这个学校，去食堂吃饭时发现这里的方式与我的高中截然不同，我不知道该如何向食堂师傅表达我的需求，此时我可以先观察他人是如何向师傅表达需求的，菜名叫什么，饭量如何表达，如何计费收费等等，在我了解这一切之后，自然也就能自己去买饭了。在陌生环境中，观察他人行为，对事情前后作一番描述，揣摩他人行为背后的原因，在此基础上形成自身的行动方案，这是非常有效的一种方式。

(二)找学长学姐聊聊,看他们如何应对类似问题

打饭之类的事情,我们可以通过观察他人的应对进行学习,但如果遇到了选择选修课程,专业课程如何学习,英语四六级考试如何准备甚至考研如何准备等问题,前一种方法很明显就失效了,此时最有效的方法是请教那些有过此类经验的学长学姐,可以去问问学长学姐哪门选修课有趣又有料,四六级如何准备等等。通过与经历或阅历更丰富的人沟通,从他们的经历中了解该事件的含义,从他们身上吸取经验教训,可以帮助我们更好地思考自己日后遇到类似场合时该如何反应。

什么,你问我怎么去找学长学姐聊天?这也要问我?当然是通过老乡会、学生社团这些渠道,不少同学在入学第一天就已经认识一些学长学姐。

第二节　结交新朋友

不少同学在进入大学后开始体验到强烈的孤独感,这是大家以往的生活经验中很少有的,一些同学会异常频繁地使用社交 app,如微信、QQ 等,但网络中的人际交往仍然无法替代现实中的交往,孤独感依然存在,而且可能会持续相当长一段时间。

一、为何同学们在上大学之后会普遍产生孤独感?

(一)环境变化削弱了原有人际关系,新的人际关系尚未建立

进入大学之后,同学们从原来熟悉的高中生活环境进入了陌生的大学,离开了原来的朋友和同学,原有的人际关系被削弱甚至是完全切断,而大学中新的人际关系又尚未建立,这是导致大学新生孤独感的外在原因。有些同学可能会问,我频繁地通过微信和 QQ 与朋友同学联系,怎么能说我的人际关系被削弱甚至切断了呢?确实,网络中的交往也是人际交往,但网络中的人际交往与现实的人际交往存在着巨大差别,并不能替代现实中的人际交往,很多现实的人际交往带来的心理体验是网络社交所没有的,因而即使有频繁的网络社交,如果现实的人际交往不够好,仍然会有强烈的孤独感。关于网络社交与现实社交的区别,我们会在人际交往一节内容中进行详细阐述。还有的同学可能会问,我小学升初中、初中升高中,也换了学校,也离开了原来的同学,可是为什么没有体验到大学期间如此强烈的孤独感呢?原因就在于未成年人的交往心理与成年人的交往心理存在很大差别。

(二)大学生交往心理产生了较大变化

同学们在刚升入初中和高中时,同样是陌生的环境,为何却很少像刚进入大学这样,体会到强烈的孤独感?

主要是由于交往心理的巨大变化，在刚入初中和高中时，大家年龄尚小，属于未成年，但进入大学时同学们即将或已经成年，这两个时期的交往心理有着明显的区别。首先是人际交往的需求的不同，大学生的交往需求是非常强烈的，人际交往是人类在漫长的进化过程中逐渐形成的人的基本心理需求之一，这一需求随着个体年龄的增长也愈发强烈，有关交往心理的进化我们会在人际交往一节中进行详细阐述。其次，大学生的交往心理更加复杂，由于心理发展及社会阅历的增加，大学生在交友过程中择友的标准更加复杂，而在初中和高中时期，择友标准则简单很多，因而能够在短时间内交到朋友，较少体验到孤独感。

（三）大学生活环境与以往大不同

高中时期教室和寝室固定不变，座位也极少变动，大家每天一起学习，一起吃饭打水，生活节奏相同，交往对象相对固定，因而相互之间能够更快地熟悉起来，从而快速建立人际关系。大学的生活环境则有了很大变化，教室是流动的，座位是自由选择的，大量空余时间是自主安排的，如果还是不同专业的混合寝室，大家甚至上课时间也不一致，这种生活和学习上的不同步往往导致大学新生需要很长时间才能够相互熟悉，建立新的人际关系也耗时更长难度更大，在这段时期就会体验到强烈的孤独感。

如何解决面临的孤独感呢？当然是要发展良好的人际关系了，有关人际关系的深度内容，我们会在人际关系一节中进行详细讲解，在此我们仅就新生更快建立新的人际关系提供几点建议。

二、作为大学新生，如何做能使自己更快地交到新朋友？

（一）八卦的作用超乎你想象

大家可能都没有想到，“八卦”居然能促进新人际关系的建立，你以为我在搞笑？我可是认真地在跟你讨论一个学术问题。八卦的这一神奇功效可不是微信朋友圈的谣言，这一理论是著名进化心理学家罗宾·邓巴在其专著《梳毛、八卦及语言的进化》中提出的。邓巴认为人类的八卦和一些动物的梳毛一样，是一种社交方式，而人类语言的进化正是由于聊八卦给人类带来了强大的生存优势。

梳毛和八卦到底给动物和人类带来了什么样的生存优势呢？

一些动物通过互相梳毛来结盟，梳毛搭档之间能够为对方提供强有力的支持。非洲有一种雄狒狒，每当配偶离自己太远，或者跟别的雄性靠得太近，就会担心妻子出轨，此时它会大声喘气来警告妻子，甚至可能跑去教训妻子，而妻子的梳毛搭档们这时就会站出来替它撑腰，瞪着雄狒狒，吼回去。

人类的八卦与动物的梳毛有异曲同工之妙，通过聊八卦，我们可以迅速地了解别人、宣传自己，建立自己的朋友圈，与他人建立协作关系，从而更好地生存。有的同学可能会想，我们人类也能梳毛啊，为什么非得是聊八卦呢？恩，这真的是个好问题，君不见我国古代才子佳人秀恩爱的一个经典镜头就是才子给佳人梳头吗。但人类之间通过梳毛来交朋友存在两方面的困扰。首先是人类的体毛多数在演化过程中褪掉了，只剩下几个部位有体毛，那都是有大用处的。其次，梳毛效率太低了，随着人类活动范围的扩大和群体规模的变大，个体需要结成更大的社交圈，同时也面对着更多的冲突，此时梳毛这招效率太低，没法用了，语言的出现很好地解决了这一问题，它就是廉价的梳毛方式。

说这么多，只是想告诉大家，聊八卦应该是我们日常生活的重要组成部分，它能帮我们维持人际关系，增强协作能力，避免孤独寂寞，所以今后如果有人说“你这人怎么这么八卦”时，你可以说“这可是老祖宗特意传给我的祖传秘方”。

（二）坦诚—主动且适当的自我暴露

当我们与身边同学相识之后，孤独感就消失了吗？当然不会，一般的人际交往并不能满足我们的心理需求，要避免孤独感，我们需要深度的友谊。那如何才能使两人之间的关系，从相识发展为相知呢？要达到相知的程度，最重要的是持续增加彼此间“自我暴露”的深度与广度，这是一个渐进而互动的过程。

这一过程要顺利进行，需要具备如下的条件。

首先，关系中必须有一方先迈出一步，开始冒着“风险”暴露自己的小秘密，讲述自己的成长史，分享自己的生活。自我暴露是一份真正友谊的开端，也是一个小小的考验，与对方谈论自己的过去以及内心的秘密，需要有足够的勇气。尤其当我们试图谈论的内容，可能涉及我们痛苦的经历与负面的情绪（如羞耻的、内疚的事）时，不仅需要我们有勇气再度回顾这些事，也需要有勇气面对坦诚之后的结果。

其次，主动暴露的一方需要获得另一方的反馈，在开始阶段，主动暴露的一方会探测另一方是否愿意有所反馈，而对方是否愿意回馈，并转而暴露自己，决定着这段关系能不能继续下去。

最后，双方互相之间的自我暴露应循序渐进且保持平衡。坦诚是增进彼此之间的信任与亲密感的重要途径，但也需要注意到，超越了双方现有信任关系的过度自我暴露会让对方感到不安和尴尬，甚至会给对方造成一种不必要的压力——你告诉了我一件如此私密的事，我也应该要告诉你一件类似的事吗？这种压力就可能会对关系造成负面影响。

友谊的形成和深化隐匿于日常的细水长流之中，看似毫无章法，其实有迹可循。此时你可以去问问你的朋友，还记得当初你们开始交心的时刻么？也许会有很多惊喜的记忆出现。

第三节　发展新自我

进入大学之后，不少同学会产生迷茫感，不知道自己是什么样的人，不知道所学的专业是否适合自己，不知道自己的将来会是什么样子，还可能会问自己一些哲学味道的问题：我是谁？我从哪里来？我的存在对于这个世界有什么意义？这些心理的产生源于大学生开始更多的关注自己的内在世界，进入了自我同一性发展的重要时期。

自我同一性是指人格发展的连续性、成熟性和统合性，最初是在儿童期形成，著名心理学家埃里克森认为自我同一性的形成过程就是人格形成的过程，我们在成长的过程中逐渐形成自己的人格，思考自己将要发展成为一个什么样的人。

一、你正处于什么样的自我同一性状态呢？

心理学家将自我同一性的状态划分为以下几个部分：

（1）弥散型同一性。处于这一状态的同学没有主动探索和形成固定的承诺，处于同一性危机中而不能成功解决，表现为对未来感到彷徨迷惑，不知所措，没有确定的目标、价值和打算，没有发现自己在集体和社会中的位置，处于一种迷茫的状态，不自主，总是依赖别人。如果一个人长期处于这种状态中，自我很有可能迷失，对个人的成长极其不利。

（2）排他型同一性。处于这一状态的同学没有经历探索阶段就对一定的目标、价值观和信念形成了承诺，这些承诺往往反映的是父母或权威人物的希望和要求，这种状态在大学新生中也很常见。比如很多同学报考大学时，在完全不了解自己兴趣和志向的状态下，由父母决定了自己的大学和专业，“我希望你读经济”“我们家都没有医生，读医学吧。”。

（3）延缓型同一性。此类同学正在经历同一性危机，积极的思考各种可能的选择和探索自己的价值定向，但还没有达到最终的承诺，大部分大学生就处于这一状态，他们还处在探索阶段，会逐渐形成属于自己的人格、目标、承诺等。

（4）成就型同一性。这类同学已经经历了探索阶段，解决了同一性危机，呈现出相对稳定的承诺，找到了自我，是比较成功的状态，少部分大学生会处于这种状态。

二、如何建立自我同一性？

自我同一性的建立其实并不用时刻强调，更没必要把它当成一个任务，自我同一性的建立是一个缓慢而隐蔽的过程，在不知不觉中，我们的自我同一性就慢慢建立起来了。

首先，自我同一性的建立需要摒弃不适合自己的东西，发现适合自己的生活方式。每个人都是不同的，我们需要找到适合自己的生活方式。大学给予了同学们非常多的自由，但也将使你面临选择，是整天翘课，期末勉强不挂？还是按时上课按时完成作业，期末考个差不多的成绩？还是在图书馆里博览群书，探索自己的兴趣与优势？我们有很多选择，也面临很多诱惑，只有找到自己的核心目标，才能抵制诱惑，拥有充实的大学生活。就拿最简单的每天日程安排来说，有的人习惯早上锻炼，白天学习，有的人喜欢晚上奋笔疾书。个体之间目标的差异造成了生活规划的不同，因此，通过探索摒弃不适合自己的，找到属于自己的时间规划和生活方式，是建立自我同一性的重要一步。

其次，发展自己的独立性，同时发展与他人的合作能力。我们小时候可以依靠父母，长大了有朋友和同学，但我们仍然需要学会独自做事，独自解决问题，独自学习，甚至独自生活，个体的独立人格和独立解决问题的能力是进入社会分工合作体系的前提。在发展出独立能力后，我们还需要学会合作，很多事情的完成需要大量人员的共同合作，这时候我们要学会和同伴交流，相处，共事。比如举办一场活动，从最开始的创意，策划，活动场地的申请，活动材料，主持人等等，这些需要大量的人力物力，绝不是仅凭一人之力就能办好的。

第三，自我的发展也呈现出发展的连续感和相同感，现在的我是由童年的我发展而来的，将来的我还会发展，但是我还是我，我们要学会用发展的眼光看待自身的变化，正确对待自己的变化并学会接纳。

自我同一性的建立是一个缓慢的过程，在此过程中我们要学会正视自己，认识到自己的不足，并努力发现真正的自我，最终达到孔子所谓“从心所欲不逾矩”的状态。

第四节　形成新学习方式

一些同学可能会有疑问，在大学中学习还是最重要的事吗？我的回答是“当然，但大学的学习与高中截然不同”，大学不再是高四高五，而是开启了一扇学习的新大门。

那么，大学的学习与高中有哪些不同呢？

大学的教育目标与高中的教育目标差异巨大，体现在学生身上则是学习目标不同，相应的学习内容、学习方式等也就各不相同。

首先就高中生与大学生的学习目标而言，高中生的学习目标是成功应对高考，培养的主要是应试能力，而大学生的学习目标是提高自身能力最终成功进入社会的分工合作体系，大学生需要重点发展的核心能力有两项，一是批判性思维能力，一是自学能力。批判性思维意指吸收并运用重要信息，从而形成自己的观点或决策（你从别人那儿听来的观点不算）。批判性思维并非人生来就有的一种能力，我们也无法自然而然地做到这一点，但幸运的是我们可以通过刻意的练习来获得提高。

那么，批判性思维有何实际用处呢？在这个信息爆炸的时代（这话好耳熟），我们每天都沉浸在海量的信息和不同观点之中，这使我们很容易迷失，因而我们需要训练自己去判断哪些细节是重要的，哪些细节是无关紧要的，观点背后的立场是什么，受益者又会是谁，如何形成自己的观点？这些问题的解决都需要依赖批判性思维。有关批判性思维能力的培养，我们将在科学心理学一节中进行详细阐述，在此略过。

另一项重要的能力是自学能力，这一能力之所以重要，根本原因在于现代社会对人的能力提出了很高的要求，由于知识技能的快速更新迭代，同学们在大学期间获取的知识并不能确保你始终胜任某一工作，只有具备了自学能力成为一位终身学习者才能够应对现代社会的这一挑战。那究竟什么是自学能力呢？自学能力并不仅仅表现为独立学习这么简单，实际上它还包括学习内容的选定、学习目标的设定、学习动机的激发和管理、学习方法的使用和调整等诸多方面，最终使自己的某些能力获得提升的复杂过程。高中的学习虽然任务繁重，但并未对个体的自学能力提出要求，个体只需要按照老师的要求完成学习任务即可，并不需要个体更多的自主学习。

其次，就学习内容而言，高中内容包括物理、化学、语文、数学、地理、生物、历史、政治等诸多学科，是这些学科的基础内容，也没有职业定向，学科的内容和掌握程度都由国家的教学大纲进行指导。大学因为要培养学生一定的职业能力，因而在教学内容上职业定向性强，不同专业的学习内容大相径庭，专业化程度也非常高，而且缺乏明确的边界，虽然大学有培养方案，但它并不像教学大纲那样有指导性和约束性。我们可以用如下的图形来更好地解释不同时期学习内容上的差别。

想像一个包含了人类所有知识的圈，圈内是人类目前已经掌握的知识，而圈外的广阔区域就是人类尚未掌握的知识：

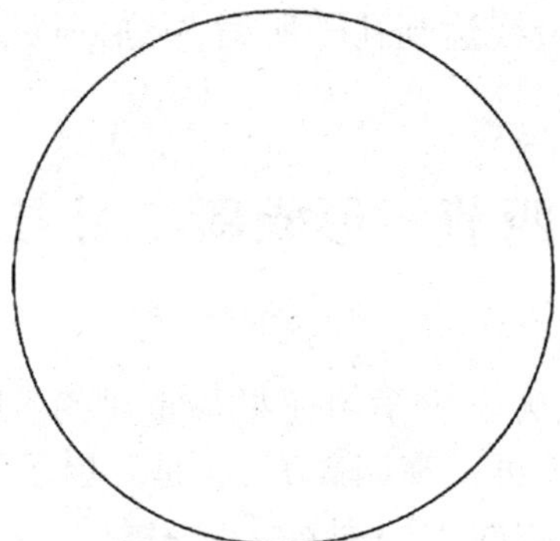

当你小学毕业的时候，你知道了圆圈内的一点：

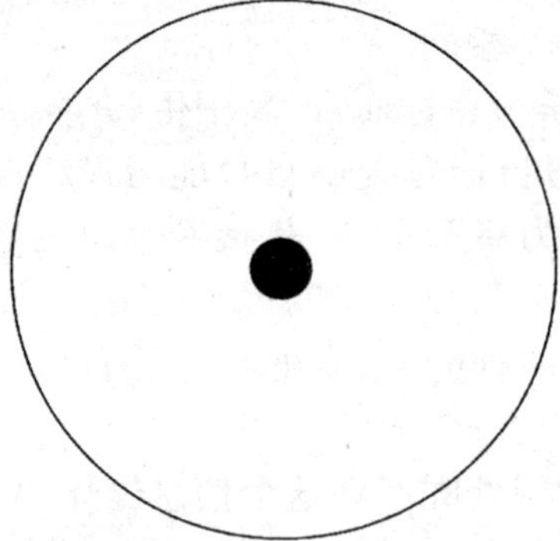

当你高中毕业的时候，你知道的多了一些：

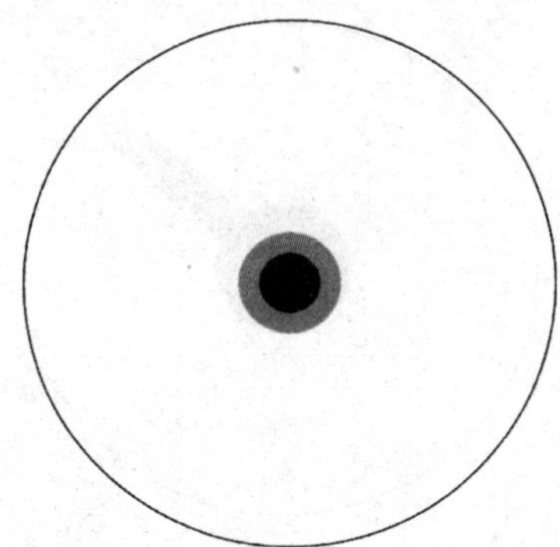

上了大学之后，你有了一项专业：

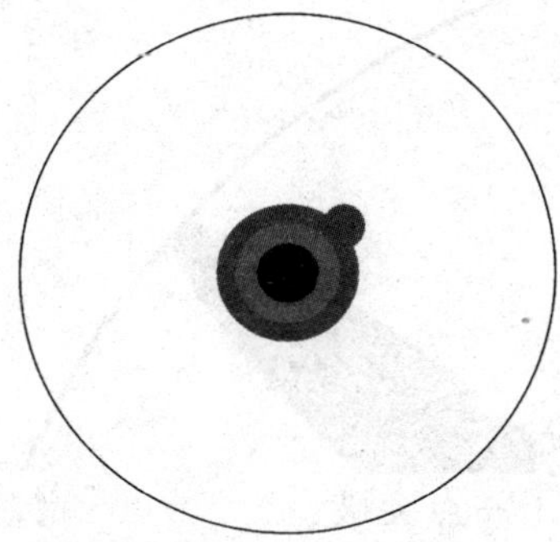

一个硕士学位深化了你的专业：

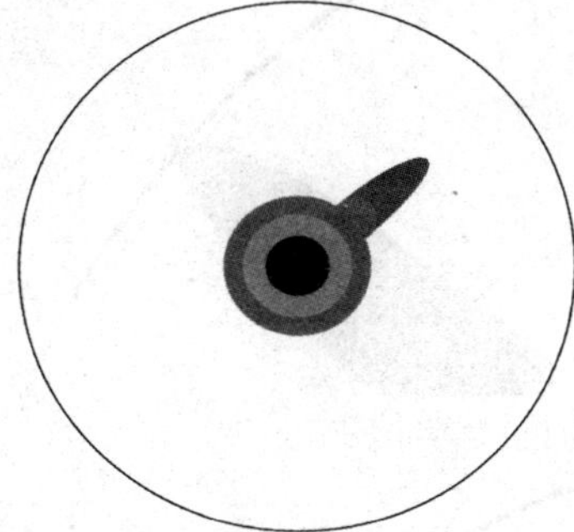

阅读研究论文能让你触碰到人类知识的边缘：

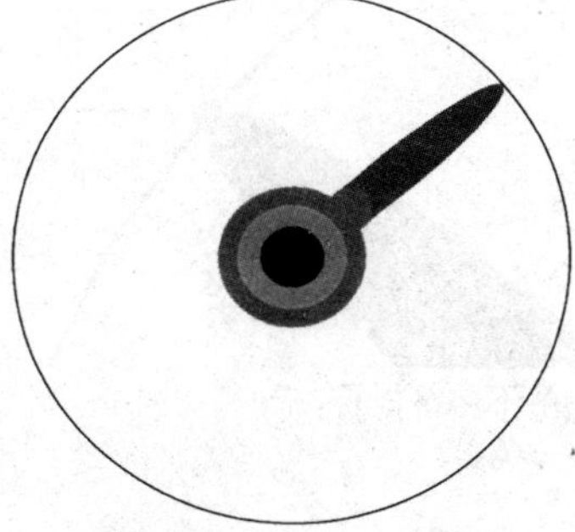

当你站在边缘的时候，你专注于突破边缘的一个点：

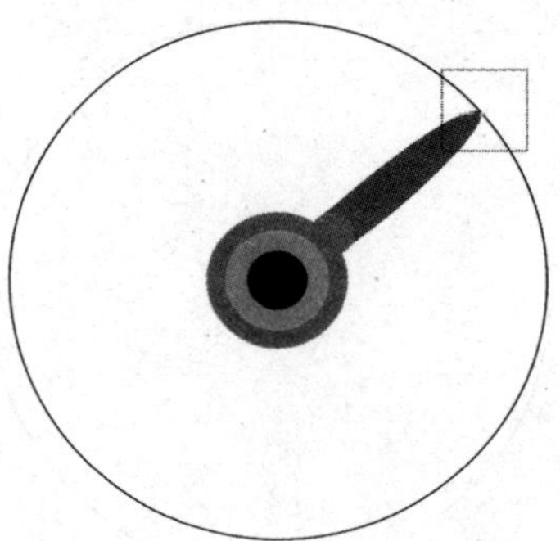

你在边缘专攻了一些年：

直到有一天，你在边界取得了一点突破：

而你所作出的突破就被称为博士学位：

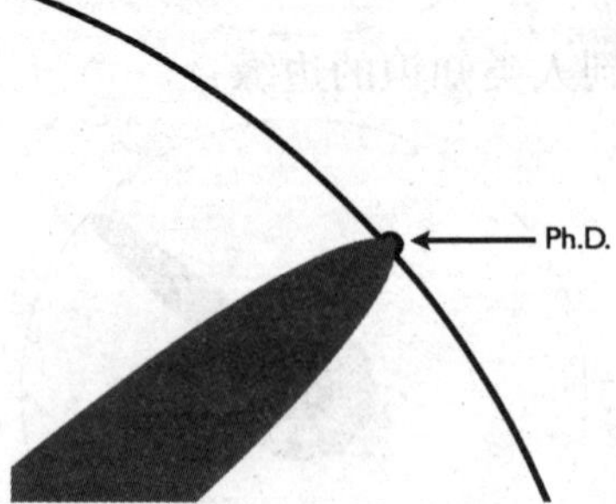

当然，现在这个世界对你来说不一样了：

最后,不要忘记看大图。

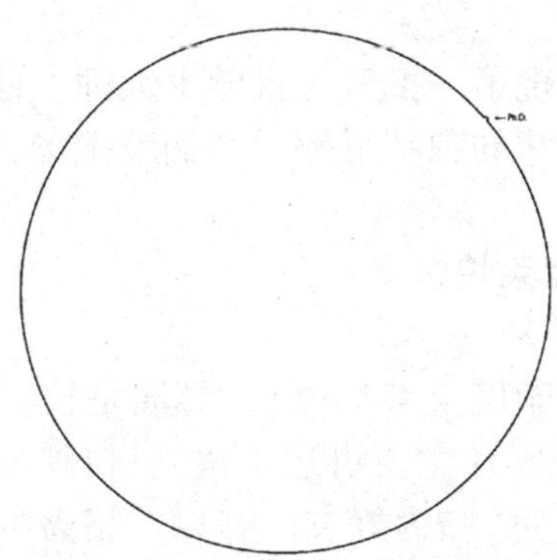

最后,我们来看看两者在学习方式上的差别,高中是为应试而学习,因而在学习方式上就是围绕教学大纲和教材进行题海战术,通过大量的练习来提高准确率和熟练程度,学习主要是迫于应试压力,学习主动性差。大学的学习方式则截然不同,大学生需要从高中的“要我学”转变为“我要学”,形成对学习的内在动机,培养独立自主的学习能力和终身学习的观念,同时不仅能够从书本上学习知识,同时也要能够从实践中进行学习。

结语

在刚入学的时候,就跟大家聊如何更好地度过大学生活,很多的建议可能听起来就像是说教,或者“食之无味,弃之可惜”,但这又是一个不得不谈的话题,因为我不希望大家在大学毕业之后却想着“如果再让我重读一次大学,我会……”,英国数学家、哲学家、教育家怀特海曾说“在中学里,他伏案学习;在大学里,他应该站起来,四面瞭望。”,我希望我们所谈的这些内容能够使你在刚进入大学时就有了第一次的“四处瞭望”,我希望你自始至终像一个对世界一无所知但充满好奇的小孩子一样,永不疲倦地探索更广阔的世界,不时地踮起脚尖去瞭望四周,也许你能够更快地找到自己的方向,看到更广阔的人生。很多年后,你早已不记得老师今天所讲的内容,但你也许会记得刚入学时一位老师曾提醒你,站起来四处眺望,去思考你自己的大学、你自己的人生应该如何度过。这就是我所希望的。

推荐书籍——《北大学者谈读书》

作者：肖东发

出版社：北京图书馆出版社

本书以第一任北京大学校长严复居首，然后依每位学者出生的年代为序，直至目前作为骨干力量尚在母校任教的知名学者，共收集了五十八位作者的谈读书的文章，其中绝大部分内容是介绍自己读书治学的心得体会的。这些文章可以对青年大学生的读书求知起到启迪指导的教育作用，同时也能帮助大学生大体认识这一百年来北大在培养人才方面的总的趋向。

北京大学在一个世纪里，出现了一批又一批学术大师。他们对为什么要读书，读什么样的书和怎样读书，都曾有耐人寻味的独特见解。今摘英撷华，以飨读者。

推荐电影——《三傻大闹宝莱坞》

《三傻大闹宝莱坞》是一部印度宝莱坞电影，导演是拉库马·希拉尼，主演是大家熟悉的印度国宝级演员阿米尔·汗，影片主要讲述了法兰、拉杜与兰乔三个人的大学生活，三人是皇家工程学院的学生，共居一室，结为好友。在以严格著称的学院里，兰乔是个非常与众不同的学生，他不死记硬背，甚至还公然顶撞校长"病毒"，质疑他的教学方法。他不仅鼓动法兰与拉杜去勇敢追寻理想，还劝说校长的二女儿碧雅离开满眼铜臭的未婚夫。

对作为大学新生的大家而言，影片最有益的看点有三个方面：一方面是故事的主体就是主角的大学生活，大家更容易与主角产生情感和思想的共鸣；另一方面是影片涉及了不少对（印度）现行教育体制的批判，虽然中印两国国情不同，但仍不失参考价值；第三方面是影片中法兰和拉杜的故事充分地表现了他们在大学生活中寻求理想自我并努力实现理想自我的过程。也许这部影片能触动你对大学生活的思考。

补充阅读——《大学该如何度过？》

据传傅斯年有一名言，"一天只有二十一小时，剩下三个小时是用来沉思的"。因此，台湾大学在傅斯年去世后铸钟纪念，"傅钟"只敲二十一声，提醒台大学子应该把每一天读书、睡觉、做事的时间限制在二十一小时内，剩下三小时，用于沉思。

这最能警醒当下大学的本科教育。在我熟悉的几所大学中，本科毕业要求修学分140有加，平均一门课程1.5或2学分，以4年7学期算，则每学期平均需要修10门功课以上。事实上，一般低年级学生每学期修15门功课确是常态。加上团委、班级、社团的活动，其结果就是学生天天疲于应付，时间七零八落，不仅没有沉思的时间，甚至已到了无暇读书的地步。

就理想言，大学生每修一门课程大概均需阅读数部或十数部书，但因多数时间已用于课堂，修课而不读书渐成常态。到期末时，甚至出现多数学生需要在二三星期内完成近10

篇“论文”的困局，除了“抄”之外恐怕真没有其他办法。因此，不少学生在选课时考虑的不再是通过这一课堂是否能提升自己，甚至也不再是自己的兴趣，而是课程好不好“混”，是否容易得高分。教师也深知学生情况，往往网开一面，故不读书也均能通过课程考核，甚至高分——或不读书也能撰写论文！师生双方对待课程都渐流于“走过场”。这更进一步造成了大学中读书氛围的淡薄，甚至有某历史系学生到大三时仅曾读三五部书，且均非一般认为的历史研究著作。在近年历史系研究生面试中，当询问“读过什么书”时，得到的多数回答都仅限于三五通史，甚至有部分除大学教材、考研参考书外从不读书者！

造成这一境况的原因自有很多，与浮躁不重读书的世风不无关系，不能仅仅归罪于课程设计。就世风言，“俟河之清，人寿几何？”但这并不表示身为大学教育者便一无可为，只能听之任之。课程的调整正是我们最能、也最应从事的改变之一。较为可行的方案便是提高每一门课的学分数(因总学分不能减少)，减少课程数量，尽量保证大二以上学生每学期可以不超过五门功课，有认真对待多数课、跟着课程读书、不用靠抄袭就能完成期末“论文”的精力，更重要的，是确保他们有更多自由阅读“课外书”的闲暇时光。

梁启超曾提醒大学生需要“做课外学问”，最主要内容便是“读课外书”。如果学生“只求讲堂上功课及格，便算完事”，那“只是求文凭，并不是求学问”，这样的人便无“自发”的能力，“不特不能成为一个学者，亦断不能成为社会上治事领袖人才”。他又曾警示学生，如果整天“无一刻暇适”，很容易沦为“躯壳之奴隶”。然而，大学主事者的课程安排，已使学生不得不忙忙碌碌于上课，不好学者有借口不读书，向学者无时间读书，逼迫着学生“只求讲堂上功课及格，便算完事”。这不正是剥夺了学生养成“自发”能力的可能，又谈何“领袖人才”的培养？

“闲暇”地读书，在中国历史上，实有传统。宋儒朱熹曾以“半日静坐，半日读书”教门人。在闲暇中才能“敛其心”，收束身心，头脑清明、志气如神；也只有在闲暇中才能“纵其心”，展开想象的翅膀，“遍观天地之大，万物之理”。不然，“若浑身都在闹场中，如何读得书”？(朱熹语)当今的大学，恰已渐成这样的“闹场”。

梅贻琦就曾这样批评过当时的大学，“学程太多，上课太忙”，致使学生无闲暇。他认为大学最重要是养成学生“观察、欣赏、沉思、体会”的“自修功夫”，课程不过是“种种自修功夫之资料之补助而已，门径之指点而已”，更多需要学生在闲暇中“咀嚼融化”，这便“非有充分之自修时间不为功”。不然，“咀嚼之时间，且犹不足，无论融化，粗识门径之机会犹或失之，姑无论升堂入室矣”。

大学，本是一个让学生变成读书人的地方，最成功的教育也不外乎养成学生自动的阅读习惯，使其在毕业后仍能保持这一习惯，让读书成为他们此后生活方式的重要部分。所以，办学者不妨静下心来，放慢节奏，还学子一些闲暇，为他们提供一个场所、一段时光，让他们悠游读书，养成“自修功夫”，在“咀嚼融化”中识学问之门径，甚或升堂入室。

第二章 辨识伪心理学
——看穿形形色色的套路

你听说过下面的这些说法吗？人类只使用了大脑潜能的10%；通过开发右脑能够让自己更聪明；占星术和算命能够准确预测未来；微信上的心理小测验做一下就能了解自己的个性；人类普遍存在第六感。

不论你是否相信这些观点，现实中到处充斥着伪科学相关内容，它们使尽浑身解数去博取大众的眼球，传播错误信念，骗取大众钱财。微信公众号和朋友圈中充斥着惊天动地的"科学新发现"和令人宽慰的鸡汤，一些教育机构宣称能帮人开发右脑提升智力，一些名人的伪科学书籍成为畅销书，一些大师声称能用意念治愈晚期癌症，甚至出现了某学校仿照《水知道答案》做"米饭实验"，让小学生相信赞美和恶毒的话会让米饭变香或者变臭。正像狄更斯所说，"这是最好的时代，这是最坏的时代；这是智慧的时代，这是愚蠢的时代"，我们处在一个科学昌明的时代，我们享受着科学帮助人类创造的巨大物质利益，同时我们也处在一个伪科学泛滥的时代，贪婪的骗子们制造了大量的伪科学内容，利用人性的弱点赚取不义之财。

正所谓"造谣一张嘴，辟谣跑断腿"，骗子们轻而易举地制造了大量谣言，但如果我们了解到了他们的套路，就能够不受骗，现在就让我们来见识一下骗子们的套路吧。

第一节 伪心理学有哪些常见套路？

一、伪心理学喜欢讲故事

我们就举个大家常听到的刺猬法则来说，所谓"刺猬法则"是说为了研究刺猬在寒冷冬天的生活习性，生物学家做了一个实验：把十几只刺猬放到户外的空地上。这些刺猬被冻得浑身发抖，为了取暖，他们只好紧紧地靠在一起，而相互靠拢后，又因为忍受不了彼此身上的长刺，很快就又要各自分开了。可天气实在太冷了，它们又靠在一起取暖。然而，靠在一起时的刺痛使它们不得不再度分开。挨的太近，身上会被刺痛；离的太远，又冻得难受。就这样反反复复地分了又聚，聚了又分，不断地在受冻与受刺之间挣扎。最后，刺猬们终于找到了一个适中距离，既可以相互取暖，又不至于被彼此刺伤。

这一则故事存着两方面的问题。

首先，违背了刺猬的真实习性，这个广为流传的刺猬法则实际只是悲观主义哲学家叔本华随口打的一个比方，后来以讹传讹就变成了一项生物学研究成果，最后又被别有用心之人用于论证人际距离，而真实的情况却是刺猬根本不会挤在一起取暖，刺猬是冬眠动物，一到冬天就各自睡觉去了，不会挤在一起，而且刺猬身上的刺平时是顺滑的并没有竖立起来，所以刺猬是可以相互靠在一起而不刺到对方的。

其次，即使刺猬习性确实如其所说，也不能由此将其推论至人际关系。直接将刺猬的生活习性引申到人类之间的心理距离上来应用，这是哪门子逻辑？你可能说这只是个寓言，确实，我们的老祖宗确实喜欢讲寓言故事，但寓言就是寓言，如果将这当作心理学研究，就明显不符合科学标准，通过此种方式论证的人际距离又怎么可能是科学的呢？

伪科学的所谓实验与科学实验存在着天壤之别。伪科学的所谓实验通常就是个故事，而现代科学的实验则是用数学。我们很少能在伪科学的实验描述中发现图表或计算公式，它们一般通篇都是文字描述。与之相反，科学讲究严格的实验控制和准确的数据重现。数字公式枯燥而晦涩，以此作为语言的科学通常也是如此，而我们人类却先天就更喜欢听故事，看到数学就觉得高深莫测甚至头疼，这就拉大了科学与大众的距离。生活中通过讲故事来传播伪心理学事例还有很多，比如大家耳熟能详的“毛毛虫效应”“温水煮青蛙”等。

二、伪心理学喜欢骇人听闻的标题

当今的网络时代是眼球经济，有点击量就有钱，很多网络媒体就使用骇人听闻的标题来博取关注和点击量，它利用了大众都有猎奇心想听爆炸性新闻的心理，比如，《震惊！科学发现这样吃饭是在喂身体的癌细胞》《惊爆科学发现！中医的穴络实则存在另外空间！》《不可不知！ 90% 的孩子都有心理问题！》。还有部分伪科学内容使用骇人听闻的标题，纯粹就是在为自己的产品吹牛皮，例如，“包治百病的航天纳米储能材料”“晚期癌症的克星 XXX”等等。

多数人不了解的是，科学几乎从来就没什么劲爆的发现，而是一个缓慢的知识积累的过程，因为一个科学结论的提出往往需要后续大量的重复验证和不断地修正，哪来“震惊”“劲爆”的大新闻。举个实例，2006 年冥王星因质量和体积过小，被从太阳系九大行星中除名，引发了大众的惊诧。而实际情况是，早在 1978 年天文学家们就发现冥王星质量只有月亮的三分之一，到 1992 年又发现了柯伊伯带的存在，柯伊伯带上有成百上千颗和冥王星同样大小的天体，最终科学家们意识到，冥王星只不过是柯伊伯带中一个稍微大一点的天体而已，等到 2006 年正式宣布冥王星降级其实早已顺理成章，根本不是什么震惊世界的科学发现。

三、伪心理学喜欢夸大单一因素的影响力

伪心理学常常喜欢夸大某个单一因素的影响力，例如，《孩子磨蹭怎么办？学会这一招保你没困扰！》《心理研究发现！多做这个动作让你变得更自信》《你为什么仍未成功？心

理学发现了最重要的一项能力》,这样的文章标题是不是很熟悉?此类文章都喜欢夸大某个单一因素的影响力,为我们提供非常简单的解决方案,但有效吗?实际上成功、自信等受到多重因素的影响,既有先天的也有后天的,既有自身的也有环境的,根本不存在决定我们成功的某个单一因素,当然也没有可能“一招鲜吃遍天”。

科学的观点是“一个结果的发生通常是由多种原因共同决定的”,但我们更喜欢去寻找简单的一对一的因果关系。比如,一项关于抑郁症的研究表明,消极生活事件与三种脆弱的心理因素共同作用,导致罹患抑郁症的可能性达到最大。这三种因素是:归因风格、对自我的消极推断,以及对任何行为后果进行消极推断的总体倾向,此时,如果我们将其写成一篇科普文章,题目可能就是《三种心理因素的共同作用增加了抑郁症患病风险》,但如果是一篇伪心理学文章,则题目可能是《一招治好你的抑郁症》,很显然,后者会更受欢迎。我们为何会更钟情于单一因素的解释,而不是复杂但却更严谨科学的解释呢?这种倾向可能源于,一对一的因果关系能够减轻我们的认知负担,毕竟相比于从复杂的多因素角度来理解这个世界,从单个因素的角度来理解能让我们的大脑更轻松。相比于花时间去琢磨艰难晦涩的科学问题,与朋友喝喝酒吹吹牛可就轻松惬意了很多。

四、伪心理学喜欢在科学心理学的空白领域大展拳脚

科学帮我们创造了巨大的财富,为我们提供了方方面面的指导,但也使我们误以为科学能解释一切,事实却是科学只能解释这个世界的一小部分,尚存在大片的科学处女地,心理学也不例外。对于研究空白,科学承认自己的无知,这是科学不断前进的动力,也是科学发展的方向。而伪科学却截然相反,他们嘲笑科学的无知,宣称自己能解释一切,却从未能帮助我们改造这个世界。解释可以让我们获得对生活的掌控感,而无知会让我们焦虑,当科学无法给予我们需要的解释时,伪科学便会趁机而入。

在 1907 年,一个久远的年代,有多久远呢?那年是光绪 33 年。这是一个人类对脑科学还懵懂无知的年代。有多懵懂呢? 62 年之后世界第一台 CT 机才诞生。此时,美国心理学开山鼻祖 William James 出了一本书——《The Energies of Man》,原文中有这样一句话:“普通人只发挥了其潜在身心智能的 10%。”当然,James 也没说这个数字怎么来的 ...... 可能是他老人家灵机一动,掐指一算吧。William James 先生这么随便一说在当时也没多少人当真,毕竟他的影响力还局限于哲学和心理学领域而不为大众所知,但此时一个有影响力的坑货出现了。卡耐基都知道吧?宇宙成功学第一人,全球成功学之祖,他熬出的鸡汤曾养育几代人,二战时期书都卖断货,直到现在还在荼毒我们的年轻人,这影响力真是没谁能比得了。他要出一本叫《How To Win Friends and Influence People》的书,一位好基友——洛厄尔托马斯,给他写了个序言,里面大概是这么说的:“人家哈佛大教授 James 曾说:人脑智能只开发利用了 10% !”于是乎,随着这本毒鸡汤书的大卖,这一毒理论就广为人知了,直到现在仍然信众颇多。

其实要破解这句毒鸡汤都不需要严谨的实验和数据,用进化论简单推理一下就知道它是胡扯了。从进化论角度讲,在人类还是南方古猿时,脑容量只有四五百毫升,跟现在的大猩猩黑猩猩等类人猿差不多,但现代智人(现代人类)的脑容量已经进化到了一千五百毫升

左右。假如一直以来人们大脑的90%都没开发利用，却每天消耗着巨大的能量（大脑消耗占人体能量供给的比例高达25%~40%，而且它即使什么都不做也会消耗大量能量），而且脑容量的增加使得头围增加，进而增加了母亲和婴儿在生产过程中的生命风险，废了这么大劲获得的脑容量，你却说它90%闲置？这说得过去吗？大脑袋，只为显得高吗？

五、伪心理学喜欢混淆因果关系

伪心理学喜欢将仅仅是相关的两件事情生拉硬拽成因果关系，这拉郎配的事情他们可真是乐此不疲，比如《科学研究表明，常吃土豆能提高智力》《科学发现，长得越好看赚钱越多》（马云肯定表示反对）。我们以第一篇为例来分析一下，首先，我们对吃土豆与提高智力之间是否真的存在关联表示怀疑；再者，假设爱吃土豆的人智力确实更高，那有没有可能是智力高的人凑巧拥有爱吃土豆的基因呢？或者并非吃土豆让他智力变高，而是吃土豆时所做的动作让他智力变高呢？要知道，相关只表示两种现象有比较高的概率伴随出现，至于为什么这样，可能的原因就实在是太多了。假设A与B相关，导致这一结果的原因可能有如下几种：A是B的原因；B是A的原因；A和B有一个共同的原因；A和C共同作用导致B；B和C共同作用导致A。比如，曾有人研究鼻咽癌和粤语的关系，发现二者之间存在显著相关，便得出结论："广州人因常说粤语导致鼻咽癌患病率较高。"这个结论很明显就是误把相关当因果，说粤语的人的确容易患鼻咽癌，这两者的确有相关性，但却并非因果关系。真实的原因是，说粤语的人中有不少人爱吃槟榔，嚼食槟榔易造成鼻咽癌，这是有明确医学证据的。

一个科学结论的获得需要大量聚合证据的支持，同时还需要严格的排除干扰变量，才能最终确定自变量与因变量的关系，而不会用简单的相关来推导出因果关系。

六、伪心理学的论证过程缺乏逻辑

不少伪心理学理论都是逻辑能力感人的骗子硬生生编造出来的，他们经常喜欢使用类比、比喻等手段来推导出自己想要的结论。南方周末曾在《野鸡心理学席卷而来》这篇报道中记录了这样的场景，在一场名为"读懂我们身体的语言"的沙龙上，骗子文利（请允许我这么称呼他，这不是对他的污蔑，这就是他的职业）向听众展示了自己十多年来的研究成果——一张人体部位表，以及对应的名为"癌症心理康复疗法"的某种"神奇"治疗术。他自称，只需根据你描述的身体部位，他便能"快速""准确"地解读出与当前病痛相关联的过去往事，找到疾病原因。他的理论也很通俗易懂，头代表长辈和领导，腿象征晚辈、下级；头疼时要想想是否和领导有什么矛盾，腿有问题，则应该是下级出了什么事情。眼睛、耳朵、咽喉、双肩、腰部、手，乃至膝关节，都隐藏着种种"奥秘"。该骗子称，8年前为拯救自己的母亲，他广泛搜集案例研究，才自创出这套疗法，并成功治愈母亲的宫颈癌。他的神奇案例还有很多，比如某位直肠癌晚期病人便血，医院都不愿意接，和他聊了一会后就找到了病因——多年前的一次赌博输掉了老人家攒了半辈子的私房钱，"直肠对应财，便血就是有破财的事情"，结果他给调了一下后，第二天对方家人给他打电话，"已经不便血了"。

将人身体部位的不适与其生活遭遇进行一一对应，哪个部位有问题，就是曾有过什么样的不快经历。好感人的逻辑，我都不知道该如何反驳。你是不是以为这只是少部分人的逻辑？非也，你相信核桃能补脑吗？为什么多数国人相信核桃补脑，甚至有一句广为人知的广告语“经常用脑就喝六个核桃”，正是我们的类比思维产生的以形补形的观念，让我们成为了错误观念的受害者，核桃也冤枉啊，“我虽然长得确实像人类大脑皮层，可我从来也没想过要给人类补脑，也没法给人类补脑啊”。如果以后有人向你推销核桃产品说能补脑，我建议你最好回一句“你才是那个需要补脑的人”。如果爹妈看你学习辛苦，要给你拿核桃补脑，那你还是高高兴兴地吃了它，然后对父母千恩万谢吧，毕竟它还能给你果腹不是。

第二节　为什么我们会掉入伪心理学的坑？

“知己知彼，百战不殆”，要战胜伪心理学谣言，我们不仅需要了解其惯用伎俩，也需要了解我们自身的不足，避免这些弱点被骗子所利用。当然，骗子也不会善罢甘休，他们甚至比多数人都更了解人性的弱点，并有针对性地编造伪心理学谣言。下面我们就了解一下普通大众容易被利用的心理特点。

一、巴纳姆效应

巴纳姆效应（Barnum effect）是由心理学家伯特伦·福勒于1948年证明的一种心理现象，它主要表现为：每个人都容易相信一个笼统的、一般性的人格描述特别适合自己，即使这种描述十分空洞，仍然会认为该描述反映了自己的人格面貌。这一效应正是众多占星术爱好者对其深信不疑的重要原因之一。

有心理学家曾针对巴纳姆效应做过一个实验，他给一群人做完明尼苏达多项人格调查表（MMPI）后，拿出两份结果让参加者判断哪一份是自己。事实上，其中一份是参加者自己的结果，另一份是多数人回答平均起来的结果。参加者竟然认为后者更准确地表达了自己的人格特征，这项研究很好地说明了巴纳姆效应的存在。

我们可以亲自来试验一下，下面这段话是心理学家使用的材料，你觉得它说的是否正是你自己呢？

你很需要别人喜欢并尊重你。你有自我批判的倾向。你有许多本可以成为你优势的能力没有发挥出来，同时你也有一些缺点，不过你一般可以克服它们。你与异性交往有些困难，尽管外表上显得很从容，其实你内心焦急不安。你有时怀疑自己所做的决定或所做的事情是否正确。你喜欢生活有些变化，厌恶被人限制。你以自己能独立思考而自豪，别人的建议如果没有充分的证据你不会接受。你认为在别人面前过于坦率地表露自己是不明智的。你有时外向、亲切、好交际，而有时则内向、谨慎、沉默。你的一些抱负往往很不现实。

怎么样，你是不是相信说的就是你呢？其实这是一顶套在谁头上都合适的帽子，正是依靠这种对普遍人性的描述，占星术、塔罗牌等获得了很多人的信任，而此类从业者也赚了个盆满钵满。法国研究人员曾做过一项测试,他们将臭名昭著的杀人狂魔马塞尔·贝迪德的出生日期等资料寄给了一家自称能借助高科技软件得出精准星座报告的公司,并支付了一笔不菲的费用。三天后,该公司将一份详细的星座报告发送给了研究人员,大致的分析结果如下:他适应能力很好,可塑性很强,当这些能力得到训练就能发挥出来。他在生活中充满了活力,在社交圈举止得当。他富有智慧,是个具有创造性的人,他非常有道德感,未来生活会富足,是思想健全的中产阶级。此外,这份星座报告还根据贝迪德的年龄作出了推断,预测他在 1970 年至 1972 年间会考虑对感情生活做出承诺。可事实上是,"颇有道德观" 的贝迪德犯下了 19 条命案,于 1946 年被处以死刑。

二、证实偏差

为什么不少人认为算命、占星术等能够准确判断甚至预测很多信息?重要原因之一就是证实偏差。证实偏差是人的一种普遍性倾向,指的是人们会主动寻找那些和自己所见略同的观点,不符合自己认识的观点则被视作洪水猛兽,避之不及,它就像是人脑中的过滤器,会自动过滤你不赞同的观点,留下你认为正确的,所谓顺之者昌,逆之者亡。证实偏差是影响我们大脑作出正确判断的主要因素,同时它还左右着我们的记忆。我们的大脑会选择性的保留符合我们既有观点的记忆,忘掉那些违背我们既有观点的事情。

1979 年,明尼苏达州大学的 Mark Snyder 和 Nancy Cantor 进行了一项研究,他们找来一些参与者,给他们读一本书,内容是一个叫 Jane 的女人在一周内的生活。Jane 是研究人员虚构出的一个人物,在书中的一周里,Jane 时而外向,时而内向。几天后,参与者读完了关于 Jane 的书,研究人员将其分为两组,其中 A 组被问 Jane 是否可以做一名图书馆管理员?而 B 组则需要对 Jane 是否适合当一名房地产经纪人给出判断。事后 A 组的参与者回忆,Jane 是一名很安静的女孩,正好适合图书馆管理员这种工作;而 B 组的参与者则记得 Jane 的性格很外向,做房地产经纪人是再适合不过了。生活中证实偏差导致的心理现象也随处可见,考驾照的时候,发现街上所有的车都在违章;失恋的时候,听到的每首歌都那么心碎。

那在算命的过程中,证实偏差又是如何起作用的呢?首先,选择算命的人大多数本身就对算命有较明显的信任,因为算命是要花钱的,这一过程就能够有效筛除那些不相信算命的人。其次,由于证实偏差的存在,算命者的注意力会集中在算命先生猜对的少数内容上,而忽略占比更大的猜错的内容,并最终得出"算命很准"的结论。此外,不少算命先生还精于察言观色,同时通过在算命时不断试探并观察算命者的反馈,他们能够大幅提高猜测的准确性。

证实偏差之所以存在,只是因为人们都希望确信自己对世界的认识是正确的。由此来看,我们追求的并不是真理,而是真理在我手中的感觉。当然,作为本书作者,敝人写作时也会受自身"证实偏差"的影响,所以各位读者若想了解更多相关信息,可以通过其他途径去寻找相关证据,通过证据质量得出自己的判断。

三、满足我们的某些心理需求

我们所有人都会有期望,但这样的心理需求却经常被造谣者所利用。我们希望提高自尊,于是便对奉承话失去判断力,我们希望拥有更高的智商,获得更好的成绩,于是便相信人类大脑只利用了10%。在每一个广为流传的伪心理学谣言背后,我们都能看到信谣者的心理需要。我们选择相信某些观点,通常并非出于自己的理性判断,而是出于我们的心理需求。谣言制造者经常善于利用我们的软肋,来达到其目的。

我们来看一位网友的自述。

人类大脑只开发利用了10%,这个谣言我也曾相信,但最倒霉的是我妈曾深信不疑。学生时代,我妈没少以这个伪科学为借口砸我的脑袋,每当我说我学的脑子有点儿迷糊了,一天之内记不了这么多东西了,有点儿转不动了……我妈就会语重心长的跟我说:人类穷极一生也只用了10%的脑细胞,还有90%的潜能等着开发呢,只有爱因斯坦开发了15%!你别给自己找借口!相信自己,这才哪儿到哪儿啊!此时的我,心里就在暗想"那90%我求求你赶紧滚出来"。

从这位网友的亲身经历中,我们大概能够理解为何这一谣言会广为传播了。显然,这位母亲对子女获取好成绩有着强烈期望,而这一谣言很好的契合了她的这一心理。

四、恐惧

在自然面前,人类是渺小而脆弱的,为了更好地生存与繁衍,人类演化出了恐惧这一心理机制,以躲避身边随时可能出现的危险,它确实给人类带来了极大的生存优势,但随着我们生活环境被改造,人类在演化过程中经常遭遇的危险也已极少出现,但恐惧这一心理机制仍然在发挥着作用。它经常被骗子们所利用,成为其传播伪科学谣言的有效手段。当我们感到恐惧时,我们倾向于逃跑或者屈服,而当谣言使我们恐惧时,我们很可能会选择相信。就像算命先生的常用套路之一就是警告你,家中最近会有血光之灾。微信朋友圈中的谣言则喜欢采用吓人的标题,比如《震惊!科学发现这样吃饭是在喂身体的癌细胞》《不可不知!90%的孩子都有心理问题!》等等。恐惧使我们被骗子所蛊惑,最终成为他们敲骨吸髓的对象。

心理学有关大众对宗教神创论和进化论接受的研究,从侧面很好地说明了恐惧的作用,这些研究表明,恐惧和怀疑会促进宗教的发展,阻碍人们对进化论的接受。

其中一项研究发现,那些刚刚经历了严重地震的新西兰人(只限于直接遭受了地震影响的人们)显示出了更强的宗教性,还有研究显示,人们对随机性、混乱和死亡的思考也会增加他们的宗教性,降低对进化论的接受程度。在一项研究中,参与者被要求想象一种他们无法控制的状况,然后"给出三个理由支持'未来是不可控'的观点",研究显示他们对进化论的接受程度明显降低,而对神创论的接受程度升高,这正是恐惧的作用。

五、"宁可信其有，不可信其无"的态度

不少人在面对自己无法判定真伪的信息时，会采取"宁可信其有，不可信其无"的态度，当你问他为什么时，他往往会说"如果我不相信，万一它是真的，我就会吃亏，而如果我选择相信，即使它是假的，我也没什么损失"，此时你往往无言以对，甚至可能觉得他说的有道理，真的如此吗？

著名基督教哲学家 Blaise Pascal（布莱兹·帕斯卡）提出了一个被后人称为"帕斯卡的赌注（Pascal' s Wager）"的理论，该理论表述如下：

（1）如果上帝存在，那么信上帝者得永生，不信上帝者下地狱，信上帝更好；

（2）如果上帝不存在，那么信不信上帝都一样。

综上，信上帝比不信上帝更好。

"帕斯卡的赌注"与我们不少国人"宁可信其有，不可信其无"的逻辑是一样的：在未来具有不确定性的情况下，如果对于任意可能的未来情况，现在选择 A 比选择 B 都能得到更好的结果，那么现在就应该选择 A（或者起码不应该选择 B）。

你意识到"帕斯卡的赌注"的问题了吗？它的问题在于：如果上帝不存在，是不是"信不信上帝都一样"呢？如果事实上世界由撒旦统治，死后所有基督徒都要下油锅呢？即使不讨论死后，生前基督徒需要付出大量时间祈祷，付出大量金钱支持教会建设，如果上帝不存在，这些本可以有更好利用的时间和金钱就都打了水漂；因此，帕斯卡对这个决策的结果描述是错误的，其所作的比较以及进而得出的结论也就无法成立。

"宁可信其有，不可信其无"的说法也是如此：如果事实上是"无"，那么"信其有"和"信其无"真的一样吗？并不是，实际上因相信谣言而付出代价的例子数不胜数：相信"偏方"而丧命的人有多少？相信"先父遗传（Telegony）"又害了多少人？当然，在日常生活中更多时候并不会付出很严重的"代价"，比如相信"食物相克"的人会错过不少美食。"宁可信其有，不可信其无"的说法是站不住脚的，最好还是学习孔老夫子，"知之为知之，不知为不知，是知也"，如果没有足够证据支持某个观点，那还是不要在它上面浪费时间精力和金钱了。

六、过度信任权威甚至迷信名人

随着现代社会分工的细化，专家在我们的生活中扮演着越来越重要的作用。日常生活中，我们经常需要求助于权威，学习中我们要听老师的，生病时我们要听医生的，借助于权威，我们能够更快速有效地作出决策。

2013 年前后，网上爆出果粒橙中含有农药多灵菌，引发大众恐慌，但美国食品药品监督管理局（FDA）说"没事"，由于 FDA 一贯严谨可靠，大家就吃下了一颗定心丸。相信权威是迅速判断真假的捷径，但也容易被骗子们所利用。在很多非法的保健品广告中，演员会穿着白大褂对保健品所谓疗效侃侃而谈，正是利用了"权威效应"。

绝大多数人因不具备专业知识，无法判断对错，只能选择信任权威，但每个人信任权威的程度却不尽相同。极端不信任权威的人会对一切都持怀疑态度，他们通常不肯放过任何

一点信息，在细枝末节上浪费过多时间，不能分清轻重缓急，优柔寡断，导致效率极低，常因细小问题误事。而处于另一个极端，盲目且不加判断地信任权威的人，既容易在权威提出错误观点时被误导，更容易被骗子所利用而陷入伪科学的泥潭却不自知。我们所期望的是在这两种极端之间达到平衡。

如何才能既通过专家提高决策效率，同时又不被专家所误导呢？

首先，专家建议的有效性存在两方面的限定条件，一方面是专家建议只能适用于其专业领域内，在此条件下，其建议才是具有参考价值的，一旦超出其专业领域，则该建议极有可能是错误的。另外，专家建议只适用于当前一段时间，人类对世界的认识在逐渐进步，而且呈现出逐渐加速的趋势，随着人类认识水平的提高，以往一些正确的观点可能会被修正，甚至被颠覆，因此专家的建议也只适用于当前一段时间，而不应将其视作永恒的真理。

其次，提高自身的怀疑精神和独立思考能力。与其选择盲目信任权威，不如自己手握一把明辨是非的利剑。这把利剑，就是怀疑精神和独立思考的能力。笛卡尔曾说“我思，故我在”，其中的思其实就是指思辨与怀疑。真实与谎言不是永恒不变的，可能随着时间、情境的变化而互换形态。只有理性的怀疑精神和独立思考的能力，才能够令我们无论在什么时代、什么情境下，都具备明辨是非真假的能力。

第三节　伪心理学会给我们的生活产生什么样的影响呢？（以占星术为例）

当你告诉朋友说“算命、占星术等都是伪科学，别信它”，你的朋友可能会说“我只是觉得它有趣，玩一玩而已”，不少人都认为，相信伪科学仅仅只是个无伤大雅的游戏，真的如此吗？太天真，伪科学带来的危害虽不易察觉，但在生活中却广泛存在，还是不要拿“玩一玩而已”当托词了。那伪科学会给我们造成什么样的危害呢？伪科学带来的危害方方面面，既有谋财，提高人们的生活成本，甚至还有害命，一些人因相信伪科学而使自己或他人丢掉性命，这是物质层面的危害，我们在此略过不谈，只谈其在精神层面的危害。由于伪科学种类过多，我无法将所有类型的危害一一讲明，因此选择以占星术为例来说明其危害，占星术的危害主要体现在以下三个方面。

一、落入宿命论的陷阱

如果你仔细想一想就会发现，相信生辰八字、相面、占星术等伪科学等同于相信宿命论。如果我们的人生是被自己的出生时辰、长相或天上的星座所掌控，那何苦还要努力奋斗呢？我们现在就应该放弃学习、放弃努力、放弃一切的作为，我们的人生历程不会有任何改变，一切早已命中注定。这样的推论你能接受吗？

显然占星术这类伪科学，否定人的主观能动性，忽略未来的无限可能，是一种消极被动的思想观念，对个人和社会没有任何益处和价值。当然，这并不是骗子们关注的问题，他们只关注我们口袋中的钱，至于产生的消极影响，他们当然很无所谓。

二、助长歧视与偏见

如果有一天你求职时，看到一则招聘信息，其所有要求都与你自己非常匹配，只有一条不符合，就是星座，此时你作何感想？

占星术将人的出生日期与星座相对应，并为每一个星座的人贴上不同的性格标签，它让自己的信徒在真正了解他人之前，就预设他人具有什么样性格特点，这就会造成刻板印象。刻板印象基于这样一种理念：如果一个人属于某个群体，例如，华人、犹太人、黑人、白羊座的人、双鱼座的人等，那么就可以在接触这个人之前，断定关于这个人的一些行为或性格特征，例如，固执、懒惰、高傲等等。这种预设会给人际交往带来严重的负面影响，首先预设会驱使人们去寻找能够印证他们假设的证据。如果我们相信星座，我们就会成为“观察选择效应”的受害者，即我们在观察时，只会关注到我们想要的特征，而忽略其他特征。这种认知偏差会使我们在评价别人时，受到之前预设的影响，最终只能获得对他人歪曲而偏颇的印象。作为中华儿女，我们的先人曾在美国的排华浪潮中遭受巨大伤害，直至今天此种歧视仍若隐若现，我相信没有人愿意此类歧视以星座的名义再现。

三、影响理性决策

不少人在日常生活中依靠占星术来帮助自己进行决策，最著名的例子是美国第一夫人南希·里根，1981 年时任美国总统罗纳德·里根遭到暗杀，当时的第一夫人南希·里根竟因此求助于占星术。她向占星家琼·奎格利咨询哪些日子是“好的”“一般的”或是“不好的”，并以此来规划总统的日程——从签署法案到出国访问等各种大小事宜。南希后来写道：“那次暗杀差点夺走了我丈夫的性命，这种恐惧时刻萦绕在我心中，而占星术仅仅只是我挨过这种痛苦的一种方法。至于是不是占星术阻止了后来针对我丈夫的暗杀行为？我并不是特别相信，但我也不能排除。”

此时，我只想跟南希说，我很同情你的遭遇，可惜你对占星术的半信半疑只是为了求得心理安慰，这虽是人之常情，但你的这一伪科学信念不仅影响了美国总统的日程安排，使美国公民为此付出了代价，也给普通大众做出了不好的榜样。

我们在进行决策时，如果将占星师的建议作为考量的重点，而不是其他更关键的因素，决策必然会产生偏差，甚至带来严重后果。我们可以设想这样一个场景，有一天，你喜欢上了一位异性，他也很喜欢你，此时你一定心花怒放，可是当你请求他做你的恋人时，他却拒绝了你，理由仅仅是你俩星座不合，你会作何感想？也许你觉得这只是我为了说明问题而编的一个故事。非也，这是现实生活中不断上演的真事，约会网站上的不少网友，仅仅因为星座不匹配就拒绝配对，很可惜，他们也许已经错过了自己的“真命天子”。

更糟糕的是，占星术等伪科学还可能通过“自我验证”改变我们的性格和行为，使我们通过自我暗示来变得更符合星座预测的结果。自我验证是指人们有了关于自身的想法时，就会努力证明这些自我观念。

对于落入伪科学圈套中的人，我想说，伪科学只是一口空话，是对时间、金钱和感情的巨大浪费，没有它你会过得更好。

第四节　我们怎样才能避开伪心理学的坑？

每天我们都沉浸在海量的信息和不同观点之中，而这其中混杂着大量的伪心理学信息，我们如何才能够去伪存真呢？在接受某一个观点之前，我们可以问它如下几个问题。

一、证据在哪里？

多数人在了解心理学相关内容时都容易忽略一件重要的事情：这个“观点”背后的证据是什么？要记住，绝不可轻信作者的一面之词，重要的不是作者的观点，而是观点背后的证据。现在的很多网文为了提高浏览量，最经常采用的手段之一就是投读者所好，而根本不关注证据，甚至伪造证据。我们要成为明智的信息消费者，避免被不良作者所愚弄，就需要依靠自身能力，通过对证据质量的判断来区分良莠。

那我们该如何区分证据质量的高低呢？

证据通常可以分为个人感受或经验总结，该专业领域的权威观点，科研证据等几类，这个顺序也是证据质量由弱到强的排序。如果一篇文章完全没有引用该领域权威的言论或研究论文而只是谈作者本人的感受、体会或经验总结，那作者很可能只是在哗众取宠，这样的文章不值得信任。为什么个人经验不值得信任？因为个体经验并不具有普遍性，无法明确真正的因果关系，因而也就无法将结论推广至他人，这一点与科学研究的可重复性截然相反。　可重复性是自然科学研究的基本原则，科学不关心孤立或巧合的个别现象，科学关心的是适用于所有时空所有人的普遍规律，自然科学规律不能因人而异。只有当某些现象能按照定律或规律性重复发生时，我们才能确信这些现象不是一个孤立的巧合，从而形成对自然规律的认识。因此，我们认为个人经验对他人而言并不具备多高的价值。专家观点的质量之所以比个人经验总结的质量更高，也是因为专家所接受的专业训练以及对本领域的研究成果更为了解，其建议也就更具科学性，但专家的建议也可能会受到本人动机、记忆、学识等方面的局限，因此其质量相比科研成果要低。我们之所以认为科研成果的证据质量最高，原因在于科研成果要接受科学共同体的严格检验。

我们以男性数学能力强于女性的有关争论作为分析对象，来看看我们自己应该持有什么样的观点。有关证据有如下几类：（1）经验总结，从数学家的数量来看，无论是当前还是历史上的知名数学家，男性数量远远多于女性，；（2）权威观点，哈佛大学前校长劳伦斯·H·萨默斯曾在一次讲话中暗示女性在数学能力和科研能力方面弱于男性，这是先天的性别差异所导致；（3）统计数据，大量统计数据显示，男性数学成绩显著高于女性；（4）认同男性数学能力强于女性的人数。虽然我们无法进行全民调查来获得准确结果，但就日常生活来看，认为男性数学能力强于女性的人数应该占优。那我们是否能够依据以上证据，相信

“男性数学能力强于女性”这一观点呢?

这一观点的证据包括了经验总结、权威言论、统计数据甚至支持者数量,如此多的证据足够充分吗?很明显我们还缺少科学研究方面的证据,那我们再来看一下第五类证据——科学研究成果,近些年有关男女两性数学能力的心理学研究表明,男女两性在数学能力整体上差异并不显著,只是在数学能力的不同方面,男女各有优劣。

我们看到前四类证据是支持“男性数学能力强于女性的”,而第五类证据并不支持该观点,此时我们自己应该接受哪种观点呢?如果从证据数量来看,我们应该接受“男性数学能力强于女性”,但如果从证据质量上看,前四类证据质量均差于第五类证据。最终我们应该相信“男女两性数学能力整体无差异”这一观点,证据质量才是我们应该关注的,而不是数量。令人感到吃惊的是,如果一位女性持有女性数学能力弱于男性的观念,那么她在数学测试中就会受到负面影响,最终其表现将真的差于男性。

二、对细节进行辨别

在海量的信息之中,我们很容易迷失在细节中。因此,我们需要训练自己,去判断哪些细节是重要的,哪些细节是无关紧要的。

听过网络曾经热传的《哈佛凌晨四点半》吗?凌晨4点多的哈佛大学图书馆里,灯火通明,座无虚席……哈佛的学生餐厅,很难听到说话的声音,每个学生端着披萨可乐坐下后,往往边吃边看书或是边做笔记。很少见到哪个学生光吃不读,也很少见到哪个学生边吃边闲聊。在哈佛,餐厅不过是一个可以吃东西的图书馆,是哈佛正宗100个图书馆之外的另类图书馆。哈佛的医院,同样的宁静,同样的不管有多少在候诊的人也无一人说话,无一人不在阅读或记录。医院仍是图书馆的延伸。于是,哈佛的诺贝尔奖得主有33位;哈佛产生的美国总统有7位。哈佛校园里,不见华服,不见化妆,更不见晃里晃荡,只有匆匆的脚步,坚实地写下人生的篇章。

你是不是觉得自己的内心受到了一万点暴击?你是不是也想让自己能成为哈佛的天之骄子,也想像他们那样只看书,不说话、不睡觉,甚至吃饭也只是为了填饱肚子?你是不是还为自己现在的“平庸”找到了充分的理由,我远没有那些天之骄子们努力刻苦,所以也就不会像他们那么优秀了?但你想过另一个问题吗?这个故事也许是假的。也许你根本没想过它是真是假,但很可惜,这个故事确实是假的。

那我们如何从这段故事中看出它是假的呢?

正是通过细节,我们可以确定这个故事是假的。首先,哈佛有多少学生晚上不睡觉呢?是都不睡觉还是只是一小部分?他们天天不睡觉呢,还是偶尔几天不睡觉?看这个故事的意思大概是说哈佛学生非常刻苦,可能很多人都经常晚上不睡觉。那这个说法就很有意思了,睡眠是人类进化而来的节律,缺乏睡眠会带来严重危害,难道哈佛的入学标准是看睡眠时间的吗?这一点很显然是假的,所有人都需要有良好的睡眠才能够在清醒时保持更高的工作学习效率,即使是哈佛的学生也不能例外。编故事的家伙,你难道是欺负我们没去过哈佛吗?哈佛的学生不是人啊?

哈佛的学生不仅不睡觉,还可以一直不说话,无论何时都是在看书。这可就奇怪了,他们都从来不讨论的吗？他们只学习，没有社交，没有恋爱，没有娱乐？这些难道都是学渣才会去做的事情吗？哈佛出了那么多美国总统，诺贝尔奖获得者，也没见都是光棍啊？美国总统的演讲能力都不弱啊，他们平时都在看书，没时间说话，这演讲能力怎么来的？哎，我们只能感叹，哈佛的学生确实不是人啊。这编故事的家伙可真的是不把哈佛学生当人看，结果逼得人家哈佛大学的教授和哈佛官方都不得不出来辟谣了，国内也有学者进行了辟谣。

2010 年 11 月 8 日，哈佛大学图书馆馆员开了专页回答说哈佛大学里的图书馆没有这错误百出，语无伦次的英语‘训言’。2012 年 11 月 15 日，哈佛大学教授在华尔街日报撰文《Enjoy the Unavoidable Suffering——A generation of Chinese students draws inspiration from a hoax about Harvard》(《一代的中国学生的激励来自一篇有关哈佛的谣言》)。2012 年 12 月 3 日，哈佛大学校报报导有关中国人杜撰的“哈佛凌晨 4 点半”，大意是说，哈佛绝对不是这样的，哈佛大学里的图书馆没有“20 条训言”绝对是假的，是中国人杜撰的。石毓智博士写的《为什么中国出不了大师》，前言里面就拆穿了这个谎言里面摘录如下：“这则报道的动机也许是好的，但是内容是假的，而且极具误导性。我调查了哈佛大学的所有大图书馆，怎么可能有凌晨 4 点学生在图书馆学习的情景？如果有学生去仿效，也早上 4 点起来，那他这一天就别上课了！高度疲劳的学习，不仅难以有什么成效，而且会危及健康。

实际上，这则故事即使不依赖辟谣，不依赖国内学者的实地调查，通过细节与日常生活的经验对比，我们也应该能判断出其真假。

三、思考观点背后的经济利益

当我们读到一条新闻或是一则观点，思考观点表达背后的受益者将会是一个好习惯。如果某人阐发一个观点，那么他们将很可能因某些原因从中受益。这话听起来似乎有些阴谋论的味道，但我们得认清现实，伪科学之所以大量涌现，正是因为背后巨大的经济利益甚至政治利益和其他方面的利益。美国人每年在占星等伪心理学方面的支出高达数十亿美元，各类占星公司、媒体、占星师甚至是通信公司都从中分得了一杯羹。当我们看到一个观点，想想它背后的获益者不是件坏事，因为有些时候一个人表明观点的动机能够使得他们的观点更有效。

最典型的就是有关吸烟致癌的争论，当吸烟致癌的研究结论出现的时候，很快就出现了许多反对的声音。此时你应该选择相信哪一方呢？当时科学家发现卷烟会致癌，烟草公司以优厚的报酬网罗了一批科学家来宣扬反面的意见。他们努力把主流科学家已经达成共识的议题转换成看似势均力敌的对抗。同样的一幕也出现在了气候变化的问题上，本已定论的结果最终却变得充满争议。世界上的研究者那么多，财团总是能找到某个有博士头衔的人为伪科学代言。甚至不少媒体为了收视率和流量，也乐于帮伪科学抛头露面，在两头煽风点火，因为精彩的论战总是能吸引观众，就像转基因食品是否安全这一话题，本来只是一个科学问题，却连崔永元此类文艺界人士也参与其中，甚至引导了不良的舆论风向。

推荐书籍——《这才是心理学：看穿伪心理学的本质》

作者：[加] 基思 · 斯坦诺维奇，[Keith，E.Stanovich] 著；窦东徽，刘肖岑译

基思 · 斯坦诺维奇，加拿大多伦多大学人类发展与应用心理学教授，曾担任加拿大应用认知科学首席科学家，于 2010 年获得格威尔美尔教育奖，并于 2012 年荣获美国心理学会颁发的桑代克终身成就奖。

出版社：中国人民大学出版社

书籍简介：本书第一版出版于 1983 年，30 多年来一直被奉为心理学入门经典，但其并非仅适合于心理学专业的学生，同样适用于对心理学感兴趣的普通读者，它能帮助你纠正对心理学的种种误解，建立批判性思维技能与意识，也可以视作一本精彩有趣的科学哲学类读物。该书语言幽默生动，事例妙趣横生、贴近生活，非常值得一读。

看点：翻开本书，让心理学大师教你如何站在批判性思维的角度，以科学的态度对待心理学，借助本书的科学观念，我们可以去伪存真，彻底走出伪心理学的误区，更好地理解人类行为的本质，弄清什么才是真正的心理学。

推荐电影——《我的个神啊》

这部影片和《三傻大闹宝莱坞》是同一个导演和主演，主演阿米尔汗称得上是印度国宝了。影片通过讲述一个外星人在地球上的奇幻旅行，对印度的文化进行了深刻的探讨。该片以旁观者的视角，对印度民众的宗教信仰进行了深刻批判，既有助于我们更好地认识宗教，也有助于我们认识批判性思维的价值。

补充阅读——“事后诸葛亮”后见之明

经验说：心理学研究的只不过是些常识罢了，这点儿东西，谁不懂啊。实验说：为了让你信心满满，大脑总是会篡改你的记忆，这就是“后见之明”。

你总是这么说：“我当然知道他们就要输了。”“我早料到会发生这种事。”“这不过是常识而已。”“我就知道你要这么说。”并且坚信不疑这是出于你敏锐的直觉和洞察力。但研究表明，在你的推理过程中，有一个本质上的缺陷，当事情的发展并不如想象中进行的时候，人们总是倾向于修改自己的记忆，以使自己看起来不是那么白痴。学习的时候，你潜意识里希望从一开始就知道这些知识，显得自己无比神勇，料事如神。于是你就这么以为了，哪怕是在事情发生以后。当然，你也别觉得丢人，这种趋势只不过证明了你是个普通人，犯了一种人人都会犯得错误——后见之明偏见。

不相信？那让我们来看一组实验：Harvard 最近的一项研究表明，老年人热衷于坚持他们旧的信仰，他们会觉得很难接受与他们已有知识相悖的观点。这个结论貌似告诉你，越老越不容易接受新事物。废话，当然实验的结果会如此。你一直都知道这些，不是么？老年人对新知识的抵触，这是常识！看，你又事后诸葛亮了吧。

让我们再来看看另一组实验：Alberta大学的研究证实，由于有着多年的智慧和惊人的知识累积，老年人会比18岁毛头小孩更容易提前完成4年大学生活。这项研究表明，对于学习，你永远都不会太老。等等，这貌似也是常识。听上去很合理，很靠谱嘛。

但到底哪个是对的呢？（我们暂且忽略Harvard和Alberta的知名度问题）越老越不容易接受新事物，还是，对于学习你永远都不会太老？事实上，这俩实验都是我捏造的。（用捏造的事实来证实后见之明的偏见，多么美妙且令人发指的方法。当然，这要感谢著名的《社会心理学》作者David G. Meyers的创新之见。）你会觉得这两个实验结果看起来都很正确，那是因为每当你学新知识的时候，你会迅速的修改你的记忆，让你的脑袋感觉不到决策失误的挫败感。

1986年的时候，Karl Teigen找来一些学生，然后让他们判断各种谚语的真实性。Teigen说："古人云，'人不可貌相，水不可斗量。'所以你永远不能以一个书的封面来判断这本书。"学生们觉得这太对了，太智慧了，而且我们一直都是这么做的呢。你觉得呢？为什么我们不能以一个书的封面来判定这本书？在你的记忆中，这种情况多见么？再来看看这句话："如果它看起来是个鸭子，游泳也像个鸭子，还跟个鸭子一样呱呱叫，那它应该也许大概可能就是个鸭子？"听起来也像个常识吧？所以，到底哪个才是真的呢？

让我们再回到Teigen的实验中去。在他的试验中，大部分人认为他提供的谚语是有道理的，甚至这些谚语自相矛盾的时候，他们也觉得是对的。比如说，当他说"爱能战胜胆怯"的时候，他们觉得非常有道理。当他再说完全相反的话，比如，"爱真的需要勇气，去面对流言蜚语"的时候，他们同样照单接受了。他试着证明通常情况下，人们认为的常识其实根本不是常识。当然，这个结论同样适用于这个实验。当学生、记者和门外汉们被告知后见之明偏见的实验结果时，他们说，"当然啦，我们早就知道啦～人人都会事后诸葛亮的嘛"（你也这么认为的吧？所以现在就甭不好意思不承认啦！）Teigen的实验同样证实，这也只不过是后见之明的偏见在作怪。

你不断的回顾过去，然后不断的修改自己过去的故事，使它更贴近于现在的你。一旦你从错误中学到了什么，或者把错误的行径改掉，就没有必要再存着垃圾箱了，所以潜意识里你会把你犯下的错误删掉。这种在潜意识里删掉错误假设的行为可以解除你心理的压力。没错，你在对你自己撒谎，但它却给你带来了好处。

如同卡内基·梅隆大学的Baruch Fischhoff所说，这是一种对某些方面有好处（让你自信满满的看向将来），但却对另一方面危害极大（重塑你之前的观念）的心理机制。早在尼克松总统到中国的破冰之旅前，Baruch Fischhoff就开始着手策划如何把后见之明偏见赤果果的展示在骄傲的人类面前了。他问了一些人，哪些决策在这次破冰之旅中会被敲定，然后记录之。旅程结束之后，他又问这些人他们当初的判断。结果出乎意料，这些人记忆中自己的准确率要大大高于他们实际的准确率。

一般来说，人们在做决定的时候，会不自主的基于他们的已知信息，然后忽略其他有可能的一切信息。也就是说，当你做决定的时候（比如回忆你最初的判断），你会基于你现在掌握的信息，而不是你当时所掌握的。"人们想要正确的欲望，要比他们变得主观的能力要强的多得多得多得多。"N·Crawford如是说。

了解后见之明偏见，可以让你在政治家和商人高谈阔论他们当初的正确决策时，有基本的怀疑精神。当然，下次你在网上搜索数据库，或者和你的另一半吵架的时候，记住这点，对方总是会觉得自己从没错过。当然，你也强不到哪儿去。

第三章 认识科学心理学
——了解人性的钥匙

引子："李约瑟难题"

你听过"李约瑟难题"吗？李约瑟难题是英国学者李约瑟所提出的，其主题是："尽管中国古代对人类科技发展做出了很多重要贡献，但为什么科学和工业革命没有在近代的中国发生？"李约瑟在1930年开始研究中国科技史时提出了这一问题。1976年，美国经济学家肯尼思·博尔丁称之为李约瑟难题。很多人把李约瑟难题进一步推广，出现"中国近代科学为什么落后""中国为什么在近代落后了"等问题，对此问题的争论一直非常热烈。

一位名叫罗兰的美国科学家曾对此作出了非常深刻的剖析，用语虽多有蔑视甚至鄙视，但仍值得我们学习和反省。1883年，这位美国科学家罗兰在《科学》杂志撰文谈"科学与应用科学"之间的关系时，专门谈到了中国落后的问题。他说，"我时常被问及，科学与应用科学究竟何者对世界更重要，为了应用科学，科学本身必须存在，如停止科学的进步，只留意其应用，我们很快就会退化成中国人那样，多少代人以来他们都没有什么进步，因为他们只满足于应用，却从未追问过原理，这些原理就构成了纯科学。中国人知道火药应用已经若干世纪，如果正确探索其原理，就会在获得众多应用的同时发展出化学，甚至物理学。因为没有寻根问底，中国人已远远落后于世界的进步。我们现在只将这个所有民族中最古老、人口最多的民族当成野蛮人。当其他国家在竞赛中领先时，我们国家（美国）能满足于袖手旁观吗？难道我们总是匍匐在尘土中去捡富人餐桌上掉下的面包屑，并因为有更多的面包屑而认为自己比他人更富裕吗？不要忘记，面包是所有面包屑的来源。"

作为一位中国人，你是不是觉得自尊心受到了深深的伤害？无论我们做何辩驳，落后却是事实，而且不仅是过去落后，直至现在，我们的科学研究仍然与欧美存在很大差距，我国大陆本土的科研人员中仅有一位屠呦呦获得过诺贝尔奖，甚至直到现在，我们的生活中还会不时地冒出各类"大师"，此大师非钱老所言之大师，而是"养生大师张悟本""气功大师王林""李一道长"等，从这些所谓大师的红极一时，我们也能看出，中国公民的科学素养实在不敢恭维，而且我们不光"大师"多，伪科学流言也层出不穷，诸如香蕉致癌、微波炉辐射致病、转基因食品让人绝育等，不一而足。这些流言不仅被老百姓拿来聊天或者在微博上耸人听闻一把，有些还登上正规媒体的版面，包括某些发行量极大、隶属于权威党报的媒体。2018年，第九次中国公民科学素质抽样调查显示，我国具备科学素质的公民比例为8.47%，虽然近年来可谓进步神速，但与欧美日本等发达国家仍有一定差距，且存在城乡、性别等多方面的不平衡。面对泛滥的伪科学，具备科学素质的公众却数量稀缺，提高公众科学素质成为了一个迫切的问题，这一章我们就来了解一下科学。

第一节　科学是什么?

“科学”一词来源于拉丁文“Scientia”,意为“知识”“学问”。根据《说文解字》,“科”,会意字:“从禾从斗,斗者量也”;故“科学”一词在中国古人看来,取“测量之学问”之义。虽然到目前为止,关于“科学”的定义,不同时代、不同国家、不同学术组织和不同个人,有着不同的表述和阐释,但原子论观点的发展历程基本揭示了“科学”产生的过程:为解释某一客观现象,提出一些思想或者模型,进而对这些思想和模型的一些预言进行检验,再根据检验结果对这些思想进行筛选、纠错和发展,如此循环。因此,“科学”是一个建立在可检验的解释和对客观事物的形式、组织等进行预测的有序的知识的系统。但在我们的文化中,“科学”似乎成了“正确”的代名词,而科学真正的含义却未深入大众心中,科学既不是“正确”的代名词,也不等同于真理,科学存在着多方面的含义。一方面,科学可以指一种世界观和方法论,即科学精神和科学方法;另外,科学也可以指在科学方法指导下构造的知识体系;第三方面,科学知识的生产离不开科学的实体——即科学共同体。这三个方面构成了科学的不同侧面,其中核心是科学方法,获得的成果即是科学知识,创造科学知识的主体是科学共同体。因此我们可以通过对科学精神(科学方法)、科学知识和科学共同体的了解来更好地认识科学。

一、科学方法与科学精神

(一)科学方法

科学不只是那些“静态”的已经获取的知识,更是那些“动态”的获取这些知识的成熟规范、方法论,它包括提问的方式、解答问题的逻辑和方法等诸多方面,而科学精神由科学方法延伸而来,二者是紧密联系在一起的。 为更好地了解科学精神,我们有必要先了解科学方法。

科学方法是在获取客观知识的过程中建立的方法论,科学并不满足于“我们知道了什么”“我们证明了什么”,同时还需要严格遵循获取结果的一整套过程,包括观察 / 质疑 / 设论 / 检验 / 确证(推翻)等一系列步骤,科研方法通常包括如下几个步骤:提出问题、背景研究、建立假说、通过实验来检验假说、分析资料并得出结论、就研究成果进行同行交流,科学方法所要求的这一系列步骤的主要目的是让不客观蹲墙角。科学精神由科学方法延伸而来,是科学的核心特征。

(二)科学精神

科学精神众说纷纭,但一般认为具有如下几点。

1. 客观性

科学的客观性包含两方面的含义，首先，科学研究的对象是客观事物，科学只能解决有客观现实基础的问题，而诸如道德、价值判断、社会取向、个人态度这些问题是无法用科学方法加以解决的，而“神”“鬼”“上帝”就更加不是科学所关注的对象了，因为他们根本不是客观实在；其次，科学研究成果是客观的，成果的客观性是指任何人皆可发现且获得相同认识的东西，它能够被他人独立验证。这些发现或验证工作通常是通过感官或其他方式来开展的，即客观是任何人通过合理的、功能良好的感官发现，并取得相同认知的东西，而这也是科学知识可检验性的前提。

2. 可证伪性

科学是人类最可靠的知识体系，科学理论与其他理论的区别在哪里呢？奥地利裔英国哲学家波普尔给出了一个判断标准——可证伪性，作为验证一个理论是不是科学理论的必要条件。可证伪性指的是一个科学的理论应该在逻辑上有被证伪的可能性，可证伪并不等于一定被证伪，而是说在逻辑上有这样的可能。比如“乌鸦是黑的”，这句话就是可证伪的，就算你从来没见过白乌鸦，你可以在逻辑上假设有一只白乌鸦存在，从而得出可证伪性，同时理论的可证伪性也存在差异，越容易构建证伪实验，就说明该理论的可证伪性越强，例如，自由落体定律，在忽略空气阻力的情况下，找两个质量差距很大的铁球从高处同时抛下，若落地时间差很多，且实验结论可靠，那就把这个定律推翻了，证伪自由落体定律的实验如此容易做，但全世界这么多人这么多年却是一个成功证伪的实验都没做出来，就反过来说明了该定律的可靠性。

理智的人会有一个理性的共识，那就是人类认识能力的局限性是永恒的，依靠有限经验得出的结论并不是永恒的真理，总是存在着在将来某一天被证伪的可能性。而那些无法证伪的说法，事实上已经否定了人类在此问题的认识上进步的可能性，这是反智的。科学理论虽然不保证永远正确，但它是人类可以依赖的最可靠的知识。在科学理论的适用范围内，新出现的情况总是不断地验证它的正确性，它本身也具有可以在将来被证伪的途径，一旦被证伪，该理论就被推翻了，或者改变其适用条件成为 2.0 版。

如果一项理论不具有可证伪性，实质就是宣称自己永远正确，这不就是在耍流氓吗。举个例子，指导员做战前动员，称“只要冲锋足够快，就不会受伤”。你拼尽全力冲锋，可战后却浑身血淋淋地被抬了回来。你说指导员说的不对，指导员却说：“那是因为你冲得不够快，否则就不会受伤了，记着下次冲快点啊。”面对这么流氓的解释，你只能哑口无言，但你已经知道了他是个骗子了，原因在于他根本就没有给出冲锋足够快的标准，无论你冲得有多快，只要你受伤了，他永远可以说你还不够快，他的说法就是“永远正确”的，其说法本身从逻辑上就无法被证伪，这样的理论当然不能称为科学理论。

证伪主义至少存在两个优点。第一，科学理论的表达一般为全称判断，而经验的对象是个别的。所以，经验如果用来证实理论，那么它将是无法穷尽一般的理论的。比如，再多的白羊也不能证明所有的羊都是白的，而只要一只黑羊就能证明所有的羊都是白的这个理论是错误的。所以，经验的真正意义在于可以证伪科学理论。第二，证伪主义可以避免对错误理论的辩护和教条。如果坚持实证主义，那么一旦出现与理论相悖的经验，人们便会对理论作出修正以满足经验。证伪主义使人们相信所有的科学都只是一种猜测和假说，它们不会被最终证实，但却会被随时证伪。哥白尼的“日心说”否定了亚里士多德的“地心说”，爱因斯坦的广义相对论超越了牛顿的万有引力理论，这些都是很好的科学证伪的例子。

3. 可重复性（可检验性）

科学知识是公共的知识，科学研究的结果必须要接受其他对此研究感兴趣的人的监督、审查。如果你对外宣称自己通过特定的试验装置得到了可观察到的实验结果，那你首先需要阐明通过这种试验装置，不止一次得到相同的结果。更重要的是，你希望任何人通过这种试验装置，无论他在哪间试验室，均能获得该试验结果。除非该实验结果经检验证实为“坚不可摧”，不然总会有人担心你观察到的那些令人激动的试验结果可能是因为设备故障，或标签出错的化学试剂造成的，或是因为你的双眼欺骗了你。但是如果他人能够按照相同的试验步骤得出相同的试验结果，说明你的研究具有可重复性，试验结果更客观，并最终成为公共知识的一部分。

4. 局限性

科学的局限性包含两方面的含义，一方面是所有的科学理论都存在一个适用范围，而不是放之四海皆准的绝对真理。例如，广义相对论在微观世界失效，量子理论在宏观世界失效。不过科学家们仍然在努力寻找是否有某种理论可以囊括所有自然现象（至少在物理界，将相对论与量子力学融合是一个已经延续数十年的野心）。

另外，科学并不能确保自己是永远正确的。科学也受到人们从自然现象中探寻本质的能力的限制。人会犯错，同时，由于信息的缺乏或者误解，人们有时候也会得出错误的结论。但是科学本身是具有自我纠错能力的，当我们获取了新的知识，就必须改变或者抛弃原本错误的想法。就像托勒密的地心说，现在我们都知道它是错误的，但是在中世纪，我们可以说它是科学的理论，因为它是通过科学方法构建起来的，只是受限于当时人的观察能力。

科学承认自己的局限性，正是基于这种承认，科学才能够不断取得进步，但有人却拿科学未必永远正确来批评科学，这其实是将自己放在了全知全能的上帝视角，去指责人类认识的局限性，显然这种思维是反智的。

二、科学知识

科学知识可以被认为是人类探索物质世界的阶段性知识，对世界运行规律的阶段性总结。所谓阶段性的含义是指“真理”在现实中是不存在的，它只是一个理想，人类的认识只能无限逼近“真理”，而不能完全掌握“真理”。虽然科学知识是阶段性知识，在将来可能被修正甚至被颠覆，但这些所谓阶段性成果仍然有其自身价值。那些不懂科学的人以这一点来支持巫术、风水、气功等等骗术，他们只是看到了字面上的“阶段性”之类的词语，就对科学整体犯了严重的认知错误。

为什么牛顿经典力学体系在被爱因斯坦推翻之后，我们仍信任科学呢？因为所有结果都是遵照科学方法得到的，它有严谨的论证过程，并不依赖于某一个具体的人（即使他再聪明也不行，爱因斯坦也不行），而且经典力学在微观领域的不适用仍然不影响它在宏观领域的可靠性，或者说，经典力学本来就是给宏观情况使用的。

科学理论的修正，本质上是人类在认识上的扩展深入，这一点跟气功大师、算命先生、伪心理学传播者信口胡诌能一样吗？一个理论在成为科学理论之前，其本身必须经过科学方法的洗礼，而所谓的大师（实为大骗）们没有任何论证、检验过程，方法论完全缺位，从这点来说其结论的可信性为零。

三、科学共同体

科学共同体是由科学家组成的专业团体，为加强交流、促进科学进步而结合在一起，他们往往有着共同的追求目标，具备相近的教育背景和专业训练，采用共同的术语、概念和语言，遵守同样的科学规范，是科学活动的主体。

科学的目的是获取可靠的知识，而科学共同体在其中发挥着非常重要的作用，其作用大致可以分为如下几个方面。

（一）科学交流

科学交流的形式多种多样，有学术会议、学术访问、科学期刊、图书馆等正式交流，也有无形学院这样的非正式交流。无形学院是某一科学研究领域中，具有共同目的和兴趣的科学家自发形成的，进行情报传播交流的非正式团体。

（二）出版刊物

科学共同体通过组织专家评审，把具有独创性的科学论著及时发表出去，把谬误百出的、荒诞不经的、平庸无味的东西尽可能排除在外。如果没有专家审查，学术泡沫便会漫天飘舞，学术垃圾就会遍地堆积，剽窃抄袭将有机可乘，巧取豪夺也将频繁发生。

（三）维护正常的竞争和协作

在科学共同体中，需要适度的竞争，否则科学没有活力和生机，但这种竞争又不能过度激烈和无序，否则会导致诸多弊端和内耗，甚至为争夺课题、项目、优先权、奖励等等而不择手段、相互攻讦。在科学共同体中，也需要一定的协作，否则很难完成较大的课题和任务，尤其是一些应用科学和大科学项目；科学共同体需要处理好各方面之间的关系，在各种要求之间保持必要的张力，从而达到有序竞争、和谐协作的最佳状态。

（四）把个人知识和地方知识变成公共知识

科学知识或理论一开始都是由某些个人或在某些地域生产的，属于个人知识或地方知识，还不具有足够的普遍性和共有性。通过科学共同体的交流、批判、纠错、修正、同化，最后用共同体公用语言准确而系统地表达出来，使这些知识超越狭窄的个人和地域，变成公共知识。

(五)承认和奖励

多数科学家都非常重视科学共同体的承认,这其中最为公众所熟知的就是诺贝尔奖了,其背后的诺贝尔评奖委员会正是科学共同体的典型代表。科学共同体既能够给予科学家承认,同样能够撤销承认以及把个人从科学共同体中驱逐出去。

(六)塑造科学规范和方法

科学共同体借助科学自身的本性和逻辑,发展科学规范和方法,为科学家提供行为准则和研究工具。这些规范分为两大类:一类是认识规范或称技术规范,另一类是社会规范,即科学精神,包括普遍性、公有性、非牟利性、有组织的怀疑主义等。

(七)守门把关

科学共同体通过同行评议和论文审查来实现其守门把关的职能,这一过程包含严密的程序设计和严格的审查人员遴选规章,只有这样才能使科学研究成果实现优胜劣汰。科学共同体有一个不成文的律令:一切科学研究成果,必须首先在科学会议或科学期刊发表,以接受科学家的审查和批评;越过科学共同体,动辄召开新闻发布会,轻率地与媒体唱和,在社会上大轰大嗡、恣意炒作,是有违科学规范和科学道德的,为科学家所诟病,为共同体所不齿。

(八)培育科学新人

未来的科学家在步入科学大门时,会受到科学精神的熏陶,获得科学前辈的言传身教,他们科学素质的积淀,科学方法的把握,科学精神的养成,科学价值的体味,大都是在科学共同体内“羽化”而成的。

(九)争取和分配资源

科学共同体既需要从社会获取人力、物力和财力资源,同时还需要在组织内分配这些资源,此外还要在组织内成员之间、部门之间进行协调与配合。这样的机制能够确保科学共同体维持正常的组织结构,并最终实现有效率的知识生产。

(十)与社会适应和良性互动

科学共同体作为社会大系统中的一个有机组成部分,无法遗世独立,它需要主动地、创造性地与社会互动,既促进科学发展,也促进社会繁荣。

（十一）科学普及或科学传播

科学共同体有责任把研究成果和科学知识用通俗的语言告诉公众，赢得公众的理解和支持。为了提高公民科学素养，科学家有义务在社会上进行科学普及，不仅要普及科学知识，更重要的是传播科学方法、科学精神、科学价值，使公众明白科学能做什么、不能做什么，从而全面而准确地理解科学。

案例分析：从韩春雨事件中看科学共同体的职能

韩春雨事件是中国科学界近年来最具影响力的事件，科学共同体内部围绕韩春雨的研究成果展开了激烈的争论，很多同行质疑韩春雨的研究成果，通过这一事件，我们能够了解科学共同体所发挥的一系列作用及其价值。

韩春雨，河北科技大学副教授，2016年3月，他在《自然－生物技术》刊登其论文，声称他的团队发明了一种新的基因编辑技术——NgAgo-gDNA。这一过程表明，韩春雨的科研成果通过了期刊的专家评审，这是科学共同体所承担的科学交流和出版刊物的职能。专家审查只是确保研究科学性的第一步，此时，尚不能明确其研究成果的科学性。

2016年5月，国内外媒体对韩春雨的研究成果进行了大量报道，称赞韩春雨在简陋的工作条件中做出诺奖级科研成果。我们需要注意的是，这是大众媒体对韩春雨研究成果的承认，但这一承认并不能证明其研究的科学性，而且明显有哗众取宠之嫌，报道的重点不在其研究成果的客观性，而在其工作条件简陋。由于其研究尚未获得科学共同体的检验，因此其研究结论的科学性尚处于待检验的状态，此时大众媒体称其取得诺奖级成果很明显是不符合科学精神的。

2016年6月，国内及国际多个研究小组声称无法重复韩春雨发表论文中的实验，《自然》杂志表示尚无最终结论。这一过程说明，科学共同体发挥着守门把关的作用，科学实验的可重复性是科学的核心要求之一。只有在相同的实验条件下，实验结果能够重复出现，方能说明规律的必然性，重复实验的失败使韩春雨的研究成果受到严重质疑。科学共同体的这一作用确保了科学知识的客观性，只有经过验证研究成果才能够从个人知识转为公共知识。

2016年7月13日，韩春雨当选河北科协副主席。2016年8月18日，韩春雨在由河北省委宣传部、省教育厅主办的活动中，获评“美丽河北·最美教师”荣誉称号。2016年8月31日，河北省发改委同意投资2.24亿建设河北科大基因编辑研究中心，其中韩春雨采购进口仪器设备的预算为1958万元。需要注意的是，这一系列的奖励和表彰由政府主导，这明显有越俎代庖之嫌。韩春雨的科研成果在尚未获得科学共同体认可的情况下，被政府拿来大吹大擂，显示出某些官员对科学共同体职能的无知，政府介入了本应由科学共同体承担的职能，严重损害了政府形象，也损害了科学共同体的独立性。

2017年8月3日，韩春雨团队主动申请撤回其于2016年5月2日发表在《自然－生物》杂志的论文。2018年8月31日，河北科技大学在其网站刊发了《学校公布韩春雨团队撤稿论文的调查和处理结果》，该校学术委员会成立调查组，认真核查了该论文涉及的全部原始实验资料，并委托第三方国家重点实验室开展重复验证实验，认为撤稿论文已不再具备重新发表的基础，未发现韩春雨团队有主观造假情况。至此，韩春雨事件结束，从整个事件的发生发展，我们能够看到科学共同体所发挥的科学交流、出版刊物、维护竞争和协作、把个人知识和地方知识变成公共知识、承认和奖励、塑造科学规范和方法、守门把关等一系列作用，正是由于科学共同体的这些职能，确保了科学知识的客观性。

第二节　我们如何辨别某一说法是否科学？

随着信息传播成本的极大降低，谣言和伪科学的传播也插上了腾飞的翅膀，如何在海量的信息中去伪存真成为了每一个普通人都需要面对的问题，相信伪科学知识并不是"无伤大雅"的行为，而是会付出成本甚至是极其高昂成本的。作者曾在北京青年报上看到过这样一则报道，2019 年 3 月 2 日，北京一女性林丽（化名）因肺部严重感染抢救无效死亡，此前她已感冒数天，高烧数天，但始终没有去医院看病，也没有吃任何药物，而是喝着"如新"的果汁，吃着"如新"的胶囊，任由发烧，林丽曾说"老师说这是身体在排毒"。林丽的行为虽比较极端，但我们在日常生活中确实也能看到不少人甚至你自己都会相信一些伪科学谣言。

我们再来看看给她洗脑的商家是如何操作的，而我们自己又该怎么做以避免上当受骗。

一、首先要具备怀疑精神

先不论商家如何蛊惑消费者，我们首先要想想自己是否容易被洗脑，如果不想轻易被洗脑，首先必须具备怀疑精神，我们每个人都应该成为一个健康的怀疑论者，这是我们独立思考和进行批判性思维的起点，也是求证的起点。我们为什么要成为一个健康的怀疑论者？首要的原因是，我们认识到人类的认知能力是有限的，人类的推理也并不总是可信，那么任何人的观点都有可能出现错误，我们不承认有人掌握终极真理，这一点已经在历史中一再被证明，也正因如此，我们仍然需要不断努力去积累更多的知识，以更加接近世界的真相。另一个原因是很多观点背后隐藏着巨大的利益冲动，如果我们不加以怀疑，就会上当受骗，特别是商品宣传。马克思曾在资本论中这样描述资本的本性，"当资本来到人间，每一个毛孔都滴着肮脏的血。资本如果有百分之五十的利润，它就会铤而走险，如果有百分之百的利润，它就敢践踏人间一切法律，如果有百分之三百的利润，它就敢犯下任何罪行，甚至冒着被绞死的危险，当然，也就不介意绞死别人了"。认识某一观点背后的利益，并不是让我们腹黑，而是让我们能够更好地衡量这一观点的可信度。如果一个观点涉及观点提出者本身的巨大利益，那该观点的可信度不高，此时我们应该将其与非利益相关者的观点进行对照，二者观点不一致时，我们更应该相信非利益相关者的观点。

在林丽死亡事件中，我们看到"如新"果汁的所谓导师宣称该果汁可以排毒甚至治愈疾病。对这一观点我们应该接受吗？显然不应该接受，因为该产品所谓导师实为销售人员，其宣传背后存在着巨大的经济利益，在所谓直销（实为传销）的模式中，该果汁的销售与导师的收入直接相关，其虚假宣传（牛皮吹破天）几乎无可避免。我们无法得知林丽是否质疑过这一宣传，甚至林丽作为传销链条中的一员，她自己也会为了利益而宣传该果汁的神奇功效，但不少人可能仅是为了利益吹嘘而已，自己根本不信，可惜的是林丽不仅信了而且还深信不疑，否则也不会一再拒绝就医，认为医院是个坑人的地方。如果林丽具备怀疑精神，只要略加求证就能戳穿这个骗局，更不会走到拒绝就医的地步。此外，如果林丽明白其导师观点背后的利益动机，从非利益相关者那里获取信息，比如从相关科学机构及科学工作者那里获取木鳖果的相关信息，自然更可靠。怀疑精神是起点，但仅有怀疑精神还不够，我们还需要对观点背后的证据进行判断，才能决定是否相信它。

二、对证据的质量进行判断

科学家往往有这样的共识，结论需要证据的支持，不需要通过实验证明就可以被接受的"真理"是不存在的。任何一个观点或结论都需要经受实践的检验，如果未经验证，其只能被称为假想、假说。在此前提下，观点的可信度取决于证据的质量。

在现实中，要做到像一个科学家那样去思考并不容易，我们需要分清什么是事实，什么是主张，一个观点是否科学取决于它是否被众多严密的证据支持。但在生活中，我们看到的证据往往五花八门，比如某某专家的说法、千百年前的古人的说法、某一群体的说法等等，这些都会被很多人拿来作为自己观点的证据，但这些证据的质量太低，无法让我们采信其观点。理想的证据是直接的科学实验证据，此类证据可信度最高，同时我们不应只看一项科学实验证据，而是希望看到科学研究证据的汇聚，互相关联且交叉印证的科学实验证据才是最理想的证据。

我们来看在林丽死亡事件中，商家提供的证据如何？商家将该果汁产品称为 g3 活能饮品，1200 毫升售价为 690 元，称其主要成分是长在东南亚地区，被当地居民赞誉为"天堂之果"的"木鳖果"，与枸杞、刺梨和沙棘混合制成。商家将当地居民对木鳖果的赞誉作为产品功效的证据，你觉得可信度高吗？很明显这一证据质量极低，并不能证明其产品功效。笔者在网络上简单搜索了一下有关木鳖果的信息，发现该水果并不稀奇，广泛分布于国内的广东、广西等地。商家大概也了解这一证据说服力不足，作为一个有强大科研实力（强大行骗实力）的公司，他们还提供了大量所谓科学证据。该公司官网中对这一产品的成分进行了详细介绍，宣称在全球设有两大"抗衰老研究中心"，并展示有实验室图片，同时官网中还设有学术专区，介绍了一些与其产品相关的科研论文。那么这些证据的质量又如何呢？确实，表面上看起来这些都算得上是高质量证据了，但这些证据存在大量疑点。首先是官网展示的实验室图片中居然看不到任何工作人员及实验用品，仅有气派的桌椅。这虽然让人生疑，但也许是实验室刚落成的照片呢，暂且放过。我们重点来看其产品成分，其各主要成分都宣称有这样那样的功效，一位留美营养学博士在知乎上称其产品成分严重夸大宣传，作为非专业人士我们无法确认成分的功效，但我们也应该能理解商家虚假宣传是出于利益动机，毕竟一瓶 500ml 果汁敢定价 300 多元，不吹嘘是没有人会买的。设想如果一瓶可乐卖你 300 多，你不觉得都是交智商税了吗？此外，如果你将该公司果汁与市面上的其他果汁对比一下，就能发现其成分与其他果汁相比并无任何特殊之处。那为何其产品宣称可排毒甚至治愈疾病，高价售卖？这就是传销的典型特点了，我们在此不探讨。

我们再来看看其官网的学术专区，表面看来证据质量很高，但经上面提到的那位留美营养学博士 Go Gators（知乎网名）查阅，发现其中的一些文章并非发表于专业学术期刊，而且只有摘要。还有一些论文的结论与该公司产品所谓的神奇功效没有关联，有些文章的结论反而表明该公司产品的功效与安慰剂相同（也就是无效）。显然，学术专区只是个样子货，扮作科研的样子而已，却无任何实质内容。

看来骗子也知道大众对科学的信任，为了让自己看起来值得信任，他们也会装出科学的样子，以获得信任。采取的手段比如文章写成科学论文的形式，找演员扮作科学家的样子来推销产品，没有药效的保健品包装成药品的样式，甚至建立假实验室来带人参观，可谓是挖空心思费尽心机，但假的终究是假的，科学之所以受人信赖，并不因其形式，而是因其方法论及精神，这些我们已经在前述内容中详细介绍过。虽然我们希望每个人都能掌握科学的方法论，领会科学精神，能够像科学家一样去思考，辨别生活中的各类谣言和伪科学，但在现实生活中这根本行不通，一般人并不具备搜集和辨别科研资料的能力，同时此类证据又非常稀缺，并不能对我们的生活给予全方位指导，此时我们又该怎么办呢？

三、查看信息来源的可信度

观点本身的可信度往往与其来源的可信度具有非常密切的关系。那什么样的信息来源是比较可靠的呢？

最可靠的信息来源是科学期刊。这是基于两方面原因，首先是由于论文要在科学期刊上发表，需要经过该领域多位专家的审核，这也正是科学共同体守门把关作用的体现，这一机制确保了科学期刊上论文观点的可信度。我们经常看到大众媒体上介绍《Nature》《Science》等顶级科学期刊上的研究成果，我们也会倾向于信任这些科学期刊上发表的研究成果。其次，科学期刊上的论文在发表出来之后，会有同行尝试重复其研究成果，以确认其可重复性，特别是一些重要的新发现或新发明。科学家本身都非常关注自己所在科研领域的信息，一些重量级研究成果往往会引发其他科学家的验证性研究，这虽然是科学成果可重复性的要求，也进一步增加了科研成果的可信度。科学期刊的这两个特点在很大程度上帮我们过滤了大量不可信信息，极大降低了受众上当受骗的可能性，而且一旦某些研究成果后续被证明不可信，期刊还会做出撤稿处理。

特别要注意的是，与科学期刊相比，书籍并没有相应的机制来确保其可信度，显然这与我们以往的观念截然不同，但我并非危言损听。一直以来我们都认为“书籍是人类进步的阶梯”，并赋予其诸多美好的意向，但社会的发展也使得优秀书籍与劣质书籍泥沙俱下，需要我们认真加以甄别。书籍为何与科学期刊如此不同？原因还在于书籍的出版发行机制与科学期刊完全不同，书籍不需要同行评审即可出版发行，宽松的环境也给了别有用心之人以可乘之机，大量伪科学著作不断涌现，伪心理学书籍更是几乎泛滥成灾。某位娱乐圈知名人士，未见其在科学期刊上发表一篇论文，却出版所谓专著，号称自己为色彩心理学创始人，怕不是个骗子？

我们还可以看观点来源与该观点之间的利益相关性。如果信息是由利益相关方提供，其可信度必然较低，而如果是由非利益相关方提供的那么可信度就较高，这一点我们已经在前述内容进行过更详细的阐述，在此不再赘述。

大众媒体也是公众了解科研成果的重要渠道，它们一方面帮助科学进行了普及，拉近了科学与公众的距离。另外，它们也可能会对科研成果进行错误转述，甚至引发严重的不良后果。之所以出现此类问题，主要原因在于很多记者或编辑本身的科学素养不够高，导致他们对科学研究成果作出了错误解读。我们来看一个此类问题的典型案例——“莫扎特效应”。

案例分析——莫扎特效应

音乐家莫扎特肯定想不到，在他去世两百余年后，这个世界上会冒出“莫扎特效应”这一名词。按照网上流传的说法，“莫扎特效应”，指的是幼儿如果常听莫扎特的曲子，无论是歌剧、演奏会还是交响乐，会变得更聪明。我们来看看“莫扎特效应”是如何发现、如何传播及产生了什么样的影响。有人说，“莫扎特效应”是法国医生托麦提（Alfred A. Tomatis）在1991年编纂出的一个术语，来源于他的著作《为什么听莫扎特》。当时，他用莫扎特的音乐来“洗”耳。他相信，当耳朵受到不同频率的音乐刺激时，有助于提高听力，并具有健脑功效。1993年10月，美国加州大学的弗朗西斯·劳舍尔（Frances Rauscher）在《自然》杂志，发表了一页纸长度的小论文后，全世界终于刮起了一股“莫扎特效应”的旋风。

还是先让我们看看劳舍尔是怎样进行研究的吧。首先，劳舍尔将招募的36名大学生分为三组，在测验前先让一部分学生听10分钟莫扎特的448号作品，也就是D大调双钢琴奏鸣曲，其他人则听放松的音乐磁带或保持安静。接着让所有人一起参加几项测验，结果让人大吃一惊！比如说，听莫扎特音乐的学生空间推理能力增强，表现为空间感增强，折纸、辨别事物等任务完成度也更好。若运用数字来评价，听莫扎特音乐的学生，其斯坦福－比纳智力量表平均得分比其他学生高3分。为了便于人们理解，他们将结果换算成人们更喜闻乐见的IQ值，发现听莫扎特音乐的学生在这几项测试里的IQ平均得分要高8～9分。劳舍尔得出结论，莫扎特音乐能增强人的空间推理能力。

次年，《纽约时报》的音乐专栏作家亚历克斯·罗斯（Alex Ross）在报道这项研究时，很巧妙的使用标题《听莫扎特吧，它是百忧解》声称“听莫扎特音乐让你更聪明”，对此研究大加赞誉。然而，很多人对事物的了解总习惯浮于浅表，追求简单的因果关系。换句话说，这项研究的结果被很多人误解并夸大，研究结论也被过度诠释为“听莫扎特的音乐能提高儿童智商”。

精明的商家从中嗅到了铜臭味，开始着力推广神奇的“莫扎特效应”，音像店货架上满满当当的“莫扎特效应”音乐光盘就是明证。它们宣称，准妈妈只要听这些音乐，就能潜移默化的促进腹内胎儿的智力发展。部分政府部门也搅和其中，1998年，美国乔治亚州政府就宣布，每年拨款10.5万美金为该州所有儿童买一张古典音乐CD。佛罗里达州更进一步，从法律上规定所有托儿所每天至少向孩子播放半小时的莫扎特音乐。

时至今日，“莫扎特效应”的最大受益人，或许并不是万千父母和孩子，而是一位叫唐·坎贝尔（Don Campbell）的美国音乐人。从未参与任何音乐与智力研究的他，率先抢注“莫扎特效应”商标，随后以编辑发行莫扎特的古典音乐讨生活，并声名鹊起，发了大财。在其主办的“莫扎特效应”网站上，音乐被宣称为促进身心健康的万能药。据称，莫扎特音乐能改善家庭成员健康，提高记忆力和注意力，激发创造力，治疗神经疾病或躯体损伤，降低抑郁和焦虑的发生。此外，坎贝尔还出版了18本宣传“莫扎特效应”的书籍。

谁也说不清，“莫扎特效应”究竟是如何一炮走红的。如果听音乐——特别是古典音乐——能让孩子更加聪明的话，人们为何不推崇贝多芬或巴赫等人，为何没有“贝多芬效应”呢？个中原因，实属蹊跷。但据笔者一己之度，被称为音乐神童的莫扎特，已成为不少父母内心的育儿标杆，再经过逐利商人的大肆热炒，“莫扎特效应”终于深入人心。

莫扎特音乐真有如此神效？答案是否定的。首先，“莫扎特效应”的试验，根本就未在准妈妈或儿童身上进行过，并不能得出音乐能提高儿童智商的结论。其次，在劳舍尔研究过后，不少科学家进行了验证性研究，结果大多研究无法得出类似结论。其中著名的一位，是美国阿巴拉契亚州立大学的肯尼斯·斯蒂尔（Kenneth Steele）。在1997—2006年间，他连发8篇论文对“莫扎特效应”进行科学反驳。在题为《莫扎特效应的序曲还是挽歌》中，他指出：“莫扎特音乐对认知能力的增强是有限的，并不会提高智商或一般推理能力。”可是，应该如何解释莫扎特音乐让大学生折纸水平大增呢？他认为，劳舍尔的研究仅涉及单一类型的任务，对此可以用非常简单的神经心理学方法来解释，即“享受觉醒”。简言之，你是否能享受这个过程，将会对你的表现产生影响——享受者，获益更多。有一项研究就发现，无论听莫扎特音乐还是斯蒂芬·金的有声悬疑小说，都能提高动手折纸能力。其中关键仅在于，你是否享受听它们。

2007年，德国一群严谨的科学家研究也发现，让孩子听音乐并不会带来任何认知能力上的优势。他们的身份是神经科学家、心理学家、教育学家和哲学家，每个人对音乐都有研究。其中一位教授不无嘲讽的说：“以我之陋见，‘莫扎特效应’只是一个神话。”笼罩在“莫扎特效应”上的光环被打的粉碎。

可事实上，依然有很多父母较真的认为听音乐会让孩子更聪明。2004年底，美国斯坦福大学的艾德里·安班格特（Adrian Bangerter）在《英国社会心理学杂志》发表题为《莫扎特效应：追踪一个科学传说的演变》的文章。通过剖析“莫扎特效应”的全球迅速散播，他总结说：“人们相信‘莫扎特效应’的存在，并认为最初的研究也是针对婴儿的，这正因为婴儿是人们焦虑的中心——望子成龙、盼女成凤的典型表现。”

在国内的音像店，你依然会找到摆满货架的准妈妈胎教音乐。为了孩子的未来，父母在起跑线前就已发力，这也正是胎教音乐和各种早期幼儿教育在中国大行其道的原因。当然，也有分析指出，许多家长都会给婴幼儿听音乐，其实是变相的逃避父母责任。听音乐是父母能让孩子独自安静的简单便捷方法。孩子专注于音乐后，父母便稍有余力做其他事情，却无形中减少了亲子间的主动互动过程。

听还是不听，成为摆在不少人面前的一道选择题。莫扎特甚或一切古典音乐，都未被证明有提高智商的魔力，但这不会妨碍人们去喜欢去聆听——至少不会毒害你的身体，降低你的智商。嘲讽“莫扎特效应”的德国科学家还说过这样的话：“认真、大量地学习一到两门音乐课程，能对智商提高产生少许但重要的影响。”

这一案例告诫我们，在面对大众媒体中的科学成果时，应该保持谨慎，同时也能看到一个科研成果被错误传播的幕后推手有以下几个。

首先，公众对科研结果的误读成为本事件的导火索。在本案例中公众主要产生了两方面的错误解读：（1）错误解读了心理学研究中的专业术语。在心理学实验中，研究者使用的概念被称作操作性定义，具有特定含义，虽然很多词语在生活中也广为使用，但二者存在较大差别，一旦将实验中的操作性定义直接转为生活概念使用，会产生严重误解。比如在本案例中，实验结果是被试的空间推理能力短时间获得提高，但在大众媒体中却成了智商获得了永久性提高，这明显属于严重误读。（2）直接将实验被试推论至其他群体，在本案例中，实验被试为在校大学生，在大众媒体中传播时被替换成了婴儿，二者的心理特征存在巨大差异，在没有更大范围的实验之前，直接推论至其他群体是不负责任的。

其次，利益是错误观念广泛传播的驱动力，我们再一次看到了错误观念传播背后的利益盘算，正是它驱使一些人大力宣传错误观点，为了个人利益而牺牲公众利益，在售卖所谓“莫扎特效应”的光盘、磁带和书籍中赚的盆忙钵满，而公众却被误导并产生了无效的花费。

你也许会问，听个音乐会有什么损失呢？相信伪科学会付出代价吗？相信伪科学当然是有代价的，只不过由于很多代价不直观，我们没有感受到。相信莫扎特效应的代价可能有这几个方面：（1）政府以及公众被误导，产生了大量的无效支出，本来你花钱买光盘给孩子听，是期望孩子能聪明点，但实际上毫无效用。也许就个体而言这一无效支出并不多，但由于该谣言的全球传播，总体来看损失仍不可谓不庞大。（2）可能带来隐性负面影响，比如导致一些父母减少了亲子互动，不仅未能使孩子更聪明，反而产生了相反的效果。科学与伪科学势同水火，相信伪科学通常会减少你所掌握的科学知识，而且这种挤压会不断发生，从而带来越来越多的损失，甚至产生类似前面所述的林丽那样的悲剧。

第三，公众望子成龙的期望为谣言的传播提供了机会。家长对子女高智商的期望非常普遍，甚至超越了国家和种族，这一心理被精明的骗子发现，成为其大发横财的绝佳机会。直到现在，虽经不少科学工作者不断辟谣，但这一谣言仍在大行其道，可能根本原因还在于这一谣言符合公众期望，甚至有不少人抱着“宁可信其有，不可信其无”的心态来对待科学家的辟谣。

由于造谣者往往获利丰厚，即使被戳穿往往也代价极低，而辟谣成本却极高，形成了“造谣一张嘴，辟谣跑断腿”的可悲现状。这种状况使得我们每隔一段时间都能看到一些轰动全国的伪科学事件出现，比如上世纪八十年代红遍全中国的“科技成果”——“水变油”。而我们作为一个普通大众，在这一事件中如何作出自己的独立判断，避免被媒体所误导。

四、是否能够与人类已经积累的科学知识体系相衔接

1984 年 3 月，哈尔滨公交公司司机王洪成宣布发明“水变油”技术，在四分之三的水中加进四分之一的汽油，再加进少量配置的“洪成基液”（或称“水基燃料膨化剂”）就可以变成“水基燃料”，一点即燃，“热值高于普通汽油、柴油，且无污染，成本极低。”这项“发明”受到不少权威人士肯定，被全国几十家新闻媒体炒得火热。一个部队企业专门为此办了一个公司，有 300 多家乡镇企业拿出上亿元资金给他搞共同开发，把他当成财神爷。王洪成获得了数以亿计的钱财。1993 年初，公安部和物资部发出通知要求有关单位停止宣传；4 月，原物资部干部严谷梁在报上发表文章《应该用事实澄清“水变油”真相了》质疑“水变油”。一些报刊载文指出“水变油”是魔术、骗局。这年 6 月，王洪成向北京市西城区人民法院状告严谷梁侵犯其名誉权，后被法院以其发明从未进行科学鉴定为由驳回起诉。1995 年，全国政协八届会议上，何祚庥、郭正谊等 4 位科技界政协委员联名提交提案，呼吁调查“水变油”的投资及对经济建设的破坏后果。1996 年 1 月 1 日，王洪成被收容审查；1997 年 11 月

14日，被哈尔滨中级法院判处10年徒刑，而这幕闹剧此时已造成了数以亿计的经济损失。

作为一个普通人，我们如何在媒体和企业的喧嚣中识破这一骗局呢？且不论“水变油”技术未经科学验证。我们以高中所学化学和物理知识也能够判断这一技术不可能实现，高中化学告诉我们，水由氢原子和氧原子构成，而油主要由碳原子和氢原子构成，那么要实现水变油，就需要将氧原子变为碳原子，在不添加碳原子的情况下，显然化学反应无法实现这一目标，只有核聚变才能，而核聚变需要扯开原子的基本粒子进行重组，需要巨量的能量，直到现在人类也并未掌握可控核聚变。但王洪成居然轻而易举地滴几滴所谓“洪城基液”就实现了，这跟人类的基础科学理论完全搭不上边啊。如果发生的是核聚变，一吨水变成一吨油需要的将是超新星级别的爆炸对原子进行重组。如果王洪成的水变油成立，那人类的化学和物理学科将被颠覆。

人类现今已掌握的知识是历经千百年一点一滴积累起来的，每一项科学知识在历史中都经受了无数次的检验，同时知识之间相互印证形成了一个庞大而复杂的知识网络，而新知识也必然与原有知识存在着密切联系。科学知识的积累是一个极其缓慢的过程，但我们总是期待人类的知识会出现飞跃，可惜理想很丰满，现实很骨感。而我们不切实际的期望却会被骗子利用，来达到他个人的目的。

五、对细节进行甄别

一些伪科学喜欢用“科学”的外表和“科学”的语言来说服、迷惑和误导人，但它们经不起真正的科学的检验。例如，营养学的确是一门科学，但许多商家打营养品的广告传播的却是伪科学。我们都知道人体需要诸如氨基酸、维生素、矿物质等各种营养素，如果营养素缺乏身体就会出现故障，许多科学实验都验证了这一点。而绝大多数情况下，那些保健品的功效远没有它们的广告吹得那样神，我们的身体也并不像它们的广告宣传的那样需要这些保健品。在这些广告中，精心选择的断章取义的科学信息（氨基酸、维生素、矿物质为人体必需）的确使人们感觉这些产品非常可信。事实上，绝大多数人的日常饮食中包含足量足数的营养素，而不需要额外服用保健品。此外，这些保健品往往贴上纯天然的标签，以宣传它们是无毒无副作用并且功效显著的，纯天然就等于无毒无副作用吗？箭毒素、马钱子碱、尼古丁、可卡因等等同样是纯天然物质，我想没有人愿意在自己的食谱里面添加它们吧。

在这个良莠信息同时爆炸的时代，批判性思维能力的重要性日益凸显，进入大学的你需要认识到，过去为应试所采取的学习方法已经不再适用，善于在短时间内记住大量的信息也许能帮你通过考试，但并没有帮你真正掌握知识，你仍然只是一个信息的临时贮存器，很快你们就忘记你们所学的内容。在大学，你必须学会独立思考，培养批判性思维的能力，方能获得解决问题的能力。但科学思维的形成却并不容易，人类并不是理性的动物，在塑造科学思维的过程中，我们还需要克服许多障碍。

第三节　是什么在阻碍我们形成科学思维?

有多项民意调查显示,大多数美国人并不接受一百多年来有关自然选择推动演化的证据。同样是在美国,许多非专业人士受到反疫苗运动影响而拒绝给孩子接种疫苗,使得被消灭多年的麻疹死灰复燃,并造成多名儿童死亡。我们对科学的态度向来是摇摆不定的:对于最新的科技产品如智能手机,我们会立即铺开红毯相迎;而当科学家的发现挑战了我们的政治或宗教观念时,我们会同样迅速地萌生敌意。

从理论上而言,科学思维是尽可能得到与某个问题相关的所有信息,在通盘考虑的基础上做出决策。如果某些论点并未建立在逻辑和以观察或实验为基础的证据上,科学家就会认为,这些观点的提出者,要么不了解事实,要么就是出于私利在阻止事实的传播——比如,某些烟草公司压制吸烟和肺癌相关的研究成果。在面对缺乏理性或怀有成见的受众时,科学家通过证据并不能说服对方,虽然人类自称是智慧生物,但我们的理性确实非常有限,会形成各种各样的偏见,那么是什么样的心理机制扭曲了我们的理性思维呢?

在所有障碍中,有三种心理机制特别突出,分别是:思维捷径、确认偏误和社会目标。

一、思维捷径

要精通一门科学,就必须掌握一套深奥的科学概念体系。以达尔文的自然选择理论为例,要理解它,首先需要了解其逻辑前提:有限的资源偏好那些善于获得食物、住所和配偶的个体,这会导致性状的选择性出现,从而将这些技能传递给未来的世代。此外,还必须了解一些比较解剖学,熟悉生态学、现代遗传学和化石记录。尽管自然选择是科学史上证据最扎实的理论之一,但普通大众并没有精力阅读那些写满证据的教科书。实际上,就连许多科学领域的博士,甚至是医学博士,都没有正式学习过演化生物学的课程。由于这一障碍,大多数人就只能依靠心理捷径或是听从专家的声明了,而这些做法都可能将他们引入歧路。此外,在解决日常生活中的问题时我们经常依赖直觉,虽然它很有效,但也会误导我们。比如一台电脑出了故障,我们与其花几个月来熟悉其中的电子元件和它们的连接原理,不如直接去问一名电脑技术员。如果一个孩子生病了,那他的父母与其研读医学文献,不如直接咨询医生。但有时,思维捷径却会对我们产生不利。1966 年,精神病学家查尔斯·K·霍夫林和同事做了一个实验,目的是研究当人们把“博士”头衔当作个人权威的象征时,事情会发展到怎样糟糕的地步。实验中,几个在病房中忙碌的护士接到了一名男子的电话,男子自称是某个病人的医生。他在电话中要求护士到药箱里去取一种名叫“Astroten”的非常用药物,并以每天最高剂量的两倍给病人服用。这不仅违反了药物标签上醒目标注的使用须知,也违反了这家医院要求医生手写处方的规定。这些护士会犹豫吗?她们中 95%的人都毫不犹豫地服从了这个“医生”的指令。甚至当她们拿着这种有潜在危险的药物走向患者的病房时,研究人员需要强行阻止才能把她们拦下来。这些护士在使用的是“权威启发法”,

即轻易相信了一个身居要职的人，这是一种重要的思维捷径。

二、囿于成见

我们之所以经常使用启发法，主因是我们受限于自己有限的精力，当我们对某个话题十分关心，并有足够的时间思考它时，我们就会超越简单的启发法，开始对证据进行更加系统的分析。但就算我们愿意认真思考，努力使自己的立场维持客观，也仍可能受到既有知识的阻碍。我们不喜欢反对意见，也容易厌恶那些立场和自己有冲突的人。有大量证据表明，人们会对强化自身观点的证据特别注意，而对相反的证据却视而不见。1979 年，斯坦福大学的查尔斯·洛德（Charles Lord）和同事开展了一项研究。参与研究的自愿者都是斯坦福大学的学生，按理说他们比普通公众更擅长对科学信息做出合理判断。研究人员给这些学生看了几轮关于死刑是否具有威慑力的科学证据，比如先让他们阅读一段文字，文中描述的研究质疑了死刑对预防严重犯罪的效果。研究比较了美国 14 个州在启用死刑前后的谋杀率的变化。其中 11 个州的谋杀率在启用死刑后反而上升了，这说明并没有起到威慑效果。接着，这些学生又听其他科学家指出了这项研究可能存在的缺陷，然后由原来的研究者反驳。在这之后，学生们又听说了一项得出相反结论的研究：死刑确实能预防犯罪。在这项研究中，研究者比较了 10 对死刑法律各不相同的相邻州的谋杀率。其中有 8 对数据显示，谋杀率随着死刑的执行而降低，这个结果支持了死刑。接着，学生们又听到了对这个研究的质疑，以及对于质疑的反驳。按理说，学生们虽然在实验开始前对死刑有着自己的看法，但在对事实作了一番冷静理性的分析之后，他们的观点应该趋于中立，因为他们已经听到了各种证据，其中既有对死刑的支持也有反对。然而事实让人意外，经过一番辩证之后，之前赞成死刑的学生现在更支持死刑了，而之前不赞成死刑的同学也更加反对死刑了。看来两方学生都没有公正地处理这些信息，而是强化了自己原有的立场。因为，他们认为强化自身立场的那些证据更加有力，而反驳自己立场的证据却都软弱无力。可见，虽然我们看似公正地对反对意见进行了审查，但在衡量这些观点时，仍会不由自主地戴上有色眼镜，过滤了大量反对我们立场的证据。

伊利诺伊大学芝加哥分校的安东尼·N·沃什伯恩和琳达·J·斯基特卡开展的一项研究也支持了上述发现。两位研究者检验了一种说法：美国的保守派比自由派更不尊重科学证据，或许是因为前者思维僵化，不容易接受新的体验。然而，研究者发现，无论左派和右派都会拒绝违背自身政治意识形态的科学发现。他们向 1347 名参与者展示了关于 6 个热点问题的科学证据，包括气候变化、枪支管控、医保改革、移民政策、发展核能和同性婚姻。乍一看，这些研究似乎支持了辩论的一方：实行枪支管控的城市犯罪总数更高。但是仔细考察数据后，就会发现，它们支持的是相反的观点，比如在实行枪支管控的城市，犯罪数减少的比例要高于不控枪的城市。如果粗粗看一下这些数据，就符合反对枪支管控的团体的期望，那么这些团体的成员就会满足于符合他们偏见的发现，不再仔细追究了。要是结果不符合他们的期望，这些枪支鼓吹者就会仔细检查研究中的细节，直到发现那些支持相反结论的数字。但如果研究者后来告诉那些团队的成员，研究结果支持的是与他们对立的观点，那么这些成员就可能对开展研究的科学家产生怀疑。

三、社会动机

社会动机能帮助我们与人和谐相处,但它也会成为阻碍我们理性思考的巨大障碍。试想一场办公室里的聚会,你的同事正高声发表关于演化论或疫苗导致自闭症的谬论。面对这个情形,你是会站出来反对,还是一声不吭,避免破坏和谐的社交氛围呢? 1951 年的一项对群体动力学的经典研究中,心理学家斯坦利·沙赫特指出,如果一个人反对群体共识,就会遭遇这样的下场:群体会先尝试改变此人的观点,一旦失败,他们就会中止沟通,将这个异类孤立在群体之外。2003 年,吉布林·D·威廉姆斯和同事用功能性磁共振成像开展的一项研究发现,如果一个人受到排挤,他的背侧前扣带皮层就会激活——这也是我们感觉身体疼痛时激活的皮层。2005 年,埃默里大学的神经经济学教授格利高里·伯恩斯领导的团队发现,和自己所属的团体意见相左时,杏仁核的活跃程度会增加,而这个区域一般会在人受到各种压力时激活。由此可见,和群体中的其他成员意见相左,是一件让人在情感上很受伤的事情,即使自己的观点是正确的,自然人们就不愿提出相反的证据来驳斥群体中其他成员的观念了。

除此之外,社会压力还会影响我们对既有信息的处理。当所属群体已经达成共识,人们会更倾向于使用启发法,或接受已有的观点,而这些都会妨碍人们的客观思维。研究发现,恐惧通常会使男性和女性都服从集体的意见,而性爱动机则会促使男性从集体中脱颖而出——或许是为了证明他们是合格的配偶吧。这时的男性会持相反的意见,让自己处在舆论的风口浪尖上。无论是哪种情况,被试的观点都受到了他们当时社会目标的影响。也就是说,他们在处理既有信息时并不是完全客观的。

第四节　面对这些阻碍科学思维的因素,我们应该怎么做?

既然人类的思维中有这么多阻挠理性思维的障碍,我们是否该放弃抗争,承认无知和偏见才是最后的赢家?当然不是,社会心理学家根据研究提出了应对的方法。

一、充分的思考时间

思维捷径在给予对方充分思考时间的条件下可以避免,我们已经看到,当人们没有足够的时间或强烈的兴趣仔细考察证据时,常常会依赖捷径,即简单的启发法。但是,这种经验法则常常可以通过简单的干预来破除。研究市场营销的学者约瑟夫·W·阿尔巴和霍华德·马莫尔施泰因做过一个实验,要求受试者考察两款相机的 12 项功能。其中 A 品牌只在 4 项功能上比 B 品牌优越,但这些功能都是决定相机品质的至关重要的功能,比如曝光精度。B 品牌的推荐语则说,它在 8 项功能上更加优越,但那些都是次要的功能,比如配有肩带。参与者分成了两个组,一组对每项功能只有两秒的研究时间,另一组则有更多的时间研究全部功能。当受试者考察每项功能的时间只有两秒钟时，只有少数（17%）会选择那款高品质相机，大多数人都选择了拥有次要功能较多的那款。但是，当受试者有充裕的时间，可以直接比较两款相机时，超过2/3的人都选择了功能较少，但整体品质更高的那款。这个结果说明，在给出复杂证据时，如果想让对方从启发法切换到系统的思考模式，以作出更客观的整体评估，充裕的时间是必不可少的。

二、尝试站在对面立场

确认偏误常常可以通过改变立场来克服。前面提到的几位斯坦福大学的研究者不仅考察了人们对死刑的态度，还研究了如何改变这些态度。他们先是指导一些学生制定了一个和死刑有关的假想决策，要求决策过程保持客观，并公正地衡量证据。但这个要求完全不起作用。他们要求另一些学生自己跟自己唱反调，要他们设想，如果关于死刑的研究驳斥了他们的观点，他们将作何评价。这时偏见一下子消失了。学生们不再用新的证据来维护他们既有的偏见了。

三、消除社会压力

消解社会压力的一种手段是，先探明群体内部是否真的达成了一致。有时，群体中只要有一个人发声反对错误观点，就能使其他成员敞开心扉。社会心理学家所罗门·E·阿施发现，只要群体中有一个人和多数人意见不同，“共识”就会瓦解。同样，在斯坦利·米尔格拉姆著名的服从研究中，只要群体中有成员不听命令，盲目的服从就会消失，但恐惧会加重从众的倾向。如果你想劝说别人减少碳排放，就需要先谨慎地考虑对方的情况：如果听众本来就认为气候变化是真实的，那么激发他们对黑暗未来的恐惧或许会很有效果，但如果听众本来就怀疑气候变化，这样的恐吓可能就适得其反了。

上面的几点简单建议，都可以用来帮助我们克服那些阻挠客观科学思维的心理障碍。市面上还有许多关于如何说服别人、提高社会影响力的书，你也可以学习一下，如果你遇到了大忽悠，你可以观察对方试图说服你的方式，找出其反科学思维的策略，戳穿他的把戏。对于那些科学证据无法说服的人，我们也需要弄清楚，他为什么拒不接受确凿的证据，是因为使用了简单的启发式思维、存在确认偏误，还是有什么特定的社会动机？这些针对非理性思维的研究非常重要，我们相信，如果科学家能充分利用心理学的研究成果，了解是哪些认知偏差在阻挠理性思维，那么，就会有更多人接受客观的证据，了解自然界的运行原理。

案例分析：某位名人的“性格色彩理论”科学吗？

一个电视相亲节目《非诚勿扰》红了“心理专家”乐嘉和他的性格色彩学。和这个节目制造的其他话题一样，“性格色彩学”一问世便引起议论纷纷，“性格色彩学”是一场革命还是抄袭，是心理学还是伪科学？不管结论怎样，乐嘉都已经被相当部分媒体和公众看作是中国最知名的“心理学家”了。下面我们就来分析一下他的这套理论。

第一，“性格色彩学”是革命性理论吗？

根据FPA性格色彩官方网站的资料，乐嘉是“中国性格色彩研究中心创办人”“FPA性格色彩创始人”。这套“革命性的性格分析系统”把人分成四类,并用红、黄、蓝、绿四种颜色进行区别,认为这四种人在动机上存在根本的差异,并可据此分析他们的个性特征、性格优劣等等。

不过,有人指出他的这套系统抄袭了美国人泰勒·哈特曼(Taylor Hartman)的《色彩密码》,乐嘉的“性格分析系统”描述的四种性格和哈特曼所提出的极其相似,只是颜色稍有变化。如果将哈特曼使用的红色、黄色对调,绿色改成白色,那么,这两种理论就几乎“一模一样”。稍作调查还会发现,美国人罗格·波尔克曼(Roger Birkman)在《性格密码》(The True Colors)中提到的四种颜色甚至不用调换顺序就直接与乐嘉的性格色彩吻合。《性格密码》中的颜色配上《色彩密码》中的描述,就最像不过了。这两本书都先后在2001年和2002年被翻译成了中文。再往前追溯,美国的丹·罗瑞(Don Lowry)早在1979年出版的成功学畅销书中就已经用蓝、金、绿、橙四种颜色来划分人的性格了。看来乐嘉的所谓革命性理论确实是抄袭而来,但第一个提出人格色彩理论的丹·罗瑞就是理论开创者了吗?非也,所有的这些性格色彩理论都源于性格的体液说,而这一理论在两千多年前就已经出现了。

第二,性格色彩理论不过是两千年前老观念的翻版而已。

对医学史和心理学史稍有了解的人一定知道,将不同人性格分类的做法可以追溯到古希腊医圣、哲学家希波克拉底的“四体液说”。早在公元前400年左右,作为西方医学奠基人的希波克拉底就提出人体内四种体液的多少决定了这个人的性格。他认为人体内有四种基本体液:血液、黑胆汁、黄胆汁、粘液;在不同人身上这四种体液的比重是不同的,哪种体液占主导地位决定了这个人的气质:

多血质:血液多,这种人快乐、好动;

抑郁质:黑胆汁多,这种人悲伤、易哀愁;

胆汁质:黄胆汁多,这种人易激怒、易兴奋;

粘液质:粘液多,这种人缺乏感情、行动迟缓。

如果我们将性格的体液说和这些性格色彩说比较一下,就会发现它们在具体的分类上其实都是差不多的,性格色彩说只不过是给四种“体液类型”涂上了不同颜色而已。

希波克拉底	乐嘉	Hartman	Birkman	Lowry
多血质	红色	黄色	红色	橙色
抑郁质	蓝色	蓝色	蓝色	蓝色
胆汁质	黄色	红色	黄色	金色
粘液质	绿色	白色	绿色	绿色

那接下来的问题就是,性格的体液说科学吗?显然是不科学的,解剖学方面的证据早已经驳斥了希波克拉底关于体液的假说,但是他对于个人气质的分类却流传了下来,影响了此后众多的性格分类系统。那体液说对性格的分类又是否科学呢?又是一种什么样的处境呢?

第三,性格的体液说缺乏实证基础。

很遗憾,在当今的科学心理学领域里,希波克拉底的思路已经失去了研究者的偏爱。性格的问题属于人格心理学(personality psychology)的研究范畴。希波克拉底的遗产代表了一种研究人格的思路：研究者提出一些不同的人格类型(personality type),通过这些人格类型,就可以将人群划分为不同的类别。不过,现在人格心理学家更愿意采取的是另外一种思路——描述“人格特质”(personality trait)。特质就是一些持久的品质或特征,不同的人在这些特征上存在量的差异,并且这种差异是连续的。比如,“外向性”可以算一种特质,有些人比较外向,有些人则比较内向。统计每种外向水平的人数,就可以画出一张图来：

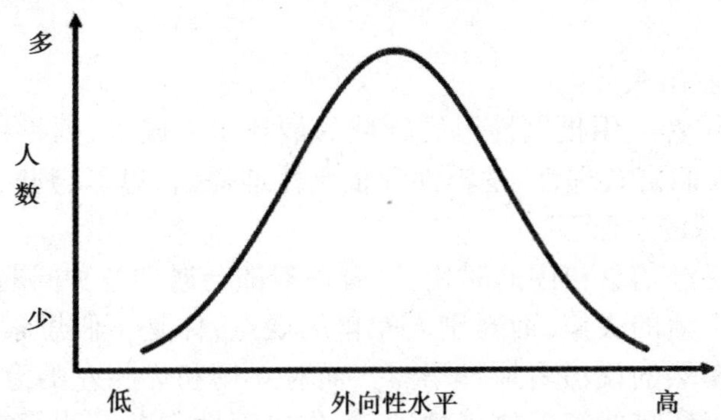

如图所示,大部分人在“外向性”方面处于中等水平；越往外向或内向的方向走,人数就越少。通过若干个这样的特质,比如“诚实”“友好”,就可以完整地描述一个人的人格。人格心理学家的工作之一就是确定究竟有哪些主要的人格特质。这种思路提供了一种更精细的性格描述,还可以产生出无限多的组合。近年来的研究也表明,基于特质的人格问卷确实要比基于类型的人格问卷能够更好地预测各种行为指标。

当然,我们不能因为采取了一种相对落伍的思路,就嘲笑这些性格色彩学理论,毕竟人格类型研究也有它自己的优势。但问题在于,心理学早已发展成一门实证科学。要想创建一种科学的人格理论,必须接受实证数据的检验。而那些性格色彩学理论,往往野心很大。它们宣称自己能最深入全面地描述人格,能揭示人类行为背后的终极原因,能准确地预测别人的行为。但支持这些宣传口号的证据却很少。如果说面对一般公众无需提供这些数据的话,那么在学术期刊中也看不到相关的研究证据就很难理解了。在看到这样的研究证据之前,只能遗憾地将这些五彩斑斓的理论排除在科学的范畴之外了。

第四,如何看待体液说？——精神可以永存,观念请不断更新。

两千多年前,古希腊哲学家泰勒斯因为一句“水是万物的本原”而被尊为“哲学之父”,当然不是因为它正确,而是因为它标志着人类第一次用自然本身而不是神来解释这个世界。但是,如果有人现在依然认为水或者“金木水火土”组成了整个世界,那么我们一定会觉得这个人无知可笑。同样,现在出于对希波克拉底这位两千多年前便有意将性格分类的心理学家的敬意,心理学教材中时常提及他的体液说。但是,谁会真的把他的思想当作性格分类的范本呢？当然,放在“成功学”畅销书中当个小点缀,那就是另外一回事了。

推荐书籍——《学会提问》(第10版)

作者：[美]尼尔·布朗(Neil Browne),斯图尔特·基利(Stuart M. Keeley)

译者：吴礼敬

尼尔·布朗（Neil Browne）博林格林州立大学（Bowling Green State University）的杰出经济学教授，曾经合著七本书，并在专业期刊发表一百余篇研究论文。数十所学院和大学曾聘请布朗教授协助教职员培养批判性思考技巧。1989年，荣获教育促进支持协调会的"全国年度杰出教授"银牌奖章，同年也获"俄亥俄州年度杰出教授"荣衔。

斯图尔特·基利（Stuart M. Keeley）美国伊利诺伊大学心理学博士，现为博林格林州立大学心理学教授。

出版社：机械工业出版社

书籍简介：本书作者应用批判性思维领域的最新研究成果，列举科学研究和日常生活中的大量实例，教授人们富有理性、逻辑性和批判性地提出、思考、判断和解决问题的方法，被誉为批判性思维领域的"圣经"。

看点：在一个被泛滥信息包围的时代，每时每刻都会遇到各种问题，大到涉及世界经济发展趋势，小到个人生活的决策，面对别人兜售的观点，你是不假思索地全盘接受，还是提出关键问题，让道貌岸然的说谎者原形毕露？面对立场和你相左的意见，你是只愿听价值观和自己相似的观点，还是能够控制感情冲动，作出理性判断？我们需要自己擦亮双眼看清世界，不草率、不盲从，不为感性和无根据的谣言所左右，也许这本书能帮你的大忙。

推荐电影——《金赛性学教授》

导演、编剧：比尔·肯顿

主演：[英]连姆·尼森 等……

剧情：在教学过程中，金赛（连姆·尼森饰）教授发现，在性行为研究上科学存在着惊人的盲区，当有学生向他就性关系和性问题提问的时候，他发现没有任何实践数据可以帮助他得出答案。面对着科学的禁区，金赛决定亲自通过实验获得第一手的性行为的科学数据。为此，他组建了一个研究小组，并确定了一种方法来打破人们害羞、胆怯、负罪心理，自由地说出他们的性历史，但在此过程中也遭遇了巨大的阻碍。

看点：作为一个科学家的传记影片，也许你可以通过该片更感性的认识科学和科学家的工作，了解科学研究工作的艰辛。

第四章 心理健康标准
——丈量心理健康的尺子

近年来,高校凶杀案多次进入公众视野,从2004年轰动全国的马加爵杀人案,到2013年再一次轰动全国的复旦大学投毒案,大学校园中的恶性案件可谓隔三差五,而自杀事件更是屡见不鲜。一个个悲剧揪起了人们紧张的神经,一个个年轻的生命唤起了人们的一声叹息,同时这些现象也极大地冲击了大众对"象牙塔"和"天之骄子"的传统印象,仿佛大学已不再是我们印象中的象牙塔,而是真的堕落成了同学们口中的"小社会",有的同学调侃说"大学四年最应该感谢的是自己的舍友,因为他们对自己有不杀之恩",虽是戏谑之语,但也折射出大学生日益严峻的心理健康状况这一现实。

在这些惨烈事件所引发的舆论热潮中,大家仿佛一夜之间发现,大学生中有很多人存在心理问题,大学生心理健康得到了全社会的广泛关注,但要提高大学生心理健康水平却并非易事。

首先需要明确的一个问题就是,什么样的人是心理健康的人,也就是需要一个心理健康的标准。那什么是心理健康标准呢?所谓心理健康标准其实就像是一把尺子,我们需要用尺子来丈量每个人的身高,同理我们需要用心理健康标准来衡量一个人的心理健康状况,但可惜的是,到目前为止我们还没有一个公认的心理健康标准,根本原因是我们对心理健康的认识还很不够,导致学者对心理健康标准众说纷纭,但你也不必过分灰心丧气,我们仍然可以通过不同的心理健康标准来了解心理健康的不同侧面。虽似盲人摸象,但其现实意义在于,我们能从不同视角看到自身的优势和不足,看到努力的方向,从而不断提高心理健康水平。

第一节 如何来判断一个人的心理健康状况?

目前心理健康的标准主要有四种,分别是病理性标准、统计学标准、社会文化标准和发展性标准。不论是哪一个标准,在衡量个体心理健康水平时,焦点都是个体的社会功能,如人际交往状况、个人能力的发挥等等。在这四种标准中,每一种标准都有其优势,但也有其不足,我们可以通过不同视角来更好地认识自身心理健康状况。

一、病理学标准

我们先从最简单的标准——病理性标准开始，这一标准简单直接，就看你有没有症状。如果有症状，就是心理不健康的；如果没有症状，就是心理健康的。这里的症状指的是精神活动方面的症状，如幻觉、妄想、情感倒错等，因此我们也可以将该标准认为是精神疾病的诊断标准。精神疾病是一种极其严重的心理疾病，比如精神分裂。传记电影《美丽心灵》的主角约翰·纳什从三十岁左右开始就被这一疾病折磨，在影片中你能看到纳什在罹患这一疾病后的精神世界，对幻觉和妄想有直观的体会。历史上最著名的精神病人也许就是圣女贞德了，贞德声称自己听到上帝的召唤，要她把法国从英国人手中拯救出来。很多精神病学家认为，贞德可能患有精神疾病，她听到的“上帝的声音”实际是幻听。

幻觉是个体在没有相应客观刺激条件下出现的知觉体验，这种主观体验往往非常逼真生动，引起当事人的各类情绪或行为反应。如果你企图说服出现幻觉体验的人不相信幻觉，几乎肯定是徒劳的。情感倒错是人的情感反应与外界刺激不符合。如遇到悲哀事件，却非常高兴愉快。妄想则是个体产生了异乎寻常的想法，这种想法与现实不符且不可能实现，但当事人却坚信不疑，无论你如何摆事实讲道理都将徒劳。

我们知道人的感觉、知觉、记忆、思维、情感、意识活动，是人的基本心理活动，而精神病人与普通人在这些方面存在非常明显的差异。就拿思维来讲，作者曾了解到一个精神病人，他说自己是一个“素食主义者”，我问他为什么不吃肉，他说，肉是动物的尸体，人是动物变来的，所以“我要吃肉就是吃我自己”，所以他不吃肉。显然，这不是一个正常的逻辑思维过程，正常的素食主义者是不会这样来回答这个问题的。

这一标准的问题在于，诊断和治疗所依据的标准是人的症状，而症状有些还是主观的，比如人的一些想法，导致其客观性存疑。这一问题的原因在于，我们尚不清楚精神疾病的病因，甚至无法找到生理学上的明显病变。由于缺乏客观有效的标准，精神疾病的诊断往往主要依靠医生的主观判断，导致该标准的科学性和严谨性存在疑问。更糟糕的是，这一问题还会叠加另一问题，就是精神病人缺乏自知力，这使得问题变得更加复杂。精神病人缺乏自知力，他们并不觉得自己有问题，反而觉得别人有病，所以你就知道，精神病院里的病人都不是自己主动去的，绝大多数人都是被家人骗去的，甚至是被绑去的。笔者曾看到过这样一则新闻，因家族内部产生财产纠纷，家中长子被父母和弟弟妹妹强制送入精神病院，并被限制人身自由，本人否认自己罹患精神疾病，而多位医生对其是否为精神病人也各执一词，导致这一事件陷入僵局。我们学心理学的同学经常开这样的玩笑，“哎，你有病没？”，对方通常会答：“没病”。我们就会说：“那说明你有病。”

这一标准存在的另一个问题是，它针对的是精神病人，他们已经到了需要住院治疗的地步，所以这一标准是一个是否接受治疗的标准。这个标准在临床上是有用的，它使得那些有严重心理问题的人可以及时接受治疗，但作为一个普通人，我是不是有问题，哪些方面有，这个标准就失去了借鉴意义。

二、社会文化标准

这一标准强调社会文化的特殊性，它认为在不同文化下，需要有不同的心理健康模式。有人由此提出了文化相对论的观点，认为在某种文化下属于变态的行为到了另一种文化就可能不是变态了，在某种文化下的适应行为到了另一种文化下可能就变得不适应了。比如，在我国南方的某个少数民族地区，当地人有个婚俗，就是男方到女方家里娶亲的时候，女方都闭门不出，男方进了大门后要大喊一声"你们家的人都死光了"，这个时候女方才开门，非常高兴地说"就等着您来传宗接代呢"，下面才开始婚礼，这样一种婚俗在这样一个地区是很正常的，也是很健康的，但你作为一个其他民族的人，如果娶媳妇的时候在岳父母家大喊这么一句，这媳妇怕是娶不成了。社会文化标准就是在提醒我们，在考察个体的心理健康状况时，一定要考虑到文化因素的影响。但我们也会发现，人类的诸多行为标准具有跨文化的一致性，很多行为在不同的社会文化条件下均被认为是异常的。这一标准的价值在于，当我们考察个体的心理健康状况时，需要考虑文化因素的影响，但也不应把它过分夸大。

三、统计学标准

这一标准是将个体与多数人的行为进行对比，如果你的行为多数人都会做，那就是正常的，如果你的行为只有少数人才有，那就是不正常的。该标准基于这样一个基本假设，人的心理特质在整个人群中呈正态分布，大多数人处于中等水平，偏离中心越远，人数越少。

我们就拿智力来看，韦氏成人智力量表平均分为 100，标准差为 15，如果你在这一测试上得分为 100，我们就知道你的智商与大多数人相同，如果你的智商达到了 145，那你就算得上天才了，因为你已经远远超越了普通人，近乎万里挑一了。当然，统计学标准不仅可以用来衡量智商，也可以用来衡量个体的抑郁、焦虑水平、睡眠状况等诸多心理和行为特点。

在日常生活中，我们运用最多的就是这一标准，虽然也许我们并不懂统计学和心理学，但我们经常会将自己与他人进行比较，当我们的行为或观念与群体中多数人不一致时，就会感受到群体压力，并极有可能最终选择与群体保持一致，这就是"从众心理"，统计学标准本质上就是从众标准。

这一标准也存在缺陷，它只能描述个体偏离群体的程度，却无法表明行为的性质，也就是说我们无法从该标准中了解到行为的偏离到底是好还是不好，此时如果要求个体与群体保持一致就可能带来负面影响。比如我们常见的"中国式过马路"现象，一群人在路口等待过马路，如果来往车辆较少，就会有很多人选择抱团闯红灯过马路，留在原地等绿灯的人反而可能成为了极少数，此时如果你选择了从众，显然违反了交通规则，也制造了极高的安全风险，反而是那些选择原地等待绿灯再通过的少数人的行为是适宜的。当我们对某些行为的性质不了解时，采取统计学标准对个体行为进行衡量就可能导致问题。

四、发展性标准

无论病理性标准、社会文化标准或统计学标准，他们都存在这样或那样的问题，因此其适用性就受到了很大局限，我们希望有一个跨文化衡量普通人的心理健康标准，而且能够告诉我们什么行为是适宜的，这就是发展性标准。它与前三种标准的最大不同之处是，它是一个多维度标准。这一标准认为，一个心理健康的人应该是具备某些良好品质的人，他在某种品质上表现越好，则心理健康程度越高。可以看出，它不仅可以用来评估一个人的心理健康状况，同时还指出了我们提升心理健康水平的方向，这也是为什么它会被称为"发展性标准"。但该标准尚不成熟，对学者们对心理健康的人应该具备那些良好品质仍众说纷纭的，笔者选择了比较有代表性的六种积极心理品质，介绍如下。

（一）幸福感

幸福感简单而言就是自我感觉良好，但其内涵其实非常丰富，本章仅对幸福感作简单介绍，我们将在本书第十六章对幸福感作全面深入解读。电影《求求你表扬我》中曾有一个关于"幸福是什么"的经典片段，报社编辑（王志文饰演）问杨红旗（范伟饰演）"什么是幸福？"杨红旗回答，"我饿了，看别人手里拿个肉包子，那他就比我幸福；我冷了，看别人穿着一件厚棉袄，他就比我幸福；我想上茅房，就一个坑，你蹲那了，你就比我幸福。"，这一回答引起了周围人的一片笑声，虽然听起来很搞笑，但如果仔细想想，你觉得杨红旗（范伟饰演）的这段话有道理吗？很多人的回答是有道理。如果你再想一想，现在的你完全不需要为温饱而发愁，你幸福吗？恐怕一些人的回答就是"不一定"了。为什么对幸福会出现这种自相矛盾的判断呢？

我们从心理学的角度来进行一下分析，杨红旗谈到了两个心理学理论，当然他自己可能并未意识到，一个是马斯洛的需要层次理论，该理论认为，人的需要可以分为五个层次，呈金字塔状，生理的需要处于这个金字塔的最底层，是个体维持生存所必需的，因此也成为了行为最强有力的驱动力。较低层次需要的满足会使个体产生更高层次的需要，而金字塔顶层的尊重的需要和自我实现的需要是永远无法被满足的，也就是旧的需要被满足，我们会产生新的欲望，而且"人的欲望是无止境的"。从欲望被满足的角度来看，每个人都只能体会到比较短暂的幸福，而无法获得长久的幸福。

杨红旗谈到的另一个理论是社会比较理论。我们不断地进行社会比较，而比较结果会影响我们的幸福感，但糟糕的是，社会比较结果并不稳定，使得我们从社会比较中获得的幸福感也是忽高忽低。社会比较结果不稳定主要是由于它会受到比较对象或比较内容的影响。比如在比较内容上，如果你跟马云比长相，那就会感到幸福，但如果你跟马云比财富，那就一定会感觉糟透了。在比较对象上，如果你跟非洲普通民众比财富，就会感到幸福，但如果跟福布斯富豪比，就会感觉不爽，就像我们的俗语"比上不足比下有余"。现代社会的信息技术极大提高了我们获取信息的便利性，扩大了我们的比较范围，严重削弱了我们的幸福感。曾有一项研究发现，美女图片的泛滥显著削弱了男性对自己妻子的爱意。原因就在于，以往我们只能将妻子与身边的人进行比较，即使妻子不够漂亮，但至少差距不大，但现在我们每天都能看到世界上最漂亮的那些美女的图片，其中还有不少人进行过整容，图片也进行了美化，将妻子与这些美女图进行对比，自然会降低男性的幸福感。

从我们对杨红旗话语的分析中，你大概也看到了幸福的复杂性，在此我们只能先打住，且待十六章的继续分析。

（二）内心的和谐

内心和谐是指我们对事物的态度和认识，对自己眼前的处境和追求的目标等事情之间能够达到协调。比如，有些人尽管现在条件很差，但是对未来充满了信心，他相信通过自己的努力，目标就能够实现，这就在眼前的现状和未来的目标之间达到了一种和谐。我们也可以从内心和谐的对立面“内心冲突”来进行理解。日常生活中，我们经常会面临各种各样的选择，有时是必须在两个吸引人的目标中选择一个，所谓“鱼与熊掌不可兼得”；有时是必须在两个厌恶的目标中选择一个，比如为了减肥，你是选择饿肚子还是选择跑个三千米。但更多的时候是目标身上既有我们喜欢的又有我们讨厌的，我们必须在多个目标中选择一个，这被心理学家称为“多重趋避式冲突”，比如在确定目标职业时，你希望自己能像大学老师那样可以自由支配时间，你又希望像富商那样实现财富自由，你还希望像政府高官那样拥有巨大的权力，当你明白没有一个职业能同时实现上述三个目标，又必须做出抉择时，就会产生内心冲突。

我们来看一个真实的例子，一个大四男生，在校期间三次企图自杀，第一次是吃了安眠药，被同学发现抢救了过来，第二次是把自己的桡动脉割断，也被及时发现转危为安，他的父母从外地赶到北京来照顾他，有一天下午，他告诉父母说“我现在情况挺好的，你们出去逛逛街吧”，就在他父母离开的很短时间内，他第三次在病房里上吊自杀，这一次没有再抢救过来。是什么问题困扰着他，逼得他非死不可呢？事后根据周围同学提供的情况，班主任认为原因是他同时和三个女孩子交朋友，他的困扰是不知道如何处理与这三个女孩子的关系。他的内心冲突导致了他的自杀。对于正在为没有女朋友而苦恼的男生们，讲这个事例就像是在撒狗粮，但我们千万别忽视了他内心冲突所带来的痛苦。

（三）自尊感

自尊简而言之就是自己尊重自己，是个体对自身的态度和看法，实质是个体对自身价值的认识，有时也被心理学家称为自我价值感。当我问你“你的自尊感怎么样？”时，不少同学可能会想：自己尊重自己喜欢自己，这还不容易吗？其实自尊感并不简单。我们来看一件很有趣的事，分析一下事件主人公的自尊感如何。

2014 年 8 月 23 日，在北京举办的寺库 2014 奢侈品鉴宝会上，一位年轻女士请男鉴定师鉴定一下自己的挎包是不是奢侈品，男鉴定师认为该包为真品，但不是世界名牌，不属于奢侈品。女子听后非常生气，质问鉴定师认识几个品牌，在质问几句之后，该女子突然隔着外衣将胸罩脱下，让鉴定师鉴定，鉴定师十分尴尬但无法拒绝，后认定该胸罩为世界名牌，属于奢侈品，女子拿起胸罩离去。

这一事件引发了一波网络热潮，极大地满足了广大吃瓜群众的八卦心理，但我们的疑问是，这位年轻女子为什么会做出这样出格的行为？

现在我们就来猜猜这位女士行为背后的心理过程，但要注意这仅是猜测，目的是向你介绍心理学对自尊感的认识。

我的思路如下：出格行为源于她处于愤怒的非理性状态，愤怒源于自尊感受到伤害，自尊感受到伤害源于其自尊来源于外在物质条件。

我们知道，多数人并不会因包包被认定不是奢侈品就愤怒，说明该年轻女子有其特殊的心理过程。要了解这一过程，我们需要先了解奢侈品消费者的心理。奢侈品的功能与价格存在巨大的背离，因而只有高收入者才有实力消费，这就赋予了奢侈品区分个体财富水平的功能，正是基于功能，一些消费者通过奢侈品来彰显自己的财富，提升自身社会地位，从而获得自尊感的提高。其实这种心理本无可厚非，每个人都想获得高自尊，但这位女士的问题在于，奢侈品或者说财富在其自尊感中占据了过高的权重，导致当包包被认为非奢侈品时，她的自尊感受到了极大地打击，从而情绪失控。每个人自尊感的来源不同，如果自尊感过分依赖外部条件（财富、他人评价等），那么当外部条件产生变化时，自尊感就会产生较大波动，而当自尊感依赖于内部特征（能力、人品、自我评价等）时，由于这些内部特征稳定性高，所以自尊稳定性也高。

（四）个人成长

人的一生要经过不同的阶段，每个阶段需要承担的责任、完成的任务是不一样的，在不同年龄阶段应该有跟这个年龄阶段相适应的行为方式。心理学家埃里克森提出了“心理社会发展理论”，他将人格发展分成相互衔接的八个阶段，每个阶段都有相应的社会心理危机需要解决。在埃里克森看来，心理危机既是挑战又是人成长的机遇和转折点。前一阶段危机的完善处理是下一阶段危机解决的基础。如若不能成功地解决本阶段的社会危机，将会在未来再次造成问题。

对于个体而言，当你到了某个年龄段，社会就会对你提出这个年龄段的要求。如果你无法达到这个要求，行为方式还停留在之前较小的年龄段上，就表明你的发展出现了问题。

“啃老族”就是个人成长出现问题的年轻人。笔者曾看到一篇“啃老族”的报道，一个大学生毕业之后，工作了不到半年，嫌工作太劳累辞了职，之后也没找到称心的工作，就一直在家待着，在这期间找了女朋友，然后花父母的钱买了房结了婚，结婚之后媳妇也嫌工作不如意，辞职回家了，还生了孩子。这下可好，儿子一家三口都靠父母来养，这下父母实在扛不住了，就去求助心理咨询机构。显然这小夫妻俩的个人成长出现了问题，他们没有承担自己应有的责任，没有完成他们这个年龄段应该完成的成长任务。

（五）人格的完整

人格指的是个体具有的区别于其他人的独特而稳定的思维方式和行为风格，是一个非常复杂的概念，在此我们不作深入介绍，而是聚焦于人格健全者的行为特点。人格完整的人，能发起有组织的行为，且行为具有连贯性和一致性。而人格破碎者发起的多是凌乱的行为，他们经常只顾及眼前，只要能解决眼前的问题，后续发生的事情就不在考虑范围之内了。

曾震惊全国的桦南女孩送孕妇回家被杀案，其犯罪嫌疑人谭蓓蓓就是典型的人格破碎者。2013年7月24日，黑龙江省桦南县，怀有身孕的犯罪嫌疑人谭蓓蓓以身体不适为由骗桦南医院实习生胡依萱送其回家，并让其喝下掺有迷药的酸奶，谭蓓蓓丈夫白云江趁胡依萱昏迷欲实施强奸，却发现她处于经期，之后谭蓓蓓协助丈夫拿枕头将胡依萱闷死，再用皮箱将尸体运出后掩埋。事后，公众困惑于谭蓓蓓的犯罪动机，对其动机的猜测也是众说纷纭。有熟人爆料称谭蓓蓓曾与他人偷情，后被丈夫知晓，虽然没离婚，但丈夫经常因此对其辱骂甚至殴打，她就跟丈夫说要给他找个处女补偿。如果当真如此，谭蓓蓓可谓典型的人格破碎者。我们猜测她的内心世界也许是这样的，她内心极度匮乏爱，当有人关注她时，她就出轨了；丈夫指责她时，她就内疚了；内疚了，她就想补偿；补偿时，她不管后果……她永远都是在解决当下的那个难题，以吞下毒药的方式。显然她的这一系列行为完全不是一个具备理智的正常人会有的行为方式。

（六）能有效适应环境同时也能保持独立

所谓有效适应环境，是指你的言行要符合环境对你的要求，你要融入环境，建立和谐的人际关系，从而充分发挥个人的社会功能，这种个体与环境的良好互动能帮助你保持较为良好的心理健康状态。

2013年，我们在做新生心理健康测查时，发现一个学生的抑郁分数特别高，就叫他来咨询室了解情况，发现他抑郁的原因就在于无法适应新环境。他高中时学习成绩非常优秀，但高考时发挥失常，最终只能来了我们这个名不见经传的医学院校，他本人对这一结果非常不满，但又担心即使再补习一年也未必能进入更好的大学。他的这一心理落差始终无法缓解，逐渐开始破罐子破摔，频繁逃课去网吧或在寝室睡觉，即使去上课也是要么睡觉要么玩手机。他的这些表现正是无法适应新环境导致的。

他的困扰无法解决吗？当然不是，他可以选择退学复读，这当然有风险，但既然是发挥失常，那就努力提升心理素质，正常发挥自然能上个更好的大学。他也可以选择继续待在现在的大学，通过努力学习，将来去更好的学校读研，最终实现自己的理想。可惜的是，他没有采取解决问题的思路，而是选择了逃避，虽然暂时会让自己感觉好一点，但问题始终存在，还会不时引发他的焦虑，甚至开始讨厌自己，最终导致严重的抑郁情绪。

对于环境仅有适应是不够的，我们还需要有在环境中保持独立的能力，因为环境中还会存在许多消极因素，如果一味随大流就必然会受到负面影响。独立就是要给自己留有调整自身行为的空间，避免受到环境中消极因素的影响。现在大学校园中网络成瘾者众多，不少大学生沉迷于吃鸡或抖音等手机娱乐，甚至在课堂上也玩游戏刷微博。如果你身边就有很多这样的同学，你是否能够保持独立性，抵御环境中的这些消极因素呢？

我们所说的四种心理健康标准，没有哪一种能够适合所有人的所有状况，但每一个标准都能给我们一个审视自己心理健康状况的视角，接下来我们就从不同视角来分析一下林黛玉的心理健康状况。

第二节　案例分析——林黛玉心理健康状况分析

本着学以致用的原则,我们接下来分析一下林黛玉的心理健康状况。之所以选择林妹妹作为分析对象,主要基于两方面的原因:一是因为她是一位“公众人物”,林妹妹的故事在中国可谓家喻户晓,这可以让我们聚焦于分析过程,避免了不必要的故事时间。二是因为林黛玉是一个虚构人物,对她的心理分析应该不会给现实生活中的人带来困扰。你可能会怀疑,分析虚构人物有价值吗?曹雪芹笔下的林妹妹虽为虚构,但她的行为和心理活动很好地遵循了现实原则,也正因如此我们才觉得林黛玉就像个活生生的人,因此我们的分析具有借鉴意义。

一、林黛玉心理健康状况评估

我们运用上述四种心理健康标准来分析林黛玉的心理健康状况。

(一)病理性标准

在《红楼梦》中,我们没有看到林黛玉有任何幻觉、妄想、情感障碍等病理性症状,可以确信她无精神疾病。

(二)统计学标准

统计学标准在心理健康方面的应用主要是心理健康问卷调查,但由于我们无法给林黛玉做心理健康问卷,所以并不能准确评估她的心理健康状况,而只能猜测。林妹妹爱哭鼻子可谓尽人皆知,在曹雪芹所写的前八十回中,林黛玉共哭了 37 次,可见她消极情绪的频繁程度。从林黛玉的诗词内容来看,其主题多为“死、老、分散、衰败”,从这些优美的诗词之中,我们能深深体会到她的忧郁,这种情绪几乎贯穿了她的整个红楼生涯。当然林妹妹并非毫无快乐时光,但毫无疑问她情绪的主色调仍是抑郁。由于我们无法准确量化她抑郁的程度和持续的时间,也就无法确定她是否已经达到抑郁症的入病标准,但其远超常人的抑郁情绪是显而易见的。

(三)社会文化标准

哭是林黛玉的一个典型行为,同时社会文化标准演变又比较缓慢,因此我们就用当今社会文化标准来衡量林黛玉的哭这一行为。首先,我们需要一个小的思想实验来认识有关哭的社会文化标准。假设你看到一对恋人正在路边吵架,两人吵来吵去越吵越凶,男生突然大喊一句“咱们两分手吧”然后扭头离开,女孩子一时怔住了,当反应过来时就开始哭,越哭越伤心,后来几乎是嚎啕大哭了。问题来了,此时你会对这个女孩子产生什么样的情感?同情、怜悯？如果让你猜，你认为这个女孩子是个什么样的人？你会认为她重感情，全身心投入爱情，却受到了伤害吗？即使不了解这对恋人之间的状况，多数人也会对这个女孩子产生积极的印象。

如果我们将这对恋人的角色对调，吵架之后，是这个女孩子提出了分手并扭头离开，而男孩子开始哭泣，而且越哭越伤心，后来几乎嚎啕大哭。此时你又会对这个男孩子产生什么样的印象？在与女孩子同等情况的条件下，多数人并不会给予这个男孩子同情，反而会认为这个男孩子不够坚强，哭鼻子是没出息的表现。如果让你去安慰他，你会怎么说？会不会是那句经典的“天涯何处无芳草，何必单恋一枝花”呢？

同样的哭，为什么我们会对男女作出完全不同的判断？因为我们对男女两性哭的行为采取了双重标准。我们要求“男儿有泪不轻弹”，男性应该是有力量的坚强的不善于表达情感的，但对于女性，我们认为他们是弱者，应该受到保护，是情感丰富而善于表达的。显然，我们的社会文化标准对于女孩子哭没什么限制，甚至可以说是持鼓励态度的，这样可以获得同情和帮助，甚至引来“护花使者”。正因如此，我们才会深深的同情“爱哭的林妹妹”。

爱哭的林妹妹是我们文化中一个经典的文学形象，成为了多愁善感、爱哭女子的代名词，表明按照我们的社会文化标准中，她哭的这一行为几乎达到了极致。要知道，我们的社会文化标准本身对女性的哭泣这一行为已经是十分宽松了。

（四）发展性标准

1. 幸福感

从整个红楼梦来看，林妹妹也曾有过一些幸福时光，但跟她的不开心比起来就实在不值一提了。就像《葬花吟》中所唱“一年三百六十日，风刀霜剑严相逼”，虽有夸张修辞，但也可见她长期的心情，总体而言她的幸福感是很低的。

2. 内心的和谐

黛玉存在两个长期的内心冲突，一个是担心宝玉移情别恋。黛玉爱宝玉，但又非常担心自己的爱情落空。她因为宝姐姐不知道跟宝玉吵了多少次架，总是担忧宝玉“见了姐姐就忘了妹妹 ”，她希望宝玉能够专心地爱她一个人，但又对宝玉的感情缺乏信任。黛玉曾说“我为的是我的心”，从这句话中我们能非常明显地看出，她担心自己对宝玉的爱只是一种单相思，可见她对宝玉不够信任。另一个内心冲突是自己与宝玉要有情人终成眷属，还需要家中长辈的认可，而这完全由不得她自己。封建社会的婚姻讲究“父母之命，媒妁之言”，子女的婚姻完全由家中长辈做主，黛玉对此一直非常担心，连丫鬟紫鹃也曾劝她“趁早老太太还明白硬朗的时候，作了大事要紧。”，而最终黛玉与宝玉还是被棒打鸳鸯，当宝玉与宝钗成亲之时，黛玉终于万念俱灰，一命呜呼了。

3. 自尊感

黛玉表面看起来清高自傲，但清高自傲并不是高自尊的表现，反而是低自尊的表现。黛玉的自尊感，从周瑞家的送宫花事件中可看出一二。薛姨妈让周瑞家的将宫花送给三春、黛玉和王熙凤,周瑞家的最后一个送到黛玉那里,这引起了林姑娘的警觉,“是单送我一人的,还是别的姑娘们都有呢?”周瑞家的回答:“各位都有了,这两枝是姑娘的了”,黛玉立即来了个顶门针:“我就知道,别人不挑剩下的也不给我。”周瑞家的听了,一声儿不言语。

很多人分析周瑞家的为什么最后才送黛玉宫花,有人认为是周瑞家的势利眼,轻视黛玉,有人认为是周瑞家的偷懒走顺路,公说公有理,婆说婆有理,但不可否认的是黛玉生气了。显然,在黛玉眼里,她之所以最后一个收到花,就只可能是周瑞家的轻视她了,因此觉得自尊心受到伤害而生气。由此看来,黛玉非常在乎别人对她的态度或看法,即使是像周瑞家的这样的非重要他人。心理学研究发现,他人对我们的态度和看法确实会影响个体的自尊感,但个体自尊的来源是多方面的,对于有良好自尊的个体而言,他人对我们自尊心的影响有限,而那些非重要他人的影响就更加微弱了。如果黛玉的自尊感良好,周瑞家的作为非重要他人,即使确实表现出了轻视,黛玉的自尊感也不会明显受挫。但黛玉的行为表明她并不是一个稳定高自尊的人。

4. 个人的成长

据学者们的推测,黛玉在死前尚不足 18 岁,按照现代社会的标准,尚未成年,但古代的生活方式与当今社会差异极大,从心理年龄的角度来考虑的话,黛玉应处于青年期到成年早期。按照心理社会发展理论,青年期的个人成长主题是自我同一性对角色混乱,而成年早期的主题是亲密对孤独。由于我们当今的社会生活环境与黛玉差别巨大,因此并不能明确她所处时代的自我同一性内涵,只能在此略过,我们来看看黛玉在亲密感方面的发展如何。

亲密感包括两种关系,一种是友谊,另一种是亲密关系。从友谊方面来看,黛玉与薛宝钗和紫鹃有着非常深刻的友谊,黛玉曾将宝钗视为情敌,但后来却成为了好友,黛玉曾告诉宝玉,自己之前误解了宝钗,以为她心里藏奸,后来才发现她是一个好人。一次,薛蟠从外地带回来一些手信。宝钗把这些手信,都送给了宝玉和姐妹们,特别的是,迎春姐妹和宝玉等人都只有一份,唯独黛玉有两份。此外,黛玉与紫鹃的关系也极其亲密,黛玉临死还拉着紫鹃说:“妹妹,你我是最知心的,虽是老太太派你服侍我这几年,我拿你就当我的亲妹妹。”在等级森严的上流社会,小姐拿仆人当亲人,实是非常难得了。

从亲密关系方面来看,我们都知道黛玉和宝玉二人非常亲密,那亲密到何种地步呢?从二人共读《西厢记》,并借《西厢记》词句表白、打趣,就可看出二者非常之亲密。为何如此推断?因为《西厢记》在明清时期长期被列为禁书。之所以成为禁书,是因为它的故事情节中包含了自由恋爱和婚前性行为,这在中国古代封建社会是严重的伤风败俗。在《红楼梦》中,《西厢记》也是禁书。在讲究男女授受不亲的封建时代,宝玉和黛玉二人共读《西厢记》,必然是非常亲密了。

综合上述内容能够看出,林黛玉的个人成长是正常的,她在成年早期顺利地与他人发展了亲密感。

5. 人格的完整

人格完整的人,行为具有连续性和一贯性,从黛玉的表现来看,她的行为是连续和可预测的,她的行为与她的个性是一致的,人格是完整的。

6. 有效适应环境并保持独立

在《红楼梦》第三回中，林如海向黛玉解释送她去贾府的原因，“汝父年将半百，再无续室之意，且汝多病，年又极小，上无亲母教养，下无姊妹兄弟扶持，今依傍外祖母及舅氏姊妹去，正好减我顾盼之忧，何反云不往？”。描述黛玉寄人篱下的心态是，“步步留心，时时在意，不肯轻易多说一句话，多行一步路，惟恐被人耻笑了他去。”。从这两段描写中，我们能够体会到黛玉在贾府中寄人篱下的心态。

从心理学角度而言，寄人篱下的心理包含两方面的内涵，其一是缺乏控制感，所谓控制感就是个体对自己影响周围环境的能力的判断，当个体认为自己有能力使得环境朝着自己期望的方向改变时，就会对自己充满信心，对未来感到乐观。而当个体认为自己没有能力改变环境时，久而久之就会产生习得性无助，表现出一种对现实感到无望和无可奈何的心理状态。其二是缺乏归属感。归属感是马斯洛需要层次理论中的重要概念，他认为“归属和爱的需要”是人的重要心理需要，个体希望自己归属于某一个或多个群体，如家庭、工作单位、协会团体等，这样可以从中获得温暖、帮助和爱，从而消除或减少孤独和寂寞感，获得安全感。

显然，黛玉因“上无亲母教养，下无姊妹兄弟扶持”，才不得已来到贾府，虽然多了一些亲人，但她终究是个外人，归属感并不强。在控制感方面，身在贾府，她不仅只是她自己，还代表着林家，母亲贾敏早前曾告林黛玉外祖母家与别家不同，因此黛玉到了贾府之后，可谓“处处留心，时时在意，不肯轻易多说一句话，多行一步路，唯恐被人耻笑了他去”，这正是缺乏控制感的表现。

二、林黛玉心理健康状况评估

从上述我们对林黛玉心理健康状况的评估能够看出，总体而言，林黛玉的心理健康状况不佳，特别是从发展性标准的角度来看，存在多方面的问题，如频繁的抑郁情绪，长期的内心冲突，较低的自尊，对生活环境的不适应等，这些问题长期困扰林黛玉，对她的社会功能产生了诸多不利影响。那么林黛玉的这种心理健康状况是如何形成的呢？

三、林黛玉心理健康状况不良原因探究

我们通常从人生经历、生活环境和个性特点三方面来分析个体心理健康状况的形成原因，但需要特意指出的是，这种分析只是“事后诸葛亮”，即所谓的“后见之明”，有关“后见之明”的局限性请看补充阅读材料——后见之明。现在我们就从林黛玉的人生经历、生活环境和先天气质三个方面来分析其心理健康状况形成的原因。

（一）人生经历

1. 家庭环境

现在网络上所谓的“原生家庭理论”非常流行，很多人将自己的性格缺陷归咎于自己的

“原生家庭”,笔者并不同意此类说法,它们来源于精神分析理论,将成年后的一切问题归咎于童年期的家庭氛围,过分夸大了童年期对个体的影响,表面上看起来很有解释力,但却缺乏有效的科学证据,而且有甩锅的嫌疑,此种理论的泛滥不仅无助于当事人问题的改善,反而可能导致其与父母的对立甚至冲突,产生更加严重的后果。我们在此提出林黛玉的家庭环境,只因它是林黛玉人生经历的一部分,并不意味着它完全决定了林黛玉的人格。

从林家的历史来看,红楼梦写林家虽系钟鼎之家,却亦是书香之族。钟鼎意为富贵荣华,高官重任。书香门第,指的是从其祖上开始世代读书的人家。从林黛玉的父母来看,林黛玉父亲林如海是前科探花,探花是殿试的第三名进士,从官职来看,林如海曾为兰台寺大夫,后钦点巡盐御史。作为一个入仕时间不足三年的官员,其仕途可谓顺利,品级虽不高,但权力不小。林黛玉母亲贾敏,是贾母最小的女儿,也是贾母最疼爱的女儿,贾敏对自己的女儿相当疼爱,红楼梦中说林如海夫妇对黛玉“爱如珍宝,且又见他聪明清秀,便也欲使他读书识得几个字,不过假充养子之意,聊解膝下荒凉之叹。”由此可见,林黛玉的家庭环境无论从物质还是心理方面均是极好的,但林黛玉的成长过程却波折不断。

2. 成长经历

林黛玉在成长中不断经历家庭成员的离世。从时间顺序来看,她先后经历了弟弟、母亲、父亲的离世,林家最终落得家败人亡的结局,这样的经历一定对她产生了巨大的影响,我们逐个来分析一下。

黛玉曾有一个小 1 岁的弟弟,在她 4 岁时夭折。由于林家世代单传,家中男丁的意义非凡,“所谓不孝有三,无后为大”,在封建社会,这个弟弟是林家将来唯一的继承人,他的去世必然会给林家其他家庭成员产生极大的心理创伤。而且当时林黛玉已经四岁,这个年龄的特殊之处在于,个体刚好拥有了永久性记忆。心理学研究发现,儿童在三岁之后才能产生终生记忆,三岁之前的事在成长中会会逐渐忘记,三岁之后发生的事才可能记一辈子。基于以上两点,笔者相信弟弟夭折这件事,林黛玉会铭记终生。

母亲贾敏在在林黛玉 6 岁时去世,母亲是子女最主要的依恋对象,母亲的离世使得林黛玉失去了最依恋的人,母亲是孩子生活的最主要参与者,在封建社会讲究“男主外女主内”的情况下,母亲更是几乎承担了全部育儿的责任。当今心理学研究表明,家庭养育方式对子女的影响是全方位的,如认知、心理健康、依恋模式等都与母亲有着非常密切的关系。母亲贾敏的去世必然给林黛玉的心理产生了难以想象的冲击。

父亲林如海在林黛玉约 14 岁时去世,林黛玉最后的依靠也没有了,作为林家的一家之主,林如海的离世使得林黛玉在世上已经孑然一身,成为了无家可归之人。

这一系列至亲的离世使林黛玉备受折磨,也极大地影响了她看待世界的方式,以“死、老、分散、衰败”等为主题的诗词正反映了她看待世界的方式。

心理学中有一个热词“PTSD”(创伤后应激障碍),是指个体经历了应激事件,导致个体延迟出现和持续存在的精神障碍。女性比男性更易发展为PTSD。PTSD的核心症状有三组,其中一组是创伤性再体验症状,表现为患者的思维、记忆或梦中反复、不自主地涌现与创伤有关的情境或内容,也可出现严重的触景生情反应,甚至感觉创伤性事件好像再次发生一样。在黛玉葬花的情节中,宝玉看到落下的花瓣,非常高兴地收到袍襟,而黛玉却悲从中来,

"而今死去侬收葬,未卜侬身何日丧,侬今葬花人笑痴,他年葬侬知是谁"。黛玉的这一反映明显是触景生情,从诗词内容来看,可能是想到了家中三位至亲的离世,产生了创伤性再体验,从黛玉经历的创伤性事件以及她的一些表现来看,她可能在生命后期罹患了 PTSD。

(二)生活环境

林黛玉在母亲去世后被送到贾府,此时的她尚处孩提,便已开始寄人篱下的生活。在贾府中,虽然贾母非常疼爱黛玉,其他一众亲友看贾母如此,对黛玉也多有照顾,但对黛玉而言,这些关照却无法替代父母之爱。贾府是大家族聚居,人多嘴杂,勾心斗角,正如探春所说,"外头看着光鲜,其实十分难熬。",其母贾敏也曾叮嘱林黛玉,"你外祖母家与别家不同……要步步留心时时在意,不可轻易多说一句话,多行一步路。",在此种环境下,林黛玉自身的感受是"一年三百六十日,风刀霜剑严相逼"。从《红楼梦》的这些描述,我们认为林黛玉长期处于慢性压力之中,这种长期的慢性压力会对身体和心理产生永久性的伤害。有关压力的负面影响的详细内容,可阅读本书第十三章。

(三)个性特点

我们从她的思维认知特点和气质性格两方面来分析林黛玉的个性。首先在思维认知方面,林黛玉最显著的特点就是聪明,具有旷世诗才,但思维方式却比较消极,她诗词的主题多为死、老、分散、衰败,在黛玉葬花的片段中,别的姑娘们在园子里玩的高兴,宝玉看到落花也觉得好玩,唯独黛玉"独倚花锄偷洒泪",看到落花在地就想到死亡,吟出了《葬花吟》,这就是她典型的思维方式。其次在气质性格上,林黛玉虽也有着青春少女的活泼热情,并非终日只在哀愁之中,但她一方面"喜散不喜聚"、"喜静不喜动",有着明显的抑郁质表现。另外,又敏感多疑,红楼梦写她"心较比干多一窍,病如西子胜三分。"在贾府并不良好的环境下,她的这种性格更进一步加重了自己的心理压力。

推荐电影《美丽心灵》

影片讲述的是英俊而又十分古怪的数学家约翰·纳什传奇般的一生,他在博士期间发表了他的博弈理论,短短 26 页的论文在经济、军事等领域产生深远的影响,他开始享有国际声誉。但纳什出众的直觉受到了精神分裂症的困扰,使他向学术上最高层次进军的辉煌历程发生了巨大改变。面对这个曾经击毁了许多人的挑战,纳什在深爱着他的妻子艾丽西亚(詹妮弗·康纳利饰)的相助下,与被认为是只能好转、无法治愈的精神分裂症作斗争。经过十几年的不懈努力,通过个人强有力的意志,他终于从疾病中康复,并于 1994 年获得诺贝尔奖,他在博奕论方面颇具前瞻性的工作也成为了 20 世纪最具影响力的理论。而纳什也成了一个不仅拥有美好情感,并具有美丽心灵的人。

电影情节来源于数学家纳什的真实经历,但也做了很多改编。影片的心理学看点在于,我们能通过这部影片直观地感受到精神病人的内心世界,以及当心理问题对个人事业和生活产生的巨大负面影响。

推荐书籍《丘吉尔的黑狗》

出版社：北京大学出版社

作者：[英]安东尼·斯托尔，英国著名心理学家，英国皇家内科医学院、皇家精神医学院及皇家文学学会资深会员

丘吉尔在大众心里，是一个强硬坚毅、无所畏惧的形象，但你可能想不到，这样一位强人政治家终生被抑郁症困扰，他说他心中有只黑狗，一有机会就咬住他不放，他的一生都在这只黑狗的追赶中度过，这只黑狗就是抑郁症。正是因为这句话，人们才把抑郁症称为黑狗。丘吉尔的一生都在与自己心里的黑狗周旋，他拼命逃，被咬住，挣脱开再拼命逃，再被咬……最后彻底被黑狗扑倒。当然，这只黑狗伤害了他，但同时也成就了他。可以说，正是为了逃避黑狗的追咬，他把所有精力倾注到工作与战斗中，最终成为一代伟人。

这本书虽然名为《丘吉尔的黑狗》，但丘吉尔的黑狗只是切入点，作者以丘吉尔、卡夫卡、牛顿等人的真实人生为例，探讨了他们的抑郁症是如何形成的，以及他们是如何在与疾病的抗衡中成就非凡伟业的。作者的核心观点就是，疾病固然会给人类的心灵带来痛苦，但同样也是一种鞭策，驱使着人不断前进，让他们在与疾病的抗衡中不断超越他人、超越自己。此外，作者还驳斥了“天才都是疯子”这一流行的谬误，并探讨了开放社会中应该如何对待精神疾病患者这一敏感问题。

补充阅读——心理学理论两例

1. 习得性无助

心理学家将一条狗关在笼子里面，只要蜂鸣器一响，狗就会遭受电击。此后如果把笼子们打开，蜂鸣器一响，还没有通电，狗就会倒地呻吟。习得性无助指的就是这种因为重复失败和惩罚，而造成的听之任之的状态。这种状态在人身上极为常见，当一个人在工作中，长期陷入失败，就会进入习得性无助的心理状态，开始自我怀疑，觉得自己“这也不行，那也不行”，从而放弃努力和改变。每当工作、恋爱、学业失败，我们都应该客观归因，找到失败真正的原因，而不是一味地认为就是自己“不行”。了解习得性无助，有助于我们跨过自己给自己设下的障碍，突破这种心理困境。用永不放弃的眼界看待世界，结果可能会变得不一样。

2. 心理社会发展阶段理论

埃里克森的社会心理发展理论，是在继承弗洛伊德性心理发展阶段理论的基础上进行的改进和创新。他对人格成长的历史社会学、人类学和心理学基础进行了深入的探讨。他将人格发展分成相互衔接的八个阶段，每个阶段都有相应的社会心理危机需要解决。在埃里克森看来，心理危机既是挑战又是人成长的机遇和转折点。前一阶段危机的完善处理是下一阶段危机解决的基础。如若不能成功地解决本阶段的社会危机，将会在未来再次造成问题。

第一阶段：婴儿期（0 ~ 1.5岁）。这一阶段要解决的社会心理矛盾是信任对怀疑，大致

发生在婴儿出生后的一年之内,此阶段婴儿的中心任务是接受照料。他们会对外界环境的可信任程度进行自我探索,并作出简单的判断。婴儿通过自我探索如果获得了信任感,就会建立起积极乐观人格品质,进而才会敢于希望、敢于期望,反之则会产生怀疑和不信任。

第二阶段:幼儿期(1.5 ~ 3 岁)。这一阶段的主要任务是克服羞愧感,获得自主能力。如果不能帮助儿童顺利解决心理危机,例如,父母惩罚或者保护儿童的方式不当,儿童就有可能感到害羞并产生怀疑。反之则能获得较好的自制力和坚定的意志品质。

第三阶段:学前期(3 ~ 6 岁)。主动对内疚的冲突。这一阶段的主要任务是在家庭关系中培养儿童主动探究的精神。如果儿童的这种精神得到肯定,就会获得自信心和责任心以及创造力,反之则会削减追求有价值目标的动机和勇气。

第四阶段:学龄期(6 ~ 12 岁)。发展任务是获得勤奋感和克服自卑感,体验着能力的实现。埃里克森认为,男女儿童在本阶段各自据守自己的疆界,并不断应用自己发展着的肌肉、知觉和身体技能以及增长的知识,竭尽所能去改善自我过程,以求能成功地解决社会所提出的挑战。

第五阶段:青年期(12 ~ 18 岁)。发展任务是建立自我同一性和防止角色混乱,体验着忠诚的实现。自我同一性是指个体将自身动力、能力、信仰和历史进行组织,纳入一个连贯一致的自我形象中。它包括对各种选择和最后决定的深思熟虑,特别是关于工作、价值观、意识形态、承诺等方面的内容。如果青少年无法将这些方面和各种选择整合起来,或者说他们感到根本没有能力选择,那么角色混乱就发生了。

第六阶段:成人早期(18 ~ 25 岁)。发展任务是获得亲密感而克服孤独感,亲密感,是人与人之间的亲密关系,包括友谊与爱情。亲密的社会意义,是个人能与他人同甘共苦、相互关怀。

第七阶段:成人中期(25 ~ 50 岁)。发展任务是获得繁殖感而避免停滞感,体验着关怀的实现,这时成年男女必须考虑使新的一代获得关怀和满意的发展。

第八阶段:成人后期(50 ~ 死亡)。主要发展任务是获得完善感以期避免失望和厌恶感,体验智慧的实现。

第五章 心理咨询
——心理健康的求助指南

走在校园的林荫道上，当你看到同学们身上溢出的蓬勃生命力时，大概不会想到校园中那些消逝的年轻的生命。校园中的谋杀和自杀，不时会揪起人们紧张的神经，一个个年轻的生命唤起了人们的一声叹息。当我们进一步追问悲剧背后的原因时，总是会看到高校心理咨询系统的身影。恶性心理健康事件的频发使得高校不得不加紧心理健康教育与咨询系统的建设，近年来，多数高校在心理咨询中心建设上投入了大量资源，部分学校的咨询中心甚至称得上豪华，但由于广大同学对心理咨询的陌生甚至是误解，导致一些心理咨询中心门可罗雀，无法发挥其应有的作用，一定程度上沦为了应对上级检查的摆设。

不少同学在面对心理困扰时，以"忍忍就过去了""大家都这样"来安慰自己，结果问题日益严重，影响了正常的学习和生活，甚至有人因此中断学业。《2016 年心理健康认知度与心理咨询行业调查报告》数据显示，面对心理困扰，只有极少数人会主动寻求心理咨询。超过六成的受访者会用休闲活动、购物、美食、电影、音乐等方式舒缓心情，但分析却发现，这部分人群的心理困扰数量反而高于平均水平。可见，休闲购物娱乐只是在一定程度上缓解了当下的情绪，并不能有效解决心理问题。

为消除同学们对心理咨询的误解，促进对心理咨询的认识，我们将在本章对心理咨询进行全面的介绍，希望在某一天当你有需要时，会想到心理咨询能为你提供专业的帮助。当遭遇个人无法解决的心理问题时，主动寻求心理咨询才是一种对自己负责的态度。

在了解心理咨询的有关内容之前，我们非常有必要先了解一下目前大众的心理健康状况。

第一节 大众心理健康概况

根据世界卫生组织（WHO）的统计，目前全球大概有 3 亿 5 千万人正遭受抑郁困扰，但超过一半的人得不到对抑郁症的有效治疗，在一些国家，这个比例超过了 90%。全球 14% 的疾病困扰来自于精神疾病，在发展中国家，75% 被精神疾病困扰的人因为缺乏渠道，并不能得到有效治疗。全球每年有 80 万人死于自杀，6000 万人受双向情感障碍困扰，这是一种既有抑郁发作又有躁狂发作的精神疾病。

据《健康中国行动（2019—2030 年）》披露，我国抑郁症患病率达到 2.1%，焦虑障碍患病率达 4.98%。截至 2017 年底，全国已登记在册的严重精神障碍患者 581 万人。除了这些严重的疾病之外，更多的普通人经受着“失眠”“焦躁”“压力大”“不开心”“没精神”等形形色色心理问题的折磨，但遗憾的是很多心理问题并没有得到足够重视，只有极少数人会去寻求专业的心理帮助。

第二节　对心理咨询的误解

一、有病的人才需要心理咨询

这是对心理咨询的主要误解之一，这一误解存在两个问题，一是它将心理咨询与心理治疗画上了等号，事实上二者并不相同，病人是心理治疗的对象，而不是心理咨询的对象。二是这一误解表现出了对心理咨询来访者的歧视，好像寻求心理咨询的人都是“变态”，是不正常的人。

心理咨询与心理治疗虽然字面意思看起来十分接近，但二者的差别很大，在咨访关系、从业者教育和训练、服务对象上均存在本质上的不同，只不过普通大众知之甚少，以致产生误解。心理咨询中咨询师与来访者是一种平等的咨访关系，而心理治疗中二者是医患关系，心理治疗师是权威，病人需要遵医嘱。心理咨询的从业人员接受的是心理学方面的训练，并不需要专门获得医学方面的知识和训练。后者的从业人员则需要具备系统的医学知识和训练，在国内需要具备医师资格。此外，心理咨询与心理治疗服务的对象也不相同。心理治疗主要服务于心理障碍患者，比如焦虑症、抑郁症、社交恐怖、强迫症、躯体形式障碍、进食障碍等等，这些问题的解决往往需要心理治疗师在人格层面做比较深入的工作，往往也耗时更长。而心理咨询主要服务于健康人群，处理一般性的心理问题，比如压力应对、人际沟通、职业发展与规划、恋爱问题、婚姻咨询以及子女教育等等，围绕来访者带来的困扰就事论事，不会深入到人格层面工作。一般咨询时长也较短。

既然心理咨询接待的来访者都是普通人，解决的问题也是一般性心理问题，显然不应将此类来访者视作病人，他们只是暂时遇到了一些困扰而已。

二、心理咨询就是聊天而已

首先除谈话疗法之外，心理咨询的方法还有很多，比如高科技的 VR，神秘的催眠，好玩的沙盘和心理剧等等，这些气场强大的词，可都是心理咨询的治疗方法。其次，虽然谈话疗法确实是一种非常重要的心理咨询技术，但我们不能简单地认为只要一个人会说话，就能进行所谓的“谈话疗法”。从“谈话疗法”这个名字的由来，你也许能体会到，“谈话疗法”与我们的日常聊天并不相同。

“谈话疗法”这个名称并非来源于某一位心理咨询师，而是来源于心理咨询史上一位著名的病人“安娜·欧”（化名）。1880 年，安娜·欧还是一个 21 岁的少女，在维也纳找布洛伊尔做治疗，布洛伊尔是当时维也纳最著名的精神科医生。安娜来找布洛伊尔，是因为她生病了，病得很严重。那年7月，她在照顾患重病的父亲时，精神出现了问题。她的症状包括幻觉、交替出现的兴奋和抑郁、睡眠障碍、饮食障碍和自杀冲动等，刚开始布洛伊尔对她进行催眠治疗，取得一些效果，但后来她开始不接受布洛伊尔的催眠暗示了。布洛伊尔只好让她在清醒的状态下自由地述说。慢慢地布洛伊尔发现，催眠其实不是这种疗法的关键，自由的诉说才是。如果安娜讲述的事情能让她重新体验以往的创伤性事件以及相应的情感，症状常常能够缓解。安娜给这种疗法取了一个名字，叫谈话疗法。谈话疗法允许来访者想到什么就说什么，这种自由联想会增强来访者的自我意识，而对于咨询师，要不带任何评价地去倾听，在这样的氛围中，来访者的成长就会出现。谈话疗法的这些思想，奠定了精神分析，乃至整个心理咨询的基础。

三、心理咨询就是心灵鸡汤（洗脑）

心理咨询不是心灵鸡汤，我们可以通过一个例子来了解一下二者之间存在的区别。

鸡汤大师于丹在《时代病了》的节目中讲了这样一件事，一位大学刚毕业不久的年轻人跟自己的女友一起生活，朋友们经常请二人一起下馆子，但二人因为收入低，没钱回请朋友，逐渐的，他不好意思再接受别人的邀请，为此感到不高兴，觉得自己一无所有。“大师”于丹是如何解决这个年轻人的烦恼的呢？她问这个年轻人，你真的一无所有吗？你留在了北京，那么多人想留却留不下。你有相濡以沫的女朋友，却看不到那么多大四时分手的恋人。别人经常请你吃饭，说明你人缘不错，有不少好朋友。这么说来，你应该感到高兴才对啊。年轻人好像幡然醒悟了，“你这么一说，忽然觉得我还挺高兴的”。这就是鸡汤的典型套路，年轻人感受到充分的理解和尊重，浑身充满正能量，热泪盈眶的离开，已经忘记了他最初的，也是至今尚未解决的烦恼，收入低怎么破？

但心理咨询与心灵鸡汤截然不同，心理咨询的目的，是更好地适应现实，而非逃避现实。有效的心理咨询必须有对现实的容纳能力，能够接受对现实的检验。如果来访者的主诉是“因为经济状况差而感觉情绪不好”；咨询师所做的，绝不是让他否认，而是讨论他在这个问题上，有没有存在偏见，以及更重要的，假如这是个现实，来访者还能做些什么。

四、心理脆弱的人才会产生心理问题

真的是心理脆弱的人才会有心理问题吗？事实是，心理问题是生理原因、社会原因、心理原因，三者共同作用导致的，不应该以偏概全。很多心理问题都和创伤有关，我们不应以任何理由责问受害者，更不应该因此而歧视受害者。个体之所以产生这种看法，原因在于个体内心的公平世界假设。其提出者美国心理学家 Lerner 这样描述这一假设，“个体有这样一种需要：相信他们生活在一个公正的世界里。在这样一个世界里，人们得其所应得。这种世界是公正的信念，可使个体相信他们所处的物理和社会环境是稳定有序的，从而有利于个体适应这些环境。如果这种信念缺失，个体就很难使自己致力于长远目标的追求，难以遵循社会规范行事。由于公正世界信念在个体适应方面具有重要的功能，所以人们极不情愿放弃这种信念，并且一旦遇到例证表明世界是不公平的，无秩序的，他们就会陷入忧虑烦

恼之中。”

正是基于这一假设，不少人就认为，那些存在心理创伤或心理问题的个体，成为受害者就是“罪有应得”。岂不知，公平世界假设这种信念是一种错觉，以这样的方式来看待受害者显然是不公平的。

第三节　我什么时候应该寻求心理咨询的帮助呢？

这个问题实质上谈的是寻求心理咨询的前提条件，寻求心理咨询的前提条件很简单，其实就两条，一是你的问题在心理咨询的能力范围之内，二是你自己愿意来进行心理咨询。

一、那什么问题就算是在心理咨询的能力范畴之内呢？

首先，要解决的问题必须是心理问题。

生活中，我们会遇到各种各样的问题，但不管是什么样的问题，都会给我们带来或大或小的困扰，现实问题总是与心理困扰纠缠在一起，但心理咨询只能解决心理问题，这是心理咨询的目标限制。因此在寻求心理咨询之前，我们需要分辨自己问题的核心是心理因素还是现实因素。比如你经常失眠，表面上看这好像在心理咨询的范畴之内，但如果失眠的原因是脑部损伤或者病变，那显然就不在心理咨询的范畴之内了。

其次，并不是所有的心理问题心理咨询都可以解决。

在前述“心理咨询与心理治疗的区别”的内容中，我们已经谈到过，心理咨询的对象是普通人，解决的也是一般性的心理问题。对于大学生而言，心理咨询解决的主要是发展性问题。

那什么是发展性问题呢？新精神分析学派的代表人物埃里克森将我们的心理发展的过程，分成了八个阶段，并且认为每个阶段，我们都有一个需要解决的挑战，如果没能顺利解决这些挑战，那我们会被绊住，这就产生了发展性问题。比如，自信心、信任感等个人成长里的困惑，还有学习或工作压力太大带来的困扰，又或者婚姻、恋爱等情感问题，这些挑战处理不当，都可能带来发展性问题。发展性问题影响着人们的生活质量和幸福感，长期沉浸在发展性问题引发的情绪里，容易形成更严重的心理问题。

二、你必须主动自愿寻求心理咨询的帮助

寻求心理咨询必须是来访者主动自愿的行为，主动自愿表明来访者具有摆脱心理困境、改善自己的强烈需求，这是其自我成长的动力和关键，如果自我感觉良好，没有心理困惑，心理咨询则毫无必要。其次，主动自愿代表着来访者愿意在心理咨询中投入时间、精力和金钱等方面的成本，正因自愿才可能配合咨询，这是心理咨询有效的重要前提。再次，自愿代表着自知力，代表着具备自我发觉、自我发展、自我完善的能力。

但现实中,很多人来到心理咨询中心,并非出于主动,而是“被迫”前来。一些来访者,是被家长或父母逼迫甚至欺骗才来到心理咨询中心。这样的来访者即使来到了咨询中心,心理咨询师往往也无能为力。如果来访者缺乏改变的动机,无论咨询师能力多么强,都无法解决来访者的问题。心理问题的解决必然是依靠来访者自己最终解决的,咨询师只能起到辅助的作用。

第四节　心理咨询的原则和设置

一、心理咨询的原则

咨询师在咨询开始前,为了与来访者建立良好的咨访关系,通常会向来访者介绍咨访双方的责任、权力和义务,这就是心理咨询的基本原则。

(一)保密原则

当来访者第一次踏进咨询中心时,总是会有这样那样的担心,其中最担心的就是自己隐私被泄露。因此,咨询师跟来访者明确的第一个原则往往就是保密原则。有了这一条保证,来访者才能比较放松、自然地进入咨询关系,与咨询师合作开展工作。如果来访者的担心无法消除,他在沟通时就会顾虑重重,这样很难触及来访者内心的真相,时间就会白白流失。在咨询过程中,来访者对咨询师所透露的所有内容,无论是怎样的成长经历、个人隐私、奇思怪想,哪怕是与道德传统相违背的各种念头,都将得到咨询师的严格保密。

但保密原则中也有着保密例外的情况,简单来说保密例外的情况包括如下:经来访者同意可以公布的;来访者有自我伤害或伤害他人可能的;国家法律机关为办理当事人涉及案件,出具书面要求,需要配合调查的。

2017 年震惊中美的章莹颖被杀案中,凶手克里斯滕森在行凶前 3 个月曾前往伊利诺伊大学香槟分校的心理咨询中心接受检查和咨询,明确表示自己有谋杀的想法,而且释放出了其他明确可信的危险信号,但该校咨询中心的两位社会工作者没有产生警觉,没有采取紧急的治疗手段,没有向校方报告,而是让其继续在学校任教,也没有向警方上报(美国大部分州的法律规定,如果患者对社会安全或他人人身安全造成威胁,心理咨询师必须向警方及时上报。伊利诺伊州 2011 年制定的法律规定,如果患者对某个人存在着暴力威胁,心理咨询师需要向警方提供患者信息。)由于二者的疏忽,章莹颖不幸成为了受害者。

(二)价值中立原则

心理咨询不是思想政治教育,不会灌输某一种价值观念。心理咨询本质上是一种服务工作,来访者和咨询师是平等关系。我们在一生中都不可避免的“犯错”,都有许多难以启齿的秘密,勇于告诉心理咨询师已经是一件很不容易的事情了。咨询师能做的既不是站在道德制高点去批判来访者,也不是坐着时光机去改写历史。心理咨询的目的不是咨询师像老师一样指导来访者如何去生活,而是在咨询过程中跟来访者一起寻找内在的力量,去更好地面对当下和未来。心理咨询师只有秉持中立不批判的原则,心理咨询才能够顺利进行。

二、心理咨询的设置

为保证心理咨询的顺利进行,确保心理咨询取得更好的咨询效果,心理咨询有一些严格的设置,现介绍如下。

(一)咨询时间和地点的设置

一般的咨询设置是,每周一次见面,固定的时间地点,每次 50 ~ 60 分钟。关于时间和频率,如果一些来访者的症状严重,开始的时候会一周两次见面,稳定后每周一次,咨询结束之前可能会降低见面频率。因为心理咨询是要在一个非常特别的环境下,咨询师和来访者建立特殊的关系。每周一次的频率,既能够在咨询的环境下得到即时的支持,又能够保持现实生活的状态;而固定的时间地点,能够帮助形成 "Therapeutic container"(这是指心理咨询室中营造了一种与现实有一定隔离的氛围,以促使来访者在这一特殊环境中发生改变)。

(二)咨询方案的设置

咨询“疗程”的长短、以及咨询的目标,是在咨询中,咨询师和来访者共同商定的。咨询的前几次(甚至在更长一段时间里面),一般是做评估、收集资料的过程。咨询师会帮助来访者在前几次确定大体的咨询目标,而这个目标会随着治疗的深入不断调整。因为咨询的一个作用,是帮助你去了解你自己,随着你对自身了解的深入,咨询目标也会随之不断深入和调整。在不足够了解你状况的时候(比如第一、二次见面),倘若一个咨询师告诉你说,你是因为 XXX,所以患上了 XXX,七次一个疗程,交钱包治(精神科大夫的药物使用除外,因为药物确实是用来解决症状的)。你就要把之前的咨询费也给要回来,拎包甩门离开。

(三)你可以主动提出结束心理咨询

在心理咨询中,如果你的问题已经解决,此时自然应该结束心理咨询,但有时候,如果你感觉自己在咨询中受到了伤害,或者觉得当前的咨询师无法解决自己的问题,也可以主动要求结束咨询。因为无论咨询师多厉害,都会有他无法解决的问题,更何况国内咨询师的状况鱼龙混杂,你可能遇见不靠谱的咨询师,亦有可能遇见好的但却不适合你的咨询师。

当你希望结束咨询时,你应该坦诚地与咨询师讨论你希望终止治疗的原因。因为咨询的过程并不总是温暖怡人的,当你感觉自己受到伤害时,也可能是咨询师为了促使你改变而发出的挑战,这虽然不会使你愉快,但却可能给你带来更大的益处。此时,你需要考虑自己是否愿意承担主动中止咨询所产生的负面影响,并为自己的决定负责。同时你也应该牢记,你可以放弃某个心理咨询师,但请不要放弃求助,不要因此失去信心。

第五节　如何找到适合自己的心理咨询师?

一、国内心理咨询师水平良莠不齐

国内目前的心理咨询证照制度极端落后,心理咨询师资格考试内容就是三本入门级的心理学教材,拥有本科学历,或教育、心理学、医学的专科学历都具备报名资格。自2003年开设心理咨询师资格考试至2017年底取消,共有300万人报名了这项考试,其中130万人通过考试。然而,在对国家认证证书趋之若鹜的人群之中,不乏自身充满着深深的心灵创伤、原生家庭(指自己父母的家庭)的受害者以及相信算命、星座等伪科学的人士,他们参加心理咨询师资格考试的目的各异,但一个普遍存在的问题是,都严重缺乏相应的职业训练,如自我体验、案例督导和技能体悟训练等,他们兴冲冲地去治疗别人的心灵创伤,但结果却造成了来访者的再次创伤,这在国外临床心理的同道看来,是不可思议的,对来访者也是极不负责任的。笔者就曾经遇到过一个正在学习心理咨询相关课程,计划考取心理咨询师资格证的所谓“心理学爱好者”,她认为恋人之间的生辰八字和属相应该匹配才不会导致将来的婚姻失败,而且为此还与我发生了争论,她反驳我时说了这样一句话,“小伙子,你还年轻,不要轻易否定自己不懂得东西”。把我气了个半死,争论不谈证据,看年龄?

你以为这是个别现象?图样图森破(too young, too simple的谐音),《南方周末》的一篇文章“野鸡心理学席卷而来”真实的描绘了现实中“心理咨询圈”的糟糕现实。家排、NLP、九型人格……诸多打着心理学旗号的灵性疗法,正席卷中国。这些充满神秘主义的种种灵性流派,缺乏科学依据,被主流的心理学界视为“邪门歪道”,但在市场上受到大量人士的追捧,收割了一波又一波的智商税。

我们来看一个事例,2018年1月19日,北京东直门宇飞大厦,一场名为“读懂我们身体的语言”的沙龙上,文利(化名)向听众展示自己十多年的“研究成果”——一张人体部位表,以及对应的名为“癌症心理康复疗法”的某种“神奇”治疗术。他自称,只需根据你描述的身体部位,他便能“快速”“准确”地解读出与当前病痛相关联的过去往事,找到疾病原因。头代表长辈和领导,腿象征晚辈、下级;头疼时要想想是否和领导有什么矛盾,腿有问题,则应该是下级出了什么事情。眼睛、耳朵、咽喉、双肩、腰部、手,乃至膝关节,都隐藏着种种“奥秘”。过去他也曾用这套理论开办过减肥工作坊,七年前,他摇身一变,改为主打癌症康复的“癌症康复工作坊”负责人,三天的课程收费两千多。

正是因为咨询师水平良莠不齐,甚至骗子横行,我们只能将自己锻炼成火眼金睛了。

二、如何选择你的心理咨询师?

首先你要了解,你不是要找一个心理学工作者,你要找的,是一个临床的心理咨询师。因为大多数心理学家在做的事情,其实和我们老百姓们的日常生活隔了千山万水。他们折腾猴子，研究数字，他们的成果应用在无数的行业（当然也有无数的成果，还没有人知道能干啥用）。而尽管心理学的研究者在做非常有价值、有意义的事情，但他们大多数并不是“心理咨询师”，甚至也不一定了解心理咨询和“思想教育工作”有甚差别。你要找的，是一个接受过系统训练的、专门从事临床心理治疗的心理咨询师（或者精神科大夫）。

其次你要选择一个，让你觉得可以建立信任感的心理咨询师。因为心理咨询里面，咨询师才是最终那个使治疗发生作用的工具。来访者需要和咨询师一起建立一种关系，在这个关系里面足够安全地去呈现你所有的自己。而咨询师会通过这个特别的关系，来让治疗发生作用。倘若你一开始，无论什么原因，就觉得你不可能信任这个咨询师，不要理会你理智里面所想的：“大家都说这是个好咨询师，我应该试试”诸如此类的念头。去找下一个咨询师。

再次，尽可能多地尝试了解咨询师本人，你肯定不希望遇到江湖骗子，因此你必须了解他的受教育背景，看他拿过什么样的证书、有怎样的专业背景，若是一个行业内获得认可的咨询师，他本身所带给你的感受，在咨询中对你的影响会更大一些。这能在一定程度上淘汰掉那些搞伪心理学的咨询师，但即使是心理学专业的毕业生，也有一些人会陷入伪心理学而无法自拔，这就得你去判断了。此外，你还应了解他的年龄、性别、职业经历，对人和生活的态度，甚至长相。这绝不是要你去费尽心力打探咨询师的个人隐私，目的仅在于，找一个你觉得易于建立信任关系的人。

第六节　心理咨询的疗效如何？

一、心理咨询真的有效吗？

进行咨询效果评估通常是靠来访者自己的主观报告和咨询师的报告，但这两者都不可靠，此外来访者心理状况的好转会受到诸多其他因素影响，而且无法排除，这就使得心理咨询疗效无法从中进行分离并进行准确评估。这一系列复杂的因素造成了对咨询效果评价的困难以及一系列矛盾的结果。

现将评估心理咨询效果中存在的困难，介绍如下。

首先是来访者的报告缺乏可信度，因为有许多无关因素会使来访者声称自己经好转或痊愈，其中最典型的就是“您好－再见”效应（Hello-Goodbye effect），这在心理咨询中是一种常见现象。来访者在刚开始前来咨询时，常会下意识地表示自己问题很严重，希望得到帮助。随着咨询的进行，当来访者了解到咨询师的方法已经用得差不多，或者对咨询师产生怀疑，不愿再继续咨询时，他就会声称自己感觉好多了，受益于咨询，感谢咨询师，再见道别。这并未真实地反映出咨询效果，实际上来访者如此报告只是出于社会期望。

其次咨询师的报告同样缺乏可信度，最主要的问题就在于咨询效果的评估标准并不统一，导致了评估结果的不同。不同咨询流派的理论不同，对疗效本身的定义就不同。精神分析学派将疗效部分地定义为能够在意识领域内体验到原先是潜意识的感受和思想，行为主义学派感兴趣的不是潜意识，而是由特定境遇引起的症状。这种疗效评估标准的差异自然导致了评估结果的不同，也就使得咨询师的报告缺少了可信度。

再次咨询效果的评估中还存在大量干扰因素，使得准确评估困难重重。来访者症状改善与问题的解决，也可能是由咨询以外的诸多因素所导致，或许是受益于其他人的帮助，或者是因为生活处境的改善，但这种改善也可能是心理咨询转变了来访者的态度和行为的结果。这其中最典型的就是“自然恢复”。个体都有一定的自我修复能力，只要时间足够，自己就可以利用自身能力恢复健康状态，有时自然恢复也可能是环境因素的变化所导致。如：跟闹翻的恋人又重新和好了；老师或领导被调走了，从而使得人际关系恢复正常；原来的身体疾病被医生误诊，得到消息以后心情平复了不少等等。这些都会直接或间接地帮助来访者改善状态。相反，如果来访者在咨询期间，经历了失业、配偶出轨、家人去世、考试失败等生活上的打击，即使咨询进行得很顺畅，心理问题也会恶化。因此在评估咨询效果时，需要动态地、全面地分析各种有关因素，考虑社会文化背景，才能做出最为合理的分析，但在现实中要做到这一点却很困难。

尽管准确地评价心理咨询效果并不是一件容易的事，但是我们仍然可以通过多种途径来对其进行分析。

一是来访者对咨询效果的自我评估。也就是自评，尽管这一指标是主观的，但却是最直接、最有效的指标之一。

二是来访者的社会功能恢复情况。原有心理问题影响社会功能的，现在恢复程度如何。例如，一开始不愿意上班上学，现在能够正常去，然后与人正常交往，工作学习效率提高。

三是来访者周围人士特别是家人、朋友和同事对来访者的评定。如他人报告来访者不再发脾气，摔东西，与父母关系更加融洽。

四是来访者咨询前后心理测量结果的比较。例如，通过咨询，来访者某些心理症状的量表分数得到改变，表明咨询取得了效果。

五是来访者某些症状的改善程度。原来困扰来访者心理、生理症状的改善情况，也可以是评估效果的指标之一。例如，来访者因为离不离婚的问题心理上很焦虑，出现失眠、食欲不佳等症状，通过咨询解决了内心冲突，睡眠好了，吃饭也吃得香了，这也能作为评估效果的维度或指标。

这里面，包括症状、心理状态、行为方式、适应机制、人格成熟等等，只有在综合分析所有材料的基础上，才能做出比较全面、客观、准确的评价。

一个比较理想的咨询过程，其效果表现为从外到里、由浅入深，初期咨询效果表现为自觉状态的改善，中期效果表现为行为表层的好转，后期效果表现为人格趋于成熟。

尽管从理想的角度来说，心理咨询的效果很难表述清楚。然而，至今所积累的研究证据还是能说明心理咨询的有效性的。Luborsky 等人 1975 年回顾了大量已发表的文献，研究了包括行为疗法、心理动力学疗法等，结果发现，所有的疗法均能起作用，但它们对不同的心理问题所起的作用不同。例如，行为主义疗法比中心疗法更适用于治疗恐惧症，对心身疾病最有效的方法则是心理动力学疗法加药物。为此，寻求某种咨询方法所对应的适应症或某种问题的最佳解决方法，也许才是提高咨询效果的重要保证。只有根据具体的来访者和问题，慎重地选用最适合的方法，心理咨询才能发挥最大效益。但我们也必须承认，总会有些问题难以解决，即使所有的心理咨询方法加起来，再配以一流的心理咨询专家，也会在一些问题面前无能为力。

二、心理咨询是如何产生效果的？

英国的 Brook 曾指出，通常决定咨询效果的主要是各种原理和方法的共同功能，而不是它们不同的内容。这些共同功能使来访者摆脱孤立感，重新燃起希望之火，提供新的信息作为经验性学习的基础，激发情绪，产生支配成功的体验。所以，如果一个咨询师的方法不能使来访者获益，不一定是理论、方法的过错，有可能是来访者不能适应咨询师所采取的方法或咨询师应用方法不当所致。

心理咨询的效果，常常通过以下机制起作用：宣泄疏导来访者的情感，缓解情绪压力；鼓励来访者倾诉内心痛苦并进行针对性的指导；探寻来访者的潜意识并使来访者领悟；协助来访者改进认知结构，学会合理思维；通过学习与训练来建立积极、合理、有效的行为模式等。

基于国外学者关于有效性因素的分析，可把各种心理咨询方法有效的共同因素归纳如下。

（1）咨询师与来访者之间建立和谐、信任的咨询关系，这是最基本的共同特点。

（2）来访者求治动机的强烈态度，自己探索改变的信心和自觉性。来访者的咨询动机，是影响咨询效果的最大变量。

（3）有一套双方都相信的理论和方法。Beitman 认为，最重要的并不在于如何精确无误地发现来访者的问题，而是如何对问题作合乎逻辑的解释。

（4）咨询师本身的特征。准确的共情、不求报偿的热情以及诚恳的态度，丰富的理论基础，娴熟的咨询技巧对能够取得积极的咨询效果是很重要的。而对来访者的调查大多表明，他们强调咨询师应该是善于理解人、接纳人的朋友，是乐于助人、令人信赖的人，同慈祥、善良的形象相比，技术手段就显得次要了。

（5）促进来访者的认知改变、情绪调节和行为改善。一切咨询的最终目的都在于启发来访者的自我意识改变和激发应变能力，大多数学派都承认这是一个基本要领。虽然各种学派、方法在理论上存在较大分歧，立足于自己的某一点，然而实践中所有产生良好效果的方法，从广义上讲，都是注重行为，以来访者为中心，有心理分析，又合乎人性，并把来访者视为一个整体。

推荐书籍——《你是一切的答案》

作者：简里里

出版社：中信出版社

作者简里里有两个主要身份：心理咨询师和简单心理创始人，《你是一切的答案》是她的第一本文集。也许你看到书名时觉得它像是本鸡汤类书籍，但看完全书之后，你会觉得书名恰如其分。该书内容都围绕着同样的几个主题：你并不孤单，你的焦虑、你的拖延、你的选择障碍,这都是人类与生俱来的情绪,很多时候这些都不是心理问题,我们要学会如何与这些情绪共处;心理咨询其实是咨询师提供专业意见,让你自己发现自己,认识自己,甚至治疗自己的过程。本书虽然是简里里作为一位心理咨询师的认识和感悟,但它同样能给予那些有心理困扰的人以启发,是一本非常适合普通大众阅读的心理咨询性质的书籍。

推荐电影——《灵异第六感》

这是著名影星布鲁斯·威利斯的一部经典作品,他饰演的麦尔康医生是一名杰出的儿童心理咨询师,帮助过不少问题儿童走回正路,也因此获得市政府的表扬。不料,一名接受过麦尔康医生治疗,但却失败的青年闯入麦尔康家中,枪击麦尔康后举枪自尽。

一年后,麦尔康医生再度面对了一件与自尽青年相似的病例。他决定再试一次,帮助这名叫柯尔的小男生。柯尔拥有阴阳眼,长久以来饱受鬼魂的困扰,不时会见到死去的灵魂,让他十分害怕。麦尔康医生对柯尔伸出援手,却不为柯尔所接受,因为柯尔认定没有人可以帮助他脱离现状。在麦尔康医生不断的坚持下,柯尔终于逐渐打开自己的内心,让医生了解了自己的问题,也慢慢地接受了麦尔康医生的建议。

在治疗柯尔的同时,麦尔康医生发现自己的婚状况出现问题,他的太太不但冷落他,而且似乎有了外遇,他需要同时面对工作与婚姻上的两个难题。最终柯尔在医生的开导陪伴下逐渐接受了自己拥有阴阳眼的事实,就在整件事似乎大功告成、功德圆满之际,麦尔康医生却发现自己已经死去,成为了一个鬼魂。

我之所以推荐这部影片,并非因其惊悚和精彩的剧情,而是因为这部影片非常好地展示了心理咨询师开展工作的一些方式,比如无条件支持、倾听、共情等。我们能从影片中直观的感受到一位优秀的心理咨询师所具备的素质。

补充阅读——那个史上最著名的来访者

“史上最著名XXX”这类事,很容易引起撕X,而且是明显的标题党。但她的名字,却无愧于“史上最著名”这个称号。从她的案例被发表开始,心理咨询界围绕她的争论就层出不穷。一些擅长考据的专家学者从故纸堆中挖掘关于她的只言片语,写成了好几本书。她的故事关系到心理咨询的源头、精神分析的合法性、谈话疗法的作用和限度,以及两个大师的恩怨情仇。但我们讲这个故事,想说的其实不是这些。而是这个来访者本人所体现的,人的坚韧和伟大。

1. 安娜·欧的故事

1880年,安娜·欧在维也纳找布洛伊尔做治疗的时候,她还是一个21岁的少女。布洛伊尔是当时维也纳最著名的精神科医生,正尝试药物以外的新的精神疗法。他的一个朋友,一边跟布洛伊尔学习和讨论新疗法,一边还在读书,为考试和生计发愁,他的名字叫弗洛伊德。

那时正是传统保守的维多利亚时代,上流社会的女人,都穿着束腰的紧身衣和拖地长裙,并把胳膊和脖子都遮得严严实实。遇到意外,她们会啊的一声晕过去,晕不过去的,就不算淑女。所以那时的绅士都带着醒脑的嗅盐,随时准备英雄救美。社会文化对女性的要求,就是维多利亚版的“三从四德”和“女子无才便是德”。

安娜是个犹太的富家小姐。受过良好教育,懂四门语言,她的祖辈中出过不少智力非凡的人物,比如德国大诗人海涅。她的父亲是一个成功的商人和慈善家,母亲很擅长交际,但她自己的生活,也不过是刺绣舞会之类上流社会妇女沉闷的日常。沉闷的空气对有才华的人常常是种考验,平庸的人能够在这种氛围中生存,她们不行。才华如果无法投入创造,就可能被用于编织痛苦,并让人沉溺其中。

安娜来找布洛伊尔,是因为她生病了。病得很严重。那年 7 月,她深爱着的父亲患了重病。安娜和母亲竭尽全力照顾父亲,可是不到一个月,她自己的精神也出现了问题。在照顾父亲时,她发现自己悬在椅子后面的右手忽然失去了知觉。此外她还出现了幻觉,看到黑色的蛇爬出围墙,而自己的手指也变成了小蛇。她甚至开始不能识别自己,不能识别她的父亲,不能理解她父亲问她的问题。接下来的一段时间,她的症状如万花筒般层出不穷:虚弱、贫血、厌食、睡眠紊乱、内斜视、肢体痉挛和麻木,一会兴奋,一会抑郁。

按照今天的标准,安娜肯定会被诊断为精神分裂并立马送到精神病院,但当时并没有。布洛伊尔接待了她,并把她的病诊断为严重的神经症和歇斯底里。歇斯底里是维多利亚时代妇女流行的时代病,很多跟性的压抑有关。电影《歇斯底里》中,医生就通过发明女性自慰器治好了这种疾病。

那时候,布洛伊尔正探索关于歇斯底里的新疗法。一个新疗法探索者需要一个特别的病人。她不仅能配合地接受治疗,还能做主动地探索。有时候,她对自身问题的洞见甚至能帮助咨询师发展他的新理论。

安娜就是这样一个理想的病人。在布洛伊尔眼里,安娜很聪明。她对事物有着敏锐的直觉,对文学和诗歌有特别的禀赋,想象力丰富。虽然受当时文化和家庭教育的限制,她对自己的才能带有一种严厉的、批判性的抑制。现在,这些在现实生活中无处可用的才能,一部分用在了心理治疗中。更何况,她还有钱。所以布洛伊尔每天都会见安娜,在她身上试验着各种方法。

那时候,催眠刚刚在欧洲流行,并成为治疗歇斯底里的新方法。每天日落的时候,布洛伊尔就对她进行催眠,并让她讲述白天的幻觉。安娜很配合,她还给这样的治疗取了一个技术性的名称,叫“云雾”。每天晚上,当她讲述完自己的幻想,她的思想总能清醒起来。她能够理智地工作、写字或画画,直到清晨 4 点,再上床睡觉,第二天又开始重复这样的顺序……

这样的治疗持续了半年。1881 年 4 月,安娜的父亲去世了。年轻人眼里的生活其实是不完整的,直到他们面对过死亡,才会重新打量生活的快乐和痛苦。对安娜来说,挚爱的父亲的去世,是她无论如何都无法接受的巨大打击。她持续昏迷了两天。醒来后,她的幻觉里多了很多跟死亡有关的可怕想象:死人头或者骷髅。有时候,她会自言自语,有时候,她又很想自杀。

她开始不接受布洛伊尔的催眠暗示了。所以,布洛伊尔只好让她在清醒的状态下自由地述说。慢慢地他发现,催眠其实不是这种疗法的关键,自由的诉说才是。如果安娜讲述的事情能让她重新体验以往的创伤性事件以及相应的情感,症状常常能够缓解。安娜给自己给这种疗法取了一个名字，叫“谈话疗法”。在心理咨询里，人们更愿意相信带有神秘色彩的催眠，却不愿意相信更日常的谈话。但谈话其实是一种更有效的整理，而且还让来访者参与其中。

有很长一段时间，安娜都无法拿起玻璃杯喝水。哪怕干渴得无法忍受，她还是做不到。在治疗中，安娜回忆起了自己童年时的家庭教师。她对安娜非常严格，每次进入她的房间，安娜都会焦虑不安。那个家庭教师养了一条狗，有一天安娜走到房间里时，看到这位家庭教师的狗正耷拉着红舌头从玻璃杯里喝水，这让她充满了厌恶和恐惧，但出于尊师重教的礼貌，她什么也没说。当她回忆并讲述这件事时，这种恐惧和愤怒又回来了，而在她发泄完这些愤怒以后，她又能够拿起杯子喝水了。

“谈话疗法”的逻辑，奠定了精神分析，乃至整个心理治疗的基础。当布洛伊尔跟弗洛伊德讨论起安娜的案例时，弗洛伊德敏锐地认出了这种疗法的重要价值。五年后，安娜的案例被发表在布洛伊尔和弗洛伊德所著的《歇斯底里研究》中，作为书中的第一个案例。这本书风靡欧洲，成为了精神分析的奠基之作。安娜也由此成为了精神分析史上第一个病人，一个另类的创始人。弗洛伊德曾在多个场合提到这个案例，用来证明精神分析的神奇作用。在《精神分析运动的历史》一书中，他说：“布洛伊尔最终使安娜小姐摆脱了所有的病状。患者康复了，后来一直身体健康，变得能适当工作了。”

安娜的故事就这样随着精神分析的发展到处流传。人们都在说，维也纳的弗洛伊德发展出了一个神奇的疗法，能有效治疗歇斯底里。

然而安娜却并没有好。几年后，弗洛伊德给身边的弟子写信说，他一直都知道，安娜根本不是一个成功案例。因为过于频繁的跟安娜见面，布洛伊尔和安娜之间产生了一些说不清道不明的感情。布洛伊尔的妻子觉察到了这些，她心生妒忌。布洛伊尔在妻子的再三督促下，决定终止治疗。终止治疗后的不久，某天晚上，布洛伊尔被紧急叫到安娜府上。当布洛伊尔来到安娜房间时，发现她表现出强烈的兴奋和痛苦，她摸着幻想中的大肚子，就像正在分娩一般。布洛伊尔叫安娜的名字，但安娜却没有理他。正当布洛伊尔一筹莫展的时候，安娜忽然呼吸急促，大声喊道：“我怀了布洛伊尔医生的孩子！现在，我们的孩子就要出生了！”

布洛伊尔大惊失色。他尽力使病人平静下来，匆忙逃离了安娜的房间。第二天，他就订了与妻子去威尼斯旅行的船票。旅行回来后不久，妻子生下了他们自己的女儿。

也许安娜对布洛伊尔发展出了一些特别的感情，在她父亲去世的那段时光，他们每天见面，而布洛伊尔又扮演着父亲式的权威角色。至少弗洛伊德是这么认为的。在他看来，“分娩幻想”正是安娜对布洛伊尔出现了“移情”，把性欲转移到了他身上，而布洛伊尔本该从安娜身上发现精神分析的另一个重要事实：关于性欲和移情，但布洛伊尔却因为不愿面对自己对安娜的感情，懦弱地避开了。因为弗洛伊德的评论，安娜这个曾经被当作精神分析理论支柱的成功案例，变成了后来人们批评精神分析无用的失败案例。同样失败的还有弗洛伊德和布洛伊尔的友谊。多年以后，当布洛伊尔在维也纳的街角遇到已经功成名就的弗洛伊德，他脱下帽子，热情地与昔日的朋友打招呼，而弗洛伊德却扭过头，假装没看见，并匆匆离开。

2. 伯莎·帕彭海姆（Bertha Pappenheim）的故事

安娜的故事讲完了，接下来要讲的是伯莎·帕彭海姆的故事。伯莎·帕彭海姆是一个犹太的富家小姐。21 岁的时候，伯莎因为严重的神经症和癔症接受了治疗，她的治疗过程被当作一个成功案例发表。在这个案例里，她被化名为安娜·欧。

那次治疗并没有人们所宣扬的那么成功，治疗停止后不久，伯莎又回到了她以前的状态。此时，她不仅有神经痛、幻觉，还因为治疗疼痛而吗啡成瘾。她不得不去一个维也纳附近的“疗养院”继续接受住院治疗。布洛伊尔曾去疗养院看过她，回来后，他跟弗洛伊德说，这个可怜的女孩完全精神错乱了。他甚至希望她死掉，这样就不会有这么多痛苦了。

然而伯莎却从这些痛苦中顽强地挨了过来。1888 年，在她 29 岁的时候，她开始慢慢好转了，很难理解这种好转是怎么发生的。最可能的原因，是时间终于让父亲之死的伤痛逐渐平复了，她的灵魂安静了，但现在，这种好转还完全说不上康复，充其量，只是她从精神病院出院了。

在维多利亚时代，29 岁已经是大龄剩女了。那一年，她随母亲搬到了法兰克福。在那里，她开始了真正的康复之旅。她开始在一家专门收容犹太女孩的孤儿院做事。最开始，她为她们读诗，慢慢地，她开始为她们写故事。她从祖先海涅遗传下来的创造力和才能终于不再只是用来制造逃避痛苦的幻想了。现在，创造的才能把这些幻想变成了一个个能抚慰孤儿心灵的故事。这些人生一开始就注定困难重重的孤儿让安娜动了恻隐之心，这恻隐之心终于让她把注意力从自己的痛苦中移开了。当她想为孩子们做点什么的时候，她的爱有了去处，她的才华也有了用武之地。

那一年，她给孩子们写的故事被汇编成《写给孩子们的小故事》出版了。过了两年，另一本故事集《旧货店》也出版了，这本故事集里的主人公，都是一些旧货店里被丢弃的、无用的物件，像破旧的蕾丝花边、老旧的音乐盒、破碎的咖啡壶等等。也许是她对自己才能批判性的抑制还在，这两本书都是匿名出版的。但她后来的书，都署上了自己的名字。

八年以后，她成了这个孤儿院的院长，从此，她开始为妇女权力奔走。她成立了德国妇女联合会——法兰克福分会。她一直在推动一个教育项目，鼓励妇女从只是结婚生子的家庭角色中摆脱出来，转变成真正的职业女性。1904 年，她仿照德国妇女联合会，成立犹太妇女联合会，并被选为首任主席。这个机构逐渐发展壮大，成了当时最大、最有影响力的犹太人组织，巅峰时期，该组织拥有 50000 名会员。生命的最后二十几年，她都在以这个机构的名义，为犹太孤儿和妇女奔走不息。

此外，她还成立了一个妇女收容所，专门用来接纳那些在卖淫或拐卖妇女中受害的女孩们。这个“女孩之家”最多时，曾同时接纳过 152 个无家可归的女孩子。她为她们提供教育培训和医疗护理，并定期为她们提供精神检查，但在选择精神检查的种类时，她拒绝了当时已经非常流行的精神分析。这大概是她生平唯一一次对精神分析发表评论：“精神分析是掌握在医生手里的，正如忏悔是掌握在神父手里。它是一个好工具还是一把双刃剑，取决于谁在管理和使用它们。”她说这话的时候，是孤儿院的院长、犹太妇女联合会的主席、女孩之家的负责人，著名的社会活动家。没有人知道，她就是《歇斯底里研究》中那个虚弱而混乱到离奇的安娜·欧，那个史上最著名的心理病人。

她终身未婚，1905 年母亲去世后了，她开始埋首事业，几乎没有什么朋友。1924 年，65 岁的她终于又赢得了一段亲密的友谊。那是比她小整整 40 岁的犹太女孩汉娜。这个像是女儿又像是朋友的年轻女孩带给了她很多慰藉，她们经常在一起。1925 年，汉娜搬去了柏林，她们还几乎每天都通信。

1935年，在她76岁的时候，她去维也纳旅行，中途昏倒，被送到医院，查出有恶性肿瘤。第二年，病情开始恶化。那时纳粹已经开始在德国掌权，气氛变得紧张。在她生命的最后几天，她被警察局传唤。原因是有人告密说，她收容所里有个女孩，说了希特勒的坏话。纳粹要她把那个女孩交出来，她断然拒绝了。几天之后，在起诉那个女孩的听证会上，她带病出席，冷静又坚定地为那个女孩辩护。也许是忌惮她的名声，纳粹让这件事不了了之了。一个月以后，她去世了。某种意义上，她很幸运。因为二战即将爆发，所有人的命运，都将朝不保夕。而她的去世，更让那些受她庇护的人，看到了她的价值。她死后不久，收容所被纳粹关闭。3年后，她一手缔造的犹太妇女联合会被取缔，而她的忘年之交汉娜，也终于没能躲过纳粹的迫害，死于集中营。

1954年，联邦德国邮政局发行了一套四枚的纪念邮票，用来纪念德国历史上出现的“人类的恩人”，其中一枚邮票就是她。在她去世50周年的时候，人们专门召开了一个会议纪念她，那些受过她恩典的人，从四面八方赶来。

有时候，心理咨询师容易有这样的自恋：总以为心理咨询是人生的一件大事，生命的重要转折都应该发生在心理咨询室内。可如果放到整个人生的长河中，能促使我们改变的机会太多太多。在心理咨询师所书写的历史中，作为安娜的她被仔细审视，而作为帕莎的她，却被当作背景一笔带过。即使作为安娜，人们也只看到了她跟精神分析理论有关的症状和情感，但她终究没有让自己活成背景和注脚。跟她伟大的一生相比，她作为来访者的片段，反倒变成了生活的小插曲，被一笔带过。

在母亲去世后，她曾经写过一首诗：

爱从未光顾，
所以我像一株植物，
在地下室，不见阳光。
爱从未光顾，
所以我像把小提琴，
弓弦已破。
爱从未光顾，
所以我埋首工作，
把疼痛深藏。
爱从未光顾，
所以我想象死亡的面孔，
安静慈祥。

在她写这首诗的时候，那些她曾经想要逃避的苦难，现在，她不逃了。那些曾经让她害怕的死亡，现在，她不怕了。她把苦难凝聚成诗，轻声吟唱，给她自己，也给那些困境中的人。

第六章 睡眠与梦
——人生三分之一的神秘生活

睡觉这件事基本上占据了我们每个人三分之一的生命，而睡眠中的梦也是人类最感兴趣的心理现象之一，但一直以来人类对睡眠与梦却知之甚少，它是我们生活中最神秘的意识状态，也是人们最好奇的心理现象。这种好奇体现在了各文明对梦和睡眠的解释中。比如中国文化认为人睡着了之后灵魂会离开肉体，而梦就是灵魂离开肉体后的遭遇，基于这个原因，我们的老祖宗们不愿意匆忙地将睡梦中的人叫醒，以免灵魂不能回归身体。古代的犹太人则将梦解读为来自上帝的消息，而许多非洲和美洲原住民则认为梦是清醒时现实的延续。睡眠与梦一直都是非常神秘的存在，它是精神分析学者、预言家、诗人、画家和通灵人的专属领域，直到上世纪 50 年代，脑电图仪的出现以及一次偶然的机会才帮助科学家进入了这一领域，由此开启了人类对睡眠与梦进行科学研究的进程，这也使人类对睡眠与梦的认识产生了质的飞跃。

第一节 我们入睡之后发生了什么？

睡眠究竟是什么？外观上，睡眠表现为阖眼、翻身、打呼噜、流口水等系列动作，有时也会抽动、说梦话甚至梦游。生化上，睡眠表现为食欲素、乙酰胆碱、谷氨酸、组胺、5- 羟色胺、去甲肾上腺素等对于维持觉醒有重要作用的神经递质水平的降低，以及脑内主要抑制性神经递质（如 GABA）水平的升高。在脑电图仪上，睡眠表现为脑电波从高频向低频过渡的系列图形以及一个个长约 90 分钟的小周期串起的往复循环……从意识方面而言，睡眠是一种特殊的意识状态，睡眠中的个体对外界声光刺激不敏感，但同时这种状态又是容易逆转的，因此它与昏迷、冬眠、宿醉不醒完全不同，自然与永恒长眠就更不是一回事了。

在上世纪 50 年代之前，睡眠还被视为一个全然安详静息的过程，直到 1952 年的一个深夜，研究生尤金·阿瑟林斯基（Eugene Aserinsky）决定把熟睡中儿子的脑波和眼球肌肉的运动记录下来，人类才开启了对睡眠与梦的科学认识。在尤金的研究中，开始的一个半小时并没什么事发生，脑电图上显示的一直是睡眠的慢速节律。但是，阿瑟林斯基儿子的眼球突然忙乱地运动起来。记录显示，孩子的眼球飞快地来回移动，就好像在看一幅快速变化的图景。与此同时，脑波的模式告诉阿瑟林斯基，孩子已经醒了。阿瑟林斯基以为孩子醒了过来并四处张望，但当他进入儿子房间时，他惊呆了，因为孩子依然静静地躺在床上熟睡，眼睛也闭着。现在我们知道，这种特殊的睡眠状态被称为快速眼动睡眠（REM），又称为异相睡眠，此时人的脑电形态与人在清醒时相似，是快速的 β 脑波，眼球在眼皮下快速移动，并伴随有睡眠麻痹，在该阶段被叫醒的人，有 80% ~ 90% 的几率报告正在做梦。为何在这个伴随有梦的睡眠阶段会出现睡眠麻痹？进化心理学家认为，睡眠麻痹可以防止我们的祖先在晚上做梦的时候走出他们的洞穴，这样就不会带来麻烦。一个可作为佐证的现象是，现实中一些患有快速眼动睡眠行为障碍的病人，会在 REM 睡眠中产生剧烈运动，仿佛在表演他们的梦境。他们频繁地梦到自己在抵御攻击，于是会用拳击、用脚踢或者跳来跳去，这往往会导致他们受伤，该病常见于老年人，特别是患有像帕金森这类脑部疾病的老人。

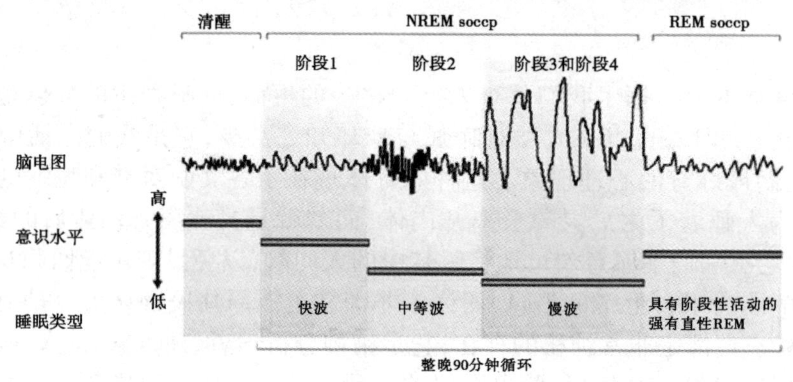

自然评论 | 免疫学

根据睡眠状态不同，科学家将睡眠区分成了快速眼动睡眠期（REM）和非快速眼动睡眠期（NREM）。在非快速眼动睡眠期（NREM），根据脑电波图形的特征，睡眠被分为四个阶段，在第一阶段，脑电图会显示慢速的 θ 脑波以及与人在清醒时脑波相似的 β 脑波。在接下来的第二阶段，脑电的主要特征是出现睡眠纺锤波和 K- 复合波，这两个阶段是朦胧浅睡的过渡阶段，人恍若漂流在半梦半醒间。其后的三四阶段，人渐渐进入了更深层的放松睡眠阶段，心率和呼吸频率渐渐放慢，脑波也大幅放慢，这两个阶段被合称为深度睡眠阶段。

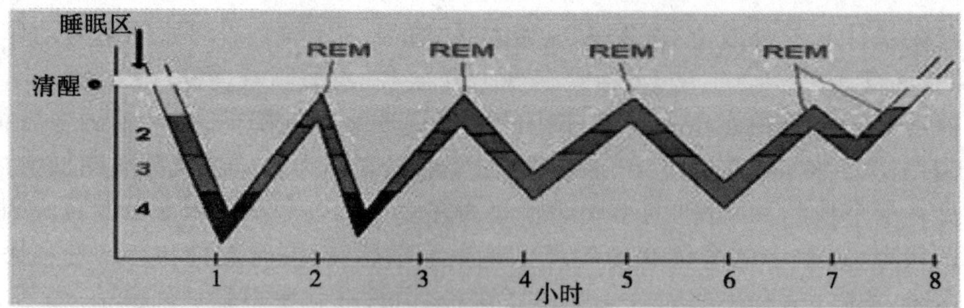

一个人整晚的睡眠并不是由几个阶段构成，而是周期循环进行的，大多数人每晚的睡眠会经历 5 ~ 6 个周期的循环，每个周期持续大约 90 分钟睡眠。睡眠周期从第 1 阶段开始，依次过渡到第 2、3、4 阶段，入睡一个小时后，周期开始反向，从第 4 个阶段睡眠回到第 3 和第 2 阶段睡眠，然后进入 REM 睡眠，然后进入下一个周期，如此循环往复，但周期中不同睡眠阶段的持续时间会不断变化，上半夜，第 3 阶段和第 4 阶段睡眠占主导，到下半夜，第 4 阶段睡眠逐渐缩短，REM 睡眠阶段变长。

二节　人为什么要睡觉？

小半生，然而为什么要睡觉，我们却一直知之甚少，当然也就要性，甚至有人从中看到了商机，编一些像《哈佛凌晨四点小时》这样的毒鸡汤来获取关注，不少人甚至对此深信不疑，可必久睡，死后自会长眠”当作自己的座右铭，岂不知睡眠不响伴随而来，你希望的成功和效率更是会化为泡影，甚至有了全面理解睡眠的必要性，我们从三个方面来进行分析，分夺的负面效应以及睡眠的功能。

一从进化和基因的角度来看待睡眠

它们睡觉的方式各有千秋。蝙蝠把一天内的 20 个小时都“达芬奇睡眠法”，一天内打几个盹就够了，加起来才 3 小睡眠方式更加奇特，左右脑轮流睡觉，可以一边睡觉一边种可以在空中不停歇飞上几个月的鸟，在这几个月超长时觉呢？以前认为，它们在空中一定会想尽办法，保持和陆地上一样的休息时间。然而最新的研究发现，其实它们在空中的睡眠时间是严重压缩的。在树上或者崖上的窝里，它们会以间断性一分钟的睡眠形式来休息，加在一起差不多 12 个小时。但是在空中，每天只有 45 分钟。它们会让一半大脑休息、另一半大脑清醒，来应对随时变化的环境，但也会短时间内让双侧大脑同时进入睡眠状态。这种短暂的睡眠通常发生在它们靠热气流上升的时候，相较于下滑阶段，在爬升阶段的休息不会发生撞到水面的惨剧，更安全些。水母在夜间会进入一种类似于睡眠的状态，如果它们的休息被打断的话，第二天就会变得很懒。甚至连爬行动物、鱼类、果蝇和线虫也有对外界刺激反应降低的安静休息阶段，概括而言，所有动物都需要睡觉，即使细菌也存在着昼夜节律。动物的睡眠方式千差万别，而且睡眠的时长也差异巨大。

为什么马牛羊等食草类哺乳动物的睡眠时长要比猫、穿山甲等动物的睡眠时长短很多呢？一般来说，捕食者和其他睡觉时相对安全的动物睡眠时间较长，在睡眠中可能遭到攻击的动物睡眠时间较短。从生物进化的角度概括而言，所有动物都需要睡觉，即使细菌也存在着昼夜节律，而且这一生物钟不会因外界环境的改变而改变。

2017 年，三位美国科学家因“发现了调控昼夜节律的分子机制”而获得诺贝尔生理学医学奖，说得通俗一点，他们研究的，就是我们平常挂在嘴边的——生物钟。众所周知，包括人类在内的各种生命体的体内，都存在着生物钟，能帮我们预知并适应某一种周期规律。比如含羞草，它的叶子会在白天向着太阳打开，然后在黄昏时合拢。如果我们把含羞草持续放置在黑暗的环境中，会产生什么变化呢？它的叶子，每天仍然保持着正常的规律性变化——

白天打开，黄昏合拢。不只植物，动物和人类也有生物钟，帮助自己适应环境的日常变化。这种常规性的适应，就是“昼夜节律”。因为有它，我们才能正常调节身体各种重要的技能，比如我们的行为举止、荷尔蒙水平、睡眠、体温以及新陈代谢等。但一旦外部环境与生物钟发生短暂冲突，我们的健康就会受到影响，短期的，比如最近小长假，出国旅游的朋友可能得坐飞机，跨越很多个时区，时差一下子倒不过来，生物钟被打乱，整个人就会非常不舒服。而长期的，比如经常熬夜，昼夜颠倒等，还可能导致糖尿病、肥胖症、抑郁症等精神疾病，甚至猝死，而生物钟紊乱的孩子，会更多地出现“无助甚至自杀”等想法，也更倾向于滥用烟草、酒精制品以及精神类药物。

本次获得诺贝尔生理学或医学奖的三位科学家，就对生物钟进行了深入的探究，并开创性地阐释了生物钟内在的运作机制：他们以果蝇为研究对象，分离出一个能够控制生物节律的基因，这种基因，可以编码一种在夜间积聚、在白天分解的蛋白质，而这种蛋白质在细胞中的数量变化，就能引起细胞生物节律的昼夜变化。

二、人不睡觉会怎样？——睡眠剥夺的危害

人可以坚持多久不睡觉？不睡觉时间最长的世界记录是兰迪·加德纳创造的，他 17 岁时曾持续 264 小时（11 天）无眠。（注：此后也有一些报道称，这一纪录已被打破。考虑到可能的健康风险，目前吉尼斯已不再收录关于睡眠剥夺时长的世界纪录）在不睡觉的 11 天中，兰迪多次表现出言语含糊、注意力不集中、记忆力下降以及对常见物体的命名困难。睡眠缺失的典型反应是双手颤抖、眼睑下垂、注意力涣散、易怒、目光呆滞、疼痛敏感性升高和全身不适。严重的睡眠缺失可导致暂时性的睡眠剥夺精神病，主要表现为丧失与现实世界的联系能力。这种疾病的典型反应包括精神错乱、定向障碍、妄想和幻觉。

在动物实验中，我们可以了解到更加极端情况下可能的结果。芝加哥大学艾伦·瑞斯萧芬（Allan Rechtschaffen）睡眠实验室的研究显示，两周以上的持续性睡眠剥夺会不可避免地造成实验大鼠的死亡。实验中，大鼠被置于水池上方的转盘上，并用固定隔板隔开。研究者通过仪器和电脑程序持续监控大鼠的脑电波，并识别它们是否入睡。实验组的大鼠一旦睡着，转盘就会开始转动，将它们惊醒，而对照组的大鼠可以在实验组大鼠清醒时自由睡眠。这些遭受睡眠剥夺的大鼠具体的死亡原因还不明确，不过这可能与全身的代谢亢进有关。

在某些罕见的人类疾病当中，“人可以保持清醒多久”这个问题还可以获得更惊人的答案，并带来更多的疑问。莫旺氏纤维性舞蹈病（Morvan’s fibrillary chorea）或称莫旺氏综合征，这种罕见疾病的特征是肌肉抽搐、疼痛、多汗、体重下降、周期性幻觉以及严重的睡眠缺失。米歇尔·朱维特（Michel Jouvet）及其同事曾研究了法国里昂的一位 27 岁的莫旺氏综合征患者，发现该患者几乎可以连续几个月不睡觉。在此期间，该患者并没有明显的困意，也没有出现情绪失控、记忆障碍或者焦虑。然而，几乎每晚的九点到十一点，他的听觉、视觉、嗅觉和触觉都会出现 20 ~ 60 分钟的幻觉，手指和脚趾也会感到疼痛并出现血管收缩。研究发现，这种疾病与血清中的抗体对细胞膜上特定的钾离子通道蛋白的攻击有关。

另一种罕见病症，致死性家族失眠症（Fatal Familial Insomnia，FFI），是一种由常染色体

基因控制的遗传病，患者通常会在6～30个月的失眠之后死去。不过，“致死性失眠”这个名字可能取得不对，因为患者死亡的原因是多器官衰竭，而不是单纯的失眠致死。这种疾病的病理过程包括丘脑和其他脑区的退行性变化、交感神经过度兴奋、高血压、发烧、颤抖、昏迷、体重下降和内分泌系统的紊乱。

以上内容涉及的都是比较极端和严重的睡眠剥夺，对普通人而言，我们很少会达到如此严重的地步，更多时候我们只是会睡眠不足，近些年来，人们的平均睡眠时间一直在下降。手机、电脑、电视、工作与生活的界限模糊等，一句话，现代生活的许多方面导致了我们睡眠不足，对此，我们都有过切身体会，那是一种极度疲惫的感觉，并伴随着糟糕的情绪，此时，人似乎变成了容易反应过度而疲惫不堪的“残骸”。一系列的研究表明，睡眠不足并不仅仅是多打几个哈欠那么简单，而如果长期睡眠不足，则会对人的身体和精神都产生永久性伤害，睡眠不足无异于透支自己的生命。

基于现有研究，睡眠不足的危害主要有如下几个方面。

睡眠不足与一系列疾病相关：2014年，在《美国国家科学院院刊》（PNAS）上发表的一项研究中，研究人员让参与者模拟时差反应或夜班工作的影响。仅仅是一个夜晚的熬夜体验，在参与者的血液测试结果中就发现，超过三分之一的参与者的基因被打乱的睡眠周期所改变。研究人员认为这种干扰已经与心脏病、肥胖、糖尿病、癌症和其他慢性疾病联系在一起。

睡眠不足让人反应变慢：睡眠不足时，人对于外界突发状况的反应速度远低于平常。2012年一项发表在《美国医学会杂志内科学》（JAMA Internal Medicine）上的研究发现，开车时的睡意几乎和酒后驾车一样危险。

睡眠不足使人认知受损：思维能力会因为缺乏睡眠而受到影响。如果睡眠被剥夺，将很难保留记忆、处理信息和做决定，所以有人常调侃，熬夜“杀死了不少脑细胞”。不仅如此，阿尔茨海默病也被认为与睡眠不足存在某种关联。2017年11月，《自然－医学》（Nature Medicine）发表了一篇关于剥夺睡眠对人脑的影响的文章。文中提到，睡眠不足会扰乱脑细胞之间的交流方式，也会剥夺神经元正常运转的能力。

睡眠不足引发情绪失控：睡眠不足导致个体反应时间和认知的减慢，人的情绪将会被迅速地调动起来。这意味着与同事或配偶的争吵很有可能发生，也可能会因此把事情按比例放大而导致犯错。

睡眠不足导致面部吸引力降低：日常生活中常有“美容觉”的说法，虽然从未被科学所接受，但越来越多的科学数据表明，睡眠和面容之间存在着重要联系。2010年，发表在《英国医学杂志》（British Medical Journal）上的一项研究发现，睡眠不足的人比那些睡眠充足的人更疲倦，也更缺乏吸引力。“睡眠是身体的自然美容治疗，这可能比你能买到的任何治疗方法都更有效。”一位研究者说。果然，熬夜才是那把更厉害的岁月杀猪刀。

睡眠不足引发肥胖：缺乏睡眠会降低体内的脂肪调节瘦素激素的水平，同时增加饥饿激素，由此引起的饥饿和食欲增加很容易导致暴饮暴食和体重增加。2010年10月，发表在《内科医学年鉴》（Annals of Internal Medicine）上的一项研究发现，当节食者获得了一整晚的睡眠时，他们所失去的一半以上的体重都是脂肪。当他们减少睡眠时，只有四分之一的体重减少来自脂肪。睡眠不足的节食者也会更加感到饥饿，产生更高水平的饥饿激素，这是一种引发饥饿感并减少能量消耗的激素。2017 年,《科学》(Science)上的一篇文章称,熬夜通过影响肠道微生物的组成,来增加膳食脂肪酸的摄取以及脂肪的储存,从而诱发肥胖。

可以说,睡眠不足影响了有关人类生物学的各个方面。

睡眠不足并非不可控,在某种情况下,睡眠不足是必须的,如夜班工作或者与全球的同事远程工作;但另外一部分确实源于自我选择,像熬夜上网、刷剧和打游戏。而熬夜之后,补觉是很多人的选择,但多数时候这种亡羊补牢的做法并不能减轻伤害,对长期睡眠不足,就更是毫无用处。2017 年的诺贝尔生理或医学奖给睡眠不足人群敲响了警钟,生物钟的发现与存在,警示人类尊重自我的作息规律,任性的活着并不会让人长寿。

三、人为什么要睡觉?

人为什么要睡觉?在人类进化过程中,这个短暂失去自我意识,让人变得极其脆弱的过程为何没有被淘汰?对于睡眠为什么会成功进化,并成为人类的固有生物节律,学者们一直存在争论,主要的假说有三个,分别是能量保存说、恢复和保养论以及功能论。

(一)能量保存说

持该观点的学者认为,睡眠之所以被进化出来,是因为在不需要觅食和寻找配偶的时候,选择一个隐蔽的地方睡觉,比起四下晃荡来说更安全,可减少被天敌发现的机会。不同动物有着截然不同的睡眠习惯,也是不同的生活方式的适应结果。蝙蝠爱吃的昆虫只在黄昏时出来活动,因此只用那时出来捕食就行,其余时间还是躲起来睡觉更安全经济点。也有研究发现,睡眠时,哺乳动物的体温会下降 1 ~ 2 摄氏度,这为他们节省了不少能量。批评者认为这一观点低估了睡眠的作用,睡眠并非“保存能量躲避天敌”这样简单,他们提出了诸多证据来反驳这一假设。

(二)恢复和保养论

持该观点的学者认为,睡眠可帮助动物恢复精力,消除疲劳,有不少研究支持这一假说。有研究发现,人在进行大量体力活动后,夜晚的非快速眼动睡眠时长会增加。还有研究发现,受损的脑细胞在睡眠时会被修复。此外,剥夺睡眠会使得 GABA 寄居于神经元中,在觉醒状态下被释放出来,使注意功能受损。还有学者认为,清醒时那些大脑运作必须的蛋白质和 RNA 等物质被耗尽,必须通过睡眠时再合成进行补充。通过动物实验的确发现,慢波睡眠时这些物质的合成增加。

睡眠是大脑清理垃圾的过程。人脑每天要消耗掉身体 1/5 到 1/4 的能量,同时也会产生大量的垃圾。这些垃圾堆砌在大脑中,会影响大脑的运行效率。久而久之,还有可能成为疾病,阿尔茨海默症(也就是人们通常理解的老年痴呆症)就是因为一种 β 淀粉样蛋白在脑内的堆叠累积造成的。

所有人体器官在使用的过程中都会产生代谢垃圾,有的垃圾分子量很大,难以透过毛细血管壁,只能通过淋巴系统的回收最终进入血液循环。但我们的大脑为了尽可能地节省空间，提高工作效率，并没有密布毛细淋巴管，而是直接将自己泡在了一缸类似于淋巴液的液体（脑脊液）中。白天神经元一个连着一个紧密的工作，到了晚上，大脑神经活动减弱，细胞间隙增大，脑脊液涌入细胞间隙，带走其中的垃圾。这个过程就好像上班忙了一个礼拜，到了周末终于有时间可以清洗一下堆积一周的衣物了。

（三）功能论

持该观点的学者认为，睡眠是为了实现某种功能。其中“记忆巩固说”和“突触稳态说”证据最为充足。不少睡眠剥夺实验显示睡眠会影响长期记忆的巩固，不管是动物还是人，在学习新知识和复习回顾之间睡上一觉的话，效果会好得多。支持该论点的著名动物实验发生在大鼠身上，清醒的大鼠在探索周围环境过程中，海马细胞的一系列电活动，在它们睡眠时会回放，并且此重现过程对大鼠后来的探索表现起着关键作用。在人身上也观察到了类似的现象，在慢波睡眠时海马细胞会回放之前学习过程中的电活动，并且海马电活动越激烈，第二天被试的表现越好。

“记忆巩固说”研究颇多，不过近几年来另一种学说异军突起——“突触稳态说（Synaptic Homeostasis Hypothesis，SHY）”。突触是神经元之间的连接结构，当我们形成新记忆时，相关的突触连接会加强。而我们觉醒的时候新记忆不断形成，突触连接不断增强，增加能耗——这个过程如果持续下去我们的大脑会吃不消，再也没有空间来形成新的记忆。“突触稳态说”提出，慢波睡眠可解决这个问题，通过减弱不必要的突触连接，平衡各突触权重，回到基线水平，为随后的学习记忆提供空间和能量，以实现记忆的可持续发展。不少证据支持该学说，例如，一天结束时，相比起一天开始时，我们大脑的灰质会消耗更多的能量。在大鼠和果蝇里也观察到，突触连接在清醒时增强，在睡眠时降低。人们学习新东西时用到的那一部分大脑在睡眠时会产生更深的波。

所有的生命形式，从植物、昆虫、海洋生物、两栖动物、鸟类到哺乳动物，都需要休息和睡眠。睡眠对于所有社会乃至所有物种来说都是普遍的需求，也是一种可自由获取的资源。适当睡眠是身体机能最优的基础，就像人们常说的，生命中最美好的事情，都是免费的，睡眠也是如此。

第三节　睡眠障碍

一、“鬼压床”

不知你是否经历过一种“灵异事件”“鬼压床”？相信很多小伙伴在睡觉时经历过这一现象，中国称为鬼压床，西方称为恶魔坐床头，其实这根本不是什么灵异事件，而是一种偶发的正常生理现象——睡眠麻痹，常在正要入睡或自梦中醒来时发生。

某天，当你自梦中醒来，却发现连睁眼这个最平常的动作都做不到时，不要慌，要淡定地想：嗯，我终于经历了人生的第一次睡眠麻痹，然后想一想怎么把它变成谈资，等几分钟甚至几秒钟后，你就活动自如了。几乎每个人一生都会遇到一两次睡眠麻痹。

不是所有的睡眠都有睡眠麻痹，睡眠麻痹也不是随便就会发生的，它只发生于快速眼动睡眠期（REM）。人一旦进入REM，感觉功能就会进一步减退，更难唤醒，而且骨骼肌（跟骨骼相连，靠其收缩完成人体的一系列动作）的反射活动和肌紧张弱到不行，肌肉几乎是完全松弛。于是，一、二、三，我们都变成了木头人，不能说话，不能动。唯一还在工作的就是眼球肌肉了，此时眼球会快速转动。

除快速眼动睡眠期之外，我们还会经历非快速眼动睡眠（NREM），它们两个轮流上岗执行睡眠任务，换个4、5次班，天就亮了。但REM与NREM的轮流上岗制度有时就会出现紊乱，某些原因导致REM没有上岗机会，但一旦REM能上岗时，它就要很尽责地把之前的任务补回来，这时，先迎接你进入睡眠的可能就是REM了，而且它的上岗时间也会相应延长，此时你就会体验到“鬼压床”了。

所谓的“鬼压床”其实只是在REM睡眠时，由于现代医学也搞不清楚的原因，大脑突然醒来了，却没有提前发出神经冲动告诉骨骼肌们也别睡了，准备起床，即“脑醒，身未醒”。当大脑发现这一错误时，它会赶紧把本该在醒前发出的神经冲动补发出去，可这就得耗上一点时间。这些神经冲动都是些生物电信号，如果你很着急，它们可能还得在大脑内紊乱一阵儿再出发。

所以，面对鬼压床，淡定就是最好的办法。

二、梦游——非“梦”游

严格意义上说，梦游的人其实并没有在做“梦”，但是他确实是在“游”。如同“鬼压床”被称为“睡瘫症”一样，有些人睡觉时会瘫，那么就有些人睡觉时会动，所以梦游作为一种睡眠障碍，在医学上被称为“睡行症”。

人在睡眠时，大脑是在快速眼动睡眠和非快速眼动睡眠之间循环往复，而梦境只在快速眼动睡眠期才会出现，且伴随有睡眠麻痹。而梦游者却处于非快速眼动睡眠期的深度睡眠到浅度睡眠或清醒状态的过渡阶段，所以梦游患者在梦游时，不仅没做梦，还真真切切睡的非常死。

梦游的人数约占总人口的1% ~ 16%，但主要发生在儿童期，大多数集中在6 ~ 12岁，这可能与此一阶段的儿童正处于生长发育旺期、社会心理因素影响和生活习惯有关。

关于梦游成因的研究仍在进行，现阶段可以确定导致梦游最常见的因素有以下三类：

（1）遗传。如果你的父母兄妹患有“睡行症”的话，那么你梦游的概率会比普通人高10倍。

（2）睡眠状况。睡眠不足、睡眠不规律、压力大、经常醉酒、服用某些镇静催眠药、神经松弛剂、神经兴奋剂或抗组胺药物等，也有可能造成梦游。

（3）疾病。比如心律失常、发烧、胃食管反流、哮喘发作、癫痫发作等，这些疾病引起的梦游，控制原发病非常重要。

至于梦游是否有害的问题，因为梦游者在梦游时对外界刺激没有反应，所以很容易绊倒摔伤，或者踩到花花草草也不好啊，如果不小心出了门横穿马路，那就有可能真的一睡不醒了。此时，我们就要面对一个大家都关心的问题：“把梦游者唤醒到底有没有危险？”

江湖传言，梦游者一旦被突然唤醒，轻者口吐白沫，重者七窍流血。看这描述以至于我一度怀疑，这个传言的始作俑者究竟是在唤醒一个睡行症患者，还是给人强灌了一碗砒霜。根据美国国家睡眠委员会（National Sleep Foundation，NSF）意见，不去叫醒梦游者才更危险，叫醒梦游者可能会让他们感到一时的惊吓，但不叫醒他们，他们可能会发生更危险的情况，甚至有的梦游者还有暴力倾向。如果可以，引导梦游者回到床上是最好的选择，但大多情况下梦游者不听指挥、不接受保护，于是 NSF 给出的专业意见是：使用超大分贝、尖锐的噪音唤醒梦游者（与梦游者保持安全距离），这样可能会成功叫醒梦游者。NSF 表示，这个方法比摇晃叫醒梦游者好，因为摇晃可能使梦游者误以为被攻击，容易引起不自主的暴力性反抗。叫醒梦游者后，大多数人感到恐慌，我们只需要平静的安慰他们，这只是梦游而已。如果真要有什么事是不建议对梦游者做的，那大概有这么一条：别在他梦游时借钱给他，醒了的话他会说："我不记得借过你钱哦"

三、失眠

现代人的失眠问题越来越严重，失眠成为了一种普遍的社会现象，随着人们生活方式的改变，失眠有更加恶化的趋势。据美国的调查结果，30% 左右的成年人存在不同程度的失眠，其中 9% 的人有严重的或长期的失眠问题。失眠意味着睡眠的时长较短或质量较差，其表现包括入睡困难、夜间常醒、早醒或同时具有这些问题，这种睡眠紊乱会影响人的工作、健康和人际关系。

失眠问题的产生和加重，与人们当今的生活方式存在密切关系，人工照明的使用、激动人心的休闲娱乐活动、紧凑的日程安排、精神活性药物（包括烟酒）的滥用等使得失眠问题蔓延开来。

失眠是一种恶性循环，个人的焦虑、压力和兴奋等过度的精神活动和过高的觉醒会阻碍睡眠，引发失眠，这种挫折又会导致个体的愤怒和焦虑，从而进一步延迟睡眠，出现恶性循环。对付这一恶性循环的最好办法就是避免与失眠作斗争，当无法入睡时，可以起床去做一些自己想做的事，直到犯困，然后在回到床上继续睡觉。

现在，越来越多的失眠者需要依靠药物来改善睡眠，虽然某些药物能够帮助人们入睡，但却改变了服药者的睡眠模式，大大降低了睡眠质量。同时，药物的长期使用会使服药者产生耐药性，导致服药量越来越大并产生依赖性。当服药者试图停止用药时，情况会比服药前更加糟糕，产生失眠反弹和梦魇等问题，从而不得不恢复用药。

那我们应该如何来改善失眠状况呢？

通过改变生活方式和进行行为技术来治疗失眠，是一种比用药更为理想的方式，在了解了失眠者的生活方式、睡眠习惯、应激水平及身体健康状况等，可采取下述方法改善睡眠状况。

（1）刺激控制，是在反应和特定的刺激之间建立联系。具体的实践方式是：首先，每天按时起床和睡觉，包括周末，这种方式能够保持生物钟正常运作，避免生活节奏紊乱。其次，在床上要杜绝做除睡觉以外的任何事情，如床上看书、浏览网页等。以上两点将使得睡眠与放松及特定的时间产生联系。

（2）睡眠限制，每天按照固定的作息时间入睡，即使第一天晚上睡晚了，第二天早上也要按时起床。白天睡觉不超过一个小时，傍晚不睡觉，不提前上床睡觉，不论如何，要保持固定的睡眠节律。

（3）反其道而行之，当无法入睡时，保持清醒，避免焦虑，等待睡眠不期而至。

（4）放松，当睡前有焦虑的事件时，可以将其写下来，计划好明天怎么做，然后将其置于脑后，先睡觉。可以运用身体或心理的策略进行放松，降低觉醒程度。焦虑正好相反，它是一种高度警觉状态，可以用一些放松技术来缓解焦虑。

（5）锻炼，白天锻炼身体可改善睡眠，最好是睡前 6 小时进行锻炼，避免在睡前进行较高强度的锻炼，那会增强你的觉醒程度，从而影响睡眠。

（6）进食，睡前食用淀粉类食物会增加脑中的色氨酸水平，从而提高 5- 羟色胺水平，它有助于产生积极情绪和放松，促进睡眠。

（7）避免食用兴奋剂，烟、茶、咖啡都是兴奋剂，会影响睡眠，而酒虽然不是兴奋剂，表面看来有助于入睡，但却会严重影响睡眠质量。

第四节　梦有什么寓意?

你平时做梦吗？有些人会说自己从不做梦，错！别说自己从不做梦，那只是因为幸运（抑或不幸）的你总是从 NREM 睡眠中醒来，所以不知道自己这一晚上还是颇做了几个梦的，研究发现，大多数人每晚会做大约 5 个梦。不少小伙伴可能会奇怪，我怎么记得自己只做了一个梦？这是因为你只记得自己醒来前正在做的梦，而其他的梦都已经忘记了。

要记住自己的梦其实一点都不容易，只有当你在 REM 睡眠期醒来，才能记住自己正在做的梦。如果你总是在 NREM 睡眠阶段醒来，那么你很少会记得自己的梦，甚至觉得自己从不做梦。但即便醒来时知道自己刚做了梦，也能清楚地想起梦的内容，人们仍然会很快忘记它。研究发现，在做梦后 5 分钟，人们就会忘记接近一半的内容，再过 5 分钟人们会忘记 90% 的内容。如果你做了一个美梦，又不愿忘记它，醒来时就赶紧将它写下来吧。

那梦境有什么寓意呢？弗洛伊德提出，梦是通往潜意识的大道，是潜意识愿望的满足，它体现着深埋在潜意识里的情感，而那些被回忆起来的梦的碎片则能帮助我们揭露这些深藏的情感。很多人对弗洛伊德的这一套理论非常认同，认为梦具有深层涵义，但没有任何科学证据支持他的理论，虽然在普通大众中影响广泛，但在心理学领域已经成为过去时。现在的心理学家提出了新的有关梦的理论，分别是问题解决理论、情绪调节理论和副产品理论。

一、问题解决理论

研究者们认为，梦境能为现实中的问题提供潜在的解决方案。顺着这个思路，Greenberg 和他的同事们首先确认了，睡前思考的问题经常被纳入梦中。随后，他们分析了梦到问题情境的参与者们在醒来时会感觉更好还是更差。结果发现：如果梦里提出了问题的可能解决方案，那么参与者们将感到宽慰并且在觉醒后心情有所改善。然而，如果梦境没有提供任何解决方案，参与者在醒来时会保持持续的负面情绪。这些结果表明，梦境能否提供问题的解决方案是人们能否一夜之间适应压力的关键。

Otto Loewi 发现神经冲动的化学传导的事例，就是个梦境为问题提供解决思路的经典例子。在 1921 年 3 月，Loewi 做了一个梦，在梦里他做了一个极为巧妙的实验，在历史上第一次证明：迷走神经末梢释放一种化学物质可抑制心脏的活动；而交感神经末稍释放另一种物质则可加速心脏的活动，从而奠定了神经冲动化学传递学说的基础。在 1921 年以前，一般认为，神经末梢通过神经冲动向其所支配的器官传递信息，但在各神经末梢上的神经冲动性质是一样的，因此难以解释：刺激某神经可增进某一器官的功能，却降低另一器官的功能。这就使人猜疑，是否存在不同传递方式的可能性？ Loewi 本人在自传中的描述“那年（1921 年）复活节前夜，星期六，我从梦中醒来，开亮了灯，在一片小纸上匆匆记录下梦中所想到的，一躺下又进入梦乡。第二天早晨 6 点钟起床后，想起夜间曾写下一些很重要的东西，但由于太潦草，无法辨认。这使我感到十分沮丧。但是，第二个夜间 3 点钟，这个想法又出现在梦中。这是一个实验设计，目的是验证我于 17 年前所设想的那个化学传递假说是否正确。醒后，我立即起床，直奔实验室，按照梦中的设计用蛙心完成了这个简单的实验。

二、情绪调节理论

除了在梦境中提供问题的解决方案，连续的 REM 梦境可能会随着时间影响人们的记忆，帮助人们适应情绪。尤其是当人们面临引发人生中重大变化的压力事件时，比如离婚等，人们可能在这些事件后一段时间内经常梦到相关的内容，大量情感记忆在这些梦里进行重组，从而逐步调节人们的情绪。一项研究表明，离婚初期做过更多与前夫有关的噩梦或偏消极的梦的女性，一段时间后比没有经历过这种梦的女性更少抑郁。在梦里与前配偶打交道有助于他们处理离婚的感受与情绪，并促使他们对单身生活进行良好的情绪调整。

三、学习理论

做着梦也能学习，这不是“做梦”。梦并不仅仅只在 REM 出现，在 NREM 也会零星出现，只是没有前者鲜活生动。梦能帮助人的学习，主要通过两个途径，一是梦境有回放功能，如果你刚玩过滑雪游戏，在随后的 NREM 期就可能会梦见滑雪。大脑扫描研究显示，清醒时大脑神经元的活动模式在随后的 NREM 期会重现。REM 期梦境也会反映先前所学，只是表现得有点变形——滑过雪后可能不会梦见雪，而只是从山上冲下来。

除了回放，更重要的是梦对记忆的巩固、整合和分类，研究表明，梦对学习记忆都颇有裨益，梦见先前学习内容的人们，之后会有更好的表现。记忆专家认为，海马体会筛选一些前几天的事，将之从近期记忆巩固为长期记忆，还会将一些记忆内容转移到大脑皮层，将之转化为永久记忆，在这个记忆存储过程中，做梦会帮助记忆内容的迁移，有助于我们永久记忆的形成。有时我们的记忆碎片会在梦里呈现，织出一个个荒诞离奇的故事。碎片出现的顺序或许反映了大脑如何将记忆分解成片段再整合存储的。大脑在加工信息的过程中甚至会翻旧账,找出新的经历与故人故事的关联,这或许可以解释为什么我们会梦见多年不见的朋友或地方。

四、副产品理论

该假说认为,梦是一种没有涵义的幻象,源于脑干中周期性释放出来的神经冲动,当这些能量扫过大脑皮层,从而使人产生知觉、情绪、欲望等,大脑试图为这些随机的脑电活动赋予意义,因而产生梦境,该理论认为这种大脑的内部激活过程能够促进脑的成长与发育。虽然这一假说能够解释梦的离奇荒诞,但无法解释梦在性别、年龄、文化、近期经历等方面所存在的差异。

尽管多年来科学家一直在对梦进行着孜孜不倦的探索,对于梦的真实涵义我们依然知之甚少,就让我们暂且看着科学家们继续小敲小打,为将来的某个重大发现做铺垫吧!

推荐书籍——《睡眠革命》

作者:[英]尼克·利特尔黑尔斯

出版社:北京联合出版公司

这本书本来的英文名是:Sleep: redefine your rest, for success in work, sport and life。直译应该是:睡眠:重新定义你的休息,为了工作、运动及生活中的成功,这一书名温和平实,而其中文译名《睡眠革命》就显得过分富有煽动性了。

本书最主要的思想是:理想状态的睡眠,不应以小时来计算,而应以睡眠周期的数量来计算。当你清晨醒来时,不应再去计算自己睡了几个小时,而是应该问问自己:我睡了几个睡眠周期?以往,即使是世界卫生组织之类的权威机构在推荐理想睡眠时,也通常是以小时为单位。而许多普通人,更是为了传说中的八小时睡眠耿耿于怀,并且常常因为无法达到而沮丧不已。但本书作者,却告诉我们,正是对八小时睡眠的固执预期,破坏了人们的睡眠。

人类的睡眠并非是一片沉寂混沌的漆黑,可以随处剪断。人类的睡眠是由一个接着一个约为 90 分钟的精妙周期构成,如果你恰好在一个完整周期结束时醒来,就会感受到传说中那种轻松而满足的"睡到自然醒"。虽然有关睡眠周期的科学研究早已非常丰富,但鲜有人将其用于指导实践,作者将这一理论落实在实践中并取得了良好的效果,这一点非常值得赞赏。

推荐电影——《盗梦空间》和《爱德华大夫》

《盗梦空间》的影片剧情游走于梦境与现实之间,讲述由莱昂纳多·迪卡普里奥扮演的造梦师,带领自己组建的特工团队,进入他人梦境,从他人的潜意识中盗取机密,并重塑他人梦境的故事。虽然该影片的故事设定并非基于有关梦的科学理论,但影片所展现的丰富的想象力仍然让我们叹为观止。

《爱德华大夫》是希区柯克的经典悬疑片,影片的主要情节是一位精神分析学家治疗一位患有失忆症和犯罪情结的病人,在这个过程中两人相恋,并找出了杀害爱德华大夫的真凶，治愈了恋人的心理疾病，并且最终有情人终成眷属的故事。该片是电影史上第一批以精神分析学为主题的影片之一，通过影片中彼得森大夫和艾力克斯大夫对男主人公的治疗，我们可以了解许多关于精神分析的理论和方法。

扩展阅读——《哈佛凌晨四点半》就是一份毒鸡汤

曾有一篇名为《哈佛凌晨四点半》的文章成为了互联网上的热门话题，引发了大量转载和阅读，此文大概是说，中外大学的差距在于中国大学生虚度光阴而外国大学生主动勤奋，在凌晨四点半的哈佛图书馆，满是仍是埋头苦读的学生，然后煞有介事地介绍了哈佛图书馆的训言，摘录几条如下：

此时打盹，你将做梦；此时学习，你将圆梦。

我荒废的今日，正是昨天殒身之人乞求的明日。

狗一样地学，绅士一样地玩。

即使现在，对手也在不停地翻动书页。

乍一看大概会深受震撼：我们确实不如别人努力啊！

不过很快就有人看出问题，于是专门去询问哈佛图书馆是否有这样的训言。图书馆回答道，这似乎是网上一个流传很广的传言，而且以中国为甚；哈佛图书馆的墙上并无此类训言。为了澄清这个说法，哈佛图书馆还专门给了一个"辟谣"专页的链接。

然而事情并没有完，这个传言流传之广影响之深，甚至吸引了哈佛校报以及《华尔街日报》的关注。哈佛校报报道的标题是"有传言称哈佛学生超级好学"，《华尔街日报》的标题则更为精粹："请享受无法回避的痛苦：一代中国学生从哈佛传闻中获得鼓舞"。

显然，在心灵鸡汤杜撰者的想象中，哈佛之所以优秀是因为他们极端勤奋，所以极力鼓吹勤奋。然而，哈佛校报却对自身这种"超级好学"的形象颇为诧异，（老实讲，这种勤奋劲头更像是中国中学生），事实上，这种"超级好学"的书呆子在哈佛如果不是绝无仅有恐怕也是少数。

已经有大量的文章对本篇鸡汤从多个角度进行了反驳和解读，比如家庭出生的影响、编造内容的离谱等等，我们不再赘述，笔者选择从睡眠的角度来阐述这篇鸡汤的危害。因为我非常担心有人会认同该文中所杜撰的这种勤奋，如果有人真的实践了鸡汤中杜撰的内容，每天熬夜努力学习，他会怎么样？答案很简单，他不会离成功更近，而是离死亡更近。

从睡眠的角度来说，如果长期坚持熬夜学习，弊将远远大于利。睡眠剥夺会影响记忆、学习能力以及第二天的注意力（详情见睡眠剥夺的危害），也就是说如果熬夜，你前一天学的记不住，第二天又学不进去。熬夜还会干扰人的内分泌系统，对健康产生不利影响，如果长期熬夜则可能导致猝死。

如果你就是熬夜党，那你还得注意另一个问题，不要为自己的熬夜找理由。心理学上有一个著名的认知失调理论，如果一个人经常做一件事情，并且清楚地知道这件事情的危害，大多数人并不会降低做事情的频率，而是会合理化自己的行为，选择性的无视掉这件事的危害。所以很多人会心安理得的认为，我只是晚睡，并不是少睡，缺乏睡眠的危害不会降临在自己的身上。从理论上讲，2：00－10：00 的睡眠和 23：00－7：00 的睡眠并不存在孰优孰劣。但一个人很难安安稳稳的睡到10点，这种理想情况，忽略了现实中存在的一个大问题，太阳每天都会照常升起。此时，你的身体已经为一天做好准备之后，很诚实地开始上班了，如果这时你还在自欺欺人的睡觉，会变得多梦、容易惊醒，睡眠效率将会大打折扣。所以，除非你所在的时区太阳在9点以后还没升起来，否则不要欺骗自己睡到10点也挺好。

当然，熬夜确实并非毫无借口。知乎上有一个“你为什么晚睡？”的问题，最高票的回答是：晚上舍不得睡。白天时间属于工作，下班属于家庭，夜深人静的时候，时间终于属于自己了。

从生理上而言，人并非要像电脑程序一样严格地按照生物钟作息。什么时候睡，并不完全由生物钟说了算，人体还有一套叫作睡眠内稳态的调控机制，这个机制运行起来很复杂，不过解释起来很容易：它会根据人体对睡眠的需求程度，来决定人是否会犯困。睡眠内稳态的存在，使得我们不必刻板地按照生物钟准时作息，累了的时候多睡一会儿，兴奋的时候少睡会儿，只要时间差别不大，身体都可以自动地调节。

如果把人比作手机，睡眠驱力就是手机的电量。电量的变化不仅和人们白天从事的活动有关，在不同人中还存在个体差异。有的人超长待机，到了晚上也不会犯困，出现睡眠时间的后移；还有一部分人，白天放电特别快，一到晚上就困得不行，会早早睡觉。人们习惯将前者称为“夜猫子”，将后者叫作“百灵鸟”。这两部分人在睡眠的总量上实际是差不多的。有研究者提出，这种睡眠模式的差异可以帮助原始人类确定，由谁来在晚上守卫大家的安全。

“夜猫子”和“百灵鸟”的分类存在一定的遗传基础，英国的研究者发现，编码一种人体周期节律蛋白的基因 PER3 和是否晚睡有关。PER3 的一个变异使得编码出来的蛋白质长短不一，蛋白较短的人更容易成为夜猫子。在剥夺睡眠之后，夜猫子基因型的人更不容易反应迟钝，被允许休息时进入深度睡眠也要更慢，这说明他们的电量比较耐用，但充电则要稍慢一点。除了 PER3 以外，PER1、PER2 以及 CLOCK 基因上的一些突变，都与睡眠时型存在一定的关系。此外，加州大学的研究人员还发现，DEC2 蛋白上的一个氨基酸替换突变（第384个氨基酸残基从脯氨酸变为精氨酸，p.Pro384Arg）会导致人们呈现“睡得少”表型。携带“p.Tyr362His”基因变种的人能在每晚睡眠少于5个小时的情况下正常工作。那些拥有基因突变的人在超短的睡眠时间内也可以完成正常工作，比其他人有效率得多，但他们是怎么做到的仍旧是一个迷。

对于大多数人，我们既不是夜猫子，也不是百灵鸟，更不是只需5小时睡眠的基因突变者，为了更好地学习和工作，也为了身体健康，还是乖乖早睡早起吧，那些有毒的鸡汤，不仅不会暖胃，还会要了你的命。

如果你迫不得已而熬夜，也要注意做到以下几点。

（1）保证充足的睡眠。熬夜大师的标准，就是熬夜的同时不降低睡眠的品质，保持充足的睡眠时间。如何判断你的睡眠是否充足呢？这并不是什么深奥的科学问题，只需要回答几个简单的问题：

是否每天早上闹钟至少响两遍才能叫醒你？

是否有人曾经说过你看起来很疲倦/面色不好？

是否经常会突然感到很累/很困/心情很低落？

是否经常在做了不该做的事/说了不该说的话之后，马上感到后悔？

是否每个周末都只想躺在床上睡觉，什么都不想干？

如果上面有问题回答了是（发生在女性经期内的可以忽略不计），而你又恰恰是一个经常熬夜或者作息不规律的人，就需要小心，睡眠不足可能已经开始影响到你的生活了。这个时候，请减少熬夜的频率，让你的身体获得更多的休息。

（2）熬夜只是权宜之计，不要让它成为习惯。很多人认为夜猫子型的人更适合晚睡，这种说法并不准确，他们只是更能够承受晚睡，但是最佳的睡眠时间仍然和大多数人无异。能正常睡眠的时候千万不要熬夜。如果你已经习惯了在生物钟休息时还保持亢奋的话，相当于每一天都在倒时差。每天熬夜之前先想清楚，只是看剧聊天刷微博是否值得你付出生命的代价。

（3）不要熬整夜。前半夜的时候生物钟在休息，后半夜的时候是在逐渐恢复，为第二天的清醒做准备。二者的分界线往往有一个固定的时间点（因为每个人睡眠的时间并不一样，所以很难确定地说这个时间点在哪）。就我个人而言，如果超过了凌晨三点半，会突然感到神清气爽，疲惫都消失了，再躺到床上时，也很难入睡，这时你的生物钟已经在准备苏醒。对健康人来讲，如果没熬过这个分界线，熬夜消耗的精力可以在一天以内通过人体的调整补充回来。如果超过了这个分界线，干扰到生物钟苏醒的进程，熬夜的影响可能至少要持续两天。

在熬夜之前请先评估一下大概需要熬多久，超过 3 ~ 4 个小时还完不成的任务，不如留到第二天再做吧。

（4）多喝热水，注意保暖。夜间人的核心体温会降低，如果久坐，手脚的温度会下降得很快，熬夜之前准备一个能把你完全包裹起来的小毯子和外套。别忘了再烧上一壶开水，这会让你在熬夜的时候随时都能喝到热水。

（5）让身体适应黑暗。熬完夜你是要睡觉的，所以请让身体尽快适应黑暗的环境，关掉大灯，台灯，尽量使用昏暗的小夜灯。电脑屏幕和手机屏幕的亮度都尽量调低，使用黑暗系的背景色。这可以帮助你在完成工作后迅速地入眠。

最后，学会计算自己的生命值。每次熬到困得不行的时候，都是一个坎儿。过了这个坎儿，皮质醇会大量分泌，刺激大脑觉醒，同时伴随着心跳加速，兴奋，灵感涌现。这个时候，请在心里为自己默哀，「我离死神又进了一步」。

第七章　认识自我
——我们都是自己的陌生人

18 ~ 30岁、特别是18 ~ 25岁这个年龄段，被称为“成年初显期”，也就是“正在形成的成年期”，它一直以来都是发展心理学家最为关注的人生发展阶段，大学生就正处于这一人生阶段。这个阶段正是许多重要改变发生的时期，它既不是青春期，也不等于完全的成年期，处于这个年龄阶段的小伙伴们面临着许多独特的处境和挑战。

对于70后及之前的长辈而言，在18 ~ 25岁期间，他们通常已经完成了婚姻 / 家庭、事业的选择。这个阶段对那时的他们来说，只是一个简单的、进入稳定的成人角色的过渡阶段。他们很少体会到80、90及00后这些年轻人在这个时期里经历的挣扎和阵痛。对于80后、90后及00后而言，他们面临的情形则完全不同——最近几十年来，城市中的年轻人，婚姻和生育年龄普遍推迟到了25岁以后。在校读书的时间增长也是近几十年来发生的社会变化之一，大学毕业后接受更高程度的教育也变得越来越普遍。成人期该做出的许多承诺和责任都被推迟了，而从青春期开始的、人们对于自身角色的探索和实验，则持续开展。事实上，对与大学生而言，在成年初显期，他们对于自身角色的探索要比青春期更加剧烈。研究显示，当成年人在后来回顾“自己一生中发生过哪些最重要的事件”时，他们经常追溯到那些在这个时期中发生的事。18 ~ 30岁、尤其是18 ~ 25岁这个阶段，变成了一个独特的、与其他阶段有着显著差异性的生命阶段。

事实上，在人生发生重要转折的这个时期，我们会充分体会到喜忧参半、患得患失等各种人生的酸甜苦辣，而从发展心理学的角度来看，这体现了年轻人在认识自我道路上所付出的努力，认识自我将有助于更好地适应大学生活，最终，为将来积极且全面的自我发展奠定良好基础。

第一节　我是谁？我从哪里来，要到哪里去？我的存在对世界意味着什么？

这灵魂三问你思考过吗？进入大学，我们逐渐开始思考一些问题，比如标题上所述的灵魂三问。这些思考便是自我同一性发展过程的表现。我们在成长中会逐渐形成自己的人格，思考自己想成为一个什么样的人，思考自己的人生价值。埃里克森认为自我同一性的形成过程就是人格形成的过程，当你发现身边的同学们开始变得各不相同时，表明他们的自我同一性逐渐形成并开始表现出来。

自我同一性是一种重要的心理社会现象，也是一个与自我、人格的发展有密切关系的多层次、多维度的心理学概念。本质上，它是指人格发展的连续性、成熟性和统合性，它从儿童时期开始逐渐形成，既包含自己与他人相区别的独特性，也包含与团体保持一致所产生的归属感，但目前为止还缺乏统一明确的定义。

一、不同自我同一性状态——从不知所措到不惧路遥

心理学家将自我同一性状态划分为以下几种类型。

（1）弥散型同一性。指个体没有形成固定的承诺，也没有主动探索和形成承诺，处于同一性危机之中而不能成功的解决，对未来感到彷徨迷惑，不知所措，没有确定的目标、价值和打算，是一种醉不成熟的同一性状态。

（2）排他型同一性。指个体没有经历探索阶段就对一定的目标、价值观和信念形成了承诺，但这些承诺实际上反映的是父母或权威人物的希望和要求。

（3）延缓型同一性。指个体正在经历同一性危机，积极的思考各种可能的选择和探索自己的价值定向，但还没有达到最终的承诺。

（4）成就型统一性。指个体已经经历了一段探索，解决了同一性危机，呈现出相对稳定的承诺，是一种成熟的状态。

我们周围存在着很多分别处于这四种状态的人。弥散型同一性的人，处于一种迷茫的状态，他们没有找到自我的定义，没有发现自己在集体和社会中的位置，没有目标，不自主，总是依赖于别人。这种状态是最糟糕的，对于个人成长是极其不利的。处于排他型同一性的个体在大学生群体中也比较常见，比如不少同学在在报考大学，选择大学和专业时，自己完全没主意，不知道自己喜欢什么，想学什么专业，学校和专业都由家长决定。这种情况就是个体处于第二种状态的表现。延缓型同一性大概是大部分大学生正处于的状态，他们还处在自我同一性的探索阶段，需要一定的空间和时间，才能逐渐达到成就型同一性的状态。成就型同一性是成功的自我同一性状态，由于缺乏社会实践，只有极少数大学生能够达到这一状态。

二、如何建立自我同一性

自我同一性的建立其实并不用时刻强调。我们没必要把它当成一个任务，每天都在想我的自我同一性还没有建立。其实自我同一性的建立是一个逐渐的隐藏的过程，在我们不知不觉中，自我同一性就已经慢慢建立起来了。

自我同一性的建立，首先需要摒弃不适合自己的东西，发现适合自己的生活方式。每个人都是不同的，不论是生理上还是心理上，因此我们需要找到适合自己的生活方式。大学是一个十分自由的地方。这种自由是源于课不多（我们医学院校除外），没人管。这时候就是大学生们面临选择的时候，是整天翘课，期末勉强不挂？还是按时上课按时完成作业，专注

于学校课程，期末考个好成绩？还是将大量精力用于在图书馆博览群书，只能考个中等成绩？我们有很多选择，很多诱惑，找到自己真正想要的，才能抵制诱惑，拥有充实的生活和无悔的青春。从最简单的每天安排开始，有的人习惯早上锻炼，白天学习，有的人喜欢晚上奋笔疾书。每个人的不同造成了生活规划的不同，因此，通过探索摒弃不适合自己的，找到属于自己的时间规划和生活方式，是建立自我同一性首要也是最重要的一步。

其次，要认识到自我是一个独立的整体，独立的同时又可以很好的和其他独立的个体进行良好的合作。每个人都是独立的，一个人想要立足于世，首先要学会自立。我们小时候可以依靠父母，进入学校和社会有朋友。但他们的存在不是为了支持我们生活，而仅仅是辅助我们体会更多的感情，获得更好的生活体验。我们首先要学会独自做事，独自解决问题，独自学习，甚至独自生活。经历孤独才能走向成熟，在孤独中没有沦落而是涅槃的人，才是真正拥有强大独立能力的人。在学会独立之后，我们就要开始学会合作。很多事情是自己一个人无法完成的，我们需要与他人合作，因此需要学会和同伴交流、相处、共事。要想完成复杂的任务，就必须要与他人合作。比如举办一场活动，我一个人无能为力，从最开始的创意，策划，人员组织，场地申请，活动材料，主持人准备等等，这些都需要大量的人力物力，如果是一个人就只能干瞪眼了。

再次，自我发展是连续而统一的。自我有一种发展的连续感和相同感，现在的我是由童年的我发展而来的，将来我还会发展，但是我还是我。我们要学会用发展的眼光看待自身的变化，正确对待自己的变化并学会接纳。听我母亲说，我小时候是一个很好强而且脾气暴躁的人，如果我对自己画的画不满意，就会把它撕掉重画，如果还不满意就继续撕了重画，直到满意为止。每次听我母亲这么说，我都会觉得很不好意思，但仔细想想，现在的我仍然还是这个样子，如果对自己写的文章不满意，我就不断修改，讲课不满意，课下就一直不停地准备，只是不再发脾气了而已。脾气改掉了不少，但要强却没多少改变。

自我同一性的建立是一个逐渐的过程，我们需要认识到建立自我同一性的重要性。我们要学会正视自己，认识到自己的不足，并努力发现真正的自我。当我们步入最后一个阶段，便会觉得不论在生活中的哪个方面，都变得如鱼得水，悠然自在，真的实现“做自己”。那如何才是“做自己”呢？这就涉及到了与自我同一性相关的另一个概念“自我分化”。

第二节　我如何才能真正做到“做自己”？

生活中我们常常会发现有这样两类人：一种人总是能够坚定地做自己想做的事，走自己想走的路，他们明确自己想要什么，在和家人、伴侣的关系中也很“拎得清”。

还有一种人，他们好像很难理解自己想要什么，有时即便有一闪而过的想法或者信念，也极其容易受到别人的影响，很难坚持自我。不管在为自己做决定，还是与他人的相处中都是如此。所以有人会说，他们“活得不明白”。

可是，坚持自我到底意味着什么呢？而那些不能坚持自我的人，究竟仅仅是因为太在意他人，还是原本就不明白自己究竟想要的是什么呢？

一、自我分化

什么叫作“坚持自我”?

在心理学中,与坚持自我密切相关的概念,叫作自我分化——它决定了一个人能否拥有清晰的自我感,以及他是否能在外界压力下依然坚持做自己想做的。

自我分化指的是一种能够分辨和管理个人的情绪和理智,并将自我独立于他人之外的能力。它包括了个体内心的分化(分辨理智过程和感受过程)以及外部人际的分化(把自我从他人那里分化出来)两个层面。

(一)个体内心层面

有一些人之所以无法坚持己见,容易在做出决定以后反复和改变,可能是因为他们总在做决定时被那一刻的情绪或感受所裹挟,并把那误以为是自己思考得出的结果。因此,要坚持自我,首先需要区分哪些是一时的情绪冲动,哪些是自己深思熟虑的结果,而这也是自我分化所强调的。

举个例子,当分化水平较低的人被问到在一段亲密关系中的感受时:“你和他在一起开心吗?”他们可能会回答:“挺好的,他对我不错,我们条件也很相配”——这就是典型的混淆了感受与思维。

而如果是自我分化水平高的个体面对同样的问题,他们可能会说:“我们性格很合适,但我在这段关系中不快乐,因为感觉不到心动。”从中可以发现,分化水平高的人能够清晰地区分出“我的感受”和“我的思考”。对自己好、性格好、条件般配,这些更多是基于客观事实评估和分析后得出的结论,而提问者问的是感受,是你的个人情绪,是你在这段关系开心与否。

分化程度高的个体不仅能够辨别自己的感受和思考,还具有选择在特定时刻,要让自己受理智支配、还是受情绪支配的能力。他们在面对应该保持冷静和理性的情境时,能够谨慎思考与分析,然后再作判断。高分化者即使在极端的应激时刻也依然能够用理智主导自己的行为和思绪,不被激烈的情绪所干扰。此外,他们在应当感性的时刻也能自然、充分地流露自己的情感,比如花前月下。

与之相反,低分化个体则常常完全被情绪左右。他们难以自制,难以客观冷静地看待事物,情绪和冲动总让他们做出不理智的决定,或是因为被情绪裹胁而无法坚持自己的选择。此外,他们也可能在应该尽情释放情绪和感受时又被理智困住,东想西想,显得过于瞻前顾后。

(二)外部人际层面

在家庭与亲密关系中,一个坚持自我的人应该能够既保持个人的独立,又能与他人建立良好的关系。自我分化程度同样代表着人际关系的成熟,它强调的也正是个体在与人交往时,能同时体验到“亲密感”与“独立性”。

分化更加完全的人在任何关系中都能始终坚守住一个“我“的位置。也就是说,他们能在关系当中保持一种清晰的自我感——明确“我”的立场,“我”的感受,及“我”的看法。他们不会因为他人失去自我,误以为对方的立场就是自己的立场,对方的看法会抹杀自己的想法。这要求人们在面对来自重要他人的压力时依然能坚持自我。

而分化不足的人由于没有坚定的“我”的位置,导致他们在为自己做选择时极大地受到他人的影响。比如,他们可能在判断要不要和一个人在一起时,想着“我不能和这个人在一起,因为我家人不喜欢他”,或是“我朋友都觉得他很好,所以我应该和他在一起”。又或者,他们会因受到他人感受影响,而把那误认为是自己的感受。比如,一个人在选择自己职业时因为父母坚持说“你一定会喜欢做这个的,这个很适合你”,而觉得自己好像真的会喜欢,即便事实却并非如此。

不过,值得注意的一点是,自我分化更像是一个过程,而不是一个能够完成的目标;自我分化不是一种要么有,要么无的能力,而是一个连续的谱。完全的分化状态其实并不存在,但在这个谱上越靠近那个理想化的状态,就越能够了解自己,越少受到他人情感和思想的裹挟,从而更能坚持自我。

二、自我分化有何价值?

正如上文中提及的,低分化的人不具备一个清晰、固定、完整的自我概念。他们不知道自己究竟是什么样的人,不了解自己想要的是什么,且极易受到他人的影响。而良好的分化水平则能给我们带来许多益处。

(一)分化水平高的人拥有更健康、弹性的亲密关系

分化不足的人在关系中时常被一种挥之不去的焦虑感围绕,而这种焦虑来源于他们和伴侣之间薄弱的边界。即便他们可能有时和伴侣显得亲密无间,这种亲密也是完全经不起考验的。一旦两人之间出现了冲突或是差异,就很容易在情绪爆发的瞬间彻底崩裂——低分化个体的关系实际上是非常脆弱的。

相对的,高分化的个体由于能够区分和管理自己的感受和情绪,因此也会尊重对方拥有自己的感受。他们更能接受关系中的差异,愿意承担分歧和争执。因此,他们的亲密关系也更加的健康、弹性。

(二)高自我分化的人自尊水平更高

自我分化还与自尊水平有关,因为自我分化水平影响一个人对自我价值的肯定。这是因为分化程度高的人拥有清晰的自我概念,所以他们对自己的评价也相对客观,并且更能内化自己的成就。他们不像自我概念模糊的低分化者那样容易受到外界的影响,或是完全将对自己的评估建立在他人的肯定之上。

三、是什么影响了我们的分化水平?

自我分化的核心是个体与原生家庭之间的分化。家庭有两个最重要的功能:协助成员的个体化——也就是找到自我,以及为个体提供一种稳定的安全感和归属感。简单来说就是,一个好的家庭环境,会让人同时体验到归属感与独立性。

在婴儿时期,我们对直接照料者的依恋是非常完整的,因为我们的生存完全依赖于父母。因此,我们也无法区分自己与父母之间的差异。随着成长,我们慢慢建立起"我"的概念,开始将自己与依恋对象区分开来。成长过程中,如果我们开始被允许在家庭中与父母有不一样的感受和观点,或者做违背他们意愿的决定,我们就能逐渐感受到"我"的位置和边界的存在。如果我在家庭中始终只能是父母意志的接收方——他们决定我的一切,那就容易在长大后表现出很低的自我分化水平。

那么,家庭中具体有哪些因素会影响自我分化呢?

(一)父母的教养方式:过度溺爱或过度管教

孩子在两种教育方式下是不被鼓励表达他们自己的感受的:一味地告诉他们什么是对的,应该做什么,或是另一个极端——完全放任自由,不对孩子进行任何的约束和引导。前者会让孩子有一种"表达自己的感受是不对的"或是"我就算说了也没用"的无力感,而后者则让孩子感觉无论自己说什么得到的回应都是父母不加思考的纵容和"夸赞"。

于是,孩子渐渐放弃了去探索、去表达自己的好恶,也没有得到健康的引导。长此以往,他们就不再具有辨析自己感受的能力。

(二)家庭中的病态三角关系

三角关系是维持稳定的家庭情绪的最小和最常见的单位,它指的是父母之间的关系,以及父亲和母亲分别和子女的关系所组成的三角形。最健康的三角关系应该是父母相爱相敬,两人共同爱孩子,这样的三角关系会最大程度地帮助家庭中的个人完成自我的分化。

在健康的三角关系中,家庭成员应该独立、自主地解决彼此之间的问题。比如,父母之间的矛盾不应该牵扯进孩子,而孩子和父母之中任何一方的矛盾也应该在他们两人之间解决。然而,在不健康的三角关系中,孩子常常被卷入父母间的矛盾,孩子被父母中的一方拉去"结盟",或者被迫"站队",协同其中一方攻击另一方。也有时,孩子会故意给父母制造麻烦,借此强迫他们将注意力从争吵转移到自己身上,使得他们不得不先停下战火,为了共同解决孩子身上的问题而暂时和好。

在这样病态的家庭关系中,孩子会感知到:我的父母需要我帮助他们协调婚姻关系,我应该帮助父母处理他们俩之间的矛盾。如此一来,孩子变得不能够把自己和他人(比如父母)区分开来,他们会默认父母期待我去做的事情就是我应该做的事情。

（三）自我分化的代际传递

自我分化水平是能够代代传递下去的。这是因为，人们更容易选择与自己分化程度相当的人组建家庭。不难想象，如果一个人习惯和重要他人保持绝对的、无边界亲密，那么他们的伴侣一般也是适应这种模式的。而两个能够坚持自我的独立的人，也更加容易走到一起。

低分化父母常常伴随着不稳定的情绪、被情绪操控等现象，而孩子因此也无法从这样的照料者身上学会如何控制自己的情绪，不知如何不让自己被情绪绑架。

四、更好地坚持自我？

（一）重新找回自己的感受

由于自我分化低的人不知道如何将自己的感受从伴侣、父母的感受中区别出来，所以他们自己的幸福和悲伤会受到对方情绪的强烈影响。如果你面临着这样的问题，那么你的首要任务就是试着重新找回属于自己的感受。

首先，在你与家人或伴侣相处时，试着在内心对你感受到的情绪提出质疑——这是他的感受，还是我的感受？此外，还有一个帮助你找回自己感受的方法就是“具体化”自己的感受。比如，你不能简单地说“我感觉不好”“我觉得不舒服。”你要努力去体会和分辨，是内疚？是失望？是尴尬？以及哪些情绪让你想到过去曾在什么样的情境中体会过？要先识别自己的感受，明白它具体是什么，用心不断练习分辨，你就能和自己的感觉达成更好的关系。

（二）学会辨识情感和理智

在能够区分自己和他人感受的同时，你也要学会辨别自己的情感与理智。情感可以是微妙的，也可以是强烈的，但它们通常都是难以抑制的、下意识的感受。尤其是在争执、辩论，或是情绪激烈的情境中时，你要问自己，现在是我的情绪在起作用，还是理智在起作用？

比如，你周围的人都认为你和伴侣不相配，你也清楚地意识到其实你们的性格、爱好都不和谐。可是，你就是会在想到他时忍不住嘴角上扬，会希望和他在一起的每分钟都变成两倍那么长—— “我感到快乐，满足，幸福”，这就是你的感受。

而理智则是客观的，需要经过思考与分析，同时也是有据可查的。它不像自然发生的、有时甚至是“侵入式”的情绪或感受，理智思考更多的是一种人们主动选择的状态。比如，你在纠结是否要和伴侣分手时，想到他条件其实很不错，想到他性格好相处，想到他对家人不错，但也想到他抽烟喝酒，有时不尊重女性，这就更像是一种基于理性而非感性的判断。这样一来，你就可以回顾一下自己过去所做的一些决定和选择，看看自己更多忠于情感还是理智，以及它们分别给你带来了怎样的结果和后续体验。此时，“坚持自我”的含义也会变得更加明确,你会更清楚在什么时候、什么场合,你想坚持的是哪一面的自我——感性的？还是理性的？不过,需要明白的一点是,感性与理性同样重要,没有优劣之分,它们在不同的情境中发挥着各自的功能。

(三)主动与原生家庭建立适当的边界

当你已经意识到自己和原生家庭之间边界过于模糊,就是时候主动建立起更加健康的边界了。首先,你要谨记即使是父母也无权干涉你的个人决定与选择,在他们试图这样做时,你要坚定地表达出自己的感受和意愿。你的人生应该以你的意志为基调,而不是父母施加于你的“你想要”“你应该”或是“你适合”。

其次,当家庭成员之间出现矛盾,并试图将你牵扯进来,或是一方想要拉你“站队”时,你要告诫自己和对方：这是你们之间的矛盾,我的过度卷入绝不是有效、长久的解决之道。当然,你可以倾听他们的想法,可以给出你的建议。但仅此而已,你不能替他们决定,无法帮他们执行,更不该牺牲自己去解决他们的纠纷。

这一开始会有些困难,甚至可能受到家人的责难。但,如果你因此对于建立个人边界感到焦虑或愧疚,要记住,完成与原生家庭之间的分化,才是拥有独立人格的关键第一步,而这正是坚持自我最重要的前提。

我们都渴望链接,寻求归属,期盼被接受,却也不想因此失去自我。也许在关系中我们最好的模样是：你中有我,我中有你,但你是你,我是我。

第三节　年轻人就应该有年轻人的样子,那什么才是年轻人的样子？

网上曾有一段流传甚广的话：人的第一次成长,就是发现自己不是世界中心的时候。第二次是在发现即使再怎么努力,终究还是有些事令人无能为力的时候。第三次是,明知道有些事可能会无能为力,但还是会尽力争取的时候。换句话说,当我们年轻时,总认为自己不平凡,想象着自己拥有拯救世界的能量,而当我们逐渐意识到自己的普通和平凡之时,才会开始重新认识自己。为什么我们在年轻时意识不到自己的普通呢？因为当我们还青春洋溢时,拥有青少年特有的一些心理特征：自我中心、个人神话、假想观众。当这些心理特征,随着年龄的增长、时间的流逝或者一些大事的发生而逐渐减弱甚至消失的时候,我们就意识到自己只不过是个普通人了。

一、自我中心——世界因我而存在

年少的我们总认为自己是那样独特、受关注、叱咤一时。认为自己骨骼清奇,就差一个得道高僧的赏识。我们不相信自己是普通人,坚信自己拥有非凡的能量,也因此,我们不会意识到自己的普通。其实,年轻人对自己的关注程度是最高的,并且会有自己非常受他人关注的错觉。

二、假想观众——“我曾叱咤校园”

年轻的我们往往认为自己就像是舞台剧的主演，而其他人（特别是亲密同伴）会像舞台剧观众一样，会一直对自己感兴趣，会一直关注、评价自己，于是我们会过度关注和想象他人对自己的反应和预期。假想观众使得我们时刻保持警觉，以免引得别人嘲笑或拒绝，并且在犯了一个小错后会长时间地感到尴尬不安。其实，每个人都有自己的舞台剧和内心戏，年轻的我们总想着“他一定在看我”，却从来没意识到自己并没有太注意别人在做什么——就像别人不注意我们自己一样。

三、个人神话——“他们太腊鸡了，只有我强”

年轻时，我们常常会有这样的想法：“别人都不能理解我的忧郁心情”“我就跑个酷，摔下楼这种事怎么可能发生在我身上”“不就是上个清华北大吗，我要再努力点也肯定能考得上”……这些想法反映出年轻人对自我的看法，认为自己不仅与众不同，甚至无所不能，就像“神话”一般。“个人神话”心理包含三个成分：独一无二、无懈可击、无所不能（是不是听上去就很中二）。在这种心理的驱动下，年轻人就会高估自己的能力，认为坏事不可能发生在自己身上，因此他们经常会进行一些高危活动，笔者就曾看过多个国外跑酷高手因在楼顶跑酷而摔死的录像。作为年轻人的你应该承认，每个人都不是“神”，不付出自然得不到回报，作死也真的可能会狗带。

笔者的一位老同学曾说“大学只需要费心学习一件事，顶多再加个谈恋爱。而现在，事情太多，只恨自己分身乏术啊。”同时进行的任务过多，确实很费耗认知资源，磨损斗志，也就很难像大学时那样专注地努力、专注地体验成功的快乐。年轻的我们也就逐渐失去了“变得不同”的能量，成为了所谓的“大人”。

每个人都是普通人，只是年少时我们不相信自己的普通。成长不是坏事，更令人难过的是失去了曾经充满活力和幻想的自己。如果你仍然充满活力，普通的你也可以活得不普通。

第四节　为什么人类天生爱比较？

现实生活中，当我们希望了解自己的社会地位、财富、能力等状况时，经常会采取社会比较的方式，我们总是忍不住和别人比较。以往我们只是跟身边的人进行比较，而社交网络的出现使我们的社会比较产生了巨大变化，朋友圈、微博等使得我们太容易知道别人比我们有钱，比我们有名，比我们好看。即使你心里面产生了嫉妒的情绪，其实也很正常。比，是人的天性，我们不可能完全把它关掉，但是如果我们能理解它的起源、机制，以及如何应对，我们就可以弱化它对我们的负面影响，甚至可以成为我们自我提高的一种方式。

一、人类天生爱比较

一提到人和人之间的比较，我们脑海中通常会蹦出来一个词儿，攀比。但比较和攀比不一样，攀比多是出于虚荣心，但人和人之间比较这个事儿，一直伴随着人类的进化与发展。

拿自己和别人去比，可以让我们更好地生存。比如说，我们的祖先为了生存，需要打猎，如果一个猎人意识到他在追踪猎物上面比其他人都强，那么当部落进行集体打猎时，他就会成为那个必不可少的向导。这个时候和别人比较，就帮助这个猎人找到了自己的优势，这个优势也为他所在的团体带来了生存优势。这种通过和别人做比较，利用他人作为比较的尺度，进行自我评估的方式，就叫作社会比较理论。

社会比较，也就是和别人做对比，是我们用来认识自我最基本的方式之一。比如说，我是谁，我擅长什么，我不擅长什么。社会比较并不是刻意进行的，只要我们在面对其他人的时候，就会自发进行。最简单的例子就是，假如你在公园里跑步，你就会不自觉地和周围的跑者比较一下身材之类的。

从理论上来说，和别人比较是为了进行自我定位，更好地认识自己。随着年龄的增长，对自我的认识会越来越清晰，社会比较对我们的影响应该是越来越低。但现实情况并非如此，尤其是社交媒体的出现，更是加剧了社会比较。

二、持续一生的青春期

青春期的年轻人特别愿意和其他人比较，这是由人类的生理机制决定的。在人的大脑中，有一组神经元叫伏隔核，这组神经元和大脑里的社交奖赏活动密切相关。伏隔核在青少年时期非常活跃。当青少年感觉到自己受到关注，从同伴那里得到了肯定的评价，或者彼此认同时，大脑里负责社交奖励的区域就会释放出多巴胺，这会让他们感到更快乐。

在这个过程当中，青少年是通过别人的评价，来加深对自我的认识的，所以青少年特别在意别人对自己的看法。在成年以后，别人对自己的看法造成的影响应该是越来越低的。但是社交媒体提供了一种非常简单的比较方式，让人能够像在青春期那样和别人去比较，造成了人们持续一生的青春期。这是因为，在社交媒体上，人们随时都可以接触到别人的信息。过去信息流通得没有那么快，就算是你取得了了不起的成就，也只能通过口口相传的方式传播开，信息流通非常有限。但现在，我们只要打开微信朋友圈或者微博，瞬间就可以知道别人最近的各种好消息，比如又出国旅游了，获奖学金了，考上名校研究生了等等，此类消息从不停止。这就使得社会比较给我们带来了负面影响。

社交媒体拓展了社会比较，带来的负面影响不容小觑。

首先，你会不时地质疑自己的人生选择；Samantha 是奥克兰一所学校里的老师，工作做得不错，在学校里除了当老师还负责一些管理上的工作。但是她说："我也不知道为什么，我花了大量的时间拿自己去和周围的人比，不管是我的同龄人、学校里的同事，还是家庭成员。""当我在社交媒体上看到我的很多朋友在外面旅行，从事很多种不同的工作，我从来都没有做过这些，我不知道当初选择当老师这一条路，一直坚定地走下来，是不是对的，毕竟我错过了其他那么多的机会。”Samantha 表示,社交媒体让她有一种缺失感,比如说,她看到一个朋友在希腊玩了一个月,这让她觉得自己没有好好地享受生活。还有的朋友结婚生子,而这些事对她来说简直是遥遥无期。她自己也说:“我知道我不应该拿自己去和别人这样比,这肯定会让我感到很失落,但是我就是忍不住。”

其次,如果你的人生处于低谷的时候,再去看社交媒体上的各种信息,会让你感觉更糟糕。比如,刚和男朋友吵完架,结果在朋友圈就看到了有人在秀恩爱;你刚被解雇,就看到别人晒自己刚换了一份钱多活少离家近的工作。更可怕的是,这么多的信息,人家并不是针对你而发的,况且现在谁还不刷朋友圈和微博?总不能把微信和微博这些社交应用都卸载了吧,那不就是与世隔绝了嘛。那有没有办法去克服、降低此类社会比较带来的负面影响呢?

三、如何降低社会比较的负面影响?

最简单粗暴的方法,当然就是谁让你感觉不爽,你就把他从通讯录删掉或在微博取关,也可以选择不再看他的朋友圈。还有提出要降低在社交网络上花的时间。但问题的根本,不在于我们在社交网络上花了多长时间,而是我们如何使用社交网络。

要克服社会比较的负面影响,不陷入社会比较陷阱,我们可以通过以下几点来实现。

首先,你要对自己有一个稳定的认知,你认可自己的身份,尊重自己的生活,有坚定的信念,和那些真正认可你的人建立良好的关系。对自己有稳定的认知,就是你不依赖于外界的评价,即使别人对你没什么评价,你仍然知道你是谁,你在做什么,你知道自己的价值所在,知道自己擅长什么,即使不在社交网络上去晒,你也很以自己为傲。有了这个坚定的认知,再加上正确使用社交网络,就能有效降低社会比较的负面影响。那如何才算是正确使用社交网络呢?比如说,与其被动去刷朋友圈,看别人发的信息,不如参与进去。当你看到朋友有了什么好消息,你可以给他发私信过去,聊一聊,建立真正的情感链接。这些情感链接应该是即使在线下仍然有价值、有意义的关系。

其次,其实适当的社交比较是有好处的,因为它可以激发你的动力,让你更努力。哪怕是小孩子,如果他和成绩好的同学去比较,知道自己不如别人,之后他们往往会更努力,以打败那位好成绩好的同学。所以,和那些比你强一点的人比较,也许会激发你的上进心,这其实是一件好事儿。

再次,把注意力放到生活中好的方面,我们就不会过多关注自己缺失的东西。不管和别人怎么比,重要的还是要和自己比,将目光放在自身的提高上,就像是一个快乐的跑者,一定是每次跑步都和他上一次的成绩比,而不是总和那些跑得比他更快的人比。

推荐书籍——《自我》

出版社:人民邮电出版社

作者:[美]乔纳森·布朗(Jonathon D.Brown),[美]玛格丽特·布朗(Margaret A.Brown)著;王伟平,陈浩莺 译

我自己到底是谁；如何对他人和环境做出思考和反应；如何才能很好地了解自己；如何调节自己的情绪和行为以实现期望的目标……为什么有人如此悲观和消沉，甚至抑郁，也有人面对压力和失败却能如此乐观，坚韧不屈？什么是自尊？为什么我看待世界的方式与别人迥异？作者布朗夫妇在《自我》中回答了这些问题，他们对复杂思想的表述通俗易懂，全书读来轻松有趣，生动活泼。

此书综合了哲学、社会学和心理学的知识，材料新颖，研究严谨，科学理论结合研究实践，表述方式引人入胜。《自我》详细阐述了与自我有关的概念与理论，如自尊、自我调节、自我监控、自我中心的偏差、刻板印象、认知失调，甚至文化对自我概念的塑造等内容。

但需要注意的是，本书是一本专业性书籍，并非面对大众的心理学科普书籍。虽然语言通俗易懂，但仍需要一定的心理学专业基础知识。

推荐电影——《荒野生存》

影片改编自真实的故事，展现了一个理想主义者的传奇，一个流浪的故事。

克里斯托弗（埃米尔·赫斯基 饰）家境优渥，是亚特兰大私立名校艾莫里的优等生，前程似锦。但是，他从学校毕业后，选择了截然不同的人生，放弃令人羡慕的工作，把存款捐给慈善机构，去阿拉斯加寻找自我。在家人的劝阻声中，他踏上了回归自然的慢慢长路，成为名副其实的流浪者。一路上，他遇到不少人，也数次遭受野外生存的挑战，每一步都充满了艰辛，他以坚韧的毅力，实践着寻找自我的梦想。

作者对男主人公思考自己、思考人生的勇气所感动，但男主人公所采取的脱离人类社会，进入荒野中独处的这种方式，作者实在无法认同。我们每个人都是社会人，这种本性是在数百万年进化过程中形成的，在认识自我的道路上，我们并不能脱离社会来获得自己的答案。

补充阅读——《越无知的人越自信》

有一个重要的心理学效应，叫“邓宁－克鲁格效应（Dunning - Kruger effect）”。这个名词你可能没听说过，但这个道理你应该早就体会过了。

我们先从一个真实的故事讲起。你听说过柠檬汁可以做隐形墨水吗？就是用柠檬汁写在白纸上的字，干了以后就看不见了。然后用电吹风一加热，字迹又能显现出来。1995 年，美国有个叫麦克阿瑟·惠勒的中年男子，单枪匹马抢了两家银行。银行的人没难为他，要钱给钱。电影里一般抢银行的都带个头套，但是惠勒没有采取任何伪装措施，他甚至还对着监控摄像头笑了笑，抢完银行就愉快地回家了。当天晚上警察就抓住了他，并且出示了监控录像带的证据。惠勒感到很震惊。他说，不对啊，我已经在脸上抹了柠檬汁啊！也许他听人说过柠檬汁可以隐形这个知识，但他显然误解了“隐形”的意思。

惠勒的愚蠢举动引起了康奈尔大学一位心理学家戴维·邓宁（David Dunning）的兴趣，他就跟自己的研究生贾斯汀·克鲁格（Justin Kruger）搞了一项研究，想看看为什么这种一知半解的人能对自己如此充满自信。他们通过研究发现，越是一知半解的人，越容易过度自信。这个研究在不同的领域被很多人验证过。

邓宁和克鲁格研究人的两个能力之间的关系,一个是你在某个领域的技能水平,一个是你对这个技能自我评估的能力——也就是你对自己的某种水平处于何种位置,有没有一个准确的判断。比如,我的字写得很丑,但是我知道很少有人的字比我丑,所以我的第一种能力很低,但是我的第二种能力还可以。说白了,第二种能力就是你有没有自知之明。这个第二种能力本质上是对认知的认知,心理学将其称为"元认知(metacognition)"能力。

邓宁和克鲁格招募了一批美国大学生受试者进行实验。一方面,他们测量这些人在幽默感、逻辑推理和语法这三个项目上的能力;另外,他们测量受试者对自己这三项能力水平的评估。测试成绩以受试者在所有参与者中所处的百分位数表示。比如说60%,意思是你的水平超过在场60%的人。

咱们先看逻辑推理能力的测试。所有人被按照真实能力分成了四组。真实水平最低的这一组,平均真实水平只有百分之十几,但是他们认为自己在人群中能排到60%以上。这是一个大大的高估。第二组也高估了自己的能力,第三组的自我评估最客观,而水平最高的第四组,反而还低估了自己的能力。语法项目和幽默感测试,也得到了类似的结果。如此来看,结论就很明显了,那些能力差的人,自我评估能力也差,这就是"邓宁-克鲁格效应"。

实际上多数人都会有点"迷之自信",都会对自己产生一定程度的高估,过分自信是人之常情,反而是抑郁症病人对自己的评估要比普通人更准确。但"邓宁-克鲁格效应"表明,自我评估的偏差程度跟能力密切相关:越是没能力的人,反而越是会对自己的能力在人群中的位置产生过度高估。而能力水平高的人,反而有可能低估自己能力所处的位置。

心理学家认为,之所以会出现这种状况,是因为那些能力低的人,没有办法合理判断自己的水平。举例来说,如果我逻辑推理能力强,那我听到比我水平高的人讲道理,我至少能听懂,能感受到自己不如别人。可是如果我逻辑推理能力很差,那即使是真的高手跟我讲,由于我听不懂,所以也就根本不知道自己与高手之间的差距了,再加上每个人天生自我感觉良好的倾向,我就会认为自己其实还不错。此外,还有研究表明,特别自恋的人或者特别外向的人更容易高估自己。

"邓宁-克鲁格效应"告诉我们,越进步的人越虚心,越落后的人越骄傲。你越不知道,就越不知道自己不知道。在求知这条路上,一知半解的时候你根本不知道自己不知道,还以为已经很懂了。你必须先经历一次自信心的低谷,才有可能走上真正的求学之路。

最后让我们思考一句罗素的名言——"这个世界的麻烦就是傻瓜非常自信,而智者总是充满疑虑。"

第八章　学习心理
——自主学习与终身学习

以往,人们认为自学只是对正规在校学习的一种补充,甚至是不得已而为之,有着几分悲壮色彩,是没有办法的办法。说某某人自学成才,好像意味着他的专业水平比较业余,是个非科班出身的边缘人士,他的水平也没有经过教育系统的认证。但现在这种对自学的偏见需要做出改变了,自学正成为现代社会最有效的学习方式。

第一节　为什么我们要培养自学能力?

自学是大势所趋,因为自学是更高效的学习方式。从学习形式演变的历史中,我们能够了解到,随着信息传播方式的变化,自学将成为成年人学习的主要方式。在古老的竹简时代,书是一种特别贵的东西,别说自学,普通人想“上学”都没可能,贵族“诗书传家”,传的是真的书。等到后来随着造纸术和印刷术的出现,普通人上私塾成为了可能,但由于经典都是文言文(这是对竹简时代形成的一种路径依赖)的形式,就需要高水平的老师来教才行。到了近代,书籍的制作成本更低了,内容也变成了简单的白话文,大规模成建制的学校教育得以开展,使大多数人获得了接受教育的机会。这种模式的典型方式就是,几十个甚至上百个学生老老实实地坐在教室里听老师讲课,所学内容也几乎都是一样的,最后接受同样的考核。成建制教学大规模普及的原因,在于其能够以较低的成本为公众提供教育服务,我们从小到大也都是这么学过来的,但这就是理想的学习方式吗?

显然不是,以前的圣贤,像孔子和柏拉图带徒弟,用的是对话式的教学方法,手把手教,随时给反馈,这才是最好的教学。如果是皇太子读书,那更是好几个老师教一个学生。好的教学是以学生为主,而不是以老师为主。但在成建制的课堂学习中,一群学生以同样的方式、同样的进度进行学习,显然是相当低效的。从自主学习和课堂学习的对比中,我们就能够看出自主学习的优势。

课堂学习就像是在看没有快进键、不允许跳跃的视频。老师要求全班同学步调一致,但这个步调是参照水平中等偏下的同学设定的。如果老师善于教学,还可以搞一些互动环节,或者讲讲自己对教学内容的独特理解,想办法让学生保持兴奋。如果老师教学能力一般,那上课就如同听领导作报告一样,领导也是照着稿子念,而我们手里就拿着报告稿,搞这个仪式还有啥意思呢? 而自学就像是在读书,你可以自己控制节奏,简单的地方读快一点,复杂的地方就慢慢品味，没意思的可以马上跳过，读到后面想起前面来还可以返回去。自学，是一种以我为主的个性化学习。

课堂学习不仅无法满足个性需求，同时也是一种近乎压迫式的学习方式。学生在学习过程中非常被动，缺乏内在动机。我们对学校教育的一系列批评，如学生害怕老师、学生没有创造性、学生有厌学情绪，高考一结束就把书全扔了等等，部分原因就在于它是一种被动学习。而自学赋予个体控制感，你自己决定学什么，你自己选择学习材料，你自己掌控学习节奏，你自己把关学习成效。很多老师和家长都希望孩子能从“要我学”变成“我要学”，殊不知只要是跟着课堂一起学，就一定是要我学，只有进行自学才能转变为我要学。

物理学家史蒂芬·霍金的大学是在牛津上的，他 17 岁入学，只用了三年就毕业了。牛津的教学跟一般的大学不太一样，并不是什么内容都在课堂上讲，经常是教授指定一本物理书中的一章，让学生回去自己学。帕特里克·桑德斯教授曾经要求霍金读一本统计物理学的书并完成习题。过了一周霍金来见他，没交习题作业，但是带来了“标出所有错误的那本书”。桑德斯教授说，“我在那时候就很清楚，他对这课程比我了解得还多。”而柏曼教授对指导霍金的感想是，“我想我真正的作用只是监督他学习物理的进度。我不能自夸曾经教过他任何东西。”当然，你我都没有霍金那么聪明的头脑，但我们关注的是他的学习态度和学习方式。他的学习态度是以“我”为主，而所用的学习方式就是自学。

当然，随着学生学习方式的改变，大学也需要进行相应的教学改革，以适应这种学习方式的变革。现在美国就有大学在进行更倾向于自学的改革。比如在基础物理课上，让学生自己回去通过看公开课或者读书的方式自学，然后在课堂上由老师领着做实验和做练习，答疑解惑。也许在这个时代，学生们应该以自学为体，以学校为用。学校可以转变成一个这样的机构，它监督学习进度，组织考试，颁发毕业证书，提供一个能在社会上竞争的信号，为师生聚在一起切磋技艺交流心得提供场所。

自学之所以是大势所趋，还与终身学习成为社会对个体的要求有关。对于我们目前所生活的时代，“终身学习”已经是一种应对宏观环境的需要。现在的时代和过去不同了，各类信息呈现爆炸式增长，我们所掌握的知识和技能需要紧跟社会变化，不断更新，方能保持社会适应力。仅仅依靠在学校教育中掌握的知识和技能，已经不足以应对社会的发展变化，而现代人又面临着大大小小更多的选择，那么如何做出正确的选择？走上高效而正确的道路？这些都要靠认知升级以及终身学习来帮忙。我们父母辈的那种“老经验总可以解决新问题”的时代，已经一去不复返了。

第二节　我们如何来培养自己的自学能力？

自学成为了大势所趋，但并不意味着我们自然就能获得自学能力。要想真正地实现自学并不是无条件的，它需要社会为个人提供获取信息的便利手段，更需要个体自觉培养自身的自学能力。对大学生而言，他们已经具备了发展自学能力的外在条件。一方面，现在是互联网时代，学习媒介很自由，获取信息的成本极低，我们可以轻易地得到基本上任何课题、任何难度和层次的任何一本书,此外还有大量的在线学习资源,如各类慕课网站和 TED 演讲等。另外,大学生有充分的机会来发展自身的自学能力。大学生活给予了大学生大量自由掌控的时间和自由实践的机会,如果能够充分利用这些机会,就能够发展出自主学习的能力。那大学生应该如何来发展自身的自学能力呢?

一、培养自我管理的能力

我们在自学时,可以不受地域、时间、金钱的限制,但需要具备自学能力,其中最重要的便是自我管理的能力。你需要自己明确学习目标,选择学习材料,制定学习计划,还需要意志力、自控力、时间管理等等,还包括组织、计划和安排自己行动的能力等等。你想学什么东西,你能不能自己调查一下用哪本书,把相关的材料都准备好,自己弄个文件夹组织所有的学习资料和练习内容,制定一个学习计划,安排好每天的学习时间,最好还能把学习成果形成一份报告。你能不能养成良好的习惯,该学的时候就学,从不拖延呢?你能不能做自己的教练,经常考核自己的水平、监测自己的精神和身体状态呢?这些都属于你实现自学的"软技能"。

二、培养良好的文本阅读能力

虽然现在在线视频课程非常丰富,但要通过自学建立系统的知识结构,阅读相关书籍仍然是主要渠道,因此你是否善于处理文本信息就成为了自学成败的关键。有的人一看书就犯晕,有的人见到书却是如鱼得水。也许从小读些小说之类的东西可以培养对文本信息的亲近感,不过学习类文本跟小说还是有本质区别的。

文本能力是个基本功,就好像练武要练马步一样,需要用大量的阅读时间积累出来才行,最起码你面对文字得有一种亲切感,才谈得上后面的操作。我们可以把文本功夫分成三级。

第一级,阅读一段文字,或者听一节课,你需要抓住它的要点。这是基本功,听起来并不难,但这会因人而异,你能抓住什么要点,取决于你头脑中已经有的知识。就像有人读《红楼梦》看到的是爱情,有人读《红楼梦》看到的是政治,还有人读《红楼梦》看到的是菜谱甚至是药方。实际上,看到什么都可以,但你能看出来的知识,跟自己原有的知识发生连接,才能够成功地将新知识内化为自己的知识。培养这种能力的方法之一就是记笔记,其中最被推崇的方法是"康奈尔笔记法"。这一方法是将一张纸分为左、右、下三栏,读书或者听课的时候在右边记下你看出来的"要点",复习的时候在左边栏相应位置写下"线索",在下边栏写下"总结"。需要注意的是,一定要使用自己的语言,最好跟自己已经会的东西发生连接。要做到看见线索能想起来要点,看见总结能背出来线索。如果能做到这一步,就算把一本书"从厚读到薄"了。

第二级,你能从一堆书里找到问题的答案。一个问题如果用搜索引擎就能解决,那就太简单了。我们所说的问题是你在学业中自发地冒出来的大问题,比如你通过一本教科书学量子力学,公式和习题你已经都会了,但是还觉得"不确定性原理"没搞清,怎么办?此时,你需要突破课本的限制,去别的书里去了解更多的相关内容。课本只是指向月亮的一根手指,我们追求的是月亮本身,多参考几根手指更容易定位。有时候你会惊讶地发现像“不确定性原理”这么基本的概念,不同的书讲法都不一样,甚至有的书居然讲错了。此时,你会收获一股巨大的自信力,因为你的见识,超过了书的作者。

第三级,是建立自己的系统。知识是个系统。而作为自学者,你的个人知识系统应该是具体的——也就是说你得把它写下来。你应该对每一个课题都有一个笔记本,根据自己的思路划分章节和专题,用自己的语言整理好所有的要点、心得和应用技巧。这个系统是你自己的,而你的关注点跟别人完全不同,所以没必要事无巨细地总结你认为没意思的知识点。不要平淡的废话,不要花哨的脑图,要字字见血直指人心。但是这个系统得有一定的完备性。最好从学习一开始就有所规划,这门学问有哪些要点和问题,你要得到什么,相当于一个自己给自己的教学大纲。完备性的好处是能让你发现系统的漏洞。就好像武侠小说里练武练到一定程度发现自己还有命门一样,你需要另外再想办法弥补。系统要不断地增长。面对一个形成实体的系统,你会有一种强烈的成就感。有了系统,你在文本意义上的学习就算差不多了。但是文本学习还远远不够。

三、自学于操作

我们学习并不是为了讲话能说出个一二三四、ABCD,摆个有学问形象。我们学习是为了应用。你需要在实践中得到反馈。

自学,是以我为主的学习,而不是“自己一个人”学习。我们需要找人切磋,参加测试甚至比赛,跟人过过招,才知道自己学的到底怎么样。现在人们对网络公开课的一个诟病就在于,它的反馈根本无法与面授相比。不过当我们考虑到大多数人在学校里上课的时候,也没有得到太多反馈,为了网课的高效率而牺牲一点反馈机会是值得的,但是我们仍然是需要反馈的。像数学和编程这样的项目就特别适合自学,因为会不会、做得对不对,我们立即就能知道,习题答案和计算机运行结果就是给你的反馈。你的信心和水平只能在每一次成功解题和程序成功运行中提高。真正的程序员不可能去专门报个什么班来学习一种新出的编程语言。我看程序员都是在实践中学习,是先有一个什么需求,现用现学。我要用,我不会,那我就学呗?比如做个研究,我们需要用到一个叫作 Matlab 的数学编程语言。你没用过 Matlab,这不是借口,而且我们等不了你去上什么 Matlab 网课。你要做的是上网找个最简单的教程现用现学,先把这个问题对付过去再说。现在人们对 YouTube 和 B 站的一个用法,就是想干什么事儿不会,上去看看别人干这件事儿的视频。这种自学可以说是“自学于无形”——不需要什么仪式,没有那么多情绪波动,我们需要用啥就能学啥,学啥就能会啥。

四、从自学到精通

一个需要啥就能学啥,学啥就能会啥的人,对生活有强烈的掌控感,无所畏惧,游刃有余,宠辱不惊,必定是一个高自尊的人。终身学习是一种修行,修行的不仅仅某个具体的技能,更是人格的自我完善,是自身潜能的最大发挥。修行者都讲内部驱动,但外部驱动也是不可少的。自学者应当追求的最高级外部驱动,叫作"Mastery"。这个词通常翻译成"精通",但是它可不是一般意义上的精通。达到 Mastery,意味着你对这个领域具有统治力。

推荐书籍——《精力管理》

作者:[美]吉姆·洛尔,[美]托尼·施瓦茨 著

出版社:中国青年出版社

为了提高效率,你可能听说或尝试过各种各样的方法,比如时间管理、番茄工作法、GTD 工作法等。你可能发现问题有一些改善,但没有得到根本解决,为什么?因为时间是一个恒定的资源,我们每人每天都只有 24 小时,除去睡眠的 8 小时,我们能够自由支配的就只有 16 小时,如果再去掉吃饭、上厕所的时间,那就更少了。所以时间其实能被管理的弹性非常少。相对于管理时间,管理精力更为重要,即便时间充足,如果精力不足,就什么也做不了。管理精力是高效、健康与快乐的基础。该书提供了行之有效的管理精力的方法,全书分为三个部分,第一部分讲如何全情投入,以及找到高效表现的节奏。第二部分讲精力的四个来源,第三部分讲了精力管理训练的三个步骤。

推荐电影——《垫底辣妹》

影片根据真实故事改编,主人公工藤沙耶加终日和小姐妹们吃喝玩乐,学习掉到了全年级倒数第一也毫不为意。妈妈为女儿的未来焦虑万分,因此将沙耶加送到了坪田所开办的补习班。坪田以特有的方式打开了主人公的心防,两人很快成为好朋友。在坪田的帮助下,沙耶加对学习的态度逐渐浓厚,后来更立下了考取庆应大学的宏愿。虽然是一个有着鸡汤味的励志故事,但对于主人公学习动机转变的描述,非常真实感人。也能够启发我们对于自己学习的一些思考。

推荐阅读——《我越学越自信——可惜这是幻觉》

互联网时代,知识大爆炸。足不出户,人人都可以上网轻松获取各种知识。可乐鸡翅怎么做?下厨房上查一下。单反摄影怎么拍?找个视频学几招。老是拖延怎么办?在线课程来救急。结果呢?成功了吗?拍美了吗?提高效率了吗?

过多的知识使人感到焦虑。为了不被时代淘汰,有志青年既是"知识付费",又是"碎片化学习",一掷千金,争分夺秒,感觉自己"获得"了很多知识,结果回到现实生活却发现实际技能没有丝毫提高,渴望的改变和成功依然遥不可及。明明不比别人少努力,钱也没少花,但能力没增长。是资质不够,还是知识太水?

互联网时代的学习,学得太多,做得太少。恰恰正是"学习"知识剥夺了我们实践和内化知识的机会。因为知识爆炸造成了时间的匮乏和注意力的分散。不断灌输新的内容,便意味着没有时间实践和消化。

为什么知识付费时代的学习反而会减少实践的动力？为什么实践如此重要？

在信息大爆炸的时代，我们究竟该怎样学习？

第一，越学越自信，真相很残酷。

互联网时代，同种知识学得越多，学习者便会越“自信”。然而这种自信不光是一种假象，还会减少学习者去实践的需求和动力。今年2月在《心理学科学》杂志上的一项研究表明，反复观看教学视频会让人对自己的技能过度自信。研究人做了一系列实验，让被试者学习变魔术、掷飞镖、走月球步和镜像绘画等新技能。他们让一半的被试观看演示视频一次（知识曝光率低），而另一半则观看演示视频20次（知识曝光率高）。看完视频后，研究人让被试者对自己的相关技能进行自评。他们发现视频看得越多，人们对自己的能力越自信。研究人接着让被试实际尝试这些技能，并对其进行打分。他们发现看视频获得的自信只是一种幻觉。不论观看视频次数的多少，被试者在实际操作时的表现都并没有得到相应提高。

拿学习掷飞镖来说，学习者可以从演示视频里观察到掷镖人的手型、站姿等技巧。观察到的次数越多，大脑加工处理这些视觉信息的速度就会加快，因此会给人一种“已经学到了”的迷之自信。然而掷飞镖看起来容易做起来难。它需要手眼间良好的协调，对力道的把握和对靶面距离的判断也必须通过亲身实践才可以准确把握。因此重复看演示视频，并不能实际提高掷飞镖的能力，反而会因为“我已经学到了”的盲目自信而忽略了练习和实践的步骤。“已经懂了”和“真的会了”之间差的不是更多的表面学习，而是大量的刻意练习。

总之，缺乏实践，再多的学习也只能让我们达到“肤浅的知道”的水平，并不能帮助我们真正学到知识、掌握技能。

第二，为什么一定要实践？

首先，知识太抽象。归纳出来的知识不能还原技能的复杂细节。只有实践才能全面采集各种反馈来提高技能。

比如菜谱作为一种归纳出来的知识不能还原实际烹饪时的复杂细节。首先，菜谱里经常使用如“加适量酱油”“爆炒”“焖熟”等词汇，本身表述就很模糊，这就需要我们通过实践来摸索菜谱的具体含义。即使菜谱精确地告诉你“爆炒3分钟”，由于每个人所用厨具（例如导热性能如何）、食材（例如切块的大小）和环境（例如冬天和夏天）的不同，实际需要的火候和时间总是会有出入。这些微妙的差别也只能通过不断的实践试错才能习得——那些世界级的米其林大厨，哪一个不是身经百战？哪一个是刷刷《豆果美食》，学学菜谱就能练成的？再如深海潜水，都知道要平衡肺部内外以及耳膜内外的压力，但是下了水就会发现实际情况要复杂得多。另外，知识告诉我们上浮或下潜的时候要缓慢，但是具体要多慢只能通过实践摸索。生理上的反馈和对知识的具体阐述都只能通过实践来获得。

其次，知识不完整。越是全新的领域，越是没有现成的知识可循。只有实践才能产出新知识。例如，在前沿科研的过程中，我们常常会找不到现成的知识来解决新的问题。比如在做脑电图时，有的因为接地电极的导电胶不足，导致信号噪音很大。有的因为外接电极损坏导致全系统短路。这些特殊的问题在课本上都不会传授，解决这些问题的方法只有通过不断试错、随机应变才能习得。

在日常生活中也是如此。当你即将大学毕业时，是选择读研究生，还是工作？英语怎么学？理财怎么做？由于个体差异和个体所在环境的不同，现成的知识往往不足以应对当下的或是将来的问题，只有通过亲身实践才能得到最及时的反馈，找到适合自己的路子和方法。

最后，知识不消化。知识的输入不等同行为上的改变。只有实践才能将知识变为行动。私教可以给你练腹肌最好的方法，但是想要六块腹肌，你还得自己天天上健身房练去。拿来的知识是死的，只有把它变成自己的才有意义。很多人学习时间管理，都知道四象限法则，也知道在早晨精力充沛的时候要先做最困难的事情等等。但在实际生活中，一起床便微信微博轮番刷，常常出现"大道理都懂，可臣妾就是做不到啊"的情况。究其原因，是因为你的大脑还没有建立起新的神经回路来支持新的行为方式。大脑具有可塑性，当大脑重复做同一件事的时候，相关脑区和神经回路会被反复激活，并在他们之间形成新的髓鞘，来增强他们之间的连接。微信微博刷得多了，大脑用于加工微信微博的神经回路连接就越强，就越倾向于从事这些活动。要想改变这种情况，我们唯有通过刻意反复练习来加强大脑与"先做重要而紧急的事情"相关的神经回路，直到这变成我们的默认行为模式——所谓自律带来自由，就是从反本能的练习到本能般的行动的过程。一开始很艰难，练习得久了就会越来越轻松。

第三，网络时代如何学习？

最基本的底线是要明白"实践"的重要性，并且亲身上阵去实践。在实际操作中，我们要有意识地对网络上的知识进行取舍，以节省时间和精力，然后对最重要的知识进行不断的实践。

具体方法是：拒绝被动输入知识，按需主动查找知识。拒绝被动输入知识，指的是拒绝接受知识类 APP 没完没了的推送。APP 做出来是需要流量盈利的。它们要么卖你东西，要么插播广告，因此推送的多是些吸引眼球的趣味知识，少有高质量的干货。偶尔推送一些干货，也不一定是你当前最需要的。这些低质量的或者不相关的知识如果输入太多，就会在无形之中不知不觉地消耗了你的时间和注意力，让你不能专注于学习实践对你来说最重要的知识。

按需主动查找知识，指的是在需要解决问题的时候去主动查找知识。这样做能保证知识和你目前面临的问题高度相关，也让你在查找的过程中通过比较筛选出质量高的干货来学习。更重要的是，由于你查找知识是为了解决当前面临的问题，所以在学到知识以后会马上实践，如此一来知识学习和行动反馈就能双管齐下、相得益彰。

总之，珍惜自己的时间和注意力，拒绝被动的知识接收，思考自己真正需要什么，按需查找对你来说重要而紧急的知识和信息。这样不仅能解决你面临的问题，还能通过实践得到第一手经验，进一步加深你对知识的理解，是一箭双雕，更是从"知识焦虑"和"虚假自信"中解放自我，做知识和生活的主人。

第九章 人际交往
——合作的漫长进化史

社交是人类生活最重要的一部分，人类有着远比其他动物复杂的社会关系网络。一直以来，我们都能体会到友谊带给我们的好处，比如获得快乐，避免孤独、汲取帮助等等，我们知道我们需要朋友。但心理学研究告诉我们，朋友还对我们的身心健康和财富都有着正面影响。反之，如果与世隔绝，我们则会产生一种类似肉体痛楚的不适感，感到紧张焦虑，易受疾病侵染。很多人也许从未想到，友谊对我们有着如此强大而全方位的影响，为什么会这样？因为人际交往的实质就是合作，它是人类在漫长进化过程中形成的一种本能行为。

第一节 我们为什么要进行人际交往？

说到进化，有个很著名的说法，叫"物竞天择，适者生存"，就是不同生物之间进行竞争，由自然选择来决定谁赢谁输，赢者就能获得生存繁衍的机会。如果按照这个说法，那所有生物都不应该去帮助别人，而是应该只顾自己。但当我们观察自然界时就会发现，无论是蚂蚁、蜜蜂这样的社会性生物，还是人类社会，都有大量的合作案例，生物之间的合作行为相当普遍。对于人类而言，人际交往地实质就是合作，我们与朋友自然选择是如何将竞争关系转化为合作行为的呢？合作到底在生物和人类的进化过程中扮演了一个怎样的角色呢？它在人类身上是如何发挥作用的？是什么样的机制确保了它发挥作用？我们接下来看看这些个问题的答案。

一、人际交往为何会在人类进化中出现？

为什么我们会进化出交友欲，有要与朋友共度时光的需求？目的是为了合作。那为何自然界会催生出合作行为呢？哈佛大学教授马丁·诺瓦克提出 5 种机制，可以引发生物进化过程中的合作行为。这 5 种机制，分别是直接互惠、间接互惠、空间博弈、群体选择和亲缘选择。

（一）直接互惠

直接互惠，就是你帮我，我就帮你，双方平等交换，善有善报，以牙还牙。比方说两只大猩猩,这次你给我挠痒痒,那下次我就给你挠痒痒,这就是直接互惠。但如果这两只大猩猩只需要打一次交道的话,那很有可能先得到好处的一方,下次就不会采取合作行为,不去帮对方挠痒痒了。但在自然界的实际情况中,这两只猩猩生活在同一族群中,很可能会经常碰面,就会有所顾虑。

马丁·诺瓦克做了一个数学模型,想看看在长期的博弈中,到底采取哪种博弈策略能占据优势。这个模型运行起来之后,诺瓦克发现,有一种策略具有比较明显的优势,叫“宽宏以牙还牙”策略,什么意思呢?以牙还牙就是你帮我,我就帮你,你背叛我一次,我就背叛你一次。“宽宏以牙还牙”比“以牙还牙”要更大度一点,就是你帮我一次,我下次一定帮你。但如果你背叛我一次的话,我下次也还是有可能跟你合作,继续帮你。当然这不一定,看概率,也有可能下次就不跟你合作了。宽宏以牙还牙策略比简单的以牙还牙更为成功,这是因为,采用这种策略的人更宽容,更容易与对方达成合作。而合作给双方带来的好处远比背叛高得多,所以采取这种策略的话,占据上风的可能性比较大。

通过几次实验,诺瓦克用数学方法证明了,进化的确有朝着合作发展的趋势,在长期博弈中,直接互惠机制的确能引发合作行为。

(二)间接互惠

间接互惠就是,我帮了你之后,虽然你无法直接帮到我,但是我会获得一个好名声,随后从其他人那里收获回报。只要我获得的收益大于付出的成本,那我就会去帮你。还是用猩猩举个例子:假如我给你挠痒痒,别人看见了,觉得我很靠谱,那下次其他猩猩就可能会来给我挠痒痒。

(三)空间博弈

这个机制跟地理和空间因素有关。在自然界里,不管是人类还是其他生物,它们的分布都是不均匀的。比如人类在有些地方会聚集到一起,那就形成了城市,城市人口密度就很高,而在城市之外人口就会比较分散。

不要小看这种不均匀,这种不均匀的分布,有无穷无尽的可能性,不同的分布结构,都会对生物之间的博弈造成影响。而诺瓦克的数学模型显示,虽然不同分布结构中的博弈走向会有比较大的差异,但合作者永远都能在博弈中找到机会,合作行为总是会自发产生。这也说明,合作机制在自然环境中是有可能广泛存在的。

(四)群体选择

达尔文认为,自然选择是直接作用在生物个体身上的,但理查德·道金斯等科学家认为,自然选择其实是以基因为单位的。诺瓦克提出,这两种说法都没错,自然选择具有多个层次,并不仅仅停留在个体层面,群体选择在很多情况下也确实是存在的。比如,如果某个部落有一群愿意为部落牺牲的人,那这个部落就能胜过其他部落。

诺瓦克同样利用数学模型和计算机对群体选择机制进行了研究,并且发现了一个非常有趣的结论:在一个群体内部,合作者是吃亏的,因为你为群体做出了牺牲,其他人却白白享受了你带来的利益。但从不同群体间的比较来看，拥有合作者越多的群体，就越有竞争力。

举个例子，假如有一只松鼠看到有天敌正在靠近自己的群体，如果它是一个合作者，就会发出声音提醒其他松鼠快跑。但与此同时，它自己暴露的可能性就增加了，很可能被天敌吃掉。所以从自身利益来说，这只合作者松鼠是吃亏的。但从群体选择的角度来看，群体里这样的合作者越多，对群体的繁衍就越有利，自然选择也会偏好拥有更多合作者的群体。所以说，群体选择机制，也可以催生合作行为。

（五）亲缘选择

亲缘选择是指为了基因的保存，个体会去主动帮助跟自己亲缘关系近的人，虽然对于个体来说可能是吃亏的，但对基因却是有利的。道金斯的《自私的基因》就是这种思想的名作，这个说法也挺符合咱们的直觉。不过目前亲缘选择理论在生物学界还有很大争议。

在我们祖先的生活场景中，合作会给个体带来巨大的利益。我们的祖先通过合作来保护自己及群体成员免受伤害，通过合作来获得食物和交配的机会，而那些不善于合作的个体，早已在进化中被淘汰，我们都是合作者的后代。

二、促进人际交往的生理机制

交友活动像性爱、进食或任何物种生存所需的本能一样，具备一套完善的强化和奖励机制，它驱使个体进行人际交往。这套机制与多种大脑神经递质和身体生物化学物质的释放有关。

其中一种关键的化学物质是催产素。为了了解催产素在友情中的作用，我们需从一个看似不相关的地方着手——哺乳。当婴儿吃奶时，母亲的脑垂体会释放一种称为催产素（oxytocin）的神经肽。这种物质使乳房的肌肉收缩，从而分泌乳汁，另外它还能减轻焦虑感、降低血压和心率。对母亲和婴儿而言，这种由催产素带来的放松感会促进哺乳过程，同时使母子之间建立强韧的爱的纽带。这种现象在所有的哺乳动物中都存在，但在人类和少数几种有交友行为的物种中，这套系统还被委以其他重担，适用范围大大扩展。进化并没有重新设计出一套系统，而是对已有的系统进行优化。催产素不仅仅作用于母子关系，还作用于人际关系。与他人进行有益的身体接触，如拥抱、轻抚和按摩时，这种神经肽都会被释放。随之而来的愉悦心情则是这类互动的回报，并鼓励你再次与那人见面。于是友谊的萌芽便孕育而生。当然，很多朋友间的互动并不涉及身体接触，但催产素仍然会以别的方式发生作用。它能引导人们做出亲社会的决策，增进信任，并鼓励施舍。催产素固然重要，但它并不是唯一的友谊催化剂。

另一种关键的物质被称为内啡肽，是一种类阿片活性肽类化合物。这种化学物质也由脑垂体分泌。轻度疼痛，比如锻炼等，会引起内啡肽的释放。这种大脑的神经递质能使人产生幸福感。所有的脊椎动物都能生成内腓肽，所以它在催生友谊的过程中起到的重要作用，必定也是进化带来的结果。内啡肽和催产素一样，能让人们在进行身体接触时感觉良好，但它却是从另一方面巩固着友谊。友情的一个重要组成部分就是行为同步——在相同的时间和地点进行活动是建立和维持朋友关系所必须的。内啡肽似乎能使这种同步产生愉悦感，从而加强朋友关系。

还有一种重要的物质是应激激素皮质醇，它会在个体感到孤独时发挥作用。当我们处于孤独的压力之中时，应激激素皮质醇（cortisol）水平升高，使得我们罹患心血管疾病的风险更高，且更容易受到感染。应激反应是由下丘脑－脑垂体－肾上腺轴系统活化而产生的，这套系统的活化是身体内稳态受到干扰的征兆。压力会促使我们为回归内稳态采取行动，这包括在疲劳时休息，以及在感到热时寻找遮荫处，它也会引导我们在感觉孤单时寻求社交活动。当我们有朋友相伴时，产生的皮质醇就会减少。这一事实说明，朋友能帮助我们回归内稳态，或是能预先防止内稳态受到干扰。

此外，伏隔核也发挥着重要作用，它是人大脑中的快乐中枢。为了选择、获得朋友和维持朋友关系，我们需要搜集社会信息，而社会信息能够激发大脑中有关奖励机制的区域。一项心理学研究发现，在社交媒体上最活跃的用户，其伏隔核也最为活跃。在学会说话之前，婴儿喜欢观察面部甚于其他视觉刺激。也是因为这个原因。这一奖励机制使得我们本能上就更喜欢社会信息。

虽然每一个人都会有这一套完善的强化和奖励机制，但并不是每一个人都善于交朋友，总有些人比其他人更让人亲近。这些人可能更愿意从事交友活动，因为这能带给他们更多快乐。这些人之所以更合群，一部分原因在于他们的基因。美国加利福尼亚大学圣迭戈分校的詹姆斯·福勒（James Fowler）和哈佛大学的尼古拉斯·克里斯塔基斯（Nicholas ChrisTAkis）比较了同卵双胞胎（基因完全相同）和异卵双胞胎（平均只有 50% 的基因相同）的社交网络。他们发现，这些双胞胎在同龄人中各自受欢迎程度的差异，有 46% 是由基因造成的。

三、促进合作的道德机制

很多人觉得，道德是文化的产物。但哈佛大学心理系教授乔舒亚·格林提出，道德是进化的产物，因为它可以促进人类之间的合作。

人类的大脑在进化过程中，要为了合作来不断调整，否则就不可能有道德。为什么大脑会产生合作思维呢？是因为合作能带来更多的物质利益和生物资源，使人类的基因能更多传承下去。怎样维持合作呢？大脑进化出了道德。针对每一种合作策略，都有对应的道德来让策略落实。主要有三种比较重要的道德机制。

第一种，重视名誉。名誉可以促进合作。不管是想有个好名声的人，还是担心臭名昭著的人，都会倾向于合作。有个实验叫“独裁者博弈”，就是说实验人员找两拨人，其中一拨人，每人给 10 美元，然后让他们和另一拨人分享这 10 美元，随便几块钱都可以。整个过程都是匿名在电脑上进行的。然后实验人员把一部分电脑的桌面背景设置成一双眼睛，另一部分电脑桌面就是普通的背景。最后的结果是，桌面背景有眼睛的那一部分人，88% 都选择了和对方分享这 10 美元，而普通桌面的那一部分只有 55% 选择分享。这个实验说明，我们在被别人观察的时候，就会更加自觉，特别注意自己的行为，为的是保持一个良好的名誉，以便别人愿意和自己合作。

第二种，归属感。如果双方都不认识，也不知道对方的名声是怎么样的，归属感能促进他们的合作。只要双方同属于一个组织，双方即便不认识也可以合作。在社交网络里，以自己为圆心形成一个个圈子，人们会倾向于优待离自己更近的人。怎么跟陌生人合作呢？要辨认他们的社会身份，并通过结果来调整自己的行为。比如语言和口音，就是辨认对方社会身份的一个标签。研究发现，6个月大的婴儿更关注讲话不带外国口音的人，5岁的孩子更愿意跟没有外国口音的孩子做朋友。不仅仅是讲话的口音，像着装、舞蹈、开玩笑的方式等等，都能让我们识别对方和自己是不是同一个团体的。

第三种，间接互惠，就是对不合作的行为做出惩罚。作者把这种惩罚叫做“亲社会惩罚”。举个例子，如果某个城市发生了连环杀人强奸案，已经有十几名妇女儿童受到了伤害。如果你愿意匿名支付25块钱，就能保证把这名罪犯绳之以法，你愿不愿意掏这25块呢？如果你的答案是愿意，那说明你是亲社会惩罚者。因为你愿意牺牲个人利益，换取别人的合作。从进化的角度看，亲社会惩罚是对群体有好处的，因为个体可以帮助自己的群体战胜其他群体。整个群体也能通过合作，产生更大的收益。

此外，一些道德行为看上去跟合作没有直接联系，实际上也起到了促进合作的作用。像印度教禁止吃牛肉，就是为了保证人们不要一次性把牛杀光，保证食物的持续供应。再比如新教要求人们高效工作、抑制消费，其实是为了使整个社会获得更多资源。

总之，不管是重视名誉、归属感，还是间接互惠，这些道德机制都是进化的产物，为了促进合作。

第二节　一个人如果将自己关在家里，长期缺乏社交会怎么样？

这个问题的答案其实很简单，就是“死路一条”。我们先从一个著名的心理学实验——哈洛的依恋实验说起。美国心理学家哈洛让新生的婴猴从出生第一天起就同母亲分离，以后的165天中同两个母亲在一起——铁丝猴和布料猴。铁丝猴的胸前挂着奶瓶，布料猴没有。然而，这些猴子是怎样的反应。除了在喝奶的时候吮吸奶嘴，其他时间都不会同铁丝猴在一起。他们反而更喜欢那个绒布无奶猴。不仅如此，哈洛在实验中还发现，那些被迫与铁丝奶水猴待在一起的小猴子更加胆小，而那些与绒布无奶猴待在一起的小猴子则更加勇敢。哈洛还在笼子里放了一个会发出声响的怪物（实际上是一个玩具娃娃），小猴子被吓的不轻，他们都去跑去找绒布无奶的妈妈，紧紧的抱着这个不能给他们提供食物的妈妈。虽然实验对象是恒河猴，但心理学家认为，研究结论同样适用于人类。也就是说，衣食无忧并不能取代我们的依恋需求，而依恋是在社交互动中体现的。

我们在前述内容中已经谈到，人际交往是进化赋予我们的刚性需求，一个人如果遭遇社会排斥，就会被进化塑造的强化奖励机制所惩罚，面对一系列问题。

一、社会排斥让我心痛

无论是你关起门来，主动不参与社交，还是被迫无法参与社交，我们都称为社会排斥。

心理学研究发现，当我们被他人排斥时，会产生心痛感（社会疼痛），而这种社会疼痛与物理疼痛激活的脑区竟然是一样的。

二、社会排斥的短期和长期影响

心理学家 Kip Williams（2009）提出了排斥的时间维度模型。他发现，当我们受到排斥之后，反应会在三个时间维度上表现出来。

第一阶段瞬时或者较短时间：在这个过程中，情绪反应是最主要的，人们会心痛，会愤怒，甚至产生攻击行为。

第二阶段或者稍长时间段：在这一阶段，认知反应接踵而至。我们会反思自己为什么受到排斥，继而可能会做出一些改善关系的亲社会行为，但也有可能破罐破摔继续做出破坏性行为。

第三阶段也就是长期受到排斥：不幸的是，在这一状态下，心理疾病会产生，比如抑郁症。

总结起来，就是无论是短期还是长期缺乏社交，感到社会排斥，都会对我们造成极其不好的后果。

第三节　我们与朋友是如何一步步从相识到相知，直至最后又分开的？

我们与好友的友谊都会经历相识和相知的过程，部分友谊还会逐渐褪色甚至破坏。在友谊发展的每一个阶段，影响友谊发展变化的因素也各不相同，在此，我们将友谊分为建立、维持和衰退三个阶段，并介绍一下在不同阶段影响友谊的因素。认识这些因素能够更好地帮助我们根据友谊的不同阶段，调整我们的行为，更好地处理我们在人际交往中遇到的问题。

一、什么影响了与他人的相识？

（一）空间的接近性

回望我们的成长史，你会发现，两个人成为朋友，绝大多数时候源于“空间上的亲近性”。你们一定曾是邻居、同学，或者加入过同一个兴趣爱好班。心理学家甚至为此专门做了研究：他们跟踪监测了一幢两层楼房里的居民，发现尽管二层的居民常常需要从一楼的通道处出门，或者收取信件，但二层的居民仍然倾向于和二层的邻居结为朋友。

空间的接近性不仅使得我们与他人相识的可能性大大增加，有更多接触和了解的机会，而且还会导致曝光效应。社会心理学研究发现，我们见到某个人的次数越多，就越觉得此人招人喜爱、令人愉快，即使我们并不认识他，这就是曝光效应。

（二）八卦

我曾深深地认为，八卦是人性的一个缺点，让人间失格。为什么即使知道与我无关，我们还是想去围观？为什么明明知道它极其有杀伤力，但在亲友、同事、偶像的隐私被窥视时，我们还是控制不住地想知道，甚至添油加醋让故事更加“多肉多汁”？

聊八卦没那么简单，有研究证明，聊八卦能增强人与人之间的合作意愿，那些非正式交流越多的团队，解决问题的能力也越强。

八卦有着很强的社交凝聚力。从社会心理的角度来看，八卦能够帮助个体适应融入新的社会环境。我们每天知道关于明星的消息可能比对邻居的了解更多，而且我们所有人都认识这些明星，这样这些明星就起了一个非常重要的社交功能，他们就是我们所有人共有的“朋友”，无论你是我的新邻居还是新同事，通过讨论明星，我们可以更快地与他人进行社交。由此可见，聊八卦应该算是一种举足轻重的社交能力。

（三）颜值

2013 年 5 月，浙江卫视节目在街头以“什么是青春”为主题进行采访时，一位男生回答“长得好看的人才有青春，像我们这种人就只有大学了”，由此在网络上引起了一阵关于颜值的热议。“心灵美才是真的美”的言论好像已经过时，当我们越来越多的用“颜值即正义”或“明明可以靠脸吃饭却偏偏要靠才华”这些话语去调侃身边人的时候，其实已经代表越来越多的“我们”隐隐约约发现了“长得漂亮真的有用”这个事实。心理学研究也证实了人们的看法，高颜值的人在人际交往、自信心培养甚至职业选择中都存在着一定优势。

对 2014 年中国劳动力动态调查（CLDS）数据的分析表明，无论是农村的男性、女性，还是城市的男性、女性，随着长相得分的提高，在外就餐或与朋友外出的频率呈现出明显递增趋势，说明高颜值群体的社交应酬明显要多于低颜值群体，他们在人脉培养、配偶选择、商业关系建立等方面都有着明显的优势。而这种在人际交往中受欢迎的情况反过来又会直接影响到一个人在社会生活中的自信心。总体而言，高颜值群体因为容易给陌生人留下较好的“第一印象”，所以相对而言会处于一个较为宽松的生活环境中，使他们在生活交往中显得更加自信。

但高颜值的带来的并不都是好处，有时也会给当事人带来负面影响。2010 年，来自德国和美国的三位科学家研究发现：高颜值与高评价之间存在着抛物线关系——即中等漂亮的人很招人喜欢，过于漂亮就会适得其反。研究者认为，beauty is good（颜值即正义效应）仅仅对中等漂亮的人适用，很多招聘者发现应聘者过于漂亮时，往往会产生“TA 不够专业”“TA 不够可靠”的偏见。这被称为 beauty is beastly（红颜是祸水效应），指的是如果颜值超出了有效边界，过高的颜值会反过来成为 TA 不被认可的理由。

2017 年，几位心理学家对科学家的颜值和公众对其科学能力的评价之间的关系进行了研究。结果表明：如果科学家拥有高颜值，人们虽然会对 TA 进行的科普工作感兴趣，却不指望 TA 能有真才实学。高颜值和伟大科学家形象居然是负相关——你越好看，公众越觉着你不学无术。这与公众对学者的刻板印象是一致的。从“人丑就要多读书”“明明可以靠脸吃饭却偏偏要靠才华”等广为流传的句子就可以看出来。除了刻板印象,还有一个重要原因是人们拒绝接受颜值与实力、品行、性格可以齐飞的事实。

二、什么影响了与朋友的相知?

当友谊成形后,你们需要用更多的精力来维持这段关系。关系只有通过维持才能生存。如何维持?

(一)自我暴露

将一种相识的关系转化为真正的友谊关系,最重要的是持续增加彼此间“自我暴露”的深度与广度。这是一个渐进而互动的过程。友谊关系中的两个人需要先迈出一步,开始冒着“风险”暴露自己的小秘密,讲述自己的成长史,分享自己的生活。自我暴露是一份真正友谊的开端,也是一个小小的探测,探测这份友谊中的另一方是否愿意有所反馈。而对方是否愿意回馈,并转而暴露自己,决定着这段关系能不能继续下去。

自我暴露并不仅仅在友谊的初期出现,而是会持续贯穿整个友谊过程。无论你们是躺在一张床上聊天,还是深夜结伴去喝酒、涮肉,或者是无聊的纯粹打发时间的时光,甚至在你们分隔在不同的城市甚至是国家时,你们会写邮件、通电话、发微信,甚至是专程去彼此的城市拜访,持续的自我暴露与交流始终存在。换句话说,朋友就是要“知根知底”。

(二)相似性

心理学研究表明,两个人的相似性越高,越容易被彼此吸引,友谊是如此,恋爱也是如此。这种相似性可以是各种维度上的,可以是性格上的,可以是爱好上的,可以是年龄上的,也可以是世界观、价值观上的,总之两个人相似之处越多,相处就会越融洽,就像我们日常说的“物以类聚,人以群分”。

社会心理学家柯尔等人研究发现,一个人最好的朋友,与他们在教育水平、经济条件、社会价值等方面都很相似。这种相互交融、相互吸纳、相处共生的感觉会让人们更加欣赏自己,且起到正面强化的作用。相似的人容易共同组成一个群体,人们生活在这个团体中,能获得更强的安全感和归属感。

为了证实“相似性原则”的效用,美国心理学家纽加姆曾做过一个著名的心理学实验。他让 17 名互不相识的大学生同住在一间宿舍中,对他们之间的情感变化过程,进行了长达 4 个月的跟踪调查。实验结果表明:在相识之初,空间距离的远近决定了彼此的亲疏程度;然而在实验的后期,那些在信念、价值观和个性品质上相似的人,在研究结束时都成了形影不离的好朋友。

(三)在付出与给予之间取得一个平衡

人际关系遵循互惠原则,也就是交往双方都能够从友谊中获益,这种益处不仅包括经济上的好处，更重要的是感情方面的回报。作为朋友，你需要在社会角色、喜好等方面接受并支持对方，你可以不欣赏、不赞同他们的选择，但在某种程度上，在谏言之外，你需要予以尊重。

社会心理学家 Carolyn Weisz 和 Lisa F. Wood 认为，在友谊中，比亲密性更重要的是对好友的“社会角色”的支持。支持并尊重 TA 的宗教信仰、爱好、性取向等等。当然，这种接受与支持也是相互的。

任何一种不平衡都有可能造成双方关系的破灭，这样的事每天都在发生。

三、什么导致了友谊的褪色？

一种极端的情况是，友谊的破灭源自于背叛与伤害，但这种情况在成年人的友谊中较为少见，我们不做分析，友谊褪色更多的原因在于个人的成长和空间、精力的限制。

（一）个体的成长

每个人都在成长，在不断地改变。你的价值观、世界观、社会角色、身份认同都在不断地转换。在成长过程中，你会遇到与你更相似、更接近的人，会建立起新的更稳固的友谊，并慢慢忽略掉你需要费力维持关系的老朋友。

（二）空间与精力的限制

空间的障碍几乎是友情的“头号杀手”，和恋爱关系十分相似。当我们在身边有了新的朋友，要维持与那些远在异地的老朋友的关系将变得非常困难，友情就会逐渐褪色。

精力的限制是友情持续的另一个重要障碍，当我们长大，忙于事业和家庭，承担着越来越多的责任时，我们的精力大多数时候都会被消耗殆尽，就没有更多精力去维持与太多老朋友的关系。仔细想想，你是否还有那样几个朋友，依旧能和你做到“平时偶尔联系，有事必能帮忙，见面必定亲密”的状态。在这种状态之下，你们必定依然还保持着自我暴露、互相支持与帮助等长久以来形成的习惯。但那些不再是好友的，疏离和淡漠的人呢？也许是你们已经忘记了共同努力去维持这份友情，你不曾努力过，对方也不曾努力过。

第四节　男女之间真的存在纯洁的友谊吗？

如何界定纯洁，这是个问题。我们可以将纯洁和不纯洁之间视作一个连续的光谱，而不是简单的二选一。男女之间的“纯洁”友谊是可以在双方都认同的情况下存在的，但由于普遍的性吸引，可能会在某些情况下变得较为不稳定。

在从科学的角度回答这个问题之前，我们首先需要了解什么是“异性友谊”。心理学对异性友谊的定义是指异性之间由于密切的社会交往而形成的一种社会关系和情感联系。异性友谊从青春期开始，将贯穿一个人的一生，也在一定程度上反映了个体的健康发展。但是很明显，在异性恋依旧更为普遍的社会中，由于双方性别不同，当事人所称的“纯洁的异性友谊”总是令人想入非非，这种朋友之上、恋人未满的关系在引起别人八卦的同时，也给当事者带来许多困扰。

同样是友谊，异性友谊与同性友谊的差别怎么这么大呢？

首先，异性友谊中存在着普遍的性吸引。一项对美国大学生的调查结果表明，大约60% 的人承认受到了来自异性朋友的性吸引，中国大学生也是如此，在异性友谊中常常会感受到“难以拒绝的好感”；

其次，跟同性朋友相比，异性朋友能带给我们更多“利益”。我们不仅有机会向异性学习，同时异性友谊还能帮助我们接近异性，获取异性的态度和观点；

最后，我们在选择朋友时，相比同性朋友，我们更看重异性朋友的身体吸引力、社会地位，以及是否会照顾人和体贴人。

男女对异性友谊的态度也不完全相同。男性更容易将异性朋友视为潜在性伴侣或恋爱对象，而女性恰恰相反，她们偏好能提供保护和资源的友谊，而不涉及性。

既然异性友谊不同于同性友谊，异性友谊和浪漫关系又有什么不同？

首先，最重要的区别在于异性友谊的“非排他性”。通常来讲，爱人之间希望对方是专一的，希望自己是对方感情生活的唯一，这就是浪漫关系的“排他性”；但在异性友谊中，我们通常不要求对方只有自己一个异性朋友。

其次，在浪漫关系中需要明确的承诺，而在异性友谊中很少会有山盟海誓。那么问题来了：异性友谊会发展成为浪漫关系吗？

答：这取决于异性友谊的关系状态。Dainion 等心理学家将异性友谊的关系状态分为四类：

第一类：双方都有进一步发展的愿望，个体相信双方都希望将友谊发展为恋爱关系；

第二类：维持友谊状态，个体认为双方都只希望将关系停留在友谊阶段，不想有更进一步的发展；

第三类：期待恋爱，即个体希望这段关系能够走向恋爱，但是察觉到对方并不这么想；

第四类：排斥恋爱，个体发现对方想要发展恋爱关系，但自己并不希望如此。

异性友谊的当事人会根据自己认为的关系状态，来调整他们在异性友谊中的行为。如果一方想要把友谊发展为恋爱关系，通常会采用更高级别的维持手段。他们可能会更多地表达喜爱和赞美，甚至会采用调情的方法；但是如果一方想要维持朋友关系的现状，他们会回避与另一方有类似调情的行为，避免将关系发展为恋人。

那么异性友谊的维系岂不是很困难？

恭喜你，回答正确。异性友谊的确是一种不太稳定的人际关系，没有非常明确的社会规则。由于异性友谊中普遍存在性吸引，维系纯洁的异性友谊会更加艰难。正如上文所说，想要单纯做朋友，需要合理的界限，回避调情等亲密行为。

异性友谊的特殊性就在于异性朋友可能会发展成恋人关系，两人从朋友跨到恋人会在潜移默化中出现一些行为变化，所谓当局者迷、旁观者清，如果在异性友谊中出现了下列蛛丝马迹的小心思，你们纯洁的友谊可能变质了。

"强烈的性吸引"。当一方想要与另一方有进一步的亲密接触时,比如拥抱、亲吻,我们会认为这是想让双方的关系有进一步发展的表现;

"性嫉妒"。当自己的异性朋友与他人接近时,如果你感到被异性忽视而伤感,甚至对异性朋友进行冷嘲热讽、语言攻击,你们的感情很可能要升温了;

"排他式相处"。当两个人希望在相处时不被他人打扰,有段时间没有接触会想念对方时,两个人的关系就逐渐向爱情这一边倾斜了;

"对两个人关系的迷茫及暧昧感"。当一方或者双方有意向恋人方向转变,但是怕破坏目前的友情而不敢明确的表露,或是双方平时的言行举止比较暧昧,容易引起别人的误会,你们的关系可能已经偏向爱情了。

也许我们并不关心男女之间是否存在纯洁的友谊,我们关心的是陪在身边的那个 TA 是否真心。毕竟每个人都很孤独。在我们的一生中,遇到爱,遇到性,都不稀罕。稀罕的是遇到理解。

推荐书籍——《社交天性》

作者:[美]马修·利伯曼(Matthew D. Lieberman)贾拥民 译

出版社:浙江人民出版社

《社交天性》是社会心理学家马修·利伯曼解读人类"社会脑"的权威之作,它告诉我们为什么在充满合作与竞争的智慧社会中人们喜爱社交又相互连接,个人的社会影响力如何得以发挥,书中处处充满了令人惊喜的洞见。

这是一本兼具科学性和通俗性的读物,读者不仅可以从中了解研究者们如何通过实证的方法研究人类社会行为的神经基础,还可以借助本书的内容帮助自己更为有效地与他人沟通,从事社交活动,更好地适应社会生活,进而获得更高的幸福感。

推荐电影——《触不可及》

因为一次跳伞事故,白人富翁菲利普 Philippe 瘫痪在床,欲招聘一名全职陪护。由于薪酬高,应聘者云集,个个舌灿莲花,却无法打动他的心。直到黑人德希斯 Driss 的出现才让他作出决定。德希斯刚从监狱出来,背负家庭重担,一心只想寻张辞退信以申领救济金,而且他明显对女助理的兴趣要远大于这份工作。但是菲利普还是一眼相中了这个小伙子。于是,德希斯开始了一个月的试用期。虽然舒适的豪宅环境让他倍感虚荣,但是他仍面临很多挑战:不仅要为菲利普作身体复健,还得给他洗浴、灌肠、拆信、穿丝袜等。起初,两人的思维方式与价值观大相径庭,但是,随着了解的不断深入,他们成为了朋友……

这部电影向我们展示了友谊形成的核心因素——互惠。互惠是友谊发展和持续的根本动力。虽然菲利普与德希斯在学识、身份、地位、财富方面有着天壤之别,但德希斯给予了菲利普最希望得到的尊重,而德希斯也从菲利普那里获得了认可和提携。

推荐阅读——《如何看待越来越发达的互联网反而让大众感到生活焦虑？》

首先要明确的一点是，并不是越来越发达的互联网让大众感到生活焦虑，而是互联网滋生了社交媒体；并且由于人性的弱点，让社交媒体在人们生活中占据了一个不可或缺的地位（Fear of Missing out），从而把大众推向陷入情感深渊。

研究发现，社交媒体的使用时间与焦虑感有正相关的关系（Vannucci，2017）。一个人在社交媒体中花费的时间越多，TA 得焦虑症的可能性就越高。虽然现在还未能正式确立两者之间的因果关系，不过通过不同人群的观察能够发现，社交媒体的使用对于不同的人会有不一样的影响。

对于较高自尊的人来说，社交媒体的作用有时候会是正面的（Pantic，2014）；对于自尊较低的人来说，社交媒体有着显著的负面效果。总的来看，社交媒体加剧了不同自我评价的人在心理健康方面的差距。

英国公共卫生皇家协会 2017 年基于 1500 位 18 ～ 24 周岁青年的调查数据发现，不同的互联网平台对情绪与身体健康的影响是不一样的。在五个列入调查的互联网平台（Youtube，InsTAgram，Facebook，Snapchat，Twitter）当中，只有 Youtube 这个平台社交属性最弱，对于使用者有积极作用，其他四个社交属性较强的平台均会对使用者心理健康产生负面作用，其中 InsTAgram 对健康与情绪的影响最为恶劣。

众所周知，InsTAgram 上弥漫着一股网红浮夸风气，用户都会把自己人生的高光时刻加上滤镜，然后假装毫不经意地放到 InsTAgram。实际上，大部分社交平台用户只会上传他们认为最好看的照片（这难道不是废话吗？）。上面有许多人甚至可以通过上传旅游、健身的照片来吸引粉丝，然后获取商业利益。因此，InsTAgram 会给使用者带来一种“生活多美好”的假象。这正是社交媒体最大的罪恶——这些处心积虑的表演让人以为光鲜就是生活的常态。回过头来，看着自己周遭的生活又怎么会满意呢，毕竟我们生活没有铺天盖地的滤镜，最多带副眼镜罢了。

最有杀伤力的还不是别人过得比我们好，而是我们认识的人过得比我们好。心理学上有个概念叫相对剥夺感，指的是在自己所属的某个群体里面感到自己处于劣势地位，从而导致的负面心理影响。简单来说，我们不在意巴菲特有近千亿美金的资产，可是当我们发现邻居竟然买了一辆自己买不起的豪车时，我们心里就会相当不好受。像 Facebook、朋友圈就是相对剥夺感的重灾区，因为这些地方大大拉近了人与人之间的距离，还让我们能够窥视到更多不同社会经济阶级的生活。就像马克思所说：一间屋子或大或小无所谓，只要邻居的房子与自己的大小相似即可。

互联网确实让我们与更多的人随时随地保持联系，不过更多并不代表更好，特别是人与人之间的关系。20 世纪 90 年代，牛津的人类学家邓巴 Dunbar 提出，由于人类认知限制，社交关系的数量最多不会超过 150 个，这就是众所周知的邓巴数字。另外，一项长期的心理学追踪研究发现，社会关系的质量对于幸福感的影响远远大于社会关系的数量（Waldinger et al.，2010）。

也许互联网让我们能够轻易地联络更多人，不过问题在于，维护这个日渐膨胀的“朋友圈”势必会夺走原本属于亲密关系的时间与精力。不得不说这是桩顾此失彼的亏买卖。

第十章　恋爱心理
——从远古走来的现代人

爱情曾经是人们眼里最神秘而深远的事物。诗人、歌者、贤哲、工匠用不同风格的语言叙述和赞美爱情：它美好，它纯粹，它恒远……但它究竟是什么？每个人都体会着它，却没人说得清楚。现在，作者尝试从心理学的角度来谈一谈爱情。

第一节　爱情是什么？——爱情是进化的产物

上帝说要有爱情，于是他取走了男人的阴茎骨，藏起了女人的排卵期。在某种程度上来说，单纯的交配和生育并不是保障人类繁衍最重要的因素，爱情这种高级情感，才让人类得以产生更高质量的后代。我们要注意的是，进化是没有目的的，但爱情的出现带给了人类繁衍上的好处，因而得以保留了下来。

一、人类的爱情，要从阴茎骨的退化说起

人类的祖先曾像很多哺乳动物一样是有阴茎骨的，但在进化中丢失了，并由此给人类发展带来了一系列重要的连锁反应。

阴茎骨是存在于阴茎里面起支撑作用的一段小骨头，其最大的作用就是助力交配。很多哺乳动物，比如猩猩、蝙蝠、猫等，都有这根骨头。不要小看这根小小的骨头，它可以让雄性动物在交配的时候占据明显的优势。拥有阴茎骨的动物交配时，可以更快地突破雌性的阴道屏障，从而更方便完成交配；同时，还可以顺便清除阴道里其他雄性留下的精液，并在这一过程中刺激雌性快速排卵，保证雌性生下的是自己的后代。然而从哺乳动物到现代智人进化的过程中，智人的阴茎骨却神秘失踪了。

既然阴茎骨能让交配更方便，为什么还要突变消失？事实上，进化策略正是要提升人类交配质量和复杂性，从而更有利于人类繁衍。人类的阴茎骨彻底丢失后，男人的阴茎只能靠海绵体的血压升高来保持硬度。这样一来，大大降低了阴茎的敏感性，让人类不得不制造很多前戏来保证进入状态；另一方面，没有了那根硬硬的骨头，交配过程中也不会给女性造成很大的不适或者误伤，反而是增强了快感，让男女都能更多地享受“性”福。

没有了骨头的困扰，人类甚至还能发明出各种不同的姿势和花样来交配，于是人类才会比其他哺乳类动物更享受彼此的亲密关系，从而培养出长期稳定的配偶关系。

人类丢掉阴茎骨之后，也就相当于放弃了过度交配的可能，这也给人类带去了一年四季都可以是发情期的资格。因为人类不需要急着把交配这种事安排在发情期一下子做完，可以在一年四季里慢慢来。

阴茎骨缺失带来的连锁反应结果就是：人类能够从交配里面获得更多的愉悦，爱情这种难以存在其他物种身上的情感，降临到了人类身上。

二、爱情的进化还需要女人的帮忙——隐藏排卵期

本来，雄性哺乳动物在发情期爽完之后，就会一走了之，该干嘛干嘛去了。留下雌性哺乳动物独自收拾生娃、奶娃、养娃的烂摊子。这对于平时四脚着地的哺乳动物来说，还不算太糟，因为大部分灵长类动物的骨盆产道比较平缓，可以允许胎儿直直地从产道钻出来，生理结构决定了他们可以自助式生娃。

然而人类由于进化成了直立行走，臀部相对变窄，产道也变得比较扭曲，再加上人类的脑袋发育得比其他灵长类动物都大，这些都大大增加了人类生育的困难和风险。怎么办？最简单的解决方案就是让男人也来帮忙。

要怎么留住男性陪伴自己生育并跟自己一起照顾后代呢？

除了男人本身的阴茎骨退化，女人在进化过程中，也有一些小心机来维护两性的亲密稳定关系。那就是，隐蔽自己的排卵期。

对于动物来说，它们的发情期是与排卵期紧密相连的。到了排卵期，雌性动物会通过阴部皮肤红肿这样的外部特征来告诉雄性：我准备好交配了，要来赶紧来，过时不候。然后发情期一过，双方都对彼此失去了“性”趣。这样一来，亲密稳定的关系就无从谈起了。而人类女性显然就要高明多了，她们不让男性看出来自己是不是处于排卵期，从而让男性搞不清楚什么时候能让女性受精，于是不得不留在身边多次与女性交配，以保证对方能产下自己的孩子。而男人留在同一个女人身边的时间越长，出去沾花惹草的机会就越少，两性相处时间增加，又一次增进了两者的关系。

再加上女性排卵不公开，男性就不会急着在女性排卵期哄抢女性，雄性竞争也就相对没那么激烈。关于女性隐蔽排卵原因的猜想还有很多，但总归都指向了同一个结果：促进男女亲密关系，让男女能保持更稳定的伴侣关系，让爱情悄悄来临。

其实在动物界，也有一些鸟类是拥单一稳定伴侣的，比如天鹅，它们也会维持相对稳定的一夫一妻的伴侣关系，因为双方伴侣的默契程度越高，经验越丰富，繁殖成功的几率也越大，加上天鹅不像其他动物那么多产，双方伴侣的配合对于繁衍后代显得尤为重要。但与人类不同的是，天鹅的相伴更多是以繁衍下一代作为终极目的的，很难说它们会体验人类在爱情中的期待、失落等种种复杂的情绪。

除此之外，性行为带来的愉悦感，俗称高潮，也作为进化的奖励机制，让人类的两性关系更加紧密。虽然性高潮也不是人类的专属，但却也是大大增强了人类为爱鼓掌的动力，人类还为此发明出了各种各样的姿势和花样，大大提升了愉悦程度。

如果说阴茎骨的缺失提升了交配舒适度和复杂性，那么隐蔽的排卵期则是增加了男性与同一女性交配的频率，让男人留在女人身边。

爱情来临之后，人类社会发生了什么变化？

当人类享受到爱情这种高级情感之后，男女之间的关系更加亲密，男人不再交配完就抛下女人出去浪，而是留下来，跟女人共同哺育下一代。在这种模式里面，男人外出打猎或采集食物，女人留在家里照顾孩子，大大提升了人类后代的存活率。有了男人的照顾，女人不用再急着生一堆没法保证质量的娃，而是可以生更少的娃，但却花更多时间来照顾后代。男女双方共同照顾后代，为人类大脑发育提供了更充足的时间和营养，也大大提升了后代的质量，于是才有了聪明的你们能够理解这个理论。

反过来说，如果人类采取的是和其他动物一样追求数量不顾质量的繁衍策略的话，只怕很难会发展到现在这样一种文明程度。在某种程度上来说，单纯的交配和生育并不是保障人类繁衍最重要的因素，爱情这种高级情感，才让人类得以产生了更高质量的后代。

第二节　什么样的异性更具吸引力？——两性择偶心理

在进化心理学看来，男女两性的择偶心理是由生物进化决定的，是经历了几十万乃至上百万年自然演化的结果。男女在养育下一代的问题上有着不同的投入方式，从根本上导致了两性不同的求偶倾向。女性有漫长的怀孕和育幼期，需要物质资源，所以有关注男性地位和金钱的本能；相反，男性在乎的是女性的生育力，而年轻美貌是生育力的指标。就这样，人类的择偶偏好被写在了基因里。

但事实真的是“男人更好色，女人更爱财”吗？希望你在阅读完这部分内容之后，会有一个自己的答案。

一、外貌和身材——生殖力的外在表现

虽然男性更看重女性的外貌和身材，但这并不意味着女性就不考虑男性的外貌和身材。男性喜欢美女，女性喜欢帅哥，无论男女都更青睐高颜值的异性，只是二者对外貌和身材在择偶中赋予了不同的权重而已。

（一）外貌

看脸其实是人类的集体智慧，之所以看脸如此重要，是因为从进化的意义上说，美貌是个体生殖力的外在表现，是繁育后代的重要生理保证。2000 年的一项研究综合分析了 900 多篇期刊文章，发现全世界人民，无论他们身处何种文化（单一的或多元的）、是何种族，对高颜值的标准有着惊人的相似度。当高颜值标准具有跨文化、跨时空的普遍适用性，就意味着“看脸”这一普遍行为很有可能是自然选择的结果，是人类在进化过程中的集体智慧。

从进化的角度来看，如果面部特征能在某种程度上反映一个人的繁衍价值和生存价值

(是否健康,有没有携带寄生虫),那些能够通过“看脸”来择偶的个体就更有机会把自己的基因传递下去(会挑选帅哥/美女的人就能生出更容易存活的后代)。这样说来,“看脸”其实是一种适应环境的行为。

如果“看脸”关系到个体的生存和繁殖,那什么样的脸才能反映较高的繁衍和生存价值呢?俗话说的好,情人眼里出西施。好看不好看难道不是青菜萝卜各有所爱?虽然颜值的标准有很大个体和文化差异,但科学家发现至少有三大特征在人类范围内普遍适用,是高颜值的象征。

高颜值的三大特征如下:

第一个特征就是面部对称度。按照基因的设计蓝图,在最优条件下,人的左右脸应当是绝对对称的。然而构想都是美好的,现实却总是会被打脸。人左右脸的发育情况会受到个体基因和成长环境的共同影响。从基因来看,如果个体的基因发生突变,或是近亲繁殖,那面部发育就可能出现畸形。就环境来讲,如果个体在成长过程中缺乏营养,或是感染寄生虫,亦或是小时候老被人打脸,也会出现左右脸发育不匀的结果。这样说来,一个人的脸越是发育得对称,就说明这个人越健康。不仅基因上没什么特别的突变,而且TA也不大可能带有影响发育的寄生虫。这个理论确有实验证据支持,显示面部对称度和一些疾病有相关性,比如面部不对称的人自称更容易感染呼吸道方面的疾病(丑就丑了,还要死的比别人早……)。

第二个高颜值特征是平均脸(面部平均度 Averageness)。一个人的脸部特征越接近人口平均水平,其颜值就越高。有的人可能觉得特别美和特别丑的人不应该是少数吗?为什么“平均脸”反而高颜值呢?这是因为平均脸其实反映了基因的多样性。如果一个人只有方脸基因或只有圆脸基因那就不会那么好看。如果各种基因混在一起,脸型就比较适中,相对就比较好看。这也就不难理解为什么混血儿(基因多样)通常颜值比较高。而且一个人的基因越多样,对病原体和寄生虫的抵抗力就越强。

第三个高颜值特征是面部的第二性征。男人的脸越男性化(宽下巴,高颧骨,大胡子)越帅,女人的脸越女性化(男性反面)越美。男女性成熟后由于性激素的作用,面部特征出现分化。面部分化越明显,就反映该个体基因的质量越高。这是因为第二性征其实是一种“生理缺陷”,要损耗大量能量和时间才能生成。比如,睾丸酮(雄性激素)会降低个体的免疫能力。如果一个男性的第二性征很明显,而且他还很健康地活着,这说明他的免疫系统生来就很强大——经受住了睾丸酮带来的考验。

除了以上三个特征,还有很多普遍适用的面部特征,如皮肤健康度、肤色等也和颜值相关。但不论是哪个特征,大多能反映该个体的健康状况和基因质量。如此看来,“看脸”其实是有生物学基础的。它不但不是肤浅的表现,而且是难得的生存智慧。

(二)身材

身材也是个体生殖力的一项外在表现。在繁华都市的大街上,男性的目光都喜欢盯在美女身上,这只是他们在下意识地感知女性的生殖力。一项追踪眼球动作的研究发现,男人在看到一个女人的0.2秒之内就开始评估她的身材,主要是判断腰围与臀围的比例,最佳女性腰臀比是0.7,这一腰臀比可能意味着女性有更良好的免疫系统、内分泌系统等。而男性的最佳腰臀比是0.9（这不就是典型的水缸腰吗？）

二、财富

在进化心理学看来，女性在生育并抚养下一代的过程中，需要投入大量精力，这直接影响了她获取物质资源的能力，在此期间就需要男性提供物质资源和保护，以确保下一代的健康成长，显然物质资源丰富的男性才是更好的选择。

在现实中，也正是基于这一原因，男性为了获得女性的青睐，在求偶时会投其所好，展示自己所掌握的物质资源。例如，他们会购买奢侈品送给女性，对美女尤其如此——当发现有美女在看着自己时，他们捐款都更加慷慨。

我国的一项婚姻调查数据也很好地表明了女性的这种择偶偏好。根据我国国家统计局的数据，中国各地出生性别比具有西北低、东南高的特点，出生性别比失衡最严重的地区主要为东部和黄河以南地区。直观上，在出生性别比例失衡严重的地区，单身男性的比例应该更高，然而事实并非如此。根据世界银行的统计，我国从没结过婚的30岁以上单身男性比例较高的地区主要是西部省份，导致这一现象的原因是，大量西部欠发达地区的女性通过婚姻迁移到了东部发达地区。东部地区的经济发展程度较高，其男性的受教育程度与收入普遍高于西部，而女性更青睐受过良好教育、收入高的男性。从借助婚姻迁移的女性净人数可以得知，江苏、广东、浙江是接受外地新娘最多的地区，而外地新娘来源的省份则主要集中在贵州、云南、四川。女性通过婚姻向发达地区的迁移正是由女性偏好经济条件好的男性这一择偶心理决定的。

男性同样喜欢经济条件好的女性，只是在很多时候，这种偏好是间接表现出来的，我们无法直观地感受到而已。比如，在西方发达国家，身材丰满被视为不健康的标志，但在一些欠发达国家，仍然保留着“以胖为美”的文化，因为丰满的女人往往家庭经济条件更好。英国威斯敏斯特大学心理学家维仑·斯瓦米比较了英国人与南非祖鲁族人对女性身材的偏好，发现后者眼中的“魔鬼身材”比前者更重一些。有人比较了从1960年到2000年美国《花花公子》杂志每月精选模特的身材与同期的经济状况，发现在经济不景气时，模特的身材显得更壮实一些。还有研究发现，处于饥饿、穷困状态的男人更偏爱身材壮实的女人。即使在发达国家，女性的经济条件也会影响男性的择偶心理。在英国、丹麦等国家，女性已经获得了社会与经济上的独立，男人不那么看重腰臀比；在希腊、葡萄牙等国家，女性还要依赖男人的资源生活，男人十分看重腰臀比。换言之，女人越有钱，男人就越不计较她的身材。

三、择偶中的其他考虑因素

男女两性都很重视对方的性格。心理学家斯瓦米认为：“女性身体的吸引力在缺少社交互动时显得很重要，但一旦有了互动，外表的重要性就会迅速下降。”他让2000个男人看各种身材女性的照片，上面附有简短的性格介绍，让他们选择吸引自己者。结果发现，良好的性格能拓宽男人可接受的身材范围，不好的性格则相反。体型较为庞大的女人只要性格开朗、情绪稳定，也是能够吸引男人的。毕竟漂亮的女人也许性格古板，相貌平淡无奇的女人也可以有趣可爱。当然，女性也会更喜欢那些性格更好的男性，毕竟如果与脾气暴躁的男性结为夫妻，遭遇家庭暴力的概率就会提高，使自己与下一代的人身安全无法获得保障。

在你眼里，爱情至上的观念是不是女性所独有呢？其实，男性同样非常重视爱情。如果让你猜，男人会向往什么样的电影场景？你也许会以为，肯定是性爱场面，毕竟成人视频的消费者几乎都是男性，但实际上，青睐性爱场面的男性仅占 20%，而 40% 的男性希望亲吻和爱抚，15% 的男性选择亲密的谈话。美国堪萨斯州立大学的心理学家发现，男性在约会时其实很喜欢看浪漫喜剧。美国金赛研究所调查了 1000 多对平均在一起 25 年的男女，发现男性对感情的满意度与身体亲密接触的频率强烈相关，主要还不是性接触，而是接吻、搂抱等日常接触。

四、社会环境因素对择偶心理的影响

虽然我们的择偶心理确实受到了自然演化的影响，但我们的生活环境跟祖先已经有了天壤之别，而人的行为也并不完全由基因决定，社会环境同样会对个体的择偶心理产生重大影响，我们在此介绍两种社会环境因素对择偶心理的影响，分别是性别平等状况和男女性别比。

（一）性别平等状况对两性择偶标准的影响

有许多研究表明，性别平等状况的改善会缩小两性之间的择偶标准差异，而性别平等状况较差的社会，男女两性择偶心理受进化的影响更明显。譬如，在性别相对不平等的土耳其，女性看重男性赚钱潜力的程度是性别较为平等的芬兰的两倍。实际上，在今天的芬兰，男性比女性更加看重自己另一半的教育水平。

性别平等状况与择偶心理之间的关联，甚至不限于社会整体，而直接抵达了个人层面：譬如 Paul Eastwick et al.（2006）收集了九个国家的数据发现，一个男性在性别态度上越不平等，他就越看重女性的年轻美貌；反过来，一个女性在性别态度上越不平等，她就越看重男性的家产地位。显然，那些“大男子主义”的男性和“小女人”都不是理想的配偶。

（二）性别比对两性择偶心理的影响

性别比通常是以每 100 位女性所对应的男性数目为计算标准。性别比对谈恋爱的影响主要体现在如下几个方面：

首先，性别比影响男性择偶策略。按目的分，择偶策略可分为两种，一种叫短期择偶策略，它短暂、火热，以为“爱情鼓掌”为目的。还有一种叫长期择偶策略，它长久、温情，伴随婚姻承诺和抚养后代。进化心理学认为，男性为了获得更多的后代，比女性更乐于建立短期关系，热衷于与不同异性发生关系。Pedersen 指出当女性过剩时，社会随意性行为增加，男性更可能采取短期择偶策略，不愿付出过多的努力来维持长期稳定关系。

其次，性别比会影响女性择偶标准。当女多男少时，女性会降低对异性择偶的要求。这

是由于数量较多的性别，不再具有明显的优势，于是在很多情况下会选择“将就”。但是并非完全如此，有些人也可能只是口头说说而已。事实上，男性和女性的择偶标准受到性别比的影响不同。在一项涉及48个国家的跨文化研究中，在女多男少的国家（如爱沙尼亚、拉脱维亚、立陶宛等）中，男性会降低对女性的择偶标准，导致滥交行为。但是女性知晓男性的这种短期策略之后，会为了避免碰到“渣男”而提高标准慎重选择。划个重点，男性较多时，女性具有选择权，会提高择偶标准；女性较多时，女性防止被“骗”，仍然会提高择偶标准。

一般来说，在自然条件下，出生人口性别比基本保持在103 ~ 107，超出此范围则称为性别比失衡。我国当前的出生人口性别比高达118.06，远超正常值。根据2010年中科院蓝皮书报告，预计到2020年中国处于婚龄的男性人数将比女性多出2400万（网传3000万）。然而，已经有研究者发现推算过程存有漏洞，可能受计划生育的影响，女性在出生时出现较多的漏报现象，但又出现在后来的人口调查中，从而导致出生时男女人数和不同年龄段的男女人数衔接不上。尽管光棍危机属于谣传，但中国性别比失衡的形势仍然严峻。

虽然性是生物学上最重要的个体差异来源，也没有一个社会里的两性有完全相同的择偶偏好，但现实中的择偶偏好总是同时受到基因和社会环境的双重影响，展现出复杂多变的形态。如果我们忽视社会环境对择偶心理的影响，过分强调进化的作用，往往会使人陷入“宁可坐在宝马车里哭，不愿坐在自行车后笑”的拜金主义误区。

第三节　热恋中的人是什么样的心理状态?

当你尝试去回答这个问题时，想到的大概是“情人眼里出西施”“心动的感觉”“我的眼里只有你”等煽情的描述，确实，爱情会带给人这些神奇的感觉，但我们并不了解这些现象背后的原因。现代科学蓬勃发展，当技术容许人们站在更为独特的角度看待爱情时，科学家们窥探到了关于爱情化学本质的一些规律，在此，我们就了解一下各种各样的爱情分子与恋爱心理之间的关系，但也需要认识到，我们距离阐明爱情的全貌还有着漫漫长路。

一、恋爱的幸福感与多巴胺

最被人熟知的所谓“爱情分子”大概就是多巴胺（Dopamine）了。作为重要的神经递质，多巴胺被视为“快乐”的源头。它的存在能够直接影响人类的情绪，消除人们关于恐惧等负面情绪的感受，传递亢奋和愉悦的信息。

行为心理学家认为，当人们的决定带来了良好的效果，大脑会用愉悦感“奖励”人们并促使人们继续这样的行为——在这样的“奖赏系统”中，执行奖励的物质，正是多巴胺。成功而美好的爱情对于大脑来说是正面而积极的情绪体验：在你和TA拥抱时体会到的那股“恋爱的幸福感”中，就少不了大量多巴胺的功劳。

但实际上，多巴胺带来的快乐，本身就是一把双刃剑：它既是人类感受美好和欢欣的发源，也是致人们成瘾的始作俑者。毒瘾、烟瘾、酒瘾……这些病态行为的产生，都是人们贪恋多巴胺的结果。当然，某种程度上看，“爱情”本身也是一种成瘾的根源。试着回忆你和TA热恋开始时的日子，那种一日不见如隔三秋的煎熬和恨不得每分每秒都缠在一起时的感受，多像是烟枪和酒鬼对尼古丁和乙醇的情绪。你所沉醉的美好，某种程度上也即是暂时戒除不掉的瘾。它也会导致你在失恋时体会到“戒断反应”，详细内容我们会在“第十一章 失恋心理”中讲述。

二、不安全感与血清素（5-羟色胺）

在爱情刚刚萌芽的那段时间，你也许会发现自己的焦虑更甚于平常。TA的一句话和偶然的行为都会带给你比平时更为严重的不安定感。你变得多疑、焦虑、患得患失。而这些现象，和被称为血清素的5-羟色胺（5-HT）密不可分。在一些研究中，科学家发现，在爱情刚刚开始的那段时间，情侣双方的血清素水平常常会有显著的下降，这一下降有时会持续12～18个月之久。

那么，血清素到底有什么用？已有的证据表明，血清素在人们的情绪调节中具有重要的作用。血清素水平的降低会导致严重的情绪问题，包括焦虑，抑郁，疲劳和易怒。

幸运的是，在度过了这“不安全”的十几个月，建立了互相信赖的关系后，恋爱关系中的情侣血清素水平会慢慢回升。当你在被自己的不安全感折磨了许久后，某一刻突然发现你身边的TA变得那么可靠，值得信赖，这其实是血清素的功劳。

此外，最新的研究表明，人体内血清素水平的升高会改变大脑中杏仁核和前额叶的情绪感知状态，杏仁核功能亢进会抑制前额叶的情绪和逻辑判断功能，因此会使人难以理性地分析对错。爱情会令人盲目，会令人丧失理智，是有科学道理的。

三、信任与催产素/加压素

与血清素的短期变化不同，催产素和加压素存在于爱情的整个阶段，一般认为，正是它们的存在帮助伴侣形成更为紧密的关系。有一些研究证明，催产素与人类的信任相关，它的存在与情侣之间的信赖感息息相关。除了在男欢女爱之时发挥作用，催产素还能够帮助人们克服对新鲜事物的恐惧。不过，尽管催产素在大多数情况下扮演着让人愉快的角色，但过犹不及，有研究结果提示，恋爱中的暴力行为与催产素的过度分泌有关。

四、性亲昵行为与睾酮

需要澄清的一个事实是，并非仅有男性的睾丸才能够分泌这种激素，女性的卵巢同样能够分泌一定量的睾酮。与上述所有激素不同的一点是，在热恋中的男性和女性中，睾丸酮的分泌会呈现不同趋势：在恋爱初期（12～24个月），男性的睾丸酮分泌会显著上升，而女性的睾丸酮分泌则会显著下降。而热恋过后，双方的睾丸酮分泌水平归于一致。这也许能够解释在恋爱初期，男性与女性对于性亲昵行为具有不同观点的原因。一些研究显示，在人们的性亲昵行为中，睾酮起着重要的作用。

读到这里,也许你会接受这样的事实:在爱情的持续过程中,各种有关分子的分泌是有规律可循的,但将爱情产生的原因归结于任何一种单一分子却并不现实。这些"爱情分子"并不仅在恋爱期间才发生作用,它们还承担着大量其他方面的工作,甚至有些只是在恋爱中友情客串一下而已。多巴胺与认知、神经系统唤醒等密切相关;血清素调节人的睡眠和食欲,甚至还有记忆和肠道运动;催产素的主要功能是促进女性生产时子宫颈的扩张和子宫收缩,同时它也具有促进女性泌乳的功能;加压素能够调节血压,以保证心血管系统的顺利运转;睾酮的分泌在男性第二性征的形成与维持中至关重要,每一种分子在人体内都身兼多职。

你体内的"爱情分子"曾经蓬勃地破体而出,一个个积极而愉悦的信号在你的神经网络间不断闪耀。它们就像是划破夜空的簇簇烟火,转瞬即逝,却也曾在漆黑的夜空中交织出光辉的一个片刻。正因为有这样的繁杂,这样的不定,这样的变化,才使爱情远远比某个激素上调、下调了多少来得丰富、奇妙、浪漫。

第四节　曾经的激情,最后都会变得平淡如水吗?

我们常常会听人说,时间久了爱情便被消磨成了亲情。也常有人抱怨,说曾经相爱的两人在走过很多岁月后,彼此执手却发现熟稔得如同左手牵右手一般平淡,早已失去了曾经心动的感觉。那么,这是否就是不再爱了?是不是,爱情过后我们都会变成彼此最熟悉的亲人?在婚姻中,我们也常听说一个词叫"七年之痒",意即当爱情捱过了第七个年头,便会走入一个危机时期。

我们真的会厌倦曾经的爱人吗?爱情真的会从激情状态,最后变得平淡如水吗?这是很多人对爱情的担心。但也有人认为"平淡如水的爱情"才是真正的爱情,就像歌词中所唱的"我能想到最浪漫的事,就是和你一起慢慢变老"。

有心理学家区分了两种爱情,一种称为"激情之爱"(passionate love),它充满激情,热情似火,甚至可以说带有幻想性质;另一种称为"友谊之爱"(companionate love),它以深厚的友谊为基础,是对可爱伴侣的舒心的、温情的、信任的爱恋。有心理学家对不同恋爱时长的情侣进行测试,发现"激情之爱"起初随时间上升,在结婚前后达到峰值,然后开始逐步下降。但"友谊之爱"却能够长时间保持稳定,并没有同样下降(Sprecher,1999)。为什么会出现这种情况呢?

一、爱情三因素的变化——斯滕伯格的爱情三元论

斯腾伯格认为,爱情包含着三个因素:亲密、激情、决定/承诺。

亲密(intimacy):指的是爱的关系中的亲密感、连接感。它包含着那些由爱情带来的一系列亲切的感觉以及所产生的一系列温暖的经历。

激情(passion):指的是在恋爱关系中引起浪漫、身体吸引、性满足等相关现象的驱动

力,饱含着一系列强烈的情感。

决定 / 承诺(decision/commitment): 从短期角度来看,是一个人爱上另一个人的决定; 长期来看,则是维持这种爱的承诺。因此这涉及对一段恋爱关系的存在和潜在的长期承诺的决策。

一般来说,亲密在很大程度上(但不完全)来自于感情投入; 激情在很大程度上(虽然不是完全地)源于感情中的动机成分; 而决定 / 承诺在很大程度上来自于对关系的认知。生动地说,"亲密" 可以被看作是 "温暖的" 成分,"热情" 可以看作 "热的" 成分,而 "决定 / 承诺" 可以看作是 "冷的" 成分。

斯腾伯格认为,随着关系的不断进展,这三种成分也会不断变化。在关系中所体验到的亲密感,会随着时间的流逝因关系中惊喜之感的减少而不断减少,但双方关系中的可预测性则会不断增多。同样,感情伊始,双方之间的激情是很多的,但也会随着时间慢慢消退。斯腾伯格并没有过多的谈及 "承诺" 的变化,但是他认为会逐渐增多。当然,倘若关系破灭,承诺也会迅速下降。

但是,后来者对斯腾伯格的理论进行了大量广泛的检验。其中, Acker 与 Davis (1992) 调查了 204 位成年人。结果发现,当他们看重当前的亲密关系(能考虑到是否结婚的问题)时能报告出更多的承诺,只有在女性身上才会发现激情会随着时间的推移不断减少,而男性则没有。并且,在长期的关系中,亲密的程度并不会随着时间而减少。对于一段关系,尤其是一段长期关系的满意度来说,承诺是重要的预测因素。

二、如何保持爱情中的激情?

(一)重视你的承诺

不承担责任的感情从来不会是成熟的感情。所有感情最终都会要求成熟,要求承担起责任。承诺是决定关系满意度的一个重要预测因子。首先需要对自己的珍重与爱护,其次是从注重 "我" 到注重 "我们",再到注重 "你"。

(二)理性地对待你们暂时的激情

正如马尔克斯在《霍乱时期的爱情》中所说的 "心灵的爱情在腰部以上,肉体的爱情在腰部往下。" 长期的关系中激情或多或少会有淡化,我们需要做的是尽力保持爱情中的神秘感,从而将激情与亲密结合起来。例如,我们可以重温当年初遇的情景,或者初恋时的细节。还记得春晚上郭达和蔡明的那个小品《浪漫的事》吗?

(三)开诚布公,进行有效的交流

逃避可以是问题解决暂时的灭火剂,但只是扬汤止沸。在爱情中,我们需要给彼此创设一个坦诚表达自己感情的空间,在这里能够卸下坚硬的外壳,说出内心的柔软与真情,获得彼此的理解。这在心理学上,被称为 "自我表露" (self-disclosure)。最初的激情来自我们的幻想,来自完美相对。后来的激情来自我们的真实,来自脆弱相对。而只有真实的脆弱相对,才能真正产生真正持久的亲密。

(四)创造属于你们之间的"独家记忆"

在一段关系最初的兴奋感逐渐退却降温之后,恋人之间可以通过一起从事一些活动,创造彼此间美好的回忆,从而摆脱亲密关系中的无聊感。Arthur Aron 和同事们(2000)曾经进行了一项研究,他们在实验室的地面上铺好垫子。一组夫妻的手和踝关节被绑在一起,需要他们用手和膝盖爬行,穿过屏障后到达房间的另一端;另一组夫妻只是从事简单普通的任务;最后一组被试并不安排任何任务。他们的研究结果发现,第一组夫妻在爬行时不断挣扎、欢声笑语,相比于另外两组,对于婚姻的满意度也更加高。虽然一段经历的影响是短暂的,但是稳定、持续地一同经历一些有趣、刺激的事情,无疑能够消弭无聊感对于婚姻的危害。

(五)试着和你的伴侣保持交流模式的同步

在出问题的关系中,往往会出现两种沟通模式,一种是"需求 / 回避交流模式",体现为当女友想要就一些问题进行讨论时,男友常常会想要回避,而这就让对方常常不知所措;另一种则是"消极情感互通",恋人之间针锋相对地宣泄负面的情绪,特别是以非言语的形式。其实,这两种交流模式本身并无大碍,只是,当双方处理冲突的方式相似时,关系才能更加健康。

尽管强烈的、激情的爱情确实会随着时间的推移不断减少,但这并不意味着我们对于这种消弭是无能为力的。实际上,在爱情的发展过程中,虽然激情会有所减少,但"浪漫"维持不变。前者一般体现为"我宁愿和我的 TA 在一起,也不要和别人一起",后者则表现为"我想要我的伴侣——身体上、情感上、精神上。"所以,你完全不必担心激情会消退,它只是换了一个形式体现了出来。

最后,献上杜拉斯的话——

> 爱之于我,不是肌肤之亲,不是一蔬一饭,而是一种不死的欲望,是疲惫生活的英雄幻想。
>
> 爱情是杂乱而繁茂的生命之树上温情脉脉的一缕夕阳,是我们生活不断、期待不断的最美好支持。

三、如何面对与恋人的分歧?

在大众心中,男性和女性的心理有着很大差异,两性间的许多冲突和矛盾由此而起,"男人来自金星,女人来自火星"这句话有着一大批信众,然而这样的经验之谈可信吗?一些心理学研究可以帮助我们进一步思考这一问题。

男女真的有别吗?

关于脑机制的研究发现,男女真的有着不一样的"脑回路",这造成了男女在生活中对同一事物的理解和反应方式会有不同。

首先,女性天生比男性更善于感知和表达情绪。

在一项研究中,研究者让男性和女性在做脑部核磁共振的同时想一件悲伤的事。结果发现,这件悲伤的事激活了女性的大面积脑区,而男性的脑区只有几处被点亮。这告诉我们,很小的事件也可以迅速激活女性的强烈情绪反应。另一项研究发现,女性大脑的胼胝体厚于男性的胼胝体。胼胝体是语言脑区和情绪脑区之间的桥梁,胼胝体更厚意味着女性的大脑在语言和情绪之间转换的能力更强。这就解释了为什么两性吵架时,女性常使用语言"宣泄情绪"。

其次,女性和男性擅长的信息加工方式不同。

研究脑的视觉皮质发现,女性用于处理颜色和地标的脑区更大,而男性用于处理距离和方位的脑区更大。在生活中,女性有时会反感男性的指路,例如"某某路口向北300米",因为她们更习惯于通过建筑物来识别道路。此外,研究还发现女性的"第六感"可能确实存在,因为较之于男性,女性的左右脑联系更紧密,接受信息的范围更广,那些没能进到意识的信息进入了潜意识,左脑前区便可以利用这些信息解释事物,而男性通常更加信赖意识中的客观事实。

虽然男女有别,但男女之间的差别其实没想象中那么大。尽管上述的一系列研究证实了两性之间确实存在一些差异,但另一些研究也告诉我们:男女差异并没有想象中的那么大。

首先,个体都有男性化和女性化的部分。

双性化理论及相关研究告诉我们,男性气质和女性气质并不是一根轴上的两个极端,而是相互独立的两根轴,每个人不论生理性别是男是女,都拥有一定比例的男性化特征和女性化特征。

其次,一些男女差异并非天生固有的,而是后天环境塑造的结果

在许多人的观念中,男性天生擅长理科,而女性天生擅长文科,研究告诉我们并非如此。以数学成绩为例,大量研究证明,男女的数学能力没有差异,但在同一所学校,一组被提前告知"女性数学不好"的女性比对照组女性的数学成绩低了33%。这一研究表明,许多男女能力之间的差异来自后天环境影响。

再次,男女在态度和行为上的差异被大众放大了。

心理学家米勒在研究中发现,男女差异确实存在,但并没有我们想象中的大,用统计学的话来说,大部分的两性差异都是较小或中度的差异。举个例子,在大众的观念里,男性比女性在性事上更加放任。然而研究发现,在对待性生活的态度上,最放任的男人与最保守的男人之间的差异,要远大于男女放任水平的平均值之差。

除此之外,当我们将两性差异放大的同时,往往弱化了两性之间的共同点。事实上,男女两性在关系中有着许多相似的需求。

首先,被尊重和被理解的需求。

被尊重和被理解是我们在关系中的基本需求,也是两性关系得以维系和发展的必要条件,这一点无关性别。两性关系中许多由差异产生的冲突和矛盾,往往来自一些偏见和刻板印象。这些以偏概全的既定观点易使我们对异性产生错误的认知,带有负面评价的错误认

知很容易中伤关系中的另一方,进而破坏关系。

其次,彼此忠诚的需求。

对忠诚的需求来源于我们对安全感的基本需要,不论是在朋友关系中还是恋爱关系中,我们都希望另一方可以对我们保持忠诚。背叛会使两性关系质量下降,这是男性和女性都认同的观点。

再次,个人空间的需求。

有人说“女性比男性更粘人”,然而这一说法尚未得到实证研究的支持。事实上,即使是亲密关系中的恋人,仍有彼此独立和保持个人边界的需求。不论男女,当个人边界受到威胁时都会感到不自在和有压力。

四、如何求同存异,让恋爱更美好?

既然两性之间除了差异还有相似之处,那么我们便可以用求同存异的态度去处理两性关系,这有利于减少两性关系中的冲突和矛盾,提升关系质量。具体来说,我们在与恋人相处时可以多做这些事。

(一)换位思考

换位思考的基础是对两性的特征有科学的认识。基于前文举例说明,如果你是男性,当女性迷路时,你可以选择帮助她识别附近的地标,而不是以抽象的方式指路,或是嘲笑她没有方向感;如果你是女性,当你与男性争吵时,你可以选择给予对方表达情绪的机会,而不是埋怨他只会讲道理。换位思考可以使对方感受到被理解和尊重,并且帮助你们避免相互指责和矛盾升级。

(二)及时沟通

在换位思考的基础上,你可以及时把自己的想法和需求告诉对方。具体来说,可以运用三种沟通技巧:精准表达、积极倾听、避免攻击。

精准表达,是指用直接准确的语言告诉对方你的想法,而避免那些试探性的措辞,这可以帮助对方明白你的需求。

积极倾听,是指你主动反馈你从对方的话里听出的意思,这会让对方知道你在尝试理解他。

避免攻击,是指避免那些情绪化的指责和“气话”,因为这些话并不能促进双方彼此理解,反而很容易使对方感到委屈和受伤,并激起对方的自我防御。

总而言之,两性相处之道是求同存异,是“己所不欲,勿施于人”。不过说回来,这也是处理任何一种人际关系的根本所在吧。

推荐书籍——《亲密关系》

出版社：人民邮电出版社

作者：[美]罗兰·米勒，丹尼尔·珀尔曼 著，王伟平 译

爱情是人类情感中美妙的一种体验，古今中外关于爱情的伟大文学作品有许多，但从心理学角度对两性关系进行科学而系统总结的专著尚为数不多。本书不仅得到了专业人士的首肯，更是得到普通读者的高度评价，是一本兼具科学性和趣味性的心理学佳作，作者综合了心理学多个分支的研究理论和成果，用饶有趣味的论述，总结出人们在交往与沟通、爱情与承诺、婚姻与性爱、嫉妒与背叛等方面的行为特点和规律。

本书既注重专业性，又强调可读性。即使是非心理学专业的普通社会大众阅读本书，也可以从中得到启发，使自身的亲密关系更加美满。

推荐电影——《怦然心动》

影片主讲一段青梅竹马的初恋故事，分别从朱莉和布莱斯各自的视角出发，辅以旁白说明心理活动，让同一件事情表达出双重的意义。至于爱情，在两人的眼里自然更是有区别的了。朱莉对布莱斯的 flip 是一见钟情式的，是非理性的。而布莱斯对朱莉的 flip 是后知后觉的。然而两个人真正的相爱，都是到彼此有了真正的了解沟通之后才开始。本片对观影者最大的触动也许就是，初恋的意义在于认识自己。

推荐阅读——《女孩子太好追，男生会容易不珍惜吗？》

女生在被追求的时候应不应该“吊着对方”（英语中的说法是 play hard to get）？其实，好奇又脑洞大开的心理学家真的对这一最常见的爱情问题进行了研究哦。

先说结论：太好追所以不被珍惜？可能的确如此。

研究 1：太好追的女生，可能更易被视为休闲性对象。

西悉尼大学一则研究表明，无论男性还是女性，都倾向于和最好追的对象发展休闲性关系（casual sex），而和不那么好追的对象发展约会（dating）或有承诺的关系（committed relationship）。也就是说，如果被追求的一方对于关系的期待是长期的、较为“走心”的，那么太容易被追到的话，确实可能会无法如愿。这其中也有显著的性别差异：男性比女性更倾向于和最好追的异性发展休闲性关系。另外，约 1/3 的男性被试也表示，愿意和最难追、最高冷的异性发展有承诺的浪漫关系（Jonason & Li，2013）。所以对于男追女的情况而言，女生还是难追点好。

研究 2：“吊着对方”可能会提升吸引力，让追求者投入更多。

在追求阶段，人们在感觉对方不那么好追时，会感觉对方更有吸引力，也更愿意在对方身上投入，这种投入可能体现在金钱方面。在上述研究的后续实验中，研究人员发现，越是难追的对象，追求者会愿意请他们去越贵的餐厅吃饭。即使在两个人刚刚开始接触、约会的

时候，人们已经开始认为不好追的人更有吸引力了。2014 年，Dai 及研究团队在一项关于约会策略的研究中发现，在男性被试对约会对象感兴趣的前提下，他们会对那些积极、好追的女性更有好感，觉得她们更亲切；但是，他们认为被动、高冷的女性更有吸引力，也更有兴趣和她们继续约会或进一步发展（Dai，Dong & Jia，2014）。

为什么男生会更珍惜那些不那么好追的女生？

其一，亲密关系也遵循稀有原理。

心理学教授 Robert Cialdini 在他关于影响力的著作中提出了稀有原理：当一个机会变得更渺茫时，它对于人们的价值也就越高。就像英国作家 G.K. Chesterton 说的那样："爱任何事物的方法，就是要意识到你可能会失去它。"

稀有原理同样也适用于亲密关系。无论表现为忽冷忽热还是高冷，不好追的女生随时都在释放"机会难得"的讯号，让追求者感到自己有可能会失去对方，从而更珍惜和对方相处的过程，主观上也认为对方值得自己更进一步的付出。

其二，"赢得芳心"的过程让人着迷。

《小王子》里有这样一句话："是你在你的玫瑰花身上耗费的时间，使得你的玫瑰花变得如此重要。"1965 年，心理学家 Elliot Aronson 和 Darwyn Linder 提出了吸引力的获得—失去理论，与作家的想法不谋而合。吸引力的获得—失去理论指出，我们是否喜欢另一个人，关键的影响因素在于我们是否得到更多、失去更少。

Aronson 和 Linder 在研究中发现，比一开始就摆在面前的喜欢，通过努力赢得的芳心更有吸引力。假使我们是追求者，让一开始不喜欢我们的人最终喜欢上我们，即意味着对方对我们的喜欢在不断增加，我们一直在获得对方的喜欢，而这种获得让我们变得更在乎对方。

其三，不好追的行为体现出较高的伴侣价值。

不好追的女生的典型行为，包括经常有自己的事要忙、不随叫随到、与其他男生保持社交关系、不会因为追求者的示好而过快投入感情，等等，都可能代表被追求者拥有较高的伴侣价值（Jonason & Li，2013）。可以说，那些不容易被追到的女生，性格在一定程度上会更加独立、更自信，也更有主见。她们不会因为被追求而自乱阵脚，影响原本的生活节奏。另外，给自己时间考虑即将开展的关系，而不是轻易答应追求，意味着被追求者对感情有一定态度，且愿意为自己的选择负起责任。

所以，在被追求的时候，女生应该怎么做？

看到这里，你可能会想，还是吊着对方、忽冷忽热比较好吧。但在实际生活中，我们仍要根据自身的情况，以及和追求者的关系，来确定做出回应的策略。如果你正在被追求，但在犹豫要不要和对方进一步发展，可以考虑以下几个方面。

首先，你需要分辨自己是真的喜欢对方，还是想要通过被喜欢来暂时逃避内心自己不愿面对的部分。女生作为被追的一方，也要对感情有所判断。先花一些时间，探索自己真实的想法。也许你会发现，你之所以担心对方会不珍惜你，并不是因为你想要发展长期、有承诺的关系，而是因为你害怕失去对方在追求阶段表现出来的热情。但实际上，这份热情只是暂时的。它不是亲密关系的常态。

其次，你可以试着换位思考，站在追求者的立场上考虑你们的关系。你可能会发现，有时候男生看起来很热情，积极地追求你，推进关系，其实对你仍然是不够了解的。你们之间谈论珍惜与否还为时过早。在这种情况下，重要的可能并不是接受或不接受追求，而是给彼此一个继续互相了解的契机。

当然，如果你确实也喜欢对方，你可以适度给对方制造一些挑战，通过让自己表现得不那么好追，来引导对方更多地投入这段感情。但也不要用力过猛。一味装作高冷的样子，过度关注情感游戏，可能会吸引那些只想着征服你的“浪子”，而让那些真心喜欢你却选择尊重你意愿的人感到受挫。

恋情是一个长期、复杂的过程，影响因素很多、变化也很多。让自己不那么好追可以在一开始获取对方的重视。但随着关系进展，当初谁追谁、追了多久，会渐渐不再那么重要。而两个人总要慢慢敞开心扉，互相表达自己真实的感受，才能建立和发展真正的亲密关系。

第十一章　失恋心理
——分手如山倒，爱去如抽丝

每一段关系都是流动的，变化的。也许你曾经跟自己的前任你侬我侬，但恋爱曾经有多美好，分手时就会有多痛苦。失恋是一件常事，谁的青春没有过失恋？美国一项调查发现，“70% 的大学生会经历分手，43% ~ 50% 的首次婚姻会以离婚告终。”国内的情况也不乐观，自 2003 年以来我国离婚率已经连续 15 年上升。婚姻保质期似乎也在缩短，民政部统计数据显示，有 50% 的婚姻持续时间不超过 5 年。

失恋是一件常事，但却不是一件小事，分手不仅仅会让你难过，对年轻人而言，它是造成抑郁症临床表现最常见的危险因素之一。分手对我们每个人会产生不同的影响，并且在我们生活的方方面面留下印记。在完全恢复以前，我们或许有时会在床上歇斯底里地抽泣，有时又感觉自己已经心如死灰；可能完全睡不着，或者根本不愿下床；可能渴望放任自己的欲望，或者变得性致全无。离开一个人从来不是件容易的事，它会给我们带来一系列生理、情绪和认知的困扰，但如果分手是单方提出的，那给双方带来的困扰也许就会完全不同。

第一节　谁提出分手重要吗？

不少人声称，分手是双方协商一致的结果，但实际上大概只有 22% 的分手是双方确实都想分开，78% 的分手是单方提出的。显然，在一方提出分手的情形中，就会有主动分手方和被动分手方，二者在分手过程中的状态差异明显，主动分手者的痛苦程度要远小于被动分手者。

原因主要在如下四个方面：首先，主动分手者停止情感投入的时间更早，在提出分手之前一段时间，他们已经减少或停止了自身的情感投入，开始对最终分手进行心理准备，而被分手方在收到分手通知时会感觉像晴天霹雳，进入急性应激状态。其次，主动分手方在更早时候已经开始重塑自我概念，他们更早开始从“我”而不是“我们”的角度来思考自己的生活，而被动分手方在分手之后才会开始被动地改变自我概念。再次，主动分手方的自尊下降更少。主动分手方对亲密关系破裂的归因主要指向对方，而被动分手方更多会进行自我归因，自尊下降更多。最后，主动分手方在提出分手之前，可能已经有了替代伴侣或目标，新的美好爱情自然极大地缓解了分手的不利影响，但被动分手方可能对前任早已移情别恋毫不知情,甚至还处于一往情深的状态之中。

基于上述原因,主动分手者困扰更少,痛苦程度更低,而被动分手者更愤怒,更嫉妒,更容易抑郁,更容易自尊下降,也更容易陷入对分手原因的穷思竭虑状态。

由于主动分手者与被动分手者之间的这种差别,我们认为分手的主动方不叫失恋,分手的被动方才叫失恋,也请读者注意文中分手与失恋的区别。除此之外,我们不能只通过观察谁先提出分手就认为谁是主动分手方,因为有时,一方会出于某种动机(如避免道德谴责),采取某种方式(如冷淡对方)逼迫对方先提出分手,显然此时主动分手方并不是先提出分手的那个人。

第二节　什么原因导致了分手?

每对恋人分手的原因可能各不相同,但从总体来看,出轨是其中最重要的原因之一,国外一项调查显示 20% 的分手是因出轨导致,我们就来重点分析一下出轨。

日常生活中,我们将出轨者称为“渣男”“渣女”,认为他们道德堕落,但出轨是人类社会中的一个普遍现象,是否存在其他方面的原因呢?

一、出轨基因

科学家发现,出轨跟基因有一丁点关系。他们发现一种名为多巴胺受体 D4(DRD4)的冒险基因,被认为与精神分裂症、躁郁症、上瘾行为有关。

美国宾汉顿大学找来了 181 名年龄在 20 岁左右的大学生做了个 DRD4 变体与滥交关系的实验,实验对象主要是欧美人群。研究发现,拥有一个 DRD4-7R 等位基因的人,比没有携带该等位基因的人更容易对伴侣不忠,而拥有两个该等位基因的人,滥交可能性又会增加。

然而这种基因为什么没有在进化中被淘汰呢?

这是因为这种基因不仅跟滥交有关,跟冒险精神和好奇心也有关系。例如游牧民族带有 7R 等位基因的频率高于定居人群,所以游牧民族可能更加冒险和进取。大约 4-5 万年前,基因突变,有一部分智人被 DRD4 基因“击中”,变得更富有冒险精神。这种基因鼓励人类去探索更多的新事物,它们的携带者更敢于做出挑战和尝试,从而促进了人类文明的发展。但拥有这种冒险精神和好奇心的人,也更可能出轨(当然,决定冒险精神的不只这一种基因,而且 DRD4 基因其实也有很多变体。)

二、出轨的进化心理学视角

按照进化心理学观点来看,两性对待“出轨”的态度也是截然不同的。在交配过程中,男性付出的成本很小,只需要一发精子,而且一次射出的精子数量就多达上亿个。从理论上来讲，男性同时可以让很多女性怀孕。很多人骂渣男不负责，交配完就跑。但从繁衍的角度来看，渣男恰恰是最懂得如何传播自己基因的人。而女性就不一样了，女性在交配中付出的成本很高：首先女性每个周期通常只排出一颗卵子。而一旦怀孕，在接下来的 1 ~ 3 年可能都无法再受孕，因为不仅要十月怀胎，还要承担哺育婴儿的责任。

这种生理上的差异决定了两性在生殖上注定处于博弈状态。对男人来说，尽可能更多地交配更有好处，只要保证后代是自己的就行（哪那么容易保证）。而对女人来说，保证跟一个高配偶价值的男性交配才是最有利的，她需要男性的帮助来提升后代的成活率。这也就是为什么关于“渣男”的定义，女生多半是吐槽其对感情不专一。而男性对于“渣女”的定义就是，那个给自己“戴绿帽子”的人。

事实上，从人类历史来看，不专一才是感情的主旋律。一夫一妻制在人类历史上成为主流的时间很晚。人类社会还经历过群婚、走婚、一夫多妻等多样的配偶制度。所以出轨的人放在现在是“渣男”“渣女”，放在过去可就另当别论了。可以说，对感情忠实的一夫一妻制是人类文明的进步，是需要文明的人类利用理性去适应的。

当然，作者绝不是要为出轨的“渣男”“渣女”洗白，只是想让大家更理性地看待这个问题，毕竟我们身上还遗留着祖先进化而来的出轨冲动，但我们并不能将自己玩弄他人感情归咎于基因或是天性，因为社会环境同样对我们的行为有着巨大的影响。不顾人类的伦理道德，我们跟其他动物还有什么区别？

三、出轨事件的多重影响

首先，我们来谈谈伴侣或恋人出轨对被出轨者的影响。

伴侣或恋人的出轨可能会严重摧残被出轨者的安全感。被出轨者原本以为自己处于安全的关系中，自己的伴侣或恋人不会背叛自己。没想到自己所处的关系并非所想的那样安全。被背叛的打击让被出轨者用一种新的、多疑的目光打量世界：如果我所认为安全的关系已不安全，会不会这个世界也不像我过去以为的那么安全？被出轨者会出现一系列不安的反应，怀疑身边人可能伤害自己、四处寻找会伤害到自己的迹象等。

此外，被出轨者会出现沉浸式思考，无法自控地反复想和出轨有关的事。这是一种遇到挫折后常见的心理机制，通过不断回想和反思，试图从中学习，保证以后不再犯同样的错误。被出轨者会反复检索当初伴侣或恋人出轨的种种迹象，后悔自己没有早点发现，或是反复思考伴侣或恋人为什么会出轨。但这个过程会带来巨大的心理痛苦，让人陷入抑郁和折磨。

其次，我们再来谈谈出轨这件事对出轨者本人的影响。

绝大多数人可能会认为，出轨者本人是获益者，怎么会有负面影响？其实不然，出轨者本身也会遭受出轨事件的负面影响。在出轨暴露之前，隐瞒出轨事件本身会增加出轨者的心理压力。隐藏住出轨的蛛丝马迹，过“双重生活”并不容易。一方面出轨者得计划好如何出轨，另一方面又要时不时担心自己的谎言被人拆穿。害怕暴露带来的焦虑感非常可怕，以至于许多出轨者在被揭穿后感觉如释重负，为了自己再也不必说谎和隐瞒。

此外，出轨还会引发出轨者的认知失调。认知失调指的是人们对事物的认知与事实发生冲突,从而引发心理上的不适。出轨事件会让出轨者对原本的自我认知产生怀疑。例如,出轨者原本认为自己是个“好人”,然而事实是他背叛了自己的伴侣。事实与自我认知的不一致让他们感到不安:“我不再是个好人了,那我是谁？我是恶人吗？”许多出轨者会因此备受折磨,但这可能只会持续很短的时间。为了避免内心的不安,出轨者往往会改变自己的认知,将自己的过错淡化,为自己的过错寻找各种外部理由。比如,成龙在承认自己出轨之后曾说“我犯了全天下男人都会犯的错”(这锅甩得叫个漂亮,但我作为一位男性,坚决拒绝背这个锅)。由于出轨者将自己的过错淡化,他们很可能不会从中吸取教训,并在将来更容易出轨。

分手的原因有很多种,但由于目前心理学研究的局限性,我们对其他导致分手的原因还缺乏深入认识,随着今后心理学研究的不断扩展,许多新的内容会逐渐增添进来。

第三节　失恋为何如此痛苦?

知乎上有一个非常火的问题:“恋爱六年以上分手是一种怎样的体验？”在很多亲身经历过的人的回答中,都提到相同的一点:生活中充满了前任的影子,挣不脱,逃不过,忘不了,放不下。特别是在刚刚失恋时,这种感觉尤为强烈。众所周知,与爱人分开意味着失去爱慕、亲密感和相互关怀的重要来源,但分手还会产生一系列更为微妙的影响,如重塑自我身份认知,改变我们内在的生理节律,以及逼迫自己更新对未来的假设。不仅是心理会面对严峻的考验,同时生理方面的也面临巨大压力。为更快地走出失恋阴霾,我们有必要先了解失恋到底给我们带来了什么样的影响。

一、失恋引发了“戒断反应”

在恋爱心理一章中,我们曾谈到过,恋爱就像毒品一样让人上瘾,显然失恋就会像戒毒一样痛苦了。我们大脑中有一个被称为腹侧被盖区的区域,它是大脑的“奖赏系统”,与成瘾现象有关。当一个行动或中枢神经兴奋剂能够激活腹侧被盖区时,就会使人感到愉悦。当你处于热恋中时,它会被激活。当你失恋时,它又会被激活,此时你会无比渴望前任回到你的身边。在你不能得到TA时,这一区域会变得更加活跃,使你更加渴望得到TA。难怪当我们试图忘掉那个人时,却发现自己更想TA,更爱TA了。

心理学家曾做过两个“残忍”的实验:第一个实验,心理学家找了一群分手了但还爱着对方的可怜人,强行让他们观看前任的照片,并用fMRI(核磁共振机)扫描记录他们大脑中的反应。结果发现,当人们回想前任时,大脑中被激活的部位和毒瘾发作的部位是一样的。第二个实验更“过分”,心理学家让实验参与者不仅要强行观看前任照片,并且要在脑中回想:“你是怎么被分手的？为什么TA不要你了？”,然后观察他们的fMRI图像,发现他们在回想前任时,大脑中被激活的部位和身体感受到疼痛后被激活的部位是一致的。这两实验表明,失恋会导致与戒毒类似的“戒断反应”。

正是由于戒断反应，“奖赏系统”会驱使失恋者采取行动以挽回对方，如不断回忆曾经的甜蜜时光，频繁联系对方，祈求对方回心转意，不断骚扰对方，甚至曾有人监禁了自己的前任。

分手后感到痛苦是一个重要的心理机制，它能够推动我们建立和维持与伴侣之间的关系，这一关系对繁衍下一代至关重要。但这一机制也制造了大量的悲剧甚至是犯罪，曾有新闻报道，一男子因女友提出分手，为了挽回对方，他三度用铁链囚禁前女友，终因触犯法律被捕。

令人稍感欣慰的是，戒断反应并不会一直持续，它终将消失，神经传导通路中没用的神经连接会慢慢被消除，这种神经重写机制能慢慢改变你对爱人的感受，直到有一天对 TA 的爱完全消失。

二、失恋引发了自我怀疑

爱情中最幸福的部分莫过于，你和对方可以亲密到仿佛快要变成一个人。研究表明，随着关系发展，在若干方面，情侣之间的心理界限会变得模糊。每一次深夜里的互诉衷肠，每一次解锁城市新地图的约会，都是伴侣们分享和交换个性、技能和观点的机会。伴侣间的感情越深厚，他们会越倾向于从“我们”的角度去思考问题——什么对我们来说是最好的，我们想要什么，我们的未来会怎样。这个过程令人激动又满足。然而，逆向体验它，会让人迷失又痛苦。一段感情终结时，我们就会面临一种身份危机。你被迫从“我们”的身份认知中抽离出来，重新开始从“我”的角度思考问题。可想而知，这个过程有多么艰难。失去前任之后，我们可能已经不知道究竟“我是谁？”我们需要修正自己的自我概念。自我概念是人对自身存在的体验，是我们通过不断的自我反省或他人反馈而产生的自我认识和体验。

心理学家曾通过调查问卷的方式，用六个月时间去追踪 69 位大一新生的恋情以及他们的自我认知。26 名学生在实验期间分手了，心理学家发现，在刚刚经历分手的伤痛后，这 26 名学生自我认知的清晰性急剧下降，并在之后的几周里持续下降。也就是说，刚刚分手后，我们对自我的认知会变得模糊（我是谁？我为什么会这样？我的将来会怎样？）。

此外，我们的自信心也会遭受严重打击。心理学家发现，在平均分手 2 ~ 3 个月的时候，失恋者的自信心会骤降。不过无需过分担心，这些自我怀疑的过程是有解的。实际上，68% 的人在分手半年后都会回归到正常生活，只有少部分人还会继续处于痛苦之中。

失恋不仅会迫使你痛苦地放弃你的某些身份，修正你的自我概念，还会迫使你放弃对未来的计划。如果你设想会与 TA 共度余生……好吧，分手可能意味着突然被迫放弃很多事：几个外出旅行的方案，你的职业发展规划，计划工作和生活的城市，攒钱买房、结婚的计划，甚至包括给想象中的下一代提前取好的名字。这种大规模的心理修正同样令人痛苦沮丧，甚至感到筋疲力尽难以完成。

三、失恋破坏了我们的归属感

失恋之后，你是不是总会在这个时候想 TA ？当你生病的时候，当你无所事事的时候，当你遇到挫折的时候，当你需要帮助的时候，当你需要关怀，需要爱的时候，当你进入一个陌生环境的时候。

在浪漫关系中，我们会对恋人产生很强的依恋，因为TA能满足我们的三项需求：（1）与人亲密；（2）被人照顾；（3）有充足的安全感和自信的来源，从而与重要的他人形成一种社会连结，获得归属感。当我们处于压力状况下时，我们的这些需求就会更加迫切。

巴依兰大学心理系教授Mikulincer做了一项有趣的实验，他让实验参与者做一些词汇判断任务，发现当词汇含有压力的词义时，人们会想起跟“依附”主题有关的事情。当压力性词汇增加后，人们脑海中会出现更多有关亲密主题的想法。

被分手的人比提分手的人更痛苦，部分原因也在于被分手方还没有做好准备去摆脱对对方的依恋。俄亥俄州立大学的Fagundes教授研究发现，被分手者在分手时仍然依附前任，因而分手后更留恋对方，痛苦程度较高；而提出分手的一方在分手前一段时间，已经开始有意地摆脱对对方的依恋，分手后痛苦程度较低。

分手一段时间后，虽然有些失恋者深知前任不再会陪在自己身边、安慰自己和关心自己，但是依然渴望依附前任。寂寞时，还是想跟TA亲密。遇到挫折后，还是想找TA安慰。这种欲望会阻碍失恋者分手后的恢复状况。当这种欲望降低后，失恋者才会开始慢慢的恢复。

四、失恋改变了我们的生理节奏

由于我们对伴侣产生依恋，TA会对我们的想法、感受甚至生理机能都产生强大的影响。亚利桑那大学教授斯巴拉（David Sbarra）和康奈尔大学教授哈赞（Cindy Hazan）都认为，亲密的伴侣关系能帮助我们的生理系统保持平衡：它能让我们从紧张不安中平静下来，从怠惰低落中恢复活力，帮我们设置日常生活的节奏（比如在该用餐或休息的时候发出讯号）。事实上，除了令人心生爱慕，伴侣还起到了闹钟、起搏器和安全毯的作用。无论一段恋情是美好还是糟糕，伴侣都会从生理上和心理上深深受到对方的影响。因此，分手对双方都是沉重的打击，就像突然禁止每天早晨满眼血丝的咖啡因成瘾者喝咖啡。斯巴拉和哈赞指出，经历分手的成年人表现出很多生理失调的症状：生理性焦虑、睡眠失调、食欲不振等。如果我们把婴儿与哺育者分开，他们也会表现出相同的症状。

所以，如果你因为分手而难过不已，在午夜辗转难眠，这很可能不只是因为难过，还可能是因为你的伴侣已经成为了你内在生理节律正常运转的条件之一。这种生理上的紊乱还可能会造成健康问题。想到痛苦的分手经历，人们的生理状况会产生变化，比如心跳加速和血压升高。如果让身体长期处于这种高损耗的状态，会对健康造成影响。事实上，离婚后没有再婚的人，英年早逝的风险更高。

甚至一些人在失恋后会出现“心碎综合症”，感到心脏很痛止不住地颤抖，它也被称为Tako-Tsubo心肌病/应激性心肌病/左心室心尖球囊综合症，指人因失恋、失去亲人等重大外部事件打击而产生极度哀伤时，左心室急剧收缩的症状，其临床表现为胸痛和呼吸困难。产生的主要原因在于人体验到极端情绪时候，大量儿茶酚胺（主要是肾上腺素和去甲肾上腺素）被分泌到血液系统中，引起交感神经反应，其代谢产物对心脏有暂时毒性。可能引发类似于心衰竭的反应。大规模数据的详细调查结果显示,其对年轻人的影响要高于老年人,对男性的影响要高于女性,虽然据说女性有更高的发病率。

第四节　如何更快走出失恋阴影?

分手之后,你会伤心不已,因为你失去了珍视的东西,你也许还会抱有希望,想知道是否有什么方法能修复与前任的情感裂痕,但分手很少能够挽回,虽然你仍对前任存有爱与渴望。在确认感情已无法挽回之后,你一定想尽快从分手造成的糟糕状态中走出来,以下的一些建议也许会帮到你,虽然某些建议违反直觉,但值得尝试。

一、回味分手的过程

失恋之后,朋友们可能会劝你不要再想这件事,我们也不想重复分手的细节。但是最新研究表明,反复回忆分手时的想法和情绪体验,反而能加快情感恢复,拥抱你的愤怒,而不是任由自己继续陷在温情甜蜜的痛苦中,也许会对你大有裨益。

有研究者对年轻人失恋后一个月里的感受进行了密切追踪,结果发现,每当参与者报告他们对前任产生了极其强烈的爱意后,第二天他们往往会更难过。相反,如果参与者表示他们感受到异常的愤怒,这就意味着随后他们的痛苦与爱意都会降低。这种规律在最终大抵恢复的参与者中表现得尤其明显。

在具体操作上,我们可以反复回忆并跟踪记录自己失恋后的恢复过程。比如可以每周进行一次对失恋的情绪和反应评估,并记录下来;还可以像和别人讲故事一样,多次写下自己分手的过程;甚至可以让朋友帮忙,记录自己的想法和感受随时间的变化,但不论你选择哪种方式,最好让自己的想法保持条理。

二、与前任中断一切联系

分手之后,我们想要与前任保持联系的冲动可能非常强烈,即使不直接联系,我们还可以通过网络进行没有互动的弱联系。我们只需在家刷微博和朋友圈就可以“跟踪”前任,了解他们最近在干什么。国外一项调查发现,大约有三分之一的用户会去查看前任的Facebook状态。一半以上的人承认自己会去对方的社交主页上寻找前任与其新欢的照片。不过这些做法都只会导致悲伤和思念,使人感觉越发糟糕。如果你屈服于这种冲动,请记住这样做的代价。

继续与前任联系的念头很难遏制,一旦联系又会带来更多的痛苦。之所以会这样,是因为继续联系容易勾起你对前任的想念,并唤起想与TA复合的念头。如果收到对方的信息,会觉得对方还会在意自己,让你抱有复合的希望。渴望收到信息却一直收不到的失落感也会加深你的痛苦。同时,如果不断联系,你也很难脱离对对方的依赖感。这会使你很难走出失恋的阴霾。

最近一篇有关网络“弱联系”的调查还发现，社交网络上的“弱联系”甚至会比“强联系”（例如打电话、发短信等等）更加阻碍分手后情绪的恢复，而且阻碍的程度与花在弱联系上的时间成正比。这可能是因为，弱联系与打电话、发短信等联系方式相比提供了更多的信息。毕竟，分手之后在社交网络上看到对方的几率要比亲眼见到的几率大得多。当你看到对方更新了状态，发现 TA 开始跟别人交往，你很有可能会嫉妒生气，从而影响情绪的恢复。

分手双方保持联系有时还会有另一种原因，主动分手者可能出于利益原因而不愿意切断联系（比如利用对方的能力帮助自己进行职业发展），这会使被分手方感到复合是有机会的，但事实却是自己的感情被对方利用。这种行为通常会对被分手者造成更大的伤害。比如曾成为知乎热门话题的“复旦女博士劈腿四个男博士，其中一硕导为其自杀。”因此，为了更好保护自己，在分手后，被分手者应该主动选择立刻断绝与对方的一切联系，直到自己的情绪完全恢复。

三、转移注意力来应对记忆反刍

分手之后，我们总是难以避免要回忆前任，此时就容易陷入消极的怪圈，过度解读和纠结发生过的负面事件。在心理学上，这被叫做记忆反刍。比如我们会想：“我是不是哪里做得不够好？”“如果我当初再多理解 TA 一点，是不是就不会分手？”……

有时候，即使你与前任的感情并不够深厚，不断的反刍也会使非常痛苦。因为你过多地关注感情中消极部分，过多地在意失去的东西，从而放大了失恋的痛苦。记忆反刍就像脑海里的小恶魔，在你试图甩掉过去朝前迈步的时候，它会不断地跳出来提醒你，让你将负面的想法和情绪捡回来。

心理学上有个契可尼效应（Zeigarnik Effect）——人们对于尚未完成的事，比对已完成的事印象更深刻。与前任分手是你未竟的爱情，它让你陷入不断地想的循环中，却始终也想不通走不出。不断思考这些无法改变的事只会让你更加痛苦，从而陷入一种更加负面的死循环。那能不能就让我想完，也许我就想通了走出来了呢？这是不可能的，当人在负面情绪的驱使下反刍，只会记起更多的负面事件，然后就会更加消极地解释过去的回忆和现在的状况，这只会让我们更加情绪低落。

那如何才能抑制记忆反刍，走出负面循环呢？

让人停止某个思绪的最佳办法就是塞进另一个思绪，转移自己的注意力。玩一些小游戏或是进行一些占用脑容量的娱乐活动，可以有效地抑制你对负面情绪的反刍。但如果你主观强行抑制反刍，只会适得其反，出现白熊效应（White Bear Effect）——越是抑制某个想法，就越是会想起它。当我们要刻意忘记某件事时，潜意识反而会将注意力集中在上面，最终导致这个念头怎么甩也甩不掉。

四、放弃报复

随着互联网的普及，现在对前任进行“报复”的现象已经越来越常见，因为采取报复实在太方便了。在朋友圈发跟异性吃饭、看电影的照片,激发前任嫉妒心,暗讽对方,写有关前任的负面评论,甚至公然发布诋毁对方的信息,还有人会去黑前任的各种网络账号。也许你能够从中感到报复的短暂快感,但这却会阻碍你更早走出失恋的阴霾。

复仇是人类永恒的主题,它和莎士比亚笔下的哈姆雷特一样古老,又像《权力的游戏》一样新鲜。对伤害自己的人进行报复是一种自然的反应,但却会产生"复仇悖论",我们认为复仇会让自己感觉良好,但事实却是复仇之后感觉更糟。

分手后,我们会恨那个抛弃自己的"负心汉""薄情女",想要报复TA。但实际情况却是,报复成功的快感只能够持续很短的时间。心理学家经过大量研究后认为:复仇会延长背叛带来的不愉快感,而且对他人进行伤害,不可能给我们的灵魂带来慰藉。进行恶意的报复,不仅可能带来司法的制裁,还会让我们保持仇恨的情绪,造成报复的恶性循环。我们被内心的黑暗诱惑去惩罚"犯错"的人,但最终也会惩罚到自己,因为复仇并不能治愈我们受伤的心灵。认为复仇能让人从悲伤中获得解脱,让人暂时获得快乐,帮助人走出失恋阴霾的想法是一种错误的观念,事实上,复仇往往对你自己不利,因为它会将注意力引导到前任身上,使我们纠缠于过去,并带来更多的负面情绪。

五、寻找新的依恋对象

在上一部分内容中,我们已经谈到了失恋对个体归属感的破坏,那我们该如何应对呢?办法就是将原来对前任的依恋转移到其他可信任者的身上。哪些人可以成为我们新的依恋对象呢?心理学家发现一些因素会促进人们产生依恋感,如亲密的身体接触、关怀照顾和可信赖性。因此,我们需要找到符合这三个条件的人作为自己新的依恋对象。当需要陪伴的时候,找你的闺蜜;当遇到挫折的时候,找你最信赖的朋友或家人来帮助你;当没有安全感的时候,想想支持自己的朋友和亲人。我们要努力消除"世上只有TA是给我最多安全感的伴侣"这种想法。如果你在孤独寂寞、需要别人帮助时,都不会再想起TA,恭喜你,你离脱离失恋的阴影又近了一步。

六、保持乐观

即便你掌握了上述内容中的全部技巧和妙招,失恋可能还是会让你感到痛苦,此时保持乐观就至关重要了。希望以下几条理由可以让你保持乐观。

首先,失恋通常并没有你想象的那么痛苦。心理学家伊斯特维克(Paul Eastwick)和芬克(Eli Finke)发现,当要求人们估计自己与伴侣分开后的悲伤程度时,人们所预测的崩溃程度远高于后来分手时真正的感受。事实上,人们在刚刚分手后感到的痛苦,与他们所预测的在分手两个半月后的痛苦程度相当。

其次,分手不仅是痛苦的来源,也可以成为你成长的机会。反思分手的过程中,我们通常会意识到自己作为人、作为伴侣,该如何做得更好。我们也许会摸索出自己身份中曾经被忽视的部分,因为它们与前任的个性不太契合而被忽视。我们甚至会发现,想要完成的目标突然变得容易了。如果伴侣曾经对你追求成功的努力毫无助益,那么,分手后的你可能会加速成功的步伐。如果你是幸运的，也许你还可以对自己是谁以及自己想成为谁，有一个更加清晰的认识，因为你现在成了一只“单身狗”，许多事情都只能靠自己了。

失恋其实并没有明确发生的时刻点，它并不是一个全或无的事件，它是一个有一定时间期限的过程。在某一个时间段过后，如果个体能够享受单身生活，或者开始下一段恋情，就说明失恋的历程结束了。

第五节　分手之后还能与前任做朋友吗？

失恋之后，想要断绝两个人复杂的交织在一起的生活和思想绝非易事。如果你还想与前任做朋友，那就更是难上加难了。一项调查发现，分手之后，大约有一半的人试图和前任做朋友。有多少人成功与前任成为了朋友，我们还没有确切数据，但要做到这一点显然不那么容易。既然这么多人有这个想法，我们就有必要分析一下，与前任由恋人退回到朋友关系，会存在什么样的困难。满足哪些条件，才能在分手之后再续友谊？假如想和前任继续做朋友，又该怎样做才能避免尴尬和痛苦呢？

心理学家认为，以下几点也许能帮助你与前任成为真正的朋友。

第一，恋爱之前如果双方本身就有深厚、长久的友谊，那么在分手之后，他们也更倾向于继续维持这段友情。在脚本理论（Script Theory）中也提到了“友情模式”这个说法。两个人在恋爱之前的交往方式，可以迁移到分手之后，不用再创造新的交往方式。这样就大大降低了不确定性，不用再想“我能不能跟TA说说工作上的事情？”“我还能约TA吃饭么？”这种问题，从而可以使恋情顺利地过渡到友情。《老友记》中的Ross和Rachel就是这样的例子。第一次分手后，两人开始彼此还有所顾忌，相互回避。但过了一阵两人就互帮互助，打打闹闹。在第二次分手后，即使有点余情未了，两人很快就恢复到最初的朋友交往模式。他们对爱情和友情有了明确的区分，能够撇开自己的情感，继续做好朋友。

第二，分手策略也会产生影响。如果分手时，提出分手的人采取温和的分手方式，比如跟对方进行一场长谈，而不是打冷战、疏远对方或者做一些过分的事情逼对方提出分手，那双方在分手后成为朋友也就具有了更大的可能性。《分手大师》这部电影中，男主角梅远贵（邓超饰）用了很多种分手策略，但多是逼对方提出分手。这些冷酷的分手方式相当伤人，也就断绝了分手双方再续友谊的可能。而长谈式的、温和的分手策略往往能够使双方彼此理解、和平分手，所以它往往是做朋友的必要条件。

第三，由谁提出分手，也是影响日后关系的因素。研究发现，如果双方都愿意分手，而非某一方主动提出，那么两个人还可以是朋友。在这种情境中，一般双方对这段感情都已感到不满，彼此之间依赖减少。因此分手对双方来说并不算坏事，甚至可能是解脱。也有调查结果显示，男方提出分手时，两人更可能做朋友，但这其中的具体原因还不明确。心理学家希尔从一个包含103个案例的研究中发现，虽然女生在恋爱关系中经常是付出较多的那个，（女生45%，男生36%，付出一样多19%），但是付出越多，她们越会感到对方投入太少，关系不平等，而越想要提出分手（在案例中占37.2%）；而男生在大量投入后，更愿意去维持这段关系，提出分手的可能性较小（在案例中占 20.6%）。因此，根据这一点可以推测，在付出较多的情况下，相对于女生，男生对被甩更缺乏心理准备。如此一来，在“被分手”之后，男生可能会更难接受，做朋友也就没戏了。

第四，亲朋好友的支持也非常重要。如果你的亲友对你与前任做朋友表示支持，而不是追问“你们不是分手了吗，怎么还在一起”，那么也能减少分手后做朋友的尴尬。另外，如果双方的朋友圈子比较一致，那么以后也比较容易继续愉快地玩耍。

第五，与对方断联一阵，再做朋友。分手之后，我们都会有与对方联系的强烈冲动，因为我们还想挽回曾经的恋情，或者还有对对方的依恋。显然，此时我们是无法与对方做朋友的。因此，在分手后，被分手者不要立刻回应对方的联系，更不要主动联系，等你能够彻底断了复合的念头，并且可以独立、不再依恋对方时，就是可以再续友谊的时候了。

最后用陈奕迅的歌曲《十年》总结一下：“十年之后，我们是朋友，还可以问候。只是那种温柔，再也找不到拥抱的理由”。其实，用不了十年，通常情况下半年左右你就会恢复，此时就可以和前任成为朋友了。当然，一切的前提是，你愿意和对方做朋友，同时，对方也愿意和你做朋友。

推荐书籍——《爱情心理学》

作者：[美]罗伯特·J·斯腾伯格（Sternberg R.J），[美]凯琳·斯腾伯格（Sternberg K.）著
出版社：世界图书出版公司

《爱情心理学》这本书试图解决爱情的本质，以及如何通过实证方法研究爱情的问题。这本著作提出了诸如爱情是什么，爱情是怎么形成的，如何理解跨文化的爱情，以及什么导致爱情发生或什么损害爱情等问题。它向我们展示了各种各样的观点，每种观点都是由爱情及相关领域的名家提出的。

本书第一部分是生物学说，详细讲述了爱的动态进化观，浪漫之爱关系中的行为系统取向，爱情进化论，爱情的内驱力，依恋与连接的生物行为模型。第二部分涉及恋爱类型，包括恋爱风格，探索爱的真谛，爱情的二重理论和爱即“共有应答性”的给予和接受。第三部分提出了爱情研究的原型说。第四部分涉及爱情文化学说，介绍了基于情感投资的爱情进化与跨文化视角，激情之爱的跨文化与进化观点及个人主义、集体主义和爱情心理学的关系。这是一本爱情心理学研究的集大成之作。

推荐电影——《和莎莫的 500 天》

电影讲述了一个不相信真爱的女孩遇上一个疯狂爱上她的男孩。这个男孩汤姆以给贺卡撰写各种贺语为生，满脑子充满奇妙浪漫的他意外被自己的女友莎莫甩掉。为了反思他和莎莫的问题所在，汤姆于是开始回忆自己和这个女孩过去在一起的 500 个日子。这部电影的心理学看点在于，它有不少非常写实的恋爱与失恋的心理活动和行为表现，而电影的结尾也在告诉我们，失恋会激发我们新的自我认知，促进我们的成长，同时，失恋也会使下一段恋情更加成熟和美好。

推荐阅读——《亲密关系中的冲突》

你可能总是和另一半吵架,吵完感觉两败俱伤。但事实上,亲密关系之间不可能没有摩擦和矛盾,越是相互依赖,在一起的时间越长,要协调的活动和任务种类会越来越广泛,冲突就越可能发生。年幼的儿童就会开始与父母争吵,恋爱中的伴侣亦然。

但吵架其实也是一种沟通的时机。正确的应对冲突是发展长久亲密关系不可缺少的能力。今天我们一起来理解“冲突”,并讨论什么才是好的应对“冲突”的方式。

第一,为什么会发生冲突?

冲突是不可避免的。

这一方面是因为任何两个人在情绪和偏好上都会存在差别;另一方面是因为亲密关系中存在一些不可避免的矛盾,它们迟早会引起一些紧张,我们将在后文中进一步解释这一点。调查显示,以下4对矛盾能够解释夫妻之间三分之一以上的打斗和争吵,而这些矛盾带来的紧张会在一生的亲密关系中持续存在。

1. 个体的自主性和与他人的联系性

你更想追求什么,亲密还是自由,独立还是归属?一旦接受一种,就意味着或多或少要拒绝另外一种。人们希望能按自己的意愿自由行事,珍视自身的独立和自主。但另一方面,他们又寻求与他人温暖而又亲密的联系,希望能长久依赖特定的伴侣。

我们无法一方面保持高度的独立,另一方面又与伴侣保持紧密的相互依赖,因此总有一些时候,我们要有所取舍。在面临选择时,人们会更多地受到最近没有得到满足的需要和动机的影响,偏好则也会随之来回摇摆。

2. 开放和封闭

亲密包含着自我表露,亲密伴侣们希望能相互分享他们的思想和情感。然而,人们也希望有自己的隐私,保守一些自己才知道的秘密。一方面是坦率和真诚,另一方面是慎重和克制,二者必然产生矛盾。

3. 稳定和变化

有伴侣的人希望能维持和保护亲密关系,但人性也喜好新奇和刺激,过于呆板、规律化和可预测,将会使爱情变得平庸而单调。因此,“熟悉的安全感”与“陌生事物产生的吸引力”之间的张力会让人产生犹豫和冲突。

4. 聚合和分离

节日的夜晚,你是愿意和朋友一起参加聚会,还是在家里依偎在爱人身边?个体渴望“与更多他人待在一起”的动机和“待在浪漫的伴侣关系中”的动机是相矛盾的。有时候,当我们陷入爱情时,就会较少探望朋友,与伴侣之外的人相处的时间比例往往很难令双方都满意。

不过,激发冲突的事件往往是特异性的,在不同的伴侣关系中有着各种各样的激发事件。但从根源上说,归因是引起愤怒争执的一大原因。任何两个人在社会交往中都会持有不同视角,对自己行为的解释与他人相比总会存在差异(行动者-观察者效应),当事人容易对自己的行为做出比他人更好的评价(自利偏差),在他们的感受中,自己(事实上)带偏见的知觉是公正、公平的。

因此，两个人归因方式的不一致就会造成冲突，为彼此行为原因的孰是孰非而争斗。这样的归因式冲突是很难解决的，因为对事件的解释并不存在最终客观正确的单一解释。

当冲突发生时，由于解释不同，苦恼和愤怒的程度也不同。如果把伴侣的行为解释为无心之过，归因为外部的、不稳定的原因，就相对无可指责；而如果归因于内部和稳定的根源，恶劣行为是故意的，有着不可告人的行动目的，伴侣就显得恶毒、自私、猥亵、愚蠢，愤怒显得顺理成章。

我们对伴侣的判断也会影响我们的态度。如果我们判断伴侣能够改变有害的行为，我们解决冲突的努力能够得到报偿，就更可能宣告不满并建设性地寻求解决办法。而认为问题不可改变时，我们则会束手无策，焦躁不安。

第二，哪些人更容易发生冲突？

从个体来说，有些人本身的特质决定了 TA 更容易与人发生冲突。具有以下一些特质的人最容易和伴侣产生冲突：高神经质水平、随和性低的人，经常忧虑被弃的人，较为年轻的人（25 岁以下）。

人格上：高神经质的人更易与人产生争执，随和性高的人则少冲突，并在面对冲突时更能作出建设性的反应。

依恋类型上：忧虑被弃的人由于过度担忧伴侣离开自己，并紧张地预期最坏的结果，他们会在亲密关系中有更多的冲突（他们自己也这么认为），并且认为冲突对亲密关系造成的损害要比对方所认为的更严重。而他们的忧虑，反而会制造出令他们恐惧的争执和紧张。

生命阶段上：年轻人与伴侣的冲突更多。根据对美国纽约州年轻人的研究，从 18 岁到 25 岁，人们与伴侣的冲突稳步增加，而在 25 岁左右，人们会建立持久的爱情关系，开始职业生涯，冲突此后会变得平缓。对于中年夫妻来说，最大的两个冲突来源是孩子和金钱。在老年期，亲密关系则变得更加平静。

相似性：恋人的相似性越低，冲突越多。你以为“性格互补的恋人更幸福”，但实际情况却并非如此。结婚后，有类似品味和期望的夫妻，比那些共同点很少的夫妻遭遇的冲突更少。事实上，研究认为，相似程度越高的人越容易彼此吸引，也越合适。

酒精：醉酒对冲突的加剧可能超乎你的意料。醉酒时，你会比清醒时更有敌意，怨言更多。

第三，如何应对愤怒和冲突？

当激发事件出现时，我们会有两种选择：

一种是介入冲突：介入有两种结果，有可能双方进入谈判协商阶段，通过理性方式来解决；也有可能冲突升级和加剧。

另一种则是接近 / 退避模式，这是非常危险的。一方不断批评、唠叨和向对方提出要求，另一方则逃避正面接触，退避和采取守势。最可怕的是，这种模式是能够自我延续的，在退避者不断消极退缩时，接近者将更加执着于解决争端。这种增加的压力则使退避的一方更加抵触、寡言，又使得接近的一方更加忽视和误解，从而一直持续下去。久而久之，这种模式对夫妻双方亲密关系的损害巨大。在这种模式下，往往是一方寻求亲近，希望修复关系，另一方则希望保护自身的独立自主，抵抗表达的要求。

尽管冲突是不可避免的，冲突研究的主流观点认为，冲突本身就是促进亲密感必不可少的工具。因为冲突能够暴露出已存在的争端和矛盾，这样才有可能寻求解决方法。如果处理的好，冲突能够避免困难的恶化，引发更严重的问题。

研究证明，那些争吵严重的伴侣的确是能够改变的，当伴侣的冲突方式具有建设性时，双方经历了一种处理冲突的风格，就可能持续下去。

避免罪责归因是问题的关键。当你认为伴侣疏忽或恶意对待你，愤怒马上就要发生时，可以自我对话，告诉自己伴侣是不想故意伤害你的，然后再去思考，伴侣在不想故意伤害你的情况下为什么会那么做。

有心理学家总结了一些解决冲突的方法，这一方法以谈话为核心：

（1）在倾听时，不要总是听到那些攻击性的内容，而是接受情绪背后的信息。当你认为自己在被攻击，你就会从对方的话语中听到攻击性。

（2）改变你对话的方式，传递你真正想说的信息，而不是表达攻击。比如，用“我”而不是“你”来表达：“我觉得很累，不想洗碗了。”而不是攻击性地表达，“你真懒。”

（3）当你在倾听时，不要急着提出建议。不管你觉得解决问题的方法有多明显，你都应该首先听完 TA 在说什么。你的伴侣也许会从完全不同的角度提出意见。

（4）检查你的猜测，如果是错的，就放弃这些猜测。

（5）假设建设性的对话是有可能的，即便看起来不是这样。如果你始终觉得，最好的将会发生，很有可能就真的会。

（6）当你意识到你自己在将事情变得更糟时，停止争吵。保持开放的心态，认识到你可以是阻止事情向更坏的方向发展的那个人，并可以导致一个更积极的结局。

（7）认识到冲突双方都有责任，而不是某一个人的错。不要彼此责备，学会用“我们”而不是“我”的角度去思考问题。

（8）假设还有没被考虑到的更多选择存在。以积极的心态跳出来（比如停下来休息一会，给彼此一些空间和时间），你会创造性地找到解决冲突的好办法。

（9）考虑到未来可能的冲突。我们很有可能会为了相似的主题争吵，所以这一次你们彼此对冲突的交谈、倾听、探究越多，就越可能解决冲突，达成一致。

第十二章　性心理
——羞于启齿，贻害不浅

因为我们对性羞于启齿，让我们身边的“性事”充满了荒诞感。家长们谈性色变，学校进行性教育遭到一些家长阻拦。这无不在昭示着我们糟糕的性教育带来的一系列麻烦。

第一节　我们接受的性教育如何？产生了什么影响？

作者曾听到过这样一个真实的故事，故事讲述人的表姐与丈夫结婚大约六年，一直都没有孩子，父母辈都十分着急，但是碍于女儿的情绪也都没有催促。双方生理上并没有问题，符合生育条件。讲述人的母亲后来偶然知道了他们多年未育的事实：夫妻二人结婚后一直没有发生过性行为。其中女方的一个重要心理问题是有所谓“处女情结”，认为将身体给丈夫就会失去他的爱。讲述者的母亲是唯一知道实情的长辈，曾尽力开导但无果。

虽然这是一个极端的事例，但这样的真实情节，却让我们集中看到了国内性教育可以匮乏（以及错误）到什么程度，而这样的匮乏可能造成怎样极端的影响。

一、我们接受的性教育有多么“匮乏”呢？

对照国际上对“全面的、有效的性教育”的定义，我们国内目前的性教育不仅在内容方面，而且在获取渠道方面都处于非常“匮乏”的状态。

（一）性教育内容上的匮乏

性教育绝不仅仅是只关乎“性交”的教育，国际上主流的性教育理念中，性教育的内涵应该包括以下几点：性与生殖健康、性别、性行为、情感与关系、价值观念、态度、社交技能、文化、社会和人权，联合国教科文组织发布的《国际性教育技术指导纲要》中对有效的性教育认识是：“有效的性教育可以为年轻人提供适合其年龄、符合其文化特点的，同时在科学意义上又准确无误的性知识。而近几年我国国内的青少年所接受到的性教育又是怎样的呢？

2011 年，一项针对青少年性教育（初高中在校生，年龄区间为 13 ～ 18 岁，随机抽样有效样本为 222 人）的调研结果(《中国性科学》,2011）显示：青少年学生所接受性教育的内容非常有限。青少年学生已知的性知识主要限于青春期生理现象，而对于其他专业类性知识的掌握很不全面。如：（1）76.1% 的初中生不知道“人流”的危害性；（2）67.3% 的初中生和 45.5% 的高中生对避孕知识一无所知；（3）61.1% 的初中生和 53.6% 的高中生不知道怎样预防性病；（4）64.6% 的初中生和 48.2% 的高中生不知道女孩如何防范性侵犯。

前些年北京师范大学出版了针对小学生的性教育教材，却引发了一些家长的声讨，我们由此能够看出，国内针对不同年龄的性教育仅仅处于“试水阶段”，并且在推进过程中还受到了明显的阻碍。

(二)缺少获取性教育的正当渠道

根据联合国教科文组织发布的《国际性教育技术指导纲要》中的解释，有效的性教育应囊括包含社会、学校、家庭等各方渠道。而我国在性教育渠道上的现状呢？

依旧以 2011 年这个针对青少年性教育的调研为例，在调查对象中有 62.7% 的高中生已知的性知识来源于传媒（含网络、影视、课外书刊），仅有 22% 的人性知识来自相关课程或老师，性知识由家长告知的人不足 13%，说明家庭和学校这两条获取性知识的主渠道不畅通。

其实我们在从小到大接受的国内教育中，也可以切身的感受到，近些年国内的性教育，匮乏的不仅是不同渠道的重视与支持，也不仅是正规的性教育课堂、教材，在我们能接触到的性教育中，全面的性知识也是远远不够的。联合国教科文组织和北京林业大学 2013 年进行的评估发现，中国目前的学校性教育普遍以“恐惧”为基础，散布对怀孕、堕胎和艾滋病的恐惧。中国的学校几乎不谈论爱、交际或信任，如何对性骚扰等行为说不，或应对强奸，更不讨论同性恋。中国父母也很少与孩子讨论性。大多数中国青少年从网络和网上色情中探索性。

二、性教育的匮乏可能会造成哪些影响呢？

(一)不安全性行为的普遍存在及其恶劣后果

性教育的匮乏，换来的可能是年轻人不懂得安全性行为的重要性，或是根本不知道何为安全性行为。正如前文所说，很多青少年根本不懂得如何预防性病。根据国家性病 / 艾滋病预防控制中心的数据显示，2015 年，中国的 HIV 感染者新增了 115000 人，其中 14.7% 的感染者的年龄为 15 ~ 24 岁。这个数字和庞大的人口基数相比或许不算惊人，但与前一年的同期数据相比，年轻人中新病例的增长率却高达 35%。而截至 2015 年 9 月为止，15 ~ 24 岁的年龄群中已经又增加了 13000 的感染者（CNN，2016）。期待仅凭教育就能消除艾滋病病毒和其他性传播感染固然不现实，但规划和实施得当的教育项目确实能有效降低这方面的风险。

（二）将堕胎当作“避孕措施”

如前文所述，很多青少年对避孕知识一无所知，而我国年轻女性的堕胎数据却触目惊心。根据国家卫计委的数据显示，我国每年要施行约1300万台堕胎手术，62%的手术发生在20～29岁的年轻女性身上，而其中绝大多数是单身。并且，专家认为这个数字可能远远低于实际数目，因为非手术式的堕胎和在非正规诊所的案例并未被包含在内。此外，我国也是世界上重复流产率最高的国家之一。看着这样的堕胎数据，看到从电视、网络到街头巷尾都存在着的“无痛人流”广告，我们不得不反思安全避孕的性教育都去了哪里。

（三）带来性教育的恶性循环

除了惊人的数据带给我们的警示外，性教育的匮乏也造成了某种程度上的“恶性循环”。未接受到正规、全面、有效性教育的成年人，也很难恰当地给予下一代健康的性教育。

一方面，未接受过全面性教育的成年人没有给下一代进行“性教育”的意识；其次，当看到自己的孩子接触那些正规的性教育知识时，这些成年人往往会因为不理解而感到恐慌与排斥；而即便这些成年人希望给孩子进行性教育，他们也常常感到“无从下手”，不知道如何给孩子健康的性教育。

第二节　性与爱之间到底是一种什么样的关系？

到底性欲是爱情的延伸，还是爱情是性欲的副产品？

我们所了解的现实是，即使对彼此没有深刻感情（甚至不喜欢对方），两个人也可以进行狂野、激情的性事。同样，纵使伉俪情深，性方面也可能不合拍。不过确实可以说，有感情融入的性事更好。任何一个成分缺失，都容易引发问题。比如，依然爱着彼此的老夫老妻，因为性需求得不到满足而突然结束婚姻。在某些情况下，人们会把性和爱混淆，以至于相信对伴侣之外的人有欲望，就意味着他们和伴侣并不合适。也有人认为，与某人发生性关系就会使得那个人爱上自己。

最近一项研究表明，爱情往往是性欲的延伸，但这并不意味着爱与性是同一的——即使上述研究表明爱情和欲望是有重叠部分的。

现有的证据表明，人类可能生来不适合单配偶制。先别生气，让我说明白些，作为只有一个伴侣的人，我不是在说单配偶制是不可能的或错误的，也没有在为出轨开脱。但我们的本性确实有助于解释，为什么即便处在充满爱意和幸福的关系中，我们也可能以某种方式渴望着“第三者”，而且这种情况并不少见——如果我们诚实地面对自己的话。

2017年发表在《英国医学期刊》（British Journal of Medicine）的一项研究调查了11500名成年英国人，15%的男性和34%的女性报告称自己对性缺乏兴趣。特别是对女性而言，处于一段关系中超过一年或与伴侣同居，与性兴趣的下降有统计相关性。这一结果也在其他研究中得到证实。总体而言，数据显示，关系持续的时间越久，女性的欲望减少得越多，而男性的欲望倾向于保持相对稳定。

第三节　与女性相比，男人更好色吗？

在说出答案之前，我们可以先来看一组男女在性事上的对比：男性比女性更经常地渴望性生活；在亲密关系发展过程中，男性希望开始性行为的时间早于女性；男性比女性更经常地进行性幻想；男性在性上花费更多的金钱；男性更经常手淫，一项调查发现，已有伴侣的两性，男性手淫比例为50%，而女性只有16%。由此来看，男性的确比女性有着更高的性驱力。为什么呢？

这与被称为"雄性激素"的睾酮有着密切的关系，睾酮虽然被称为"雄性激素"，但实际上女性也会产生睾酮，只是比男性的要少得多。它的作用之一就是能够提升性欲水平，显然这可能给男性带来更多的后代。同时它还是一种重要的合成代谢激素，对男性的能量消耗有着至关重要的影响。它能让男人更容易长出肌肉，并且能促进肌肉消耗卡路里的速度。由此可见，更多的睾酮增加了男性身体对肌肉和生殖行为的投入，从而使男性获得了更高的繁殖成功率，但它可是把双刃剑，睾酮同时也对男性的个体生存产生了负面影响。

睾酮加速了肌肉消耗能量的速度，使得体脂减少，但是在野外，体脂少意味着你更容易受到食物短缺和疾病感染的影响。一项2014年的研究发现，对于那些接受了补充睾酮的治疗的老年男性，与接受治疗前相比，他们在第一次治疗后的90天内出现非致命的急性心肌梗死的可能性更高。尽管高睾酮水平能促进肌肉增长，但是老年男性的其他器官可能承受不了提高新陈代谢所带来的负担。

睾酮不仅能改变新陈代谢，还会对免疫系统产生显著影响，男性在对抗感染方面不如女性。这种差别有几个潜在的原因。也许，男性只是接触感染源的机会更多，或者在对抗感染时，男性在化学上处于不利地位。2005年，科研人员在洪都拉斯进行的一项研究表明，感染了疟疾的男性体内的睾酮水平比未感染的男性（控制组）的低。而当疟疾被治愈后，这些男性的睾酮回到了和控制组相同的水平。睾酮会抑制免疫系统的功能，而雌二醇，主要的女性类固醇，能增强免疫力。

此外，睾酮还与更高的癌症风险有关，尤其是前列腺癌。比如说，睾酮水平更高的男性群体中，前列腺癌的发生率也更高。

总结上述三点睾酮的负面影响，我们能够看出，睾酮虽然不会使男性致死，但确实会使他们死亡的概率变大。

那么，男性为什么得承受睾酮带来的负面影响呢？达尔文主义的解释是，相对于雌性，对雄性哺乳动物来说，睾酮的潜在繁殖回报是巨大的。人体各种功能的需求往往互相矛盾，需要进行能量权衡；自然选择不一定会偏袒那些通常和健康、活力或长寿联系在一起的性状。如果适合度提高带来的益处强过了寿命缩减或健康恶化带来的弊端，那么生物学就会优先选择提升了适合度的性状。

男性真的是完全的要性不要命吗？显然也不是。

虽然文化对人类的影响极其深重，但是自然选择的条款都是很难逃避的。然而，这并不意味着男人没法进化出其他的繁殖策略。在“参与高风险行为”和“搭载高能耗、削减寿命的物理特征”之外，男人还进化出了另一种形式的繁殖效力“父方投入”，即“父爱”。

这在灵长类，甚至哺乳动物中都是很罕见的。要进化父爱，男性首先得保证自己活得足够长，能照顾自己的后代。换句话说，实践父爱的能力意味着健康水平提升以及可能的寿命延长。在这种投资面前，高风险的行为和高能耗的身体组织都只能让路。确实，当男人成为父亲并参与带孩子的时候，他们的睾酮水平可能会下降，体重可能会上升。但是，也许父亲的身份有助于健康。

总的来看，男性确实比女性更好色，这提高了他们的死亡概率，但他们也会为了实践自己的父爱而努力延长自己的寿命。

第四节　男人最担心的事是什么？

男性在性交完成后还得要确保孩子是自己的。这个可就没那么容易了，女性的受孕过程是隐蔽的，她可以确保孩子肯定是自己的，但男性缺乏有效手段保证孩子是自己的。为了避免自己被戴上“绿帽子”，他们可谓煞费苦心。

一、男人在生殖器上想办法（当然是进化的功劳）

2004 年，Gallup 和 Burch 提出了精液替换假说。这个理论认为，智人在历史上过的是群居而且相对淫乱的生活，男性之间争先恐后地要把自己的精子成功置入女性体内。但有时候一个女人可能与多个男人交配过，这个时候男人就需要将情敌的精子铲除，以确保生下的娃是自己的，男性为达到这一目的，对自己的生殖器进行了两方面的改造（进化的鬼斧神工）。

首先，努力增大生殖器的尺寸。从周长的角度来说，人类（勃起后）的阴茎在灵长类动物里面是最大的。中国避孕套的平均阔度（周长的一半）是 52mm，国际尺寸也差不多是这个数值多一点点。而银背大猩猩、黑猩猩等的阴茎在勃起时，尺寸只有人类的一半。长度的话，有数据统计倭猩猩和大猩猩平均长度是 8cm 左右，而人类是 13 ~ 15cm 左右。

第二，在生殖器的末端设计了一个精巧的蘑菇头（龟头）。龟头的冠状“铲子”能有效地把情敌的精子铲除，并替换成自己的精液，这样才能保证生下的是自己的娃啊。

为了验证这个假说是否能够成立，两位科学家找来 652 个大学生做了研究。他们发现被研究对象里，1/4 的女性承认自己有不忠行为，1/8 的女性在 24 小时内跟两个以上男性有过性行为。科学家 Gallup 在 2003 年还用阴茎（当然是人工的）做了个实验，发现配置有冠状顶部的阴茎可以替换掉 91% 的精液，而没有该装置的阴茎只能除掉 35%。另外，同样的阴茎在完全插入的时候能除掉90% 的精液，而插入 3/4 的时候，只能清除39% 的精液。显然，阴茎的尺寸对于精液替换程度也很重要。

由此可见，男性生殖器的形状和尺寸确实可能在演化中帮助他们在竞争中胜出，从而成功传递了自己的基因。但如果你以为男性只在生殖器上打主意，那就太低估他们了，男性的这种心理也影响了我们的文化和社会规范，产生了所谓的“处女情结”。

二、男性的“处女情结”

男性对“父子关系不确定性”的焦虑还导致了“处女情结”的出现。为确保女性生下的是自己的孩子，男性对女性的贞操给予了高度重视，世界各地的诸多文化中都有关于女性“贞操”的社会规范，同时人们还发明出了层出不穷（然并卵）的各种处女鉴定方法。

《圣经》之中便有记载一种辨别妻子是否贞洁的方法：他们送妻子到祭师那，用大麦面作素祭，然后妻子发誓后，在祭师做法声中喝下苦水，不贞之人自然会肚腹膨胀，两腿消瘦。就是在古罗马时代，也有一种叫做“真实之口”的石像，如果是非处女将手伸入石像之口便会被咬断。当然，石像根本不会咬人，测试的不过是女子心中是否藏了鬼。

而在中国古代，鉴定处女的方法更是千奇百怪。最为著名的守宫砂便是其一，药师将蜥蜴养于瓮中，再喂食朱红色丹砂，等它完全红透死透，便晒干研磨成粉，点在女子手臂或其他部位上。金庸的小说里就常描写这种神奇之物，古时宫廷也大多使用这种方法。

古法固然受限于当时的认知水平并不能真的有效验证，但却实实在在地在女人心里种下了种子。这颗种子奠定了女性的“贞操是最好的嫁妆”这个事实，也让处女沦为男权统治下的私有财产。

为了避免女性出轨，一些地区甚至出现了直接残害女性身体的“割礼”，这一风俗在如今的阿拉伯、东非地区依然盛行。这是一种将 8 ~ 12 岁的女孩的阴蒂割除的做法，他们认为这样可以降低女性得到的快感，防止女性偷情。

婚前既要防范于未然，婚后也需防止出轨，贞操带便成为了欧洲中世纪男人们的福音。中世纪的欧洲战事频发，上前线打战为国捐躯基本是每个男人的日常。生死既已置之度外，唯一担心的莫过于妻子在家给自己戴绿帽子。贞操带的出现正是响应了这个市场需求。这种“盔甲比基尼”其实是一块铁板，将女性阴道与外界彻底阻隔，只留下一些小孔用来排便。不用担心这样会不干净，中世纪的人们连洗澡都不喜欢。

不过亚利桑那大学的克拉森教授，通过考证相关的典籍发现，贞操带不过是存在中世纪画作与淫秽小说里的“玩笑”罢了，真实存在的贞操带是少之又少。

人们不仅会穷尽办法来防止女性出轨，在某些文化中，人们对处女的固执甚至从人之本性发展成了宗教崇拜。

在伊斯兰的文化中，女孩是绝不能有婚前性行为，即使是强奸，家庭都可将她处死。而这一切都是为了挽回家族的面子而执行的“荣誉谋杀”。

不仅仅是在伊斯兰文化横行的国家有着这种病态的“处女崇拜”，许多文化中“处女”都不仅仅是处女。在尼泊尔有着至高无上的“处女神”，从国王到普通民众都对“处女神”虔诚崇拜。“处女神”不单是活在人们心中，她就和西藏灵童一般，会转世成女童生活在人间。被神选中的女孩必然是处女，她将生活在庙宇之中，作为最高的纯洁，享受人们的拜奉。

既没有爱情,也没有亲情、友情,而等到女孩月经初潮到来时,“处女神”也便再次转世。被月经血污染的前“处女神”也便走下神坛,成为无力自保的普通人。受限于“与前‘处女神’成婚的男子必然会在半年内咳嗽身亡”的民间传说,神选之子反而只能孤独终老,惨淡收场。

“处女情结”虽然根源于进化中男性面临的“亲子关系不确定性”焦虑,但它也对女性施加了极不人道的禁锢,是男权社会的产物,在现代社会中早已不再适用。随着避孕手段的出现,现代社会的性行为已不仅仅只是为了“生育”,更多的时候,性行为成为了一种享受欢愉、表达爱情的手段。继续宣扬“贞操是最好的嫁妆”是在试图将女性拉回受压迫的旧轨道,是在开历史倒车。在爱情是婚姻的前提这一观念被广泛接受的现代社会,爱情才是缓解男性“亲子关系不确定性”焦虑的最好解药。

第五节 “小黄片”有什么危害?我们该怎么办?

在互联网的加持下,色情作品越来越多地渗入我们的生活。据统计,互联网上有超过250万的色情片网站,这还不包括社交媒体难以计数的色情图片、色情交友网站与约炮应用等。搜索引擎上13%的搜索都与色情信息有关。国外一项调查发现,成年男性平均每星期花费3小时在色情作品上,其中最多的达到每星期33小时。人们第一次观看色情影片的平均年龄大约在11岁。几乎所有的男孩和大部分女孩都会观看色情影片,不过男孩的观看时间早于女孩,频率也高于女孩。在一项对16岁男孩进行的调查中,96%的男孩承认他们是色情作品的用户,10%的男孩承认他们每天都会看色情片。曾经有一位加拿大研究者希望做一项关于男性色情片使用的研究,结果由于找不到从未使用过色情片的男性被试做对照组而放弃了实验。

人们对色情片的使用除了满足性需求外,还有实现性唤醒、达到性高潮、缓解压力、无聊消遣、忘却日常烦恼、降低孤独感、对抗抑郁等。那么看“小黄片”到底有没有危害呢?

目前的一些研究已经发现,色情片用户会产生性偏好改变、性满意度降低以及亲密关系问题等多方面的问题。

一、色情片会影响你的大脑

柏林马克斯·普朗克人类发展研究所的一项研究发现,色情片用户们经年累月观看色情片的行为,与大脑中奖赏敏感性相关区域的灰质减少相关,同时也与对色情照片的勃起反应减弱有关。灰质减少意味着多巴胺以及多巴胺受体的减少,而这可能正是他们对新鲜的、令人惊奇的或是更重口味的色情片欲罢不能的原因,奖赏系统敏感性的降低,使得这些用户需要越来越多的刺激来获得兴奋,产生勃起,乃至于达到性高潮。研究者西莫内·屈恩(Simone K ü hn)据此假设:“定期规律地观看色情片会或多或少地损耗我们的奖赏系统。”

剑桥大学的一项研究发现,性瘾者在看过色情片之后,大脑边缘系统中呈现出一种与药物成瘾时非常相似的行为成瘾症状。另一项研究发现,男性性瘾者和同龄人相比,需要更多和更新奇的刺激,因为他们对看到的视频习以为常的速度比同龄人更快。

二、色情片会影响你的性满意度

国外学者 Wright 等人的调查发现(调查对象为 1500 位年轻人),用户越频繁地观看色情作品,对性的满意度就越低。同时,这种影响还存在个体差异。对于男性,在恋爱关系中,观看几次色情作品会使得性满意度开始下降；而对于女性,单身者,每月观看一次色情作品就会使性满意度开始下降。而且,在任何一种情况下,观看色情作品都不能带来更高的性满意度。这一研究表明,即使只是偶尔观看色情作品,也会对性满意度带来负面影响。

此外,通过色情片学习性行为也会产生负面影响,色情片并不是性行为的好老师,它可能会使人体会到低质量的性爱,对于女性来说尤其如此。

三、色情片会影响你的亲密关系

现实生活中的性可能会是陌生且令人焦虑的经历,它需要交流能力,需要全身心的投入,而且还必须要与另一个三维的、有血有肉的、有自己的性和情感需要的人交往。而色情片中充斥着激进的性别歧视,暴力行为,以及普遍的去人性化和物化,这会给我们带来“扭曲的”或是不现实的对性和亲密关系的憧憬,从而使得我们很难对现实生活中的性伴侣感性趣。

Butler 等人进行的一项调查发现,随着观看色情作品的增加,孤独感增强；而随着孤独感的增强,观看色情作品的频率也增加了。由于色情片中的物化、乱交、性别歧视描写正好处在安全依恋的对立面,这使得色情片会破坏亲密关系,也造成了孤独感。色情片的性刺激过程分为两个阶段——性唤醒和性高潮,随后伴随着放松与舒适。色情片能够提供暂时的释放感,但最终会导致更加严重的孤独感与隔离感,并扰乱正常的依恋行为,导致人们更难去建立稳定并令人满意的关系,甚至增加用色情作品取代和他人建立亲密关系的可能性。

Perry 等人在已婚人士中进行了追踪研究,发现当男性和女性在婚后开始观看色情作品,他们离婚的可能性翻倍了。对于不观看色情片的人,离婚率为 6% 左右,而观看色情片的人离婚率则达到了 11%。观看色情片的女性的离婚率甚至翻了接近三倍,达到 16%,而观看色情片的男性离婚率增长到了 10%。停止观看色情影片会减少女性离婚的潜在风险,停止观看色情影片的女性,离婚率为 6%,而持续报告观看色情影片的女性离婚率则高达 18%。

在年轻人中,色情片的观看与离婚率的关系更为密切。半数 20 ~ 30 岁的年轻人在开始观看色情片后离婚,而对于 30 ~ 40 岁的人来说这个比例是 28%,对于 40 ~ 50 岁的人来说是 12%。超过 50 岁后,开始使用色情片对于离婚率并没有显著影响。

尽管这项研究只是找出了一些相关关系,并没有证明使用色情片会导致婚姻的破裂,但至少于表明色情片的使用是婚姻出现问题的一个可能指标。结合之前的研究,观看色情片至少会对婚姻稳定性产生一些直接的负面影响,而控制色情片的观看,对于一些夫妻来说可能会成为预防离婚以及增强关系满意度的重要手段。作者认为,对于更少使用色情片的女性(相较于男性而言),开始使用色情片可能是对婚姻不满或不忠的标志。

四、面对色情片,我们该怎么做?

虽然有一些人提倡健康地使用色情片,但越来越多的证据显示,色情片还是弊大于利。研究者已经发现,不受限制地使用色情作品对塑造青年男女的信仰和行为以及两性关系产生了负面影响,而社会整体对色情泛滥问题的解决可能还需要很长的时间。因此,父母和教育机构需要密切关注,并采取适当的行动来预防色情片给青少年带来的不良影响。

性仍然是我们关起门来讨论的话题,尽管部分教育机构与家庭已经在努力为孩子提供好的性教育,但这仍然不够。孩子们可能处于好奇越来越早接触到网络上的色情作品,性心理发育也越来越早。家长有责任关注孩子们的行为。

对关系的长期稳定性与亲密性感兴趣的夫妻可以在性关系与非性关系方面定期进行建设性的讨论。由于人们往往对谈论性理念,性活动,以及性愉悦感到害羞,因此将色情片和其他因素共同讨论显得尤为重要。当人们开始频繁消费色情作品,尤其是感到孤独且发现自己很难与他人亲近的时候,应该认真思考一下色情片对于我们的影响,这种影响可能不仅体现在关系上,也可能体现在建立正常性行为的能力上。对于过度使用色情片的人来说,如果无法控制自己,可以考虑寻求一些帮助。

当在虚拟的屏幕中追求感官刺激变得越来越容易,我们快乐的阈值或许也随之越来越高。然而无节制地追求快感带来的很可能是痛苦而不是快乐。尝试从虚拟幻想中走出,去体会真实世界的触感,也许会获得更多的幸福感。

第六节　婚前性行为

近 20 年来,在中国人的各类性行为当中,变化最大的也许就是婚前性行为的大量增加和婚前性行为规范的大幅度改变了。

一、婚前性行为大量增加

社会学家李银河在 1989 年做的一项北京市随机抽样调查表明,无论两人确定关系与否,有过婚前性关系的占比为 15.5%。而根据目前最新的调查资料,有过婚前性行为的中青年人占比已经达到 71%,这一数值已经直追西方性革命之后的婚前性活动水平了。

在西方国家,伴随着现代化和都市化的进程,婚前性行为在各国都有所增加。这一变化不是突然发生的,而是在各国走向现代化的过程中首先在西方社会开始出现的。

在美国,这种变化十分明显。青少年婚前性行为发生率在过去的 100 年间有极大提高。对 20 世纪美国社会的观察表明,青少年婚前性行为的发生率的变化是十分明显的。根据金西的调查数据,在过去,有婚前性行为的人比例较低,而且发生婚前性行为往往最终会走向婚姻。1900 年以前出生的女性中只有 8% 在 20 岁时有过婚前性行为；出生于 1910 至 1919 年间的女性在 20 岁时有过婚前性行为的比例就已经增加至 23%，是过去的 3 倍。1948 年的金西调查发现，在婚前 90% 的男性曾与女友或娼妓性交；已婚妇女中有 50% 有婚前性行为。

在金西调查之后的几十年间，美国人的婚前性行为比例有大幅度增加：15 岁的青年有性行为者已占六分之一；到 20 岁时达到 70%；到结婚时男女两性都有四分之三的人有婚前性行为。一项 1974 年对美国全国成年人的调查发现，到 25 岁为止，已有 97% 的男性和 81% 的女性有过婚前性行为。法国 1972 年调查表明，到 29 岁，有 75% 的男性和 55% 的女性有性行为。前西德 1973 年的统计数据表明，到 21 岁，未婚大学生中男性 44%、女性 33% 有婚前性行为；未婚工人中 81% 男性和 83% 女性有婚前性行为。最极端的数字来自瑞典，在那里，99% 的妇女和男人一样，在建立永久的结合之前，已经有过性经验。

二、婚前性行为社会规范的变化

与婚前性行为普遍化相伴随的，是婚前性行为社会规范的改变。在那些婚前性行为较为普遍的国家，这种行为很难被认为是违反社会性规范的行为。因为所谓规范就是大多数人的行为准则。某种行为一旦成为大多数人的实践，就不应当被认为仍是违反社会行为规范的行为了。

随着广大人群婚前性行为方式的改变，人们结婚时对童贞的要求有了很大的改变。在美国，对 18 项择偶标准的统计表明，在 1930 年代，童贞的重要性被列在第 10 位；到 1977 年，女性将其列为第 17 位(倒数第 2 位)，男性列为第 18 位 (倒数第 1 位)。另据对 33 个国家约 10000 人的调查，最看重童贞的有中国、印度、印尼、伊朗、以色列；最不看重童贞的有瑞典、挪威、芬兰、荷兰、德国和法国。美国也不太看重童贞，但其程度不如北欧国家高。

如果将当代中国的婚前性规范与中国传统的性道德相比，变化显得更加明显：传统的性道德不仅完全禁止婚前性行为，就连拉手、接吻和拥抱都是不允许的，新婚的男女最好在婚前完全没有接触，甚至完全不认识。在这个意义上，真正具有革命性意义的也许不是婚前性关系比例的上升，而是婚前的一般肉体接触(拉手、接吻、拥抱和爱抚等)。因为这才是过去完全没有，现在几乎人人都会有的行为；这才是过去完全不允许，现在已经完全允许甚至得到赞赏的行为，这是革命性的变革。

概括地说，对于婚前性活动有三种规范：第一种是传统的性规范，它以生殖为性的主要目的，因此坚决反对婚前性行为；第二种是浪漫主义的性规范，它主张，爱应当成为性的主要目的，因此它反对随意的性行为，但是如果当事人双方发生了爱情，婚前性行为就是可以接受的；第三种是自由主义的性规范，它认为，性是人的权利，人可以随自身的意志处置自己的身体，因此只要当事人双方自愿，就可以有婚前性行为。从中国目前的发展趋势看，笃信和实行传统性规范的人越来越少，选择浪漫主义性规范的人越来越多。

对婚前性行为持肯定态度的人们认为，婚前性行为的有益之处包括：无论社会对婚前性活动的规范有多么严厉，随着参加这一实践的人数日益增多，规范将不得不改变，过去被认为违反社会性行为规范的婚前性行为将逐步为社会规范所接纳，虽然很多人对这种行为的接纳是很不情愿的。

三、婚前性行为普遍化的原因

婚前性行为的普遍化往往与社会的现代化转型紧密相关,原因可能在于,随着人们物质生活水平的提高,女性初潮和男性初次遗精的年龄一直处于逐步下降的中,但人们第一次婚姻的年龄却一直在上升。这意味着身体上的成熟和结婚之间的时间有了实质性的延长,美国目前的这一差距是 12 ~ 14 年。这一差距被拉长,但促使人发生第一次性行为的主要因素却是性激素,因而婚前性行为日益普遍。

在人是性的存在的意义上,性行为无论在生理上还是心理上都是有利于健康的,因为人的迫切需要不可以被拖延至结婚之后,甚至有些人终生不结婚,很难要求他们保持童贞。目前在美国和法国,保持单身的人群都要占到人口的约四分之一,如果要求他们保持童贞是完全不现实的。

如今的年轻人开始同居的年龄和上一代人组建家庭的年纪相仿。随着生活成本的加大,工作竞争变得更加激烈;年轻人,尤其是年轻女性的受教育水平提高。越来越多的年轻人推迟着结婚年龄。我们的成年初显期(emerging adulthood)也被拉长。在资本的积累和心智的成熟都未为结婚做好准备的时候,同居就成为了一种可行的且又与婚姻类似的亲密关系维系方式。

四、婚前性行为的影响

第一次性行为在个体性心理发展过程中是一个重要的转折点,具有重要的心理影响,有时会给当事人带来内心冲突甚至悔恨。

一种常见的情况是,婚前发生的第一次性行为,会给当事人带来内心的矛盾与冲突。导致这一状况的原因主要是当事人行为与态度之间的差异,差异越大,内心矛盾就越严重。如果你认可“贞操才是最好的嫁妆”,那显然发生婚前性行为会给你带来严重的内心冲突。

除此之外,另一种常见情况是,第一次性行为可能不如你的想象,给你带来悔恨之意。文化传统以及泛滥的色情作品,让我们期待第一次性行为会很爽,但理想很丰满,现实很骨感。特别是对于女性来说,远没有想象的那么爽。美国一项调查发现,女性对第一次性经历的快乐指数平均只有 2.95,1 表示一点都不快乐,7 表示很快乐,而 2.95 甚至低于中间数 4,意味着平均而言,她们感觉第一次性行为并不快乐。

第七节　女生如何避孕？如果意外怀孕会有什么影响？

一、中国避孕意识现状

在中国你也许根本不知道，避孕有着一个专门的纪念日——9月26日世界避孕日。世界卫生组织（WHO）说："有明显的证据表明投资于避孕能挽救生命、促进两性平等和提升经济发展。每投资一美元用于现代避孕以及高质量孕产妇和新生儿保健，就会带来约120美元的回报。"

在中国，堕胎是青春电影里的情结和主旋律，性教育犹如洪水猛兽。遍地的人流广告，避孕药却不能做广告。原因很简单，后者被认为是"有关性生活的产品"，严禁刊登，大众对避孕知识的了解与我国快速发展的高等教育产生了巨大的反差。无知的直接后果就是，中国以每年1300万台流产手术高居全球第一（而且这一数据并不准确，可能有着相当程度的低估）。这些人工流产的总数中，25岁以下的女性约占一半以上，低龄化人群增多。

中国妇女发展基金会下属的华坤女性生活调查中心，2017年进行了一项调查，调查对象共2378人，覆盖了中国的大中小城市和农村，其中，83.7%是女性，16.3%是男性。本章所述调查数据均来源于此次调查。

在此次调查中，尽管男性自认为自己非常或比较关注避孕知识，但在11个关于避孕基本常识的语句判断题中，女性的平均分比男性更高。以下是部分常识性题目的调查结果：

18.8%的人认为男性体外射精或者终止射精是绝对安全的；13.5%的被访认为经期前后发生性行为是绝对安全的；甚至还有5.5%被访同意，男性没有达到性高潮女性就不会怀孕；有3.7%的人认为，发生性行为之后立刻冲洗淋浴或者沐浴就不会怀孕；1.9%的人认为站着发生性行为就不会怀孕。在过去一年内有36.3%的被访者和33.4%的被访者还在使用体外射精和安全期避孕这些很不靠谱的避孕方法，这是在用女性的身体冒险。

二、避孕方法的选择？

在避孕方法的选择方面，多项调查均显示，男性更看重使用方便和对性生活质量的影响，女性则更关注副作用和对未来生育的影响，男女两性都非常看中性愉悦的体验，本次调查中，超过80%被访都采取过措施来提高性生活质量。

观念层面，95.3%的男性和98.1%的女性同意避孕是两性共同的责任。然而，在决策方面，近四成被访者避孕方式不是双方共同决定，63%的被访者的避孕方式是一起讨论决定，14.6%是男方决定的，13.6%是女方决定的，还有8.8%是没有商量过；行为层面，54.8%被访报告药具主要由男方购买；30.7%的人是一起购买或者领取；14.5%由女方购买和领取。

虽然调查表明多数人都有比较正确的两性关系观念和意识，但是在具体性行为中，女性会在避孕手段的安全性、有效性、便利性、舒适性发生冲突的时候，选择牺牲自己的安全感来满足对方的愉悦感。在那一刻，女性把性当做一种爱的奉献和证明，把避孕的主动权交给了男性。而男性的关注重点却并不是避孕方法的有效性。曾有一个男孩在得知女友怀孕后，发出了“不是我的吧，我并没有射进去”的疑惑。

避孕方法的主要目的是避免怀孕，然而本次调查结果显示，不管是男性还是女性，在选择避孕方法时，大多没有将避孕方法的失败率考虑在内。我们就来了解一下各种避孕方法的失败率，即采取某种避孕方法后仍然怀孕的概率。

无防护或不避孕的情况下，第一年内女性意外怀孕的比例是 85%；

使用体外射精、中断射精的方式，女性意外怀孕的比例是 27%；

使用安全期避孕，女性意外怀孕的比例是 25%；

使用男性避孕套，女性意外怀孕的比例是 15%——倘若能正确使用男用避孕套，失败率仅为 1.5% ~ 4.2%，但避孕套在实际使用过程中，失败率高达 10% ~ 15%；

使用短效口服避孕药，女性意外怀孕的比例是 8%；

使用宫内节育器，女性意外怀孕的比例是 0.8%。

紧急避孕药是非常规避孕手段，其主要成分一般为大量孕激素。大剂量激素容易造成女性内分泌紊乱，月经周期改变。因此，建议紧急避孕药每年使用不要超过三次，每月最多使用一次。但在本次调查中，在过去一年内有 13.3% 的女性采用过，在她们中间有 8% 的女性服用过三次以上，这是非常危险的情况。

对两性的避孕知识和避孕失败率进行对比，我们就会发现，很多被访者过度高估了体外射精、安全期避孕等医学认为效果比较差的不安全避孕方法，却严重低估了长效避孕方法比如宫内节育器和短效口服避孕药等高效的安全方法。

为什么会出现这样的状况？

一方面原因是，很多人对各种避孕方法并不了解，甚至对某些避孕方法存在严重误解。比如宫内节育器，它被斥之为妈妈辈用的，“放进去会腰疼”。而在 WHO 的避孕方法推荐中，上环的有效性与结扎并列，是首位推荐的长效可逆的避孕方法。此外，在选择短效口服避孕药还是紧急避孕药的问题上，短效口服避孕药更不受待见，而紧急避孕药却一枝独秀。一项调查显示，在 2015 年的中国避孕药市场，短效口服避孕药的份额为 26.1%，紧急避孕药则为 69.6%。

另一方面的原因是来自文化和性别认识上的问题。中国的男性节育（输精管结扎）非常少见，2015 年，美国使用输精管结扎手术进行避孕的情侣占情侣总数的 10.8%，这个比例在英国是 21%，而在中国，只有 0.6%。此外，在华坤进行的本次调查中，男用避孕套的使用大概占了所有避孕方式的 73%，而更女性主导的长效避孕方法（如避孕环）和短效避孕药的使用比例只占 11.4% 和 5.9%。

在中国，女性像男性一样漠视避孕方法的失败率，然而，避孕失败的主要后果却只能由她们承担。多数情况下，意外妊娠在中国的后果便是人工流产。

三、意外怀孕会导致什么样的后果?

在本次调查中,10.7% 的被访者过去一年内有过无保护性行为,不避孕的主要原因是男方不喜欢采取避孕措施。16.4% 的女性被访者,或男性被访者的女性伴侣在过去一年内发生过意外怀孕,17.3% 的女性曾有过流产经历。4.2% 的女性一年内有过一次以上流产行为。曾有产科医生说,有次夜班遇到个 G12P1 的女孩子,早上交班大家都笑他没睡醒。所谓 G 和 P 是妇科术语,G 指 Gravity,即妊娠,P 是 Parity,生育,G12P1,即怀孕 12 次生育 1 次。还有一位产科医生说,看过一个 17 岁的孕 7 产 0 的姑娘。

目前国内人流状况非常严峻,一是人流数量庞大,官方多年前的一个说法是每年 1300 万例,但实际情况可能比这个数字还要大,因为那些自行药物堕胎的案列和在非正规诊所进行的人流根本无法统计。二是人流的低龄化;三是重复妊娠,重复人流,甚至短期多次人流。吴尚纯与同事基于文献汇总发现,流产妇女年龄的年轻化趋势明显:人流手术中,25 岁以下女性所占比例为 47.5%,这些女性中,从未生育过的人所占的比例为 49.7%;55.9% 的女性不是第一次经历人流手术;45% 的重复流产时间间隔仅为 0.5 ~ 1.5 年;13.5% 的人经历过的流产数目超过 3 次。

人流会对女性产生什么样的影响呢?

芬兰曾收集了 1996—2008 年登记在册的 30 多万例初产妇的数据,结果发现:有人工流产史者发生围产儿死亡和极度早产(小于 28 周)的风险高,且极度早产发生风险与人工流产次数相关,次数越多,孩子极度早产的几率越高。

人工流产会导致多种并发症,输卵管阻塞、宫腔粘连等,最终结果很可能就是不孕。作为一种病因,人工流产常常通过一条复杂的病因链导致一系列的生殖系统疾病,常见的,比如继发不孕或者新生儿早产等。但由于人流就诊者回访极其不易,研究者们很难得到人流次数与某种并发症发病率的准确数据。我们唯一能准确说出的,也许就如《中国计划生育学杂志》上的一篇综述所说的:"人工流产的次数越多,这些妇女所存在的与继发不孕相关的情况越复杂,妊娠结果越不容乐观。"

很多人对人流的无所谓态度,"无痛人流" 广告 "功不可没"。各种私人诊所在网络广告上,声称自己提供 "无痛安全保宫的玛丽斯特普人流"(国际上认为较为安全的一种人流手术),好像流产不会有任何负面影响。但实际上,玛丽斯特普人流只上局麻,没有无痛,且按照操作规范,不刮宫,只要胚胎吸出,如果仍有蜕膜残留,它们会自己脱落,这可能会有持续的点滴出血。虽然私人诊所宣称自己是 "玛丽斯特普人流",但实际上为了显得自己做得干净,他们肯定会把内膜刮得干干净净。而即使是真正的 "玛丽斯特普人流",也仍然会削弱女性的生殖力。一些女孩将会在 "如梦如幻三分钟,烦恼去无踪" 时,也浑然不觉地丧失了成为母亲的能力。在 2015 年央视的一档关于人工流产的节目中,一个女孩因为发现自己已经失去了做母亲的能力而痛哭到几近晕厥。

女性如果不孕不育,就只能通过试管婴儿来实现自己的母亲梦了。美国有八分之一的人患有不孕不育症,中国的情况也不容乐观。官方发布的《中国不孕不育现状调研报告》显示,中国的不孕不育发病率在 12.5% ~ 15%,患者人数超过 4000 万。早在 2015 年时就有外媒预测，中国将在三年时间内成为全球最大的试管婴儿市场。据解放网报道，专家估算，现在100个出生的孩子里有一个试管婴儿，而在一线城市上海100个出生的孩子中，可能已经达到2～3个。虽然试管婴儿也许是一个不错的解决方案，但其费用十分高昂。在美国的主要大型城市，每个疗程的价格都超过了两万美元。而在接受试管婴儿治疗期间，平均试管受精人都要经过两个疗程的治疗，这项费用超过4万美元，但美国家庭的平均年收入仅为5.1万美元。这对于美国普通家庭来说可谓负担沉重，对于中国普通家庭就更是难以承受了。

总的来看，对一位女性而言，想更好的掌控自己的命运，避孕是一件需要知识、信念和毅力的事情。

推荐书籍——《人类的性存在》（第8版）

作者：[美]珍妮特·S·海德，[美]约翰·D·德拉马特 著；贺岭峰，等 译

出版社：上海社会科学院出版社

《人类的性存在》（第8版）是人类性行为研究方面的经典著作，它从心理学、生物学及社会学等学科的交叉视角来审视人类的性存在，依据国际最前沿研究及，整理了各种理论方法，一直是该领域的权威著作。该书是导论性质的性教材，注重调查，以引人入胜的笔触提供了日常生活所需的广泛的实用信息。它能够在如下几方面帮助到你：

1. 提供日常生活所需要的性知识和处理性机能问题等方面的实用信息；

2. 帮助你在思考和讨论性的话题时感到更加舒适，把苦恼减少到最低程度，在日常生活中的重要方面做出决定时更负责任；

3. 让你熟悉在研究中所使用的方法，尤其是这些方法中固有的问题，以便能够理智和批判地阅读研究报告。

推荐电影——《西西里的美丽传说》

年仅十三岁的雷纳多不由自主地掉进了玛莲娜所掀起的漩涡之中，他不仅跟着其他年纪较大的青少年们一起骑著单车，穿梭在小镇的各个角落，搜着著玛莲娜的诱人丰姿与万种风情，还悄悄地成为她不知情的小跟班，如影随形地跟踪、窥视她的生活。她摇曳的倩影、她聆听的音乐、她贴身的衣物都成为这个被荷尔蒙淹没的少年最真实、最美好的情欲幻想。这部电影的看点之一就是青春期的男孩子对异性的种种幻想和对性的探索。

推荐阅读——《"约炮"文化》

约炮这一现象在现代社会似乎日渐兴起并逐渐成为一种独立的文化现象，这么性感的话题自然也引起了心理学界的讨论。

第一，什么是"约炮"？

对于什么是"约炮"，我们可以将其界定为一种随意、没有承诺的性关系，我们需要将它与朋友基础上发展出的但又没有伴侣承诺的性关系（英文中称为friends with benefits）区分

开，这种关系在性关系之外卷入了太多的友谊、信任和情感抚慰等因素。此外，我们认为约炮不止是插入式的性爱关系，同时也应包含接吻、口交等边缘性行为。

第二，"约炮"在当代社会的现状如何呢？

仅就北美的不同调查数据总结来看，大约 60% ~ 80% 的大学生有过至少一次的"约炮"经历。综合来看，北美地区的约炮行为绝大部分发生于聚会和单身酒吧，针对学生群体的调查则有超过 50% 发生于宿舍。

第三，那我们应该如何来解释"约炮"这一较为普遍的社会行为呢？

目前主要的理论解释有两种，分别是进化心理学理论和性脚本理论。

1. 进化心理学理论

提及这一理论当然绕不开大名鼎鼎的戴维·巴斯，其基本理论是，男性为了更高效率的繁殖，会更倾向于约炮这种短期、丰富伴侣、低资源付出的性策略；而女性则为了从男性手中得到更多资源，倾向于维持长期关系，从而获得更多投资。但女性也不是完全拒绝短期关系，当某些男性表现出特别良好的基因特征时，女性也会为了下一代的质量而寻求短期关系。

这一理论能够较好的解释，为什么男女都有约炮行为，但男性明显更饥渴，女性更挑剔的现象。有元分析也表明，男女在绝大多数性行为上的表现都是相似的，唯独"约炮"这一点上差异显著。但 2003 年的一项跨文化调查发现，虽然男性的约炮意愿（79%）确实明显高于女性（64%），但两性均高于 50% 的约炮意愿也明显太高了些，进化心理学并不能很好解释为何近三分之二的女性有约炮意愿。当然进化心理学派还是坚持认为，这是现代避孕手段的进步让女性更有机会作为一个"选择者"去通过约炮来获得更好的基因选择。

2. 性脚本理论

这一理论简而言之就是，人们的性行为是由当下社会的习俗规范形成的"脚本"指导下完成的。它与进化心理学的不同之处在于，其更强调社会学习的作用，而不仅是繁衍本能。该理论认为，在女性主义兴起之前，社会脚本一直强调男性的中心地位，性成为了一种权力的象征，而女性则被物化，在性上是消极的守卫者。但到了近现代，越来越多的女性开始了对性的自由追求，对身体的自我掌控，这导致了"约炮"现象的日益普遍。

对这两种理论进行对比，可以发现，前者更着重解释"约炮"行为范式产生的根本原因，后者则注重这一行为在当代社会兴起的文化层面的原因。遗憾的是，这两种理论仅仅只是一个框架，由于针对"约炮"行为研究方法的局限（主要还是质性研究方法，问卷、深度访谈等），两种理论要获得实证支持还有很长的路要走。

3. 酒精和大麻等的影响

除了人的自身动机之外，一些外部因素也同样对约炮行为有重要影响。有针对北美大学生的调查表明，33% 的约炮行为与酒精和大麻有关。

4. 性压力的影响

由于受教育年限的提升，现代人真正进入经济独立的年龄也被显著推迟，建立家庭、生育的年龄都远远大于性成熟的年龄——尤其随着营养的丰富，现代人性成熟的年龄反而是提前的。现代社会的年轻人还没有做好组建家庭的准备，却已经开始受到生殖冲动给生理心理带来的双重影响，于是约炮成为了一种缓解性压力却又不必担忧尚未做好组建家庭准备的有效手段。

第四,“约炮”会对当事人的心理产生什么样的影响呢?

1. 约炮场景往往包含着压力和焦虑

女性在这些负性情绪方面的表现比男性更显著。有意思的是,与我们平时所认为的“风流倜傥”形象不太一样,有约炮行为的受调查者在自尊水平上显著低于没有约炮行为的受调查者,无论男女——不过这一现象的因果关系尚不明晰,不知道到底是因为低自尊才去约炮找自信,还是因为约炮行为导致了自尊降低。

2. 约炮后的悔恨感是一个独特的负面效应

这种悔恨主要包含难堪、失去尊重、与稳定伴侣的障碍。加拿大一项针对大学生的调查表明 78% 的女性和 72% 的男性在约炮后都有悔恨感。

3. 约炮确实会给当事人带来兴奋

尽管有前两点的负面效应,并且迄今的大多数调查都更支持约炮带来的负面影响更多,但有调查表明 65% 的约炮者在约炮中感到良好甚至兴奋。

总的来看,目前我们还无法判断约炮到底是会带来更多积极效应还是消极效应,因为研究还不够充分。

第十三章 情 绪
——生命中的不速之客

作者在心理咨询的过程中最常听到的一句话是“道理我都懂，当初劝别人的时候头头是道，现在劝自己的时候发现力不从心，情绪还是很糟糕……”。相信大家对这样的说法并不陌生，还可能有过类似的经历。分手后，安慰自己“天涯何处无芳草”，内心却是五味杂陈。考研期间，明知可能是紧绷的神经作祟，舍友不经意的一句话，还是会触动你的“玻璃心”，让你一连几天都心神不宁。临近考试，理智告诉你要开足马力，效率还是不受控制地被焦虑拉低，复习更是只有三分钟热度，难以集中精力。“道理都懂，可是……”是因为道理与我们并没有产生化学反应，这么做是好的并不是我们要这么做的充分条件，我们需要去理解它、解释它、思考它，才会考虑用最经济的方式去付诸行动。

我们常常被情绪左右，“象与骑象人”的思考并非一朝一夕，情绪是什么？该拿情绪怎么办？控制不住自己体内的“洪荒之力”怎么办？这可能正是困惑大家已久的问题。了解情绪，管理情绪——这是一项重要的任务，是大家毕生都无法回避的课题。

第一节 何为情绪？

只要不要求对情绪进行定义，我们都知道情绪是什么，因为对于大多数人来说，情绪是一个抽象的概念。

有心理学家对情绪的定义包括主观体验、生理唤醒和行为反应三个部分。为了更好地理解情绪的这几个构成要素，大家不妨把回忆拉到自己最近一次（或者最记忆深刻的一次）情绪。以作者近期的一次亲身恐惧体验为例，在办公室与老鼠的“不期而遇”，让作者当时非常害怕（主观体验），心跳加快、呼吸急促（生理变化），几乎以百米冲刺的速度逃离办公室（行动）。

其中，生理唤醒对于情绪至关重要。情绪的产生伴随着一系列的生理唤醒，例如心跳加速、呼吸频率加快、汗液分泌增多、血压升高、瞳孔放大和反胃等身体反应。回想一下，生气的时候我们会感到四肢冰冷，厌恶的时候会感到胃里翻江倒海……这些与自主神经系统中的交感神经系统和副交感神经系统、中枢神经系统中的脑干、下丘脑、杏仁核等，以及内分泌系统相关。

有心理学家将情绪定义为大脑为我们在当前情境下的身体反应所赋予的"故事"。这一定义强调生理唤醒的同时,凸显了相关的认知过程在情绪产生过程中的重要性。心理学家斯坦利·沙赫特等的实验表明,即使生理上的感受完全一致,仅凭主观上的理解偏差,就会导致完全不同的情绪体验。实验中,两组大学生被试均被注射等量的"全新维他命S"(实为肾上腺素),拿到的问卷也一样,研究人员给每组都安插了一名演员,整个过程中,两组唯一的区别在于:A组安插的演员在填问卷过程中要求表现出愤怒的情绪和行为,B组的演员则要求表现出开心的情绪和行为。实验结束后,两组大学生都表示体验到脸红心跳……毋庸置疑,这是肾上腺素引发的生理反应。神奇的地方在于,当被问及心情如何的时候,A组被试回答体验到生气,B组被试则体验到开心。我们首先感到生理变化,然后从大脑中寻找一个感觉标签去定义这个情绪。众所周知的吊桥实验,简单来说,即恐高导致的心跳加速会被我们的大脑错误地归因为对方的吸引力导致,也印证了认知对情绪产生的重要性。电影《搜索》里有句台词,"你要想让他爱上你,就跟他去蹦极",想要脱单的同学不妨试试带喜欢的人去看一部恐怖片、坐一次过山车,"惊心动魄"或"怦然心动"在对方的一念之间。除此之外,相关的认知过程还包括那些影响我们将环境界定为快乐或不快的预期和记忆。

第二节　如何表达情绪?

情绪状态可以通过言语信息和非言语信息(面部表情、动作姿态等)得到体现。诸如,当感到高兴的时候,我们可能会口若悬河、眉开眼笑、手舞足蹈,声音的音调和节奏也会有所变化。但受制于社会习俗、文化、性格等的阻碍,大多数的人很少在口头上直接表达自己的情绪,尤其是嫉妒、自豪、愤怒等情绪。回想一下,大家会发现,平时在生气的时候,我们并不会经常性直接告诉别人"我很生气"。而且相比于言语信号,非言语信号能帮助我们更好地识别情绪。

一、面部表情

面部表情蕴含着丰富的情绪信息,是一种比较明显的反应情绪状态的线索,也是识别情绪的最主要的信号。面部表情由眉、眼、鼻、嘴等的不同组合构成,如开心时,眼角出现鱼尾纹,眼周围的肌肉被调动,俗称眉开眼笑;悲伤时,上眼睑下垂,嘴角微微下撇;惊讶时,眉毛上提,嘴巴张大,眼睛睁大……大多数研究认为面部表情具有跨文化性,因此,尽管文化不同,全世界的人都能识别出面部表情中所表达的基本情绪。不过,近些年,也有学者对面部表情的泛文化性提出质疑。

二、身体语言

感到悲伤时,我们可能会垂头丧气;感到无助时,我们可能会耸耸肩;感到跃跃欲试时,我们可能会摩拳擦掌。身体是一种特殊的表达情绪的“语言”。而且,研究证实,身体语言比面部表情更能显示一个人的焦虑情绪。考场上,我们观察到一位男同学不由自主地挠头、咬手指、用手指敲打桌子、抖腿,如果猜测他此时的情绪,相信大家十有八九会说:焦虑。

不过,身体语言通常是模棱两可的,一个掩面的姿势,也许是悲伤的征兆,但也可能是内疚的表现;双手颤抖可能是因为高兴也可能是因为恐惧。此外,在不同的文化中,同一手势传递的含义可能有所不同,OK 的手势在日韩等国代表金钱,在北非的突尼斯的意思则是“你像头蠢驴”。因此,贸然解读身体语言是很危险的事情。

微表情,指那些无法用肉眼观察的表情,随着一部美剧《lie to me》风靡全球,被认为可以泄露人们真实隐藏的情绪。剧中主角根据摸鼻子等身体动作就推测出探员和女同事之间的奸情。大家可能会疑惑,微表情是伪科学吗?没法回答。因为其科学性和可靠性还存在一定的争议。不过有一点可以确定,微表情并没有那么神奇。例如,摸鼻子推断对方说谎,一定程度上是基于匹诺曹效应,即人撒谎时血流会更多地流向鼻尖,会发热发痒,但前提是这个人平时不会有事没事摸鼻子。

三、语音语调

对有些男同学来说,女朋友的一句“你没错”,比让回答“女朋友和妈妈掉进河里,先救哪个?”更不知所措。这时候,我们可能就需要结合对方的语音表情来揣摩她此时的情绪状态。语音表情指人讲话时的语音、语调,包括声调、语速、韵律等方面。电影《铁娘子》中,撒切尔夫人在竞选团队的帮助下,对自己说话的语音语调进行了训练和调整。她自己本来是高亢的偏高的音调,为了显得更加沉稳而笃定,将语调压低、语速放缓。朝鲜电视台主持人李春姬在播报朝鲜成功发射卫星的新闻时,即使大家听不懂朝鲜语,但结合她激昂的语调中也可以读出自豪感。

第三节　常见的几种情绪

恐惧、焦虑、愤怒、悲伤、沮丧、羞愧、尴尬、内疚、高兴……这些都是我们日常生活中经历过的情绪。有研究者列出 550 个描述不同情绪状态的术语。大家是否好奇过人类共有多少种情绪?

心理学家为回答这个问题,不断提出新的模型对情绪进行分类,目前比较经典的情绪模型当属基本情绪模型和情绪的环形模型。

基本情绪模型以埃克曼为代表,他认为基本情绪包括悲伤、恐惧、愤怒、厌恶、轻蔑、高兴和惊讶,现在比较通用的是将快乐、悲伤、恐惧和愤怒作为四种“基本”情绪。持“基本”情绪模型观点的心理学家认为人类的许多情绪是基本情绪组合的结果,诸如认为轻蔑是由愤怒和厌恶组成。

情绪的环形模型由 James Russell 提出,主要参考情绪的主观感受。该模型认为,情绪包含效价和唤醒度两个维度。效价指个体的感受从不愉快到愉快的一个变化的过程。唤醒度是指个体情绪从平静到激动的一个过程,指生理活动和心理警觉的水平差异,通俗来讲,指有无感觉,紧张便是一种比放松唤醒程度高的情绪。高唤醒情绪一般出现在个体受到威胁或者存在渴望的时候。根据这个模型,每种情绪都可以被归为愉悦 / 不愉悦与唤醒水平(高 / 低)的结合,诸如高兴是高唤醒、高愉悦的情绪;焦虑是高唤醒、低愉悦的情绪;满足是低唤醒、高愉悦的情绪;抑郁是低唤醒、低愉悦的情绪。

在种类繁多的情绪里,介绍几种大家常见的情绪。

一、恐惧

恐惧被称为“上古情绪”,是对感知到的危险的反应,会激活大脑中与逃避有关的区域,与杏仁核密切相关。最早 1937 年有研究发现杏仁核受损的猴子不会逃离危险刺激。恐惧的典型面部表情包括眉毛上升且簇拥在一起,睁大眼睛。其中,有说睁大眼睛是为了增加看到潜在危险的能力,而且睁大的眼睛给人一种面部看上去像婴儿的错觉,人畜无害,能够诱发其他人的同情心和帮助。

恐惧,从演化角度看,具有非常重大的意义。关键时刻,恐惧的快速预警和保护机制能够拯救人类祖先的性命。想象一下,如果没有恐惧,看见一头饥饿的野猪,人类的祖先首先想到的不是提高警惕、撒腿就跑或者抡起工具将其捶死,而是过去打个招呼,估计一切凉凉,他就只配为野猪的进化铺路了。

与远古时期相比,我们的生活环境和方式已经发生巨大变化,不具备原始社会那种对生命的直接威胁,但恐惧印刻在我们的基因中,延续至今,条件反应式的恐惧反应发生在毫秒之间,至今扮演着举足轻重的作用。而且如果感觉不到恐惧,我们就不会躲避有可能威胁到生命的危险情况,甚至很容易丧命。哆啦 A 梦里面有一集,大雄因为经常挨打,偷了哆啦 A 梦的一种消除痛苦的机器,因为感觉不到痛苦,所以大熊打算跳到一辆飞驰的汽车面前展示特异功能,所幸最后哆啦 A 梦救了他。国外有报道,一位名叫乔 · 卡梅隆的 71 岁老人,因为拥有“无痛假基因”,使得她一辈子连焦虑、抑郁、恐惧、沮丧的情绪都未曾体验。读到这儿,大家肯定羡慕不已,这不正是自己希望拥有的“超能力”。别着急下结论,卡梅隆因“无痛假基因”所付出的代价是她经常被烫伤和遗忘东西。甚至个别极端案例中,缺乏痛觉的个体会咬掉自己的手指,因为他们并不会感到恐惧,无法意识到这种行为的危险性。

当然,恐惧并非在任何场合都是适应的。社交恐惧(也被称为社交焦虑)作为大学生最常见的心理困扰之一,具体指处在约会、聚会等可能被他人审视的社交场合时感到紧张发抖、脸红心悸、不停出汗、说话口吃,甚至感到恶心反胃,严重会有惊恐发作。对于有社恐症状的同学,公开演讲相当于公开处刑,因此他们会尽量主动避免社交情境。比如说事先约定好的约会被临时取消,他们会因此感觉到松了一口气。为了避免和外人不必要的接触,他们宁可在走路时特意绕道偏僻无人的小路。然而当无法回避时,他们不得不寄希望于自己强大的意志,带着强烈的恐惧或者焦虑去忍受,这种忍受通常伴随着各种各样的安全行为,譬如交谈时尽量避免接触对方的眼睛。作为社会性动物,我们都会在乎重要他人的看法,区别在于社恐同学往往高估别人对自己的关注程度,对别人负面或者中性的社交线索过于敏感，害怕得到负面的社交反馈，主观上夸大了负面后果的严重性。

其实大部分社交恐惧的个体并不是缺乏社交技巧。因此很多基于提高社交技巧来改善的训练可能收效甚微。对于社恐不严重的同学，可以练习减少来自于自己或想象他人的批判。头脑中的想法与现实可能是两回事，很多负面"事实"可能是我们自己臆想的，像发现别人对自己冷淡时，对方可能只是因为困倦而反应较慢，并不一定是不喜欢我们，不要着急中断社交。还有一点要注意，心理学的聚光灯效应，别人没有那么注意我们的一举一动，所以当我们出糗时别人未必会注意到，即使注意到，也未必记得住。更甚者，害怕表达不好被别人笑话、给别人留下坏印象，搞砸某次聊天，想想，最坏的结果又能坏到哪里去？

对于社恐严重的同学，求助专业人士及早进行治疗。现在为止，许多研究支持催产素有抗焦虑的效果。在一个研究中，21 名健康男性得到实验人员的负面反馈，也就是说他们的表现不好。这 21 名被试中一些人闻了催产素、一些人闻了血管加压素，一些闻了不含有任何激素的安慰剂，结果发现在实验人员创设的消极社交状况下，那些什么也没闻的被试，大脑中负责辨认复杂情绪性社交感知视觉的区域被激活了。那些闻了催产素和血管加压素的被试，大脑情绪活动没有发生明显的变化。不过临床上暂时还不推荐使用催产素。目前，在针对社交恐惧的诸多有效的干预方法中，认知行为疗法的疗效被认为显著优于其他心理疗法和药物治疗。

二、愤怒

研究发现，愤怒主要和"战士基因"（低活性 A 基因）有关，当然，环境和神经的影响也非常关键。20 世纪 60 年代，耶鲁大学的约翰 P · 弗林在实验过程中发现，当激活猫的下丘脑时，原本对笼子里的老鼠毫无兴趣的温顺猫咪，突然变得暴怒起来，而且这种愤怒直接指向老鼠，瞬间干掉了这只老鼠。

愤怒是穿戴着盔甲的恐惧，本质上是一种自我保护行为，通常出现在我们认定对方故意侵犯了边界，破坏了我们心中的公平时。举个很直观的例子，尽管宿舍里有值日表，但是排在你前面的同学，每次轮到他，他都推辞说迟点清扫也不晚，可是等到了晚上 12 点他却赖皮现在已经不是他值日了，碰到这种"奇葩"舍友，你肯定心里很不爽，因为他打破了你心中既定的规则，你的权利边界被侵犯了。

当别人踩到我们的"雷区"，通过表达适度的生气会帮助我们建立并维护自己的底线，从而在交往的过程中，他人可以选择更适宜我们的方式。研究表明，只有 10% 的情况下，愤怒会引发暴力事件。但盛怒之下，大脑皮层短路，我们的注意力会高度集中在主要威胁上，所以认知范围会比平时狭窄很多，分析能力和自我控制能力也会明显降低，行为的责任意识明显丧失，可能引发攻击行为，更可能把关系弄僵。而这些关系往往是我们最亲密的，因为有研究表明，愤怒情绪针对的往往是熟悉的人。而且相比于其他情绪，发怒更可能会找到一个替罪羊，发泄在无辜者身。京剧《盗御马》中，就呈现了一个完美的愤怒"转移"的案例。皇上赐给太监梁九公的御马被盗，当清兵甲发现马被盗之后，赶紧跑去报告他的顶头上司，最后这个消息经过一层层的传递，一直传到梁九公的耳朵里。梁九公知晓后大怒，先是骂了身边的彭大人一顿，骂毕转身走了；彭大人无缘无故被人当了一回出气筒，憋足了火把身边的差官骂了一通，随即也悻悻地走了；差官礼貌地恭送彭大人出去之后，回过头挺直了肚皮把管事的一排小兵骂了个狗血淋头；一通官腔过后，差官也走了，最后只剩下几个灰头土脸的小兵，小兵从地上爬起来，环顾了一圈，发现再没有可出气之人。另外，暴怒之后，我们通常会体验到真实的愧疚和罪恶感。所以说，“盛怒中，勿答人书”。

有关愤怒管理，发泄比压抑更健康的观点深入人心，一些媒体鼓励人们生气时不要憋闷气，而是大声尖叫、打沙袋或往墙上扔球。一项调查结果显示，66% 的大学生认为，发泄怒火是管理愤怒情绪的一个好办法。然而 40 多年的研究却显示，不经过科学的指导，以激烈的方式发泄愤怒可能会让情况更糟糕。因为在发泄的时候，我们原本想要平息的情绪反而得到增强，依然保持着高度的生理唤醒水平，保持着攻击性的想法和愤怒的感受体验。心理学家克雷格·安德森和布拉德·布什曼研究表明，玩暴力电脑游戏，诸如侠盗猎车手，会增加人们在日常社会情境中的攻击性。

当怒气来临时，通过分散注意力来降低情绪的即时反应，这种策略在一段时间内是有用的，但是并不能作为一种长期策略来使用。可以尝试通过一些问题理清自己愤怒情绪背后的需求，因为愤怒有很重要的一个意义在于，提示我们的某一需求没有被满足或者被剥夺。

三、抑郁

某位明星得了抑郁症，某位名人因患抑郁症自杀……随着对抑郁症的重视，抑郁症这个词的出现频率越来越高。很多学生来访者在咨询过程中，经常询问作者的一句话就是：“我是不是得抑郁症了？”抑郁症和抑郁情绪有所不同，并不是所有看起来抑郁的人都患了抑郁症。

抑郁描述的不是某一个情绪，而是一组情绪，通常包含悲伤、苦恼、沮丧，每个人都可能体验到。

抑郁症不是单纯的情绪问题，它是一类复杂疾病，诊断要综合考虑情绪、思维方式、身体、社会功能损害、强度和持续时间等方面的因素，抑郁症的核心因素包括心境抑郁、快感缺失，附加症状则包括自我评价降低、精神运动性迟滞或精神运动性激越、身体乏力、睡眠障碍、饮食紊乱、体重改变、自杀及自杀观念、反应迟钝、注意力无法集中、记忆力衰退、社会功能受损等。症状接近不代表就是，大家不要对号入座，抑郁症的诊断务必须要寻求专业人员的帮助。

一个人患抑郁症，并不是由于软弱或者心理素质不好，一名年仅 21 岁、身患抑郁症的女孩跳崖自杀，她说到，“很多人把这种病当成是脆弱，想不开。我想说的是，不是的。我从来不是个脆弱的人，就像不经常喝酒的人也会得肝癌一样，没有太多的诱因，就这么发生了。”抑郁症的致病原因复杂，与遗传、环境、个人经历、压力事件等因素密切相关，及时诊断，药物和心理双管齐下治疗对于抑郁症患者很有必要。

四、快乐

快乐是当事情按照我们预定的方式发展、结果符合我们的期待，甚至比我们所期待的更好时产生的一种体验。例如，情人节，和恋人约好见面聚餐，到达目的地发现对方手里捧着一束玫瑰。

人为什么会快乐？心理学家奥尔兹等人等用“自我刺激”的方法，在下丘脑和边缘系统中发现了一个负责快乐的中枢，称为“奖赏系统”。他们在笼子的一角设置了一个按钮，只要一按这个按钮，大鼠脑中内置的电极就会自动释放电流。结果发现老鼠不断地按压杠杆，通过“自我刺激”来追求快乐，频次可达每小时2000次，并能连续按压杠杆15 ~ 20小时，直到筋疲力尽、昏昏欲睡为止。大鼠对这种刺激的迷恋达到了匪夷所思的程度：雄性的大鼠不顾旁边发情的雌鼠，雌鼠放弃照顾自己的新生幼儿。

对于很多人来说，时不时给自己来点“小确幸”（微小而又确切的幸福）补充正能量，才能应对生活中的一地鸡毛。给快乐充值的方式有很多：他人一句稀松平常的谢谢，三五老友偶尔的聚会，读一本好书，来一场说走就走的旅行，一觉睡到自然醒，甚至帮助他人都能给自己带来快乐。

耶鲁大学心理学家劳里·桑托斯在《心理学与美好生活》课程中谈到如何实践快乐时，开出了两张处方。处方一：买体验，不要买实物，听着似乎有违常理，却不无道理。我们购买的实物，比如买到一个项链，可能会兴奋几天，但只要东西到手，快乐就会断崖式下降，几个月过后，可能就无动于衷。随着时间的流逝，购买的实物可能会成为日常生活中再平凡不过的背景。最近的研究表明，被称为快乐激素的多巴胺跟我们寻求奖励的过程的联系可能比奖励本身更密切。我们因为期待而快乐。但如果购买的是体验，那就不太一样了。体验是指什么？体验一定要积极地沉浸在里面，有一些积极的互动，家里“葛优躺”看电视并不算体验。最经典的体验是旅行，旅行结束之后，再想起这段旅行，我们可能仍然会体验到强烈的快乐，甚至比去旅游的时候还强烈。另外我们可能攀比彼此购买的实物，却不太可能在分享经历时互相攀比。处方二：感谢我们已经拥有的东西。我们喜欢和别人比较，这也就是为什么奥运会大多数铜牌获得者比银牌获得者更开心。对此，桑托斯建议，问问自己，如果失去了现在的生活会怎么样，这种看似“消极的想象”或许能让我们重拾生活的热情，即使它有这样那样的不足。

快乐能给人带来诸多益处。快乐与创造性和解决问题的能力密切相关。研究发现，同样是要求寻找一些完全没有关系的词语之间的关系，测试之前发巧克力组的数据明显好于什么也不给组。快乐也能带来健康，研究发现欣赏喜剧片的观众比欣赏纪录片的观众更能忍受疼痛。

但没必要总提醒自己要变开心，“强行快乐”反而是一种累赘。我们对积极情绪的过分追求，可能会弄巧成拙，导致越来越难体验到幸福，这种现象被称为“追求积极情绪的悖论”，其中一个原因是当我们频繁监控自己的情绪状态时，妨碍了沉浸体验，降低了实际的快乐水平。心理学家曾做过一个简单实验。实验者设计了两份假报纸，其中一份报纸上的内容大意是幸福带来的诸多好处，让人一看就对幸福无限向往。作为对照的另一份假报纸，和前一份几乎一模一样，唯一的区别就是把所有关于“幸福”的字眼都换成“好的决策”。比如前面的“幸福的人恋爱更美满”“可以改成“善作决策的人恋爱更美满”。参与者随机阅读两份报纸。接下来请他们观看一个喜剧片。读过后一份报纸的参与者跟着电影情节，笑得很开心，而读前一份报纸的参与者的笑点却变得特别高。

第四节　情绪可以为我们做什么?

我们习惯性地以问题视角去思考情绪,而不是某些可以提醒我们注意的信号。我们很容易因为对情绪的感受而进行评判,将那些不愉快的、不喜欢的情绪,称为消极情绪。但实际上,并没有什么所谓真正的“消极情绪”。每一个情绪都是一种语言,都是带着信息来与我们沟通的。情绪是送信人,每一封信包含着我们内心的重要需要。下面,让我们来说说情绪,尤其是所谓的那些“消极情绪”的价值和好意。

一、适应功能

情绪在人类进化过程中所起的作用是显著的。当面临生命危险时,情绪有快速预警的作用,能提醒我们注意周边环境。例如,焦虑能提醒我们关注背后的问题。而且相比于积极情绪,消极情绪的适应功能更为显著。如果说积极情绪关乎我们是否感到幸福,消极情绪则关乎我们是否能够生存下去。用一句话解释两类情绪的区别就是:乐观的人发明了飞机,而悲观的人则发明了降落伞。相比于个人的幸福,进化更加关心如何成功繁衍后代。

情绪的适应功能在婴儿时期表现的最为明显,婴儿在具备言语交际能力之前主要依靠情绪表情,诸如哭泣,来向照料者传递信息,在恐惧的时候召唤保护,在疼痛的时候转移注意,在无助的时候寻求帮助,抚养者则根据婴儿的情绪反应来了解和满足他们的需求。荷兰心理学家阿德温格霍伊斯认为,眼泪具有很强的符号意义,它能传递出无助,尤其是在人类最脆弱的童年时代。

二、动机功能

动机功能体现在情绪会引导我们做出行为的改变。一般来说,消极情绪会指向特定的行为倾向,例如,内疚会推动个体的补偿行为。热座电影《我不是药神》中有这样一段情节:男主角程勇最初从外国走私仿制药的动机是为了赚钱,因为仿制药的成本远远低于正版药,而对于家境不宽裕的患者来说又是不得不背负的刚需,因此走私药物这一项可以让他赚得盆满钵满。可是后来他在不缺钱的时候,选择把药品降价卖出,甚至以成本价和低于成本价的价格赔钱卖出。有人问他为什么,他的回答是“就当还他们的”。程勇的降价出售药物动机不论为何,绕不开两个字——“内疚”:对法律的内疚、对道德的内疚、对曾经帮助过的病友的内疚等。程勇的内疚来自于对自己的不当行为产生的懊悔和反思。而程勇折价卖药、给抚恤金等补偿行为,无一不是被“内疚”这一情绪激发。相对而言,积极情绪的特定行为指向比较模糊。

作为近年来,情绪研究领域的热点,学业情绪跟我们密切相关。学业情绪指影响我们学习过程和学业成就的各类情绪,包括兴趣、好奇、焦虑、气愤等。学业情绪可以显著影响个体的学习动机。例如，好奇源自“信息差距”，指的是“我想知道的信息”和“我已经知道的信息”之间的差距，信息越触手可及，越容易好奇。好奇让我们充满了探索的动力，可以促使我们勇敢地尝试一些不熟悉、复杂的新鲜事物。对他人怀有好奇，也是我们接触一个人的重要动力。密歇根大学研究人员分析了6200名幼儿园儿童在2006年和2007年的阅读和数学成绩，结果发现：那些无论是在学习中还是在玩耍中，被父母评价为“行为最好奇”的儿童在校成绩最棒——无论儿童是男是女，也无论他们的社会经济背景如何。

三、社交功能

作为情绪的外在表现，笑被认为是人类社会中一种重要的沟通信号，对笑的研究视角主要有进化论与社会互动论。从进化的视角看，笑提高婴儿的生存几率，增强成人吸引力，且有助于个体的身心健康；从社会互动的视角看，笑帮助人们控制攻击行为，增进合作行为，促进良好人际关系的形成。

社交功能被认为是情绪的诸多作用里最为重要的一个，人与人之间的很多沟通与交流，都需要情绪作为媒介和途径。例如，一个人在遭受痛苦时流露出自己的悲伤，实质上也是在释放一种求救信号——我现在很难过，希望能够得到你的关注、陪伴、理解和支持，周围的人接收并理解了这样的信号，就能做出及时而相应的回应与应对，从而建立与对方的深层联结。

情绪的外部表现可以传递人际关系的信息，能够提供角色、情感等重要的补充信息，当一头饥饿的狮子向己方靠近时，能迅速从同伴的恐惧表情中了解事态并作出反应的人更能存活下来，因此对情绪的识别和判断是人类重要的生存技能。比如，对方的肢体动作传达了对方的情绪，方便我们在面对面交流中即时调整自己的沟通策略。例如，抖腿被认为是表示拒绝、回避，不愿意正面回应。

有心理学家还发现肢体语言的另一个特征，并将其称之为“变色龙效应”，指的是人们与他人互动时会下意识地模仿那人的姿势、癖性和面部表情。根据镜像神经元假说，这种自动化模拟，能够激发我们产生与交谈者类似的情绪体验，从而有效识别他人的肢体语言、面部表情。下次，在与别人交谈甚欢的时候大家不妨试着观察一下。

如果一个人在成长过程中没有学会运用情绪的社会功能，那么在长大之后，他可能就会面临人际交往方面的困扰。《生活大爆炸》中的谢耳朵，学术方面登峰造极，拥有两个博士学位，是加州理工学院的理论物理学家，后荣获诺贝尔物理学奖，然而生活中，他缺少一根感受他人情绪的神经，总是不能理解对方当前的情绪，言语辛辣，很少顾及他人的感受，因而，经常伤害自己与周围人的关系。即便如此，最终季里的谢耳朵还是收获了大度的朋友和亲密的爱人。大团圆结局的谢耳朵，放在现实中最大的可能性是社交困难。

四、组织功能

组织功能是情绪的四大功能里相对最为抽象的一个，其核心关键词是“对其他心理过程的影响”，主要表现为积极情绪的促进作用和消极情绪的破坏作用。相比于消极情绪，积极情绪可以扩展认知范围,增强认知的灵活性。研究证实,较于体验到消极情绪的被试,体验到积极情绪的被试对同样20个开放性问题的回答更加多样化。

另外,消极情绪会让我们更加注意事物的表面特征,积极情绪更容易让我们注意到事物的宏观特征。加州伯克利的研究表示,处在悲伤状态的个体收集细节的能力变强,处在快乐状态的个体会不自觉地放下心来,不去关注细节。这可能是因为不同效价情绪带有不同的情绪信息。情绪信息理论认为情绪具有信息性,具体来说,积极情绪具有"有价值的""容易的""良好的"等奖赏信息,表明环境是安全的,消极情绪带有"无价值的""困难的""不好的"等惩罚和威胁信息,表明环境中存在问题。

尽管大脑中不存在像电影《头脑特工队》中所呈现的那样一个熙熙攘攘的"笛卡尔剧场",没有各司其职的头脑特工帮我们处理形形色色的事情,但我们每个人都无师自通地使用各式各样的方法来管理自己的情绪。管理情绪不是除掉消极情绪,消极情绪本身并不是消极的,所谓的积极和消极,更多的是从个体感受的角度对情绪所作的一种评判。对待消极情绪要避免一刀切,简单化。以嫉妒为例,嫉妒作为一种复杂情绪,通常出现在对方拥有我们求而不得的东西,并非所有的嫉妒都会演变为贬损被嫉妒者,善意嫉妒便能够激励我们提升自己,从临渊羡鱼转为退而结网。管理情绪重点是增强和维持积极情绪,调适消极情绪。

第五节 如何培养积极情绪?

拓展—建构理论认为积极情绪能够构建和积累更多、更广泛个人资源,诸如人际资源、心理资源(心理弹性、乐观)等。研究发现,在一个月的时间内,在日记中报告更多积极情绪状态的人也会有更好的生活满意度,其原因是心理弹性或应对压力的能力增强。积极情绪的培养,自然会扩大我们的心理应对资源,当消极情绪出现的时候,我们就能够去应对了。

Fredrickson 教授提出想要过上欣欣向荣的生活,生活中积极情绪和消极情绪的比率需要达到3∶1。我们无需关注每天的"积极率",因为情绪在一段时间内会有起伏变化,只要一段时间内、总体而言有足够的积极情绪就可以。

那么对于生活中缺乏积极情绪的个体,如何培养积极情绪?可以从以下几点尝试:留意生活中看似微不足道的小美好,每天结束时,写下几件一天中让你感到开心的小事,哪怕小到"今天食堂师傅对我微笑了";减少某些制约感受积极情绪的思维习惯,诸如不断将自己视为受害者,认为生活的满意度受到超过能控制的压力决定的无助思维习惯。

第六节 如何调适消极情绪?

比起积极情绪,我们拥有的消极情绪种类更多。消极情绪的调适从觉察与接纳开始。

一、觉察与接纳

想要利用消极情绪的积极作用，需要进行正确认知和有效管理。而如果对于自己的消极情绪毫无觉察，自然谈不上管理。一般来说，意识到自己处于消极情绪中并不困难。因为人类的心理有一种负面信息优势加工效益。给人看满屏的笑脸，唯独右下角有一个哭的脸，很多人立马会关注这个哭的脸，给人看一个满屏的哭脸，右下角有一个微笑的脸，大家很容易忽视这个微笑的脸。

消极情绪的自我觉察并不难，难的是接纳自己的消极情绪。情绪虽然“生而平等”，可就在我们读到它们的名字时，就已经给它们划分为三六九等：积极情绪当然好，消极情绪就算了。我们之所以排斥消极情绪，主要因为以下几点。

首先，消极情绪经常跟一个叫做“压力”的好兄弟结伴而行，容易造成我们生理上的不适。诸如，当遭遇重大生活变故，悲伤过度时，身体内与应激有关的激素会大量分泌，导致心脏收缩异常，严重时甚至会导致“心碎综合征”，伤心可能真“伤”心。

其次，在社会交往过程中，我们传递的很多信息是以创造自己想要的认同为目的的，消极情绪这类信息的表露可能不利于我们的印象管理。诸如伤心可能会被认为是懦弱的表现，生气可能会被当做一个脾气大的人，焦虑可能会被认为是神经质的表现。消极情绪有时甚至不符合我们对自己的人设，使得我们的现实自我与预期自我之间产生冲突，导致自我贬低。举个例子，面对朋友的优秀，你觉得自己应该为他感到骄傲、发自肺腑的高兴，但现实是你感到很不舒服，你因自己感到的嫉妒而内疚。球星库里的妻子上节目公开表示因为丈夫女粉丝太多，自己总是担心他会因为某个女粉丝离开自己，因此被很多人批评善妒。《三傻大闹宝莱坞》里面的一句旁白：朋友不济，你难过；朋友发达，你更难过。

最后，文化对消极情绪的接纳也起着不可忽视的影响力。相比于个人取向的文化，社会取向的文化不鼓励个体过度表露情绪，尤其是可能会影响到群体和谐的消极情绪。比如许多亚洲社会里，在公开场合生气被认为是不得体的，因为生气会导致与他人关系的疏远或破裂。爱斯基摩和塔西提文化规范强烈反对表达愤怒，因此这些文化中的人不愿意承认愤怒的情感。然而，新几内亚的卡鲁利人和巴西的雅拉马默人非常重视表达愤怒，并且具有精细复杂的愤怒表达仪式。

作为一种心理防御机制，回避体验情绪有自我保护的功能。不过，我们需要正视它的代价。精神科医生亨利·克里斯塔尔治疗超过1000名大屠杀幸存者，由于创伤经历的影响，这些患者学会了屏蔽自身感受，亨利·克里斯塔尔发现他们其中很多都取得了职业上的成功，但他们的亲密关系却惨淡而疏远，而且几乎没有人有兴趣接受治疗。如果我们不接受自己的情绪，觉得自己不应该有某种情绪，这种抗拒心理没办法更好地帮助我们了解情绪背后的东西，更谈不上管理情绪。只有坦然接纳，才能更快走出消极情绪，避免造成更多伤害。接纳情绪是情绪管理的前提。当受消极情绪困扰的时候，我们要“允许自己为人”，也就是允许自己有消极情绪，不管是愤怒、嫉妒、羞愧等。

二、分辨和表达情绪

仅仅觉察和接纳自己"丧、郁闷、糟糕"，却不会分辨和表达情绪，还远远不够。

同样失恋之后，面对"你觉得如何？"这个问题。有的同学会说："听到她提出分手的瞬间，感觉很震惊，前几天很麻木，经常身边围着好多人，仍感觉自己孤身一人，自己显得格格不入。随着恋爱中往日的点滴回忆不断闪现，慢慢会觉得伤心，因为意识到自己失去了一段重要的关系。一直追问自己分手的原因，结果却无法信服。为了缓解焦虑，我尝试联系她，她没有回应我。复合无果后，我的第一反应是愤怒。凭什么拒绝我？凭什么她说分手就分手？凭什么是我被抛弃？ 渐渐地，我陷入抑郁，觉得自己的世界没了颜色，生活一下子失去了意义感。"有的同学则只会说："我也不知道自己到底怎么了，就是感到很糟糕，或许是伤心，或许是不甘心，总之情绪很复杂。"

相比后一种同学，心理学上将前一种同学称为高情绪粒度的个体，因为被复杂情绪裹挟时，他们不仅能够细致入微地感受到自己的情绪变化，而且能够找到准确的语言来描述自己的情绪。

提高情绪粒度可以从以下几个问题入手。

（一）我处于什么样的情绪中？

我们可能因为情绪词汇匮乏，或者随着年龄的增加，我们感受到的情绪层次也更复杂，难以分辨，诸如喜忧参半、悲喜交加、哭笑不得、百感交集 ...... 我们只能给出模糊的表述，使用糟糕、一般、纠结等的简单词汇，没法有效分辨自己的状态。

这时，我们需要扩充自己的情绪词汇，在6种基本情绪之外继续扩充，挫败、忧虑、烦恼、顾虑、担心、反感、沮丧、懊恼、怨恨、后悔、自责、焦躁、忐忑、委屈、无助……建立属于自己的情绪词汇库。

（二）我的情绪来源是什么？

情绪像一个洋葱，一层一层又一层，需要层层解剖。诸如，被女神拒绝，表层情绪是尴尬、伤心，但如果剥开表层情绪，往深里想，会发现还有对表白对象的愤怒、对冲动行为的后悔、对个人魅力的担忧、对被抛弃的沮丧。

我们的情绪，一部分无需经过大脑皮层，会直接由外部事件激发而产生。由爬行动物脑和哺乳动物脑共同构成的情绪脑，作为中枢神经系统的中心，探测到危险或一个特殊的机会，就会激发大量激素来提醒我们，情绪脑会根据大致情景的相似性做出判断，激发事先编好的计划，生理反应是完全自动的。但是我们的情绪更多并不是直接来自于外部事件，而是来自于我们对外部事件的判断和评价，也就是理性脑，它会根据更复杂的选择分类进行信息组织。

另外，情绪在某种程度上是会传染的，有时候，我们的情绪也许来自于他人情绪的感染。例如，因为接触到"低气压"的舍友情绪由晴转阴，随着伴侣的抑郁情绪出现类似的负面情绪。研究表明，仅几个月的时间，恋爱中的情侣和大学室友之间的情绪反应就会变得更加相似。情绪具有感染性，这主要是因为人类拥有一种感受他人情绪的能力——共情能力。共情能力有助于我们更好地感知他人的情绪，从而获得和维持一个良好的人际关系。然而，如果我们的情绪总被他人左右，大家需要懂得，别人的需求和情绪不一定比自己的更重要，要学会在帮助他人的同时，不被他人的负面状态完全卷走，不做他人负面情绪的替罪羊，需要建立健康的个人边界，当边界被侵犯时，学会适当的拒绝，甚至必要的时候和他人保持一定的空间和距离。

（三）我的情绪有多强烈?

从5到1（非常强烈、强烈、一般、轻微、非常轻微）为你自己的情绪打分，一般原则是优先调节得分高的情绪。

三、调节情绪

接纳消极情绪不代表全盘接受，对于在某些具体情境中产生的强度大和持续时间长的负面情绪，我们就要去考虑采用什么样的行为能够缓和它对你造成的影响。比如，每个人在经历丧失亲人后都会有一段时间很难过，这是一个哀悼的过程，是正常的反应。但如果亲人去世很长时间后仍然长期陷在悲伤的情绪中难以自拔，影响正常的工作和生活，就需要调适了。作者主要介绍情绪关注、注意分散、认识改变和反应调整四种情绪调节策略。

（一）情境关注

情绪指大脑对当前所处情境的生理反应所做出的解释，因此管理消极情绪最有效的一种方法是釜底抽薪，寻找、避免或者改变诱发消极情绪的情境。例如，如果大家过年走亲戚被来自七大姑八大姨的各种问候搞的心烦意乱，疲于应付诸如“成绩考的怎么样，拿奖学金了吗?”“处对象了吗，有没有本人的照片?”“专业具体研究什么，就业前景如何?”等连环盘问，大家可以在他们开口发问之前打个招呼，找个借口，抓紧时间闪人，来个三十六计走为上计，如果跑不掉了，大家可以来个先发制人，转移话题，将问题矛头调转，以“叔叔阿姨，您近段时间身体怎么样? 您孩子工作怎么样?”发起反攻的号角，成功躲避话题袭击。这种通过控制情境从而改善情绪的策略就是情境关注策略，可以区分为情境选择和情境修正。

1. 情境选择策略

当选择避开会令我们产生消极情绪的情境或者进入预期会诱发我们积极情绪的情境，我们便是在采用情境选择策略。举例来说，有些同学分手后选择断绝一切联络方式，删除对方的QQ、微信、微博等社交网络，将对方之前所送的礼物全部扔掉，尽量避免去恋爱期间两人时常光顾的地方。这种“眼不见心不烦”的策略可以降低或者避免我们产生负性情绪体验的机会，防患于未然。因为每次接触这些情境，分手的痛苦可能又会被提醒一遍。

但是，情境选择策略的使用一定要谨慎，因为有些场合并不适用。对于社交恐惧的同学来说，可以选择不去参加一些社交活动，诸如社团活动，因为那会让他觉得紧张，但是却不能拒绝所有社交场合，诸如毕业论文答辩、工作面试等。而且情境选择的极端使用会限制人们的机会和关系的发展。

2. 情境修正策略

情境修正是指采取一定的措施来改变所处环境，进而改变它造成的情绪影响，达到我们想要的情绪状态。北京大学有位副教授，刚开始由于恐惧学生对他的评价，所以很长一段时间内，上台给学生上课会紧张，担心讲不好被学生批评，而且看到学生窃窃私语就会认为是在嘲笑自己。结果后来，他想了一个办法，上课的时候直接把眼镜摘掉，这样就看不清楚学生的表情，也无法注意到学生的议论，估计只能看到学生们衣服的大致颜色，这样反而能够沉浸在自己的授课当中，教学评估得分也相应提高了。

（二）注意分散

跟身处同一班级的前任非和平分手，低头不见抬头见。这种情况下，我们可以选择逃课，代价可能是罚抄 3500 遍“我错了”；也可以一笑泯恩仇，关键是恋人变朋友，可惜很多人做不到。在这种情况下，对于所处情境，我们无法逃避，也无力改变，一个经常被采用的方法就是分散注意力，将注意力转移到课堂知识，尽量避免去看或者去想跟前任有关的一切。

我们不仅容易被负面消息吸引，而且令人不快的是，当遭遇负面事件时，我们总是想通过反复思考去搞清楚事情的来龙去脉，“为什么这种事情发生在自己身上”，“以后我该怎么办”结果往往适得其反，反刍越多，越容易钻进牛角尖，进入情绪调节的死机状态。因为反刍是一种反复的、螺旋式的死循环，是以一种消极的视角，紧盯着某几个支离破碎的痛点，很难构建出一种有意义的叙事。

注意分散可以将注意力从负面信息导向正面信息，中断对负面经历和情绪的思维反刍，用积极体验填充思维空地，更快走出深渊。在小说《飘》中，女主人公斯嘉丽·奥哈拉在最后面对自己心爱的人的决然离去，悲伤不已时，所采用的调节方式就是她惯用的注意分散，“我现在不想这件事，等我明天可以经受这些的时候再想”。

但是当我们已经筋疲力尽，或者已经对自己的思维控制很久的话，告诉自己停止思考也可能会事与愿违，很难赶走脑中的负面小剧场。研究发现，当被要求“脑海里不要去想一只头上插了朵花的粉红色兔子”的时候，反而会更快更普遍地在被测试者脑中形成一个具体的形象。

找到自己的兴趣点、让自己陷入忙碌状态是转移注意力的最好方式，诸如沉迷在学习的世界中不能自拔。相比于学习，作为成本低、见效快的代表，游戏经常被我们用来转移注意力。俄罗斯方块对于作者这个年龄段的人来说并不陌生，偶尔工作或生活不顺心，玩两局，沉迷于游戏的乐趣，把一切烦恼抛诸脑后，作用机制便是注意分散对情绪的调节。曾经有一个研究，证实玩俄罗斯方块可以缓解人们的痛苦，瞬间为自己玩游戏找到一个无懈可击的借口。那些能够调动起五感、让玩家沉浸其中的游戏，诸如对于 00 后的大家更熟悉的开心消消乐，可能也有同样的情绪调节的效果。所以再看到前任分手后沉浸在游戏的世界中，不必愤愤不平认为对方麻木不仁，他们可能只是想通过游戏自我治愈。

(三)认知重评

认知重评要求对情境的解释尽量做到真实积极或者至少是中性。例如,上台做演讲,不要将台下观众的瞌睡作为你讲的东西太无聊的有力证据,因为不排除观众打瞌睡可能是因为他们昨晚没有休息好;女朋友今天突然不开心,未必完全是因为你说错话了,可能只是因为她和同学吵架了;室友出门和回来的时候没有跟你打招呼,不一定是因为讨厌你,可能他只是害羞。

认知重评的前提是因为许多无助益的情绪来自于我们存在的一些非理性想法,诸如灾难性预期的谬误,持这种想法的人会夸大消极情绪的持续时间,当分手的时候会觉得自己永远走不出来失恋的痛苦,你可以回想生命中是否也有过类似想法的时刻。也许当时的痛苦在现在看来并不严重,但当时你可能也有过"好像痛苦没法过去了"的想法,但现在你却并不在那么为它痛苦了。情绪预测的相关研究显示,我们很难预测自己未来情绪的强度和持续时间,尤其是对于消极情绪,我们倾向于高估其持久性影响。所以,无论此刻感受多么难以想象,你都要提醒自己,曾经的痛苦能过去,眼下的,也可以。

心理学家菲利普·津巴多在《害羞心理学》中描写了一段他自身的感受,这为你理解认知重评提供了一个很好的案例。

我发现自己在演讲时流汗了,从此就意识到,出汗说明我很紧张。如果这种情况经常发生,我甚至会把自己定位为胆小的人。一旦我给自己贴上胆小的标签,另一个问题就是"我为什么会胆小?"然后我就会寻找合理的解释,比如因为我注意到一些学生离开了教室或是不注意听我演讲,我想这可能是因为自己演讲得不好而感到紧张,而这种想法让我更加紧张。但我怎么知道自己演讲得不好呢?因为我让听众感到乏味无趣。因为我是个无聊的演讲者,因此而感到紧张;我想做一个好的演讲者;我感觉自己不称职;或许我本该去开个熟食店。如果这时突然一个学生说:"这太热了,让我汗流浃背,简直无法集中精力听你的演讲!"立刻,我就不再紧张或沮丧。

将学生的注意力分散归因为自己的演讲不够精彩时,菲利普·津巴多感到焦虑、沮丧。最后,当知道学生不注意听讲是因为环境太热时,他立马放松。

认知重评是在不自欺欺人的前提下,努力倾向于以更积极的方式去评价事件,比如这些负面事件给我们带来了什么积极影响,从中吸取哪些教训,在解决问题的过程中哪些能力得到了提高。认知重评并不意味着要假装事情没有发生,或给自己灌输毒鸡汤,诸如张韶涵在《吐槽大会》中吐槽"感谢伤害你的人,因为他让你变得更强"这句话,正如她所说,伤害就是伤害,没有这些伤害,她也会变得更强,的确,与其感谢那些伤害自己的人,还不如去感谢那个挺过这些伤害的自己。

在认知重评策略中,研究最多使用最广的就是重新解释策略,即改变对一个刺激事件的意义。高校夸夸群一经问世,迅速火遍各大高校,在群里,无论你遭遇什么悲惨经历,都可收获花式夸奖和鼓励。诸如来自清华大学夸夸群的"看不进去书说明你的知识水平高于书,逆浓度梯度知识无法自由扩散"。李松蔚老师将夸夸群里夸人的等级分为 7 个,其中进阶级就是从积极视角夸人,言下之意,我们可以借助群体的创造力更快速地发现事情意义的一面,实现积极的认知重构,阻止自己长时间沉浸在过度自我贬低和过低自我评价的状态之中。

另一个认知重评策略是分离策略，在焦虑的日子里，用第三人称与自己对话。例如，小微因为考试焦虑，当用第一人称对话时，她问自己：“我为什么会这么焦虑？”，而第三人称的对话中，小微会说：“小微为什么这么焦虑？”。这种以一个未参与者的角度进行思考，能够帮助我们与情绪刺激事件拉开一些心理距离，稍稍远的心理距离有助于管理情绪，可能因为需要较少的认知努力，带来较低的情绪激活。

（四）反应调整

当无法改变情境或对情境的评价时，我们可以尝试从改善情绪的反应入手。反应调整就是在情绪发生成熟后，直接影响情绪反应的体验、行为、或心理成分。比如放松能够降低肌肉的紧张度和自主唤醒水平，调整心理反应。

不知道如何放松？这里提供一种低成本、易上手且能有效缓解焦虑的方式——引导性想象。在想象的过程中，我们更少关注环境中的不愉快方面，而是集中在更有意义的环境特征上，比如想象在一个阳光普照、温暖和煦的日子，正在和风中乘着小船前进，不要去在意河水偶尔溅到身上的冰凉，而是集中精力在汪洋大海中最美好的部分。引导性想象和大自然都具有缓解焦虑的功能，如果这强强联手，会产生什么样的效果呢？基于这样的考虑，有研究者提出基于自然的引导性想象，当感到身心俱疲的时候，跟随录音中的引导者的声音，在想象中走进自然，放松身心。

生活中，我们常被要求降低情绪反应的行为表达来管理自己的情绪，“控制你自己，让其他人无法看出你的感受”。一方面，表达抑制能够有效降低积极的情绪体验，而在降低消极的情绪体验上成效并不显著。另一方面，喜怒不形于色真的好吗？情绪自带的反应机制可能就具有调节该情绪的作用。躯体自发的应对过度的情绪状态——大笑或者哭泣都是调节的一部分。例如，愤怒的时候笑了，从调节上缺少攻击型，很难达到平复血压和心率的作用，同时没有警示的作用。

情绪调节要灵活，通过不断调整在不同情境下使用的情绪调节策略，以追求最大化地实现我们自己的目标。例如，当管理到一个高强度情绪情境，可以首先选择分散注意力来降低情绪强度，之后，再考虑使用重评策略。

第七节　日常情绪的管理

情绪管理，防微杜渐的同时，未雨绸缪。

一、运动

与听音乐、看电影、读书等休闲活动相比，有规律的身体活动不仅有助于提高我们的生理机能，进一步帮助我们面对压力，还具有改善心境、调节情绪的功能，是更为经济有效的情绪调节手段。运动能够增强积极情绪，降低消极情绪。运动产生的积极情绪效应也是个体进一步参与锻炼的动力，有助于锻炼的坚持。

二、睡眠

睡眠并不是简单的"一闭一睁，一天过去了"。良好的睡眠可以改善情绪。一觉睡到自然醒往往让人感到身心愉悦。相反，睡眠不足会影响情绪。如果你有过熬夜打游戏、熬夜刷微博、熬夜看比赛的经历，你很有可能顺带感受过睡眠不足导致的疲倦、心情沮丧、感觉压抑、暴躁易怒等。睡眠剥夺会降低我们的情绪控制能力。前额叶通过与边缘系统的神经联系来调控情绪调节过程，睡眠剥夺后，杏仁核与前额叶中部的神经联系减弱，积极或消极的情感刺激都会导致边缘系统（特别是杏仁核）的活动增加，使情绪反应变得更加敏感。科学家让参与实验的人完成一个简单的任务：分辨电脑屏幕上的光点往哪个方向移动，同时这个光电会出现情绪化的图片或者中性的图片，来分散注意力。结果发现，有充分睡眠的人会收到情绪化图片的干扰，但是在中性图片出现时却不容易收到干扰；而缺乏睡眠的个体，情绪化图片和中性图片同等干扰他们的表现。另外，长期睡眠不足会影响到人体激素水平，诸如睡眠剥夺会影响多巴胺的作用，即影响快乐情绪的产生。

充足的睡眠对于日常情绪管理非常重要。所以，大家还是早点洗洗睡吧。毕竟结果显示，虽然大家熬夜的理由五花八门，但是超过 80% 的理由和工作、学习等不可抗力无关，也就是说，大部分人实在主动熬夜的。希望下面的这些建议可以帮到你。

建立有规律的睡眠 – 觉醒周期。早上一定要按时起床，即使前一天晚上熬夜了。许多同学晚上熬夜白天晚起，认为熬夜后只要补一觉就可以补回来，显然这是我们的一厢情愿，而且这样一来还会造成晚上该早睡的时候又睡不着。

白天避免长时间的午睡，午休只是短暂（15 ~ 20 分钟）的放松休息，长时间的午睡会干扰睡眠周期。

不要在床上做睡觉以外的任何事，尤其是学习。手机是睡眠拖延的最强助攻，睡前半小时将手机完全关闭，好梦也许就会找上你。如果 15 分钟内睡不着，就起床做一些让你觉得困倦的事，比如读一本不太有趣的书。

远离酒精。睡前小酌帮你实现了早睡，却妥协了睡眠质量。可以喝一些牛奶，促进神经递质 5– 羟色胺的分泌，而这种神经递质可以促进睡眠。

白天可以适当的锻炼身体，但不要在睡前进行体力活动，睡前的身体应该处于放松的状态。

三、自我袒露

心中郁闷之时找个朋友一吐为快，向他人倾诉情绪困扰可以达到类似宣泄的效果。有时候，通过与他人谈论我们的感受，能够起到自我澄清，理清我们对于这些情绪的认识，连贯的叙事，能够帮我们梳理掉那些破碎的心情和感受，让我们不断把那些不愉快的事情变得更符合我们自己的逻辑理解，最终找到符合自己认知的解读方式。倾诉能够激发朋友的关注和支持，改善自己的人际关系，建立与他人之间密切的关系。总之，表达情绪，其实就是一种调节。

尽管如此，自我袒露需要冒一定的风险，诸如造成负面影响、降低关系满意感、丧失影响力、伤害别人，所以有些同学会在袒露的时候谎称故事的主人公并不是自己。大多数时候，我们决定要向他人表达或讨论自己的负性体验时都是审慎的，通常基于多方面的考虑，首先是担心打扰到对方，其次是担心对方并不能真正理解你的感受，不能帮助你有效处理负面情绪。举个例子，你因为考试刚及格，觉得很难受，你跟四位好朋友倾诉。四位朋友给出的回复依次是"谁让你之前不好好复习""你太矫情了，及格就可以了""我看你也不像难过，你睡得挺好的呀！""不用难过，下次考好就可以了"。我们说这四位朋友并没有真正理解、关怀和支持你的感受，他们分别指责、评判、否认和弱化你的情绪反应，是一种非支持性回应。所以选择倾诉对象时，我们应该尽量选择最愿意支持我们，能够给我们支持性回应的人或者最值得信赖的人。

四、幽默

教师节表彰大会，领导致辞时，有一只小狗跑进来，在会场里面乱串，维持秩序的工作人员试图捉住小狗，全体教师的注意力都被这个小狗吸引了，最后这种尴尬的处境被领导的一句话一下都化解了，哄堂大笑之后大家的注意力又重新回到会场。大家可以猜测一下这位领导说了句什么？这位领导说了句，"不用管它了，它估计也想听听呢"。恰当地使用幽默不仅使与会人员开心，具有提升积极情绪体验的作用，而且还缓解了会场的紧张局势。

近年来的研究表明，幽默具有情绪调节的功能，可以增强积极情绪体验，调节负性情绪体验。二战集中营中的幸存者和战俘，通过使用幽默来缓解痛苦和降低负性情绪，即使是死亡来临之际，幽默同样可以使大屠杀中的囚犯缓解负性情绪。情侣经常通过分享一些有趣的故事或笑话，来使自己和他人开心，同时，增进彼此的关系，解决在约会中产生的矛盾。

幽默之所以能够调节情绪，可能是因为幽默为我们提供一个看待自己所面临问题的新视角，并且在面对压力情景时，可以迅速的转移我们的注意资源。

情绪管理是一个复杂的问题，我们不能寄希望于通过一个章节、一两万字就能让自己情绪管理的能力大幅提高，更不要指望情绪管理的方法如灵丹妙药，立竿见影。听了许多道理，却仍然过不好这一生，过不好这一生的原因就是没有将听过的道理付诸实践，我们需要在实践中去摸索适合自己的情绪管理方法。

推荐书籍——《走出抑郁—让药物和心理治疗更有效》(第二版)

作者 Richard O' Connor 不仅是一位经验丰富的心理治疗师，他本人也曾是一个抑郁症患者。因此，他对于抑郁症有着超乎常人的深刻理解与感悟。在他看来，要走出抑郁，需要摆脱"抑郁的习惯"。在不知不觉中，抑郁的人会渐渐变得"擅长"抑郁，学会了如何隐藏它。这使我们永远无法真正康复，无法从心底体验喜悦。但是我们可以打破从前的习惯，学习一系列全新的健康技能。最终，我们一定能够将抑郁从生活中抹去！

推荐电影——《头脑特工队》

电影讲述了主人公Riley跟着父母跨越大半个国家从明尼苏达搬到了旧金山,面对着新环境的挑战,在她头脑内部五个被人格化的情绪小人之间发生的一个个天马行空却又逻辑自洽的精彩故事。据说电影起源于导演的一个真实的困惑:自己十岁刚刚出头的女儿经历了和电影主人公类似的转变。导演、编剧皮特·道格特(Pete Doctor)曾找以研究情感闻名的心理学家保罗·艾克曼(Paul Ekman)以及加州伯克利加利福尼亚大学的心理学教授达契尔·克特纳(Dacher Keltner)一起讨论过电影背后的心理学原理,该电影有科学理论支撑,呈现了很多心理学有关的元素:情绪如何控制意识之流?又如何为我们的回忆上色?一个十一岁小女孩的情感世界是什么样的?观看该电影,打开脑洞来一场旅行,也许还可以重新认识你自己的记忆、情绪和人格的来龙去脉,或者以一种新的视角来回顾自己走过的成长之路。

推荐阅读——《抑郁的究竟有什么意义,使它在进化中被保留下来呢?》

有研究者估计30% ~ 50%的人至少在其一生中的某段时间曾达到过重度抑郁症(MDD)的诊断标准。抑郁的人可能情绪不好,疲乏无力,注意力分散,体会不到食物或性爱的乐趣,甚至会选择结束自己的生命。这些都是明显的生存劣势。根据自然选择理论,抑郁基因应该早就被淘汰了,为什么抑郁仍然那么常见呢?

衰老的过程中会表现出许多生存劣势,比如体力下降,对疾病的抵抗力下降,记忆衰退等等。事实上,抑郁在年轻人里并不少,在青少年和青年中甚至更多,而这显然不是衰老可以解释的。

那么会不会是人类社会变化太快太剧烈造成的不适应呢?用这个假设来解释抑郁有一定的合理性。近年来抑郁症确实有逐渐增加的趋势。在抑郁症的治疗中也有所谓的”进化学疗法”,就是让人过类似人类祖先那样的原始生活。但这一假说也有比较明显的缺陷:抑郁并不是只有现代社会才有,而是存在于各种或先进或落后的文化中。而且,抑郁和焦虑的现象在哺乳动物中是普遍存在的,云南野生动物园的红毛猩猩“培培”,因为思念因怀孕暂别的妻子而情绪抑郁,除人之外的其他哺乳动物显然没有过上现代化的生活,但仍然有抑郁的存在。

当我们否定了以上这些解释后,就意味着我们承认抑郁具有进化上的意义。那么又是什么使抑郁在进化中被保留了下来呢?人们对此提出了种种假说。

精神上的痛苦和肉体上的痛苦类似,虽然并不是所有的疼痛都是有益的,但我们知道痛觉对我们的生存很有用,只要它总体的好处大于坏处就可以在自然选择中胜出。显然,自然选择并不在意动物是否快乐,如果忧患派的优势大于乐天派,那么人类的天性就难免会失去阳光的部分。负面的情绪如忧虑、害怕等能让我们专注于遇到的问题,找出解决办法,并在未来避开类似的危险。

抑郁还有可能帮助机体对抗感染。在不少研究中,人们发现了一系列的基因同时涉及抑郁和免疫。抑郁的动物不好动,可以省下来能量对付病原;不爱交往,可以避免互相传染。

人在抑郁的时候容易沉浸于某个问题中不能自拔,这种反复深度的思考有助于问题的解决。在面对难题时,出现抑郁对解题往往是有利的。在智力测验中表现出抑郁状态的人更可能得到高分。一个痛苦的思索者可能增加我们成功的机会。

还有人认为抑郁是个体与亲人之间的一种讨价还价(bargaining)。一个人对痛苦的简单表达,如大哭、抱怨,或许不太能取得亲人的信任,而长期的抑郁则会让亲人认真地对待 TA 的问题,并满足 TA 的需求。不过具体到某个人,抑郁是换来同情还是换来厌恶恐怕也很难说。

抑郁的个体通常不太敢冒险,比较容易放弃。这种消极的表现固然可能导致丧失机会,但有时也会起到自我保护的作用。比如打不过群里的老大,如果一根筋硬要去打,可能会送命,但夹起尾巴来"做人",以后未必没有机会。在积极和保守之间需要一个权衡。

估计你已经看出来了,这些假说或多或少都有些牵强,而且彼此之间也不能很好的相容。或许等我们对抑郁的分子机制有了更多的了解才能给出更合理的解释。至于现在,我们不妨说:"抑郁这东西大约本来有时也难免有些意义的吧!"

第十四章　压力管理
——心有猛虎，猛嗅蔷薇

第一次离开父母，接触新环境，对大学的憧憬和好奇被四面八方袭来的孤独感取代；舍友来自五湖四海，脾气秉性、生活习惯各异，沟通不畅，又低头不见抬头见，冲突不断；学习动机不强，学习方法不得要领，学习进度跟不上，必修课选逃，选修课必逃，临近考试熬夜修仙抱佛脚；谈场恋爱，相爱容易相处难，争执不断，叹息人生若只如初见；毕业却无法就业，转身宅家继续啃老。如果你最近，或者是在比较长的一段时间内有上述经历的话，需要警惕，你可能已经感觉到压力。

在这个快节奏、高消耗的时代，压力是一个高频词汇，几乎每个人都经受着不同程度的压力，80后人艰不拆，90后累觉不爱，"压力山大"变成很多人的口头禅。

大家从高中进入大学，大学是人生重大的时间节点，是步入职业生涯前的充电加油场所，在这里度过几年多彩的大学生活后你们又将踏上新征程，走出校门，走向纷繁复杂的社会。短暂而仓促的大学时光充满了各种未知与挑战。从心理上来说，大家处在青少年晚期到成人早期的过渡阶段，生理上的成熟让你们觉得自己已经是个成人，心理层面的稚嫩却又把你们限制在"准成人状态"，你们不再是青少年，却又没有完全成年，处在一个"the roleless role"，即一种"尚未找到自己"的状态，在"自己是什么样的人""想成为什么样的人"和"能成为什么样的人"等各种不同的同一性的犹豫、彷徨、迷惑与肯定之中，不断探索、退缩和尝试。

具体到每个同学，并不是所有的压力源都会让你感觉到爆棚，构成你的压力源的生活事件也不尽相同。比如对于宿舍人际关系相处融洽的同学来说，手持一本毕业证各自奔西东，离情无限，依依不舍；而对于与舍友相处不那么融洽的同学来说，毕业分离是解脱，满心欢喜。这就意味着，大家需要学会识别自己的压力源，评估自己的压力反应，根据具体的情境，灵活地运用不同应对策略来管理压力，才有可能最大限度地使好压力这把双刃剑。

第一节　识别压力源

一、哪些特点的生活事件更容易被知觉为压力？

日常生活中，我们习惯说自己处在压力之下，把那些让自己感到紧张的生活事件统称为压力,如挂科。心理学家谢莉·泰勒认为消极的、不可控的、模棱两可的、超负荷的、涉及生活核心的事件往往比那些积极的、可控制的、清晰明了的、可处理的、不涉及生活核心的事件更容易被个体知觉为压力。一般来说,相比于后者,前者需要我们付出更多的努力去调整和适应。

(一)负性生活事件

个体之所以倾向将负性生活事件识别为压力,是因为它更容易诱发不安、消沉、焦虑等消极情绪体验,甚至会对个体的自我概念产生不良的影响。例如,对于大部分同学来说,失恋并不是单纯意味着要从一个“撒狗粮”的人变成“啃狗粮”的人,它会在一段时间内让你感到悲伤逆流成河。如果你是因恋人的移情别恋而被分手,并且你又把这当成一种比较失败的社会经历,这种失恋会让你在悲伤之外,增加愤怒、自卑等复杂的情绪,因为它威胁到了你的自尊和自我价值。

当然,不是说只有负性生活事件会引起压力,好事也可能会让我们产生压力,因为可能觉得自己还没做好充分的准备好去应对它们。例如,长久以来梦寐以求的女孩答应明天跟你约会,你害怕自己搞砸,彻夜未眠。曾有研究发现结婚给人带来的压力挑战仅次于离婚。

(二)不可控事件

控制感是个体普遍的需求,当觉得外界环境与自身尽在掌控之中时,我们会觉得未来是可以预知的,从而获得马斯洛需求层次理论里面所提及的安全感,相反,不可控的事件会威胁到我们的这种安全感。而且我们对自己能够控制的事情,会更乐意去参与其中,更倾向于通过修正自己的行为、寻找问题解决的方案。

研究发现,当经历可控且原因可知的挫折时,大脑中作出应答的是腹侧纹状体,这一区域与学习和纠错行为相关。相反,当面临不可控的事件或情境时,一旦意识到无论自己怎样努力,都无法改变事情的结果后,脑部腹内侧前额叶区域的信号变动剧烈,这一区域主要与情绪有关,我们可能会体验到挫败感。

如果在生活中反复体验到“失控”,我们可能会习得无助,将从不可控的事情中习得的无助感迁移到其他原本可控的事情中,有时候“认为事情不可控”和真的不可控同样能使我们感到威胁。

(三)模棱两可事件

心理学上有个关于压力的实验叫A、B猫的电击进食实验。把两只猫放在笼子里,在它们居住和吃饭的区域中间通上电,也就是说猫如果想吃到东西,就要忍受电击。区别在于A猫所在笼子的线圈维持稳定电压,24小时都有电,也就是它每次吃东西都会被电击;B猫所在笼子的线圈随机有电,也就是说有时吃饭会被电击,有时不会。研究发现,等到4个月的时候,A猫越来越适应,B猫开始断食了。实验人员对B猫进行了解剖,发现在B猫的胃壁上出现了胃溃疡,这个症状和我们在压力作用下的反应特别像。

按理说A猫每次吃饭都会受到电击,压力应该更大,但是结果却是B猫感受到的压力更大，为什么呢？其中部分原因在于A猫每次都受到电击，在它的心中吃饭和电击之间建立了稳定的联结，“电击—吃饭”成为一件确定的事情，久而久之也就习惯了，但对B猫来说，电击是不确定的，每次吃饭都得担心会不会被刺激，这种心理压力慢慢地变成了焦虑。可能正是这种不确定性的压力摧毁了它。

当然，会被模棱两可的事情摧毁的不只是猫，不确定的情境同样会让我们坐立不安，因为几乎每个人都有认知闭合的需要，即想要利用更少的认知资源获得更确定的答案，不确定性显然无法满足你的这一需要，它是焦虑产生的前提。比如，恋爱中的ghosting带给人的折磨有时远远超过一个直截了当的分手，因为它制造了一个过于模棱两可的情境，让人不知应该作何反应——为什么TA突然就消失了？为什么会变成这样？我到底做错了什么？该担心吗？TA是不是真的出了什么事？该沮丧吗？TA是不是只是太忙了？该生气吗？……而且当事情模棱两可的时候，我们需要消耗大量的时间和资源去了解问题，而不能直接着手去解决问题。

对于那些对不确定的容忍度较低的人，他们更喜欢待在熟悉的、可预测的情境里，不确定对他们来说是一种灾难，哪怕是受到一点点不会造成伤害的刺激，都会知觉为压力，引起强烈的反应。

（四）超负荷

作为一名学生，你是否经常负重前行，恨不得自己三头六臂，七十二变化？与任务少的同学相比，生活中任务较多的同学总是报告体验到更多的压力，因为事情太多他们常会担心自己完成不了或者忙中出错，或者疲于在两个角色之间奔波，时间匮乏会带来压力感觉。

人类偏好多任务，很可能和大脑的演变有关。在史前时代，任何新的信息都可能是致命的。例如，灌木丛中发出的声响，可能意味着有一头狮子正准备跳跃出来，警觉能够帮助我们保护自己的安全。因此，寻找、关注任何出现的新信息对我们的大脑而言是适应的。

但是现如今，超负荷的多任务状态，尤其是当这些任务都需要思考脑的参与时，会给个体稀缺的认知资源和注意力造成负担。超负荷的个体，更难达到精神和身体上的放松，需要花费更长的时间才能从紧张的状态中修复过来，而且身体与心理长时间的超负荷很容易使得他们陷入情感瘫痪，即解读情绪的能力急剧下降，不能觉察到自己和他人的情绪需求，甚至也很容易误读他人的情绪，与他人产生误会与摩擦。

（五）涉及生活核心部分

事情对我们越是重要，我们的期望值、动机和投入的关注可能会随之提高，当感觉到被威胁的时候，就越容易感觉到心理紧张。例如，与好朋友的冲突有时会给我们造成压力，因为友谊是很多同学目前为止最亲近、最深刻、投入最多和最亲密的人际关系。与陌生人的争执，我们一般不会感觉到那么多压力的，因为他如何对待我们，我们也不会太在意，更不会努力去打造与他的关系。

（六）创伤性事件

当创伤性事件以与我们以往的经验完全不同的形式发生，且我们的心理不能有效地回答这是如何发生、为何发生以及有何意义等基本问题时，心理的内部处理系统对威胁体验所致的混乱后果失去了控制能力，于是出现心理失衡，我们可能会体验到压力。

后期，如果我们能够将创伤性事件有效地整合为人生经历的一部分，心理平衡就会恢复，问题可能就会迎刃而解。但是如果创伤性事件没有得到有效整合，极有可能导致创伤后应激障碍（PTSD），关于 PTSD，在本章最后有详细介绍。

（七）日常烦扰

压力源也并非都是重大生活事件，在大多数同学的生活中，压力的主要来源是那些无休无止的日常琐事，我们每天在各种“小确丧”里摸爬滚打，比如食堂买饭时和一大群人挤来挤去；夏天澡堂洗个澡，队伍排了一个小时，洗澡才花了十分钟；钱永远不够花，每到月中就得“勒紧裤腰带”。

压力具有加法效应，随着时间的流逝，压力会在我们身上叠加或积聚，看似不起眼的小麻烦如果频繁发生或者涉及人际冲突的时候，也可能累积成大麻烦。如果把小麻烦看成是重要的、有害的或威胁到我们的自尊的大问题，那么这个小麻烦真正造成的麻烦会超越我们的预期。

举例来说，宿舍里有个同学刚买的毛巾找不到了，当下有点情绪在所难免，芝麻粒大点的事情，再买一条新的，这个小麻烦带来的影响就此打住，如果一味琢磨，疑神疑鬼，无凭无据却认定是舍友故意捉弄，把这件事情看成对自尊的挑战，这件事情的影响会不断延伸下去。丢毛巾这个小生活事件起初如“肉中之刺”时隐时现，后来处理不恰当，则逐步演变为“如鲠在喉”。

二、潜在压力事件如何成为真实压力体验？

前面所说的很多生活事件在发生时，都只能被称为“潜在压力事件”，因为引起压力的不是事情本身，而是我们对这个事情的解读。心理学家拉扎勒斯（Richard Lazarus）将这个解读过程称为认知评估，初级评估是评估事情是否威胁到个体的身心健康，次级评估是评估个体已有的资源能否有效满足威胁事情，再评估是随着信息的加入，个体持续不断地对深处的情境和自己的能力进行评估。如果觉得凭借自己的能力和资源不足以解决问题，或是应对起来会很艰难，我们可能就会感觉到压力。如果觉得自己有能力解决问题，一切都在自己的掌控之中，就可能不会感到压力。例如，考试在即，有些同学虽然复习不在状态，但是他认为考试这件事不重要，挂科也无所谓，所以他并没有体验到多大压力。有些同学重视考试这件事情，而且已经为考试做了充分的准备，那他就更有可能会把考试当做挑战而不是压力。

简单来说，我们对压力事件的感知比压力事件本身更为关键。例如，一项研究发现，那些长期照顾家里生病的孩子的妈妈们，看上去都老得特别快，看来似乎是生活压力导致了变老。为此，研究者测量了这些妈妈的端粒长度，结果显示，虽然总体来说，一个母亲照顾孩子的时间越长，她的端粒长度就越短，可是也有一些母亲，照顾孩子时间很长，但是端粒似乎也没有缩短太多，而造成这一区别的关键在于这位母亲是否"感觉到"自己承担了多大的生活压力，那些感受自己照顾孩子的压力特别大的母亲们，端粒是最短的，她们的端粒酶的活性也是最差的。也就是说，是生存压力的感知让她们老得这么快。

三、为什么有些个体更频繁知觉到压力？

有些同学具备某些人格特质，这些人格特质使他比其他人更容易将某些事情或情境知觉为压力。

（一）低自我效能感

自我效能感（Self-Efficacy）由心理学家班杜拉在20世纪70年代提出，指的是个体对自己能否完成某项任务的自信程度。自我效能感影响了我们对潜在压力事件的知觉以及倾向于采用什么的策略去处理该事件。

一般来说，自我效能感高的同学，对自己更自信，更具韧性，更容易将潜在压力事件看做一种"挑战"而不是"灾难"（比如将演讲比赛看做一个展示个人能力的机会），会更倾向于关注事件带来的好处（将心跳加速、肾上腺素激增看做力量的来源），他们更倾向于采用积极有效的应对方式。

低自我效能感的同学以消极的态度来评价自己，认为自己的能力不足，"我可能有一个假脑子""我差不多是个废人了"，他们更高地估计风险，更容易把一个事情看做"灾难"，因此眼中的麻烦更多。无力感和成就感的丧失造成他们在面临困难任务时，会遭遇高强度的焦虑，更集中在问题存在的障碍、失败影响以及个人缺陷上，他们容易被潜在的威胁击垮，放大消极情绪对自身的影响。

（二）A型行为模式

环顾四周，我们是否认识或者自己就是这样的人：明明输了也不认输，竞争意识很强，跟朋友两人结伴放松玩个游戏都只争第一，不做第二；跟恋人聊天都杠精附体，非得争出个你对他错；时间安排紧，通常对耽误和浪费时间很容易不耐烦，走路都在小跑，生活就像快放电影，说话快速，嘴巴像是借来的着急还，手头经常多个任务在手；遇到挫折往往很容易愤怒或充满敌意。如果符合其中的大多数行为特点，那么很有可能你就是传说中的A型人格。

A型人格是三个子特质的集合：（1）竞争性成就动机，为达目标争分夺秒地不断努力，喜欢认同、权利和战胜挫折，当与他人竞争时自我感觉最好，在这类个体眼中不存在"优雅地失败"；（2）时间紧迫感，通常很匆忙，讨厌浪费时间，同一时间出现不止一种想法或者活动；（4）敌意，当目标受阻，遭受挫折时，他们会变得充满敌意和攻击性。

A 型人格被认为天生对压力有更强的心血管反应。敌意是心血管疾病的一个重要预测源,强烈的敌意能够导致“或战或逃”反应,对心脏和动脉产生损害。

（三）高敏感个体

“我打招呼他怎么没回我,是讨厌我吗?”“他为什么一直盯着我,是我穿着不合适吗?”“她半天没和我说话了,我做什么惹她生气了?”“我发这个表情过去,合适吗?”“她今天怎么对我面无表情,心情不好?”……

有这么一群人,对方的一个微小动作和表情,就会被他们脑补很多,别人扔给他一个松果,他能脑补出一个“冰河世纪”,他们心里每天不断上演各种小剧场。这些就是高敏感人士。敏感特性被认为一定程度是由基因和遗传决定的。

举例来说,《红楼梦》中林黛玉就是典型的高敏感个体。她对负面评价非常敏感,史湘云戏称她跟一个唱戏的女孩长相有几分相似,她就生了好几天闷气;周瑞家的送宫花过来,最后送到她那里,她便怀疑是别人挑剩下来的。她对细节的洞察力很强,初到贾府,第一次吃饭时她表现的非常谨慎,在做出一个小的行动的时候会考虑多种可能的选择和后果。她比一般人感知力更强,更能觉察到自己的内在情绪状态,因而富有同情心与同理心,如香菱想要学诗词,宝钗认为得陇望蜀,黛玉却热心帮助,但正因为异于常人的感知力,她更易受到自己和他人情绪的影响,对他人的情绪和外界刺激反应过度,如林黛玉听到院子里面的老婆子骂人,实则是老人家骂自己的外孙女儿,黛玉认为是骂自己,气的昏厥过去。

高敏感的个体更容易受到社会的误解,被外人认为显得有些挑剔,例如贾府很多人便认为林黛玉小性儿多,尖酸刻薄,目下无尘。实际上,高敏感个体有时只是透过滤镜来看这个世界,在这个滤镜的作用下,他们看到的世界有着更高的对比度和更高饱和度而已。

（四）神经质人格

神经质水平较高的个体拥有更强的行为抑制系统,对惩罚和挫折特别敏感,对世界和他人抱有比较悲观的态度,他们常常会留意到身边的威胁信息和不愉快信息。比如,舍友们辛辛苦苦布置了半天宿舍,信心满满认为无可挑剔,坐等班主任表扬,他总是能够“不分时机”的泼一盆冷水,找到一些潜在的风险或问题。

神经质水平高的同学边缘系统更容易被激活,而边缘系统是负责情绪和“战斗—逃跑”反应机制,因此他们容易受情绪影响,经常不得不花大量的时间处理自己的情绪,需要花较长的时间才能从低落的情绪中走出来。他们对不愉快事情反应过度,常常进行不必要的反复思考,杞天忧人。

神经质水平高的个体不只对环境中已经发生的威胁感到害怕(神经质水平高的个体已经比常人更多接收到这类威胁了),或许还一直在担心只在想象中存在的事。对神经质水平高的个体来说,生活如同打地鼠,一个问题还没瞄准,另一个问题就出来招手了。

第二节　压力之下，我们会有哪些反应？

一、或战或逃反应

大家是否有过类似经历：下课后回到温暖的宿舍，一个人舒舒服服地窝在自己的被窝里，看着喜爱的电视节目。不经意一瞥，眼角余光扫到一个小黑影出现在墙角！定睛一看，竟然是你最害怕的蟑螂（有时候也可能是老鼠）。霎时间，鸡皮疙瘩起了一身，周遭一切似乎瞬间凝结，你的注意力变得无比集中，手机上播放的节目，再也看不清楚、听不仔细。你的瞳孔放大，视野变远，你紧紧盯着那只蟑螂，判断它下一步会往哪里走。你的心跳、呼吸加速，想要吸入更多的氧气；肌肉紧绷，以备随时动作。至于最后你是选择了跟蟑螂搏斗，右手拿拖鞋、左手拿纸巾，打得蟑螂开膛破肚，还是遵循眼不见为净的生活哲学，来个溜之大吉，拔腿就跑，把宿舍留给那只可怕的生物，就是大脑负责思考的工作了。

刚才你所体验到的瞳孔放大、心跳加速、呼吸加深、肌肉紧绷等生理现象，这些全部是为了接下来的"杀死蟑螂"或者"逃离现场"作准备，被称为"或战或逃"反应。在20世纪早期，心理学家沃尔特·坎农首先意识到这种反应模式。

神经系统是压力的生理学基础的核心。当我们感知到压力时，交感神经系统兴奋，同时肾上腺髓质分泌的儿茶酚胺类激素增多，使机体从静息状态调整到唤醒状态。对压力的感知还会使下丘脑－腺垂体发挥功能，释放促肾上腺皮质激素，进而作用于肾上腺皮质使其分泌皮质醇。"或战或逃"的反应结束之后，交感神经的任务便算完成，警报解除后，负责休息安眠的副交感神经系统便开始发挥作用，释放出刚才的紧绷，让我们的身体得以喘息。

压力过程中每个人的自主神经系统、神经内分泌系统和/或免疫力系统的变化程度各不相同，有些人对压力源显示出十分微弱的反应，而另一些人的反应则非常强烈。某种程度上，反应性是一种先天遗传倾向，这种反应性差异可能是先天遗传的，也可能是在胚胎的发生、发育过程中形成的，或是在童年早期生活中逐渐形成的。例如，右脑额叶激活程度更高的个体，在产生心理压力时，体内皮质醇水平会大量升高，使得他们会高估问题的危险程度，更倾向于回避，更容易产生不高兴的情绪；而左脑额叶更活跃的个体皮质醇水平上升较为平缓，他们在面对压力情境时，表现得更友善，更愿意去直面问题。

二、僵化或服从反应（freeze or fawn）

近些年，逐渐有研究者指出，压力之下，除了"或战或逃"反应，个体还会出现"僵化或服从"反应。我们或许遇到过这样的情形，被吓了一跳的时候，有时会全身"定住"动不了，整个人"呆住了"。

有时在面对威胁的时候，若既不可能逃跑，也不可能逞英雄，大脑进入低耗能的休眠模式，身体可能会为了保存自己而尽量关闭一切不需要的功能，如新陈代谢迅速降低，心率减低（心下沉的感觉），呼吸减慢，内脏停止工作或直接排空（吓得尿裤子），并且大脑开始产生许多阿片类物质麻痹自己，使自己感觉不到疼痛和害怕，这种适应模式叫做“僵死”反应。这处类似假死的反应模式具有一定的适应性，它可以使偏好活猎物的捕食者放弃捕食行为，因此有的动物在受到刺激后立即假死，僵直的肢体和对外界刺激的无反应使捕食者认为猎物已经死亡，当捕食者离开后，被捕食者就会在几秒钟甚至几个小时后恢复活动，得以逃脱。

作为人类来说，当面对强大的困难时，例如小时候期待很久的玩具父母不给买，我们可能会哭到昏睡过去，出现所谓的“断片”，这便是在以一种“僵死”的模式应对压力。成年后，这种“僵死”的应对模式则更多表现为一种“疲乏感”或者嗜睡，比如在压力来临并且尚未做出行动前，就感到疲惫。这种“僵死”的应对机制，基于逃避现有状况的心理需求，“能让人们感觉自己在压力的情境中消失”了。

我们在应对日常压力时，还会表现出对压力源的“服从”，即向给自己带来压力的事或人妥协、尊崇或讨好的安排。这在一些情况中，能够帮助人们趋利避害，更好地达成目标。

三、互助友好

在感觉到威胁的时候，鹿会集结成群，雌鼠会相互间紧紧地抱在一起，大家可能会求助于朋友或家人。谢莉·泰勒和她的同事认为，除了“或战或逃”“僵化或服从”反应，人类也进化出“互助友好”的压力反应模式，也就说面对压力事件，个体会通过加强亲社会行为（加强联结、助人、抚养后代）来应对压力。“互助友好”反应模式有潜在的生物学机制，在压力状态下或者至少在某些压力状态下，个体会迅速释放催产素。催产素在压力反应中的主要作用就是促进社会联盟关系的建立，尤其是增强母性行为。

这种模式还存在性别差异，因为男女社会分工的不同造成女性更多肩负保护后代的责任，在危机时刻，对女性而言，一种更加具有适应性的反应是照料孩子，并且与那些能够提供资源确保其子女生存和适应的人交上朋友，因此在面对压力的时候，女性比男性更倾向于向他人寻求帮助。

我们之所以在成年之后总是以某一种固定的模式应对压力，可能与所受的家庭教养方式有关。1965年，美国临床心理学家戴安娜·鲍姆林德提出了衡量家庭教养方式的两个维度：回应，即父母对孩子需求（生理、情感等）的回应程度；要求，即父母对孩子自身成熟、独立、责任承担等的要求。根据这两个维度，父母对孩子的家庭教养的方式可以被分为：“低回应高要求”“高回应低要求”“低回应低要求”，以及“高回应高要求”。

“低回应高要求”，就是俗称的“虎妈狼爸”，这种家庭教育氛围中成长起来的孩子可能习惯于采用战斗的方式来处理压力。“高回应低要求”对应的是“割草机父母”（Lawnmover parent），凡事都赶在孩子前面，像割草机清除杂草一样，帮助孩子扫清前进道路上的一切障碍，这种家庭教养方式下长大的孩子习惯得到家长的保护，一遇到困难就想逃避。在“低回应低要求”家庭教养方式中长大的孩子，父母的关爱是缺位的，长久以来，这种关爱的缺失让这些孩子觉得自己唯有“隐形”“消失”，才能感受不到被忽视的痛苦，因此，他们习惯于仿佛被“卡”在压力或痛苦的情境之中，直到精疲力竭。作者曾经接触过一位同学，他自述从小就被父母忽视，父母甚至连他爱吃什么都不知道，现在长大后每次遇到什么困难，就让自己躲起来，也不想去面对自己的真实感受，他总说时间会治愈一切。"高回应高要求"对应的是"直升机父母"，专门用来形容高控父母，他们盘旋在孩子的上空，时刻监控着他们的学习、生活、玩乐，一旦出现与自己预期不符合的状况，就随时冲上去，对孩子的行为进行矫正，调试到自己最期望的状态，这便会让孩子对父母"惟命是从"，习惯于服从。

第三节 为什么我们会谈压力色变？被诟病的压力

压力之下，大家是否常常感到肩颈、腰背等身体部位酸痛；很容易腹泻等肠胃不适，或者频繁感冒；热衷各种高热量的食物，经常暴饮暴食；记性越来越差；"负能量"爆棚，感觉焦躁不安，脾气越来越火爆。若是以上的表现有多条让你惊呼"是我本人"，那么压力的杀伤力你已经领教过了。

被称为"压力研究之父"的奥地利裔加拿大医生汉斯·塞里（Hans Selye）的小白鼠和沃尔特·坎农的动物被试（猫、狗）使得压力"臭名昭著"，我们闻"压力"丧胆。那么在日常生活中，压力究竟会对我们产生什么的危害？

一、高水平的压力影响记忆和学习

大家有过这种经历，明明知识点都熟记于心，明明演讲稿已经倒背如流，可是在考试或演讲现场，大脑却突然一片空白，答案就在舌尖上，就是什么都想不起来了！而且越紧张，就越是想不起来……只能和试题面面相觑，或者接受台下异样的目光，欲哭无泪。让人气愤的是考试结束后我们可能就想起了它，好好的脑子，为什么临场就不好使了呢？

这可能跟压力破坏与工作记忆和注意管理相关的脑区有关。当我们认为考试或演讲是一个威胁时，下丘脑将刺激若干压力激素的合成，其中包括去甲肾上腺素和皮质醇激素等。高水平的压力激素进入我们的前额叶皮质和海马体，可能影响我们对旧记忆的检索和提取，杏仁核的激活可能让我们在热认知状态下难以进行有理性、有逻辑的信息整合任务。另外正常的海马体可能让制造压力的肾上腺轴不那么活跃，但是皮质醇水平的升高可能会削弱海马体的信号，使其功能退化，肾上腺轴受到的抑制就减少了，形成一个恶性循环。

二、高水平的压力影响理性决策

前额叶皮质通常被称为"司令部的司令部"，它是脑部的命令和控制中心，做出决策、思考评判等较高层次思考都在这个脑区进行。研究发现人在压力过大时，负责高级认知功能的脑区会交出控制权，让一些在进化上相对古老、控制情绪和原始冲动的脑区掌控大脑，于是个体凭直觉反应，直觉反应虽然速度快，有时候的确能够解决问题，但是因为缺少足够时间去思考和判断，出错的概率更高。

2017年7月,四川南充某高校就读的一位名叫小雨的女同学遭遇电信诈骗。整个过程中,诈骗分子冒充警方,伪造小雨在上海嘉定涉嫌一起拐卖儿童案件的信息,通过创设违法犯罪的压力情境,激发和借助小雨内心的恐惧,一步步诱导小雨陷入骗局,做出非理性决策,将父亲的26万抚恤金转到诈骗犯账户。

高压之下,本能与经验将接管大脑的理性思维和推理能力,这可能跟作为情绪司令部的杏仁体的活跃和目标-联接相关的脑网络的抑制有关。

三、慢性压力影响身心健康

压力和身心疾病之间的因果关系可能涉及两个路径中的任一个:(1)直接路径,由于压力造成的机体生理上的变化,持续高水平的压力使机体内用以适应和调节压力的能量和精力耗尽,造成身体平衡失调,发生器质性功能障碍,导致心身疾病。长期的皮质醇会损害免疫系统,对免疫的抑制会使机体对恶性肿瘤、自身免疫性疾病、感染性疾病的易感性大幅度增加。慢性压力也被认为与冠心病、内分泌系统疾病密切相关。除了严重的疾病外,心理压力还经常导致在日常生活中出现一些健康问题,其中典型的问题包括肌肉酸痛、头痛、脖子疼、背疼、消化不良等。(2)非直接路径,通过个体行为影响健康,影响个体的健康行为和健康习惯。经历高水平压力的人们有时会做出不利于健康的举动,例如拖延就医,暴饮暴食。过大的压力引起暴食原因之一是压力损害了我们对自己饥饿程度的判断,也就是说在压力的影响下,即使我们已经吃了足够多的食物,但还是觉得并没有吃饱,从而最终导致进食了过多的食物。

例如,对于家庭经济状况不是很好的个体来说,经济压力作为一种慢性压力(不止会限制我们的想象力),可能会影响生活的其他方面。首先,经济状况不好的同学日常生活中需要顾虑更多,如四六级英语考试的报名费从哪里来,这个月的电话费是否超标等,今天吃了30元会不会这个月的生活费就不够等,这些琐碎的思考过程会占用认知资源,耗费意志力。其次,很多经济负担重的同学希望通过勤工俭学来减轻自己的经济压力,这可以理解,而且也值得表扬,但经济资源的匮乏导致有些同学会将注意力完全集中在与金钱有关的事情上,心智带宽减少,做出错误的认知和决策,如逃课去做兼职,颠倒主次,到头来影响自己的学习。最后,经济状况不好还可能会给同学们带来其他方面的压力,如遭受社会排斥、缺少社会资本等,从而更有可能造成心理上的不健康,生理上罹患疾病。所以,与其感谢贫穷,不如感谢那个努力上进,试图摆脱贫穷的自己。

第四节 为什么我们需要适度的压力?被“诬陷”的压力

“万事如意”“一帆风顺”在不同的文化背景中都被当作最好的祝福,我们的愿望是压力越少越好,个人压力管理的目标就是消灭压力,事实上,我们没法消灭压力,“Stress is the spice of life。The absence of stress is death”(压力就是生活的调味品,没有压力就是死亡),

汉斯·塞里后期用来为压力正名的这句话并不是危言损听,因为某种类型的压力或者适度的生理唤起对我们来说是有益的,很多时候同学们需要依靠压力。

一、关键时刻,压力可以给我们应对挑战的力量

"或战或逃"的紧急压力反应是为了应对危及生存的原始威胁进化的产物,是祖先遗传下来的,它能够帮助个体在应对紧急情况时迅速唤起身体,做出自动反应。在某些情况下,这一现象对我们有益,因为它能让我们在短时间内跑得更快、身体变得更强壮、思维变得更敏捷,能够更好地防御突发的危险情况,从险境中逃脱。战争时期,法国在一场战役中与德军交战。有四个炮兵在法军行将战败的时候。发现身旁还有一门可以使用的大炮。就拼尽全力将大炮拉上了高地,对着德军射击。后来扭转了战局。但是战争结束以后,这四名士兵在试图把大炮拉回原位的时候发现他们已经拉不动这门大炮了。士兵们在危难之中力气会特别大,而一旦危机过后,就再也难以达到那样的水平了。

大家可以想想上次交作业的情形,最后期限的压力时刻盯着你,刺激你,你感觉自己进入到一种"流"的状态,全身心投入,两耳不闻窗外事,在最后期限到来之前更高效地完成了作业。

二、压力鼓励我们去社交

通过前面的介绍,我们了解到压力不一定会让人自私,它还可能鼓励我们去社交,甚至去帮助别人。因为在压力之下,身体会释放更多的催产素,它被称为"社会键荷尔蒙",个体的社交方面主要受到催产素的驱动,它会调整大脑的社交本能,让我们更想和他人建立联结,甚至还能让人更加注意和理解他人的感受,信任和帮助在乎的人。而且很重要的是,压力不仅驱使我们这么做,而且还给我们勇气。催产素也是勇气荷尔蒙,让我们能够抑制恐惧,遏制僵住或逃跑的本能,让我们变得更勇敢。

其次,碰到压力时,我们愿意自我暴露的程度会比以前更多,这种自我暴露能够使我们寻找到合适的社会支持,当得到回应时,我们会明白当自己处于困难中时是可以依靠他人的,愿意接受他人的帮助。同时,我们也会因为自己体会过痛苦,而对他人的痛苦更加敏感,因此变成一个更有关怀的人,这一点也会给我们带来更好的关系。

三、压力帮助我们成长

有时,成功面对各种挑战的经历能够增强我们自身的适应能力。美国加州大学旧金山分校 2013 年的一项研究发现,虽然慢性应激加快氧化,会损伤我们的 DNA 和 RNA,但中等水平的所谓日常压力似乎确实能够增强人的"生理心理韧性"。例如,大学期间成功地探索及思考过自己是谁和自己想做什么的问题,确定了某一特定同一性的同学,走出大学后他们更擅长从不同的视角看待真实世界,他们思考世界的方式更为复杂和缜密,而不是那么僵化,他们也更能有效地应对复杂的社会环境。而对有些同学来说,获取同一性的方式并不

是尝试各种同一性，而是接受和采纳一个既定的社会角色，从而形成自己的同一性，比如，听从父母的安排选择成为一名公务员，然而这种快速的同一性获取方式是有风险的，因为这样的同一性可能有些刻板和僵化，使个体不再接受新观念和新生活方式，这些同学将来容易在社会中表现出固执、缺乏灵活性，特别是面对压力的时候。

当然并不是所有的挫折都是财富，贫穷、家庭暴力或是父母忽略等原因产生的童年压力因素会对儿童大脑中与学习、记忆和情感有关的区域造成影响。也不是每一个经历过创伤的人，都会发生“创伤后成长”，都会成为幸存者。

四、适度的压力提升学习和记忆能力

长时间、高水平皮质醇的升高可能会损害海马的正常功能，提高海马内的新陈代谢，造成海马内细胞更加脆弱，损害海马神经元的适应性，而皮质醇的轻度升高可能增强海马相关的学习和记忆能力。这种皮质醇水平与认知功能之间的“倒U”形曲线关系，可能是由于动物面对急性应激时，为了提高自身警觉性和学习能力所做出的适应性改变。

研究发现，突击测验，如果测验不用收或者不用计入学生的最后成绩中，学生可能被刺激的水平很低，而且回答问题不仔细或根本不用心如果测验作为10%计入学生的成绩，学生可能在充分的应激下很好地完成；如果测验计入成绩所占的比例很高，学生可能会因为过度应激而完成的很差。

由此可见，适度的压力可以促使我们集中注意力，改善对相关信息的记忆，提升我们的学习表现，这可能是因为简短或适度释放的皮质醇会激活杏仁核和海马，海马可能提高新近记忆的存储和巩固，杏仁核可能对于那些与情绪有着强烈关联的记忆能起到加强巩固的作用，回想一下高中求学经历，你花费了好长时间才记住的历史名称和年代可能很快就忘记了，然而你却至今记得自己第一次被老师点名批评的场景。

第五节　如何管理压力？

我们可以回想一下，遭遇压力时自己一般会选择什么样的应对方式？叫上三两个好友出去吃饭、唱歌、购物，还是独自旅行或独自一人到操场上，戴着耳机，音乐开到最大，酣畅淋漓跑几圈？又或者铺开瑜伽垫，盘腿静坐冥思几分钟？打开尘封已久的日记本，或者登陆自己的微信朋友圈、简书、微博，发个说说，把不开心的事情记录下来？很多情况下，这些方式的确能够帮助我们很好地应对压力情境，但是其中的作用机制我们未必清楚。除此之外，还有一些其他的压力管理方法，作者想分享给大家，希望于大家有益。

一、运动

研究早已证实，运动有益于缓解压力带来的负面影响。那么运动是如何做到缓解压力的？

首先，运动通常会改变我们所处的环境，让自己暂时离开压力源，缓解“病态反刍”带来的恶性循环。当我们深陷压力事件或者情境之中，很容易围绕自己的消极情绪进行反复、被动、无用的思考，唤起更多的有关自我和外界的负面想法，变得更加焦虑，从而形成一个无休止的恶性循环。

其次，运动可以减弱战斗或逃跑的反应，让身体释放肌肉的紧张，消耗从血液中进入肌肉群并在压力中产生的肾上腺素，使交感神经系统趋于平静。例如，与场上参与比赛的运动员相比，场下负责指挥的教练员压力反应更强烈。Porter 和 Allsen（1978）的一项经典研究显示，在篮球比赛期间，主教练的心跳较休息时高出很多，有些人在整个 90 分钟的比赛期间能达到休息时心跳水平的 253%（162 次 / 秒）。现实生活中，很多足球迷熟知的足球教练弗格森曾坦言，执教英超曼联需要一颗良好的心脏。

最后，运动可以让身体释放使人愉悦的化学物质，比如内啡肽，它是人体自身产生的一种类似吗啡的镇痛剂，它可以降低紧张的基线水平，加速急性压力后的恢复，逐渐熟悉身体并习惯于生理的唤醒，提高人的体温，使人平静下来。

运动的关键在于找到自己喜欢的项目，并且每周都安排出几段可以用来锻炼的时间，坚持参加体育锻炼才能获得相应的益处，研究证实 10 分钟轻度锻炼，消耗最大摄氧量 30% 就可以维持精神和身体健康。仅仅是为了获得健康，选择哪种体育活动其实并不重要。

二、冥想

练习冥想不会获得念力，更不会获得查克拉，冥想也不是异端邪说。近些年，大量的心理学方面的应用研究表明，长期坚持冥想训练能很好地提高个体专注力、觉知敏感性、情绪的调节和管理压力的能力，这可能跟冥想会改变大脑功能（如激活前额叶皮质左方）和影响大脑结构（如大脑皮层厚度、大脑中的灰质）有关，而这恰恰是慢性压力对大脑的负面影响。目前冥想已与心理学相关理论结合产生了多种治疗方法，包括正念减压疗法、正念认知疗法等。

很多人将呼吸作为冥想的专注对象，首先找到一个舒适、稳固、放松且能保持脊椎直立的姿势，坐的东西不要太软也不要太硬，选择宽松柔软的衣服为最佳。冥想开始前先做 10 个深呼吸，让自己尽量专注在每次呼吸伴随的腹部的起伏上，吸气的时候肺部相对饱满，呼气的时候肺部被腾空。呼吸的节奏一般取决于个人。吸气可以持续 3 ~ 5 秒不等，确保是舒适自然的呼吸状态，没必要对呼吸进行调整或改变。并且，呼吸应该是连续的，没有明显的断点。

值得注意的是，冥想期间，我们常常“心猿意马”，思想经常会开小差，脑海中总有无数的小电影在乱序播放，昨天前天上个月发生了什么，接下来又有多少个 deadline 在等着我，A 老师说过什么搞笑的段子，B 同学和 C 同学是不是关系不错……自己的心在过去和将来的无限循环之间飞速盘旋，唯一忽略的就是此时此刻自己所做的事情。当这些情况发生时，不要心烦，学习觉察这些杂念，并且尝试重新将注意力拉回到呼吸上。

冥想并不一定能够完全按计划进行。噪声也会干扰冥想。比如宿舍有人大声的交谈，或楼底下车辆来往的声音。当这种情况出现时，我们可以把它当成是一种挑战。将注意力集中在分心来源的事物上，学习如何处理它而不是逃避它。

冥想需要长时间的练习才能从原有模式中挣脱出来，慢慢习得一种新的思维方式和生活方式，所以重点在于坚持和反复。冥想的训练方法简便、易于操作、训练效果良好的特点使得其受到大众的广泛青睐，但其在心理学中的发展并不长，相关研究目前仍存在许多问题，例如冥想训练方式众多，不同的练习方式对背景不同的练习者可能产生差异性影响，因此大家需要根据自己的实际情况谨慎选择。

三、肌肉放松训练

Jacobson 教授认为人长期紧绷是由于人的肌肉长期处于不放松的状态，为此，他创造了"渐进性肌肉放松法"，来彻底放松肌肉群。

在开始之前，最好找一个安静舒适、无人打扰的地方坐下，然后闭上眼睛，让身体放松。在活动开始前，先进行几次深呼吸，让自己尽量放松下来。

第一步是"紧张"：找到一个特定的肌肉群，让它们紧绷起来。首先，将注意力集中在目标肌肉群上，例如自己的右手。接下来慢慢地深呼吸，尽可能用力地挤压右手肌肉、使肌肉紧张持续 7~10 秒。需要能真正地感受到肌肉的紧张，甚至感到肌肉因为紧张而微微颤抖（但注意不要造成太大的痛苦）。

第二步是"放松"：紧张之后，松懈下来，并同时缓慢地呼气。你应该能感到那部分肌肉变得松弛无力。同时试着去感受现在的松弛、与方才紧张之间的区别。保持这种放松状态大约 15 秒，然后转到下一个目标肌肉群。重复"紧张—松弛"的循环。

放松的顺序可以先从放松手部肌肉开始，然后是前额，接下来是下颌、颈部、腹部、最后是双腿。

等完成所有肌肉群后，花一段时间感受深层次的放松。在一次放松期间要重复两次到多次，一般总共持续 10~20 分钟。

四、把自己的感觉写下来

（一）日志写作

彭尼贝克（James Pennebaker）召集南方卫理公会大学的学生进行了一项研究，他把参与者分为两组：实验组和控制组，实验组的学生被要求连续四个晚上，每晚用 15 分钟的时间写下他们的一次压抑经历，而控制组的学生用同样的时间只写一些表面话题，如早餐通常吃什么。结果和血压测量表明在刚开始的几天实验组的学生比控制组的学生在写作的过程中感到更多压力和不适。但神奇的是，六个月后再进行测试，实验组的学生相比控制组的学生焦虑水平降低，而且更少因为疾病原因前往医院。研究证实，日志写作有助于促进个体的健康，自此它也被当做一种压力管理的策略。

彭尼贝克后续对大一新生进行的研究也发现，连续三晚写下对独立大学生活担心的大一新生比只是记录琐碎话题的新生更少去健康中心。

彭尼贝克的学生金后续进行的研究，要求学生连续三天，每天 15 分钟，只是写下愉快的感受，不去分析快乐的事情，研究结果同样发现积极效果。

（二）日志写作是怎样促进健康调节？

抑制与创伤、消极或不愉快的事情有关的想法和感受需要消耗身体能量，通过写日记的形式记录下这些想法和感受需要冒一定的风险，但是这种日常的自我表露有益于减轻压力。

首先，把事情埋在心里会感到压力，而且需要付出一定的努力，表露则可以消除努力，缓解压力，即减少抑制秘密所需的精力消耗。其次，写下过去的压力事件可以让人更好地理解该事件，找到乌云背后的幸福线，并将之整合到当前的情境中，建立起新的积极的叙事方法。最后，交谈等表露也可能诱发来自他人的社会支持，从而产生有益的效果。

（三）作为压力管理策略的日志写作

有些同学有过这样的经历，高考在即，担心复习不够充分，担心考试成绩不理想，心跳加速，手心出汗，焦虑不安……那么，要如何缓解这些压力反应呢？ Gerardo Ramirez 和 Sian Beilock 发现，如果有考试焦虑的学生在考前十分钟写下他们的焦虑，那么他们就能在考试中有好的表现。而且焦虑程度越深的同学改善效果越明显。简言之，大考当前，写下焦虑就等于卸下焦虑。

我们可以从一个小的练习开始尝试培养记日记的习惯。首先，连续两周记录自己每天的健康状况，如是否胃痛、头痛、肌肉痛、咽喉痛或者流鼻涕，之后尝试坚持每天写日记，时间也是持续两周。将写日记作为一种压力管理策略的时候，我们需要克服作家障碍，不要要求自己下笔成文、妙笔生花，只是写下并描述自己每天经历的压力，反思这些压力带给自己怎样的感受。注意记录每一个挫折、困难或者是令自己尴尬的事情。两周过后，我们可以暂时停止写日记，再重新记录一段时间自己每日的健康状况。我们可以尝试将日记写作前后自己的健康状况进行一个比较，认真审视一下在日记中自己是如何讲述自己的那些故事，如何解读那些细节，在故事中我们又关注了什么，也许我们会体验到写日记带给自己的惊喜。

五、避免烦恼的想法

（一）为什么会有不合理信念？

经济学家认为，大脑通常采用简单程序应对复杂环境，人类是认知的“吝啬鬼”。社会心理学家认为人类还是一群自我服务的“自私鬼”。认知吝啬鬼的战略可能是有效的，因为这样可以很好地利用有限的认知资源来加工有关他人的近乎无穷无尽的信息，自我服务偏见同样有时可以帮助人类提升自我形象、自尊。但是人类大脑的这些“偷工减料”，“自我服务”战略的使用常常造成认知评估被扭曲和放大，甚至完全背离其本来面目，出现不合理信念。

举例来说，走在学校路上，你碰到了一个同学，你热情地跟他打招呼，而他却急匆匆的从你身边走过，根本没有搭理你，嘴里还骂骂咧咧的。这时候，你是否因此感到了侮辱、轻视而感到愤怒呢？

现在，我告诉你，他刚刚接到了电话，他女朋友跟他提出分手，他心急如焚，所以没有注意到你。这时候你是不是又可以理解了呢？同样的事情，不同的反应，因为前者，你主观臆测是他对你轻视、不尊重，而后者在充分了解了事实后，你就不这么认为了。

在刚开始不确定的情形中，由于认知资源的有限以及双方信息的不充分和复杂性，为了保存精力，我们会直接快速、省力地作出判断决策——他侮辱和轻视我，速度得到保障的同时牺牲了准确率，完全没有考虑情况的例外——他有急事。而且，我们常常能深切地感受到影响自己行为的外部压力，因而对自己行为的解释容易作出外部归因，但注意不到同样的环境也会影响他人，从而在解释他人的行为时，常常归因于他们的内部原因，如意图或性格，比如将对方的没回应视为一种侮辱和轻视。

（二）什么是不合理信念？

Albert Ellis 对不合理信念进行了归纳和简化，将非理性的信念归为以下三个特点。

绝对化：以个人意愿为出发点，认为某事一定发生或一定不发生。这类信念通常与“必须”“一定”“应该”等词汇一起使用，例如，男性应当是坚强、勇敢的，女性应当是温柔、体贴的。

过分概括化：即以偏概全，以某一件或几件事对自身或他人进行整体评价。例如，经常在证据不充分时草率地就得出结论，“男人都是大猪蹄子”。

灾难化：把事物的可能后果想象、推理到最可怕、糟糕至极甚至是灾难性的结果。例如，滑坡谬误，使用连串的因果推论，却夸大了每个环节的因果强度，从而得到不合理的结论。印度电影《起跑线》里面有一段经典台词：“不能进入好的学校，就没有好的工作，就会被朋友超越，就会觉得孤单，觉得自己是失败者，会自弃，就有可能开始吸毒……”

（三）如何改变不合理信念？

改变不合理信念的过程，就是把我们头脑中存在的那些已经自动化的激起压力的想法或信念，被更富建设性、更现实的能减轻威胁或伤害性评价的想法及信念代替的过程。

举个具体的例子：某在校大学生 A，认为近日来她的舍友开始排斥她，在这种情形中，她感到高度敏感、极度烦躁、易怒。

第一步，在鉴别自己的思想时，弄清楚自己是怎么想的，非理性信条中的哪一种是暗地里支持自己的想法，以致弄得如此不开心。这会很有帮助。

A 的想法：“她们凭什么可以不把我当回事儿？万一舍友觉得和我相处很无趣怎么办？是不是因为我做了让她们不舒服的事？她们要把我气死了，尤其是在我尽力表现出从前对她们的热情后！我该怎么办？好吧，我犯不上去忍受这一切！她们以为她们是什么东西？她们们不理我，那我也不理她们。”

A 意识到了舍友不想理她，害怕被孤立，怨天尤人构成了她过激反应的基础。A 已鉴别清楚她是如何弄得自己不开心的，她把自己、舍友和情形恐怖化、应该化和概括化，甚至在此基础之上做好了和舍友撕破脸皮的准备，她接下来可以通过提问来质疑自己的想法。

第二步，反制和回击自己的非理性思考方式。

A 说："我的确相信舍友开始排斥我了，不把我当回事了，但这真的很糟糕、很可怕、很恐怖吗？不，除非我把这件事变得糟糕、可怕、恐怖。她们也许没有像以前那样对我热情，但这也不是世界末日。虽然我没有证据，但我无法排除她们排斥我的可能性。对这种可能性表示不开心和愤怒能让其化为乌有吗？当然不能！假如她们真不像过去那样在意我，在我认为这是实情并为此伤心愤怒之前，我可以找她们谈谈。我挺得住，除了找她们的麻烦或欲擒故纵之外，我还有别的选择。"

第三步，用更佳之选来替代。

A 有了这些念头："我想要舍友尊重我、对我热情。如果她们真是如此，那就太好了；但如果她们不是这样的，这并不可怕，除非我把这件事恐怖化。我也希望她们发现我对她们的热情，即使她们不这么认为，也不意味着我非常冷漠。我非常关心我们之间的关系，我可以在不挑衅或不过分生气的情况下跟她们谈谈。我想要的如果她们做不到，我会致力于继续从宿舍关系里挖掘我想要的，想办法跟她们谈心，想办法理解究竟出了什么事，想办法解决这个问题。我不是非要和她们非常热情、胜似亲人，我只是想要一个舒服的宿舍关系而已。如果事情没有起色，我会考虑换宿舍，但要在我认认真真努力过之后。"

剔除了恐怖化、应该化、概括化后，A 的想法就不同了，她不再反应过激。最重要的是，她没有骗自己相信这只是想象，或否认有事情发生，或说服自己不理睬正当的感觉和担心。她弄清楚了这种情形中什么是正确的。她可能仍然没走出来，但现在她可以有效地处理此事了。

六、寻找社会支持

Q1：如果陷入困境，你是否愿意向他人寻求帮助？

Q2：你有多大把握能得到他人广泛、及时而又有效的帮助？

Q3：这些"他人"都包括谁？请将其列出来。

当因为舍友的孤立或恋人的离去而伤心难过的时候，我们会更倾向回到自己熟悉、安全和温暖的人际环境中，我们会更愿意向家人、朋友、老师寻求帮助，会比平常更渴望得到他们的喜欢、肯定以及鼓励，而他们也往往能够给你提供多种形式的支持。例如，一位考研的同学，在因为考研焦虑的时候，朋友安慰你，试图打消你的疑虑，为你提供感情支持；在因为选择哪所学校而犹豫不决的时候，学姐指导你，分析报考每所学校的利弊，为你提供信息支持；在因为报考考研辅导班缺少金钱的时候，父亲给你卡上打了一笔钱，为你提供物质支持。当然，不同形式的支持有时会发生交叉重叠，例如，你得到物质支持的同时会感受到情感支持。

进化心理学认为，人是社会性动物，一旦受伤，就退回社群的羽翼之下寻求保护，这种习惯性行为也许是生物演化赋予每位同学的本能。正如美国电影《荒岛余生》体现的那样，即使主人公一个人被遗弃在荒岛上，他也要创造出一个社会关系：给一个遗失在沙滩上的排球取名威尔逊，然后用血手印给它画了一个脸，每天跟它倾诉心声，甚至最后为救威尔逊差点把命都搭进去。不光外国人如此，中国人也一样。金庸的小说《倚天屠龙记》中就有一个“金毛狮王”谢逊，是个心智失常的人。即使这样一个人，他也需要找人陪伴，每年跑到中原抢一对童男童女。干什么？听他骂人。这些说明什么？说明我们是社会关系的需求者。我们离不来他人，离不开社会。

（一）社会支持的促进作用

有些时候，我们不愿意去寻求他人的帮助，担心给别人造成不必要的负担，害怕自己成为别人眼中的祥林嫂，或者是担心对方爱莫能助，最后选择封锁自己，留自己一个人面对问题，这种想法忽略了社会支持对个体的促进作用。

向朋友袒露你的困扰，我们需要首先整理自己的思路，这个过程中，我们可能会用更加客观的眼光来看待这个事情，修正身处其中时的错误信念，产生新的理解。而且朋友敏感的、应答性的支持，能增加自己的幸福感、自尊和对未来的乐观，反过来也能使自己感到与朋友更亲近，更有益于之间的亲密关系。

长久来看，社会支持的作用不可小觑，感觉到自己被身边亲密的人支持的同学更健康和幸福。与小伙伴有深厚友谊的人，与那些得不到多少鼓励和关爱的人相比，他们的血压、胆固醇水平和应激的荷尔蒙水平更低。感情支持具有实际的生理效应。在一项研究中，对幸福的已婚妇女脚踝部位给予适当的痛苦电击，让他们分别握住丈夫的手，陌生人的手和不握手，对大脑区域的FMRI扫描结果表明，握住陌生人的手会少量地减轻疼痛反应，但是减轻程度没有握住丈夫的手那么大。

另外，研究发现，当被其他人孤立时，不仅会感到孤独、寂寞，体验到心痛，甚至身体也会感受到真实的寒冷。有一个“网络球”的实验，就是让参加实验的人在进实验室之前，先在旁边的等待室里坐一会。这时候等待室已经有两个人了，其实这两个人是相互认识的实验人员，其实就是托儿，但他俩相互假装不认识。等真正参加实验的人坐下了，其中一个托儿假装无意间发现了旁边地上有一个网球，把球扔给另一个托儿，然后这个人把球传给实验的参与人，就这样三个人来回传球。等玩了几分钟后，这两个托儿忽然不再把球传给这个人了，就在他俩之间不停地传来传去。等这个人进到实验室，做了核磁共振的结果就发现，他的背侧前扣带皮层更活跃，这个区域就是负责痛苦的那一个部分。这时候问一下他参加这次实验的感受，他一般都会先说刚才在等待室里被冷落的这件事情，并且都表达出了生气、愤怒或者是难过的心情，这和他们核磁共振的扫描结果也是一致的。

（二）如何建立和维护社会支持系统？

表面上看，每个同学的社会关系网都差不多，无非是父母手足、同学老乡等，除“朋友”之外，其余的社会关系网基本上是与生俱来的，但每个人从中获得的支持却有很大的差异，社会支持系统不等同于社会关系网，社会支持系统需要我们去努力建立并维护。

友情贯穿同学们的生命历程，好的友情可以提供良好的社会支持，当感到不安时，我们会想到寻找朋友的帮助，而大学是最佳的交朋友的场所，是社会支持的重要来源，因为此时，大家拥有更多的自由，在婚姻和事业方面又还不需要担负太多有关的责任。总的来看，我们对友情的期待变得更有弹性了，更加包容差异，这个阶段的友情看似越来越平淡，却更趋稳定，一经形成，可能持续一辈子。接近性是预测两人能否成为朋友的强有力的预测源，大家常常跟那些生活轨迹相交频率高的人产生友情，如大学室友、选修同一门课的同学、参加同一个学生团体的同学，接近性使得你们从友情中彼此获益（顺手彼此帮个忙），且建立关系和维持关系的成本都较小。“送人玫瑰，手有余香”，在力所能及的情况下，帮助别人会给自己带来积极的情绪体验，还会提升朋友之间的亲密程度。当然，我们在施以援手时应取决于对方目前的需要、自己的能力和友谊当前的状态。因为社会帮助有时会伴随情感的代价，有时或许对他人最好的援助是默默地提供支持，不让被帮助的人认为是自己无能，或因为不能报答而感到不安，或认为个人控制能力被限制。想要了解更多有关友情的内容可以参考本书“人际关系”那一章节。

进入大学后，我们把朋友作为安全感底线的感受开始消失，更多把寻求帮助的对象选为家人、恋人。在大学中，自己是否遇到那个属于自己的“Mr./Mrs. Right”呢？心理学告诉你，在压力情境（公共演讲）之前，被伴侣拉着手 10 分钟和拥抱 20 秒的人有更低的血压和心率，所以面对压力感到很焦虑时，不妨牵着恋人的手，再抱抱 TA。一旦坠入爱河，仅仅是想着心中的那个 TA 就能够感到愉快，恋人的一个微笑就像抗抑郁药物“百忧解”一样，将心中的阴霾一扫而空有。

当遭遇心理困扰时，如果我们感觉在周围找不到一个理解你、支持你的人，心理咨询师也是一个值得考虑的选择。目前许多高校都设有心理咨询中心，配备专业的心理咨询师，甚至有的高校还开通了专门的心理援助热线，有专业的咨询人员负责接听。除此之外，大家要学会向专业机构寻求帮助，可以去正规的的心理咨询机构，进行预约和咨询，专业人士更能对症下药。

除了建立和寻求线下的社会支持系统，我们也会使用社交网站去建立和寻求在线社会支持，有些网络的匿名性让我们可以放下戒备，畅谈困扰。我们从朋友圈可以获得两种形式的社会反馈，点赞和评论。“点赞”作为一种一键式的懒惰社交，近年来风靡社交网络，因它需要比较少的努力和认知资源，往往一个简单的符号就能承载复杂的信息，例如能够传递朋友喜欢你的内容、朋友在关注着你、朋友看过你发布的内容了等信息。“点赞”不仅能够表示对我们发表内容的赞同，也能传达出共情、友好、参与等多种支持意义。而评论需要言语信息的参与，包含了更丰富的含义，能够传递更多的个人化的情感、信息支持。这两种社会反馈能够增加我们与朋友们在社交网站中的互动，让自己感受到更多的社会支持。但是，网络社交毕竟无法代替面对面交流，就像所有随着互联网长大的人知道的那样，真正的友谊就是——你走进了一个人的家里，你的智手机自动连上了他家的 WiFi。

至于如何去建设社会关系？尤其是如何去沟通？有没有一些科学方法？美国加州州立大学长滩分校社会心理学家洛萨达发现，在人际沟通的过程中，最好是讲五句好话配一句批评建议的话。一辈子都是好话，对方一定厌倦、冷漠、无聊，因为生活中不可能都是阳光灿烂；但我们也不能恶语相向，老是坏话，也要讲一些积极的话。骂人一句用五句补回来，表扬人家五句也提些小小的建议，这就是著名的“洛萨达比例”。

（三）如何有效运用社会支持系统？

要区分社会支持系统中不同关系所具有的不同功能。有时候我们求助失败，不是因为自己没有社会支持系统，而是因为我们不懂得区分不同关系之间的差异。例如，有人要求每个舍友能像朋友一样理解自己，这显然是个不切实际的要求，因为并非所有的舍友都是朋友。总体而言，女同学向小伙伴提供的感情支持比男同学更多，而男同学则会提供更多的信息支持；亲人提供更多的物质和精神帮助，朋友则较多承担情感支持；安全型依恋比不安全依恋的同学提供支持的质量更令人满意。

要先弄明白自己需要什么支持，他人提供的最好支持应该是切合我们的需要和偏好。当我们想要被理解，但朋友却给出解决方案时，情况往往变得更糟。如跟恋人吵架，你心情不好，跟好朋友抱怨一番，你可能只是希望她能理解你的感受，她却理解为你希望她提供解决问题的方案，结果建议你跟恋人分手，这时你可能会想："我又不是让你告诉我怎么办！"她会觉的："我都给你有效建议了，你咋就不听还不高兴呢？"最后两个人都感到沮丧。所以，在向朋友寻求支持时，问问自己想要什么样的支持，并向朋友或者家人澄清，告诉对方我们想让他们提出解决方案还是多去理解自己的感受，不要让他们猜来猜去。

七、比压力更可怕的可能是相信压力有害的想法

Q1：去年你感受到了多大的压力？

Q2：你相信压力有碍健康吗？

先别着急阅读后面的内容，你可以先在心里默默记住自己对这两个问题的答案。

这是 1998 年 33 名美国成年人在国民健康访谈调查中被邀请回答的两个问题。8 年后研究人员对这三万人进行调查发现，高压提高了 43% 的死亡风险，但是该结论只适用于那些 Q2 回答 YES 的人，那些报告承受了高压力但不相信压力有碍健康的人并不容易死亡，甚至他们是调查中死亡风险最低的。

当然 Q2 回答了 YES 的同学不用为此担惊受怕，毕竟这项研究只是一个相关性研究，研究人员也没法确定就是相信压力有碍健康的信念造成了死亡风险的提高。

不过，另外一些研究倒是提醒我们可以尝试从新的视角去看待压力反应。

该研究把被试人员随机分为两组，两组均接受压力事件的处理（群体面试），不过其中一组的被试人员会在群体面试前观看一段描述压力是如何提升表现、促进幸福、帮助个体成长的视频，另一组被试人员则在群体面试前观看一段描述压力如何损害个体健康、幸福和工作表现的视频。结果表明，每个人的皮质醇水平在面试中都上升了，但是前一组较之后一组，释放了更多的脱氢表雄酮——一种帮助大脑成长的荷尔蒙。

另一个关于压力的研究表明，如果人们被简单告知"你是那种在压力下表现更好的人"，他们实际表现会提高 33%，即使这种只是随便说说也无妨，重要的是信息改变了焦虑信号的意义，不再是"你会搞砸的"，而是你会更好发挥的证据。

压力反应有时是我们身处困境时可以依靠的资源，而非要消灭的敌人。压力新思维并

不是要我们彻底摒弃某些情境下压力是有害的想法，而是希望我们对压力所持的观念的天平从“我无能为力”向“我能搞定它”倾斜。

长大从来都不是一件容易的事情，日子就是问题叠着问题，活着的感觉，有时像是一场接一场的战役，需要翻越一座接一座的山峰，而压力管理的能力是我们必不可少的装备。成人初显期似乎是一个允许大家试错的时期，在这个时期之中感受到的空虚、迷茫和焦虑可能都是暂时的，大家既不必盲目听信鸡汤这样的“安慰剂”，也不应沉浸于自己能力不足的沮丧中，大家不是汉斯·塞里实验中的那些小白鼠，相信自己即使身处泥潭，依然能找到希望、创造意义，“心有猛虎，细嗅蔷薇”。

推荐书籍——《自控力：和压力做朋友》(*the upside of stress*)

作者：凯利·麦格尼格尔教授，斯坦福大学备受赞誉的心理学家，开设的“在压力下好好生活”是斯坦福大学继续教育学院历史上广受欢迎的课程。

推荐理由：凯利·麦格尼格尔以科学研究为支持发现，人们对压力管理错误的认知，导致了压力管理的无效，限制了人们潜力的爆发。作者提出，人们对压力的印象往往是负面的，完全忽视了压力的积极意义；原有压力管理的本质就是避开压力，却不解决根本问题。如果你想实现有效的压力管理，就要合理地评估压力，正视压力的积极作用，培养正向的压力思维模式。只有这样，才能驾驭压力，在困境中实现飞跃。

推荐书籍——《身体从未忘记》

这是一本讲“心理创伤”的经典作品。作者巴塞尔·范德考克是世界知名的心理创伤治疗大师。从20世纪60年代开始，他就在跟各种创伤患者打交道。他们有的是退伍士兵，有的是家庭暴力的受害者，或者很小就遭到了强奸虐待。在治疗他们的过程中，作者也不断在追问，恐怖经历究竟是怎么把人困在过去的？这些人的心智和大脑究竟出了什么问题？如何才能把他们从创伤的漩涡里拉出来？而他探索的过程和结果，就汇集在这本书里。透过书中那些震撼人心的创伤案例和科学解析，我们会看到，创伤经历会破坏大脑内部的联系，大脑也许会因此失忆，但身体却不会忘记。而要摆脱创伤，最根本的办法还是重新找回对自身的控制力和安全感。

推荐电影——《风雨哈佛路》

丽兹出生在贫民窟，从小父母酗酒吸毒，母亲患精神分裂症。贫穷的丽兹乞讨，流浪在城市的角落。随着慢慢成长，丽兹认识到，只有读书成才方能改变自身命运，最终通过自己的努力进入了哈佛大学。

高心理弹性可以助个体走出命运的泥潭。一个具有较高心理弹性水平的个体，能够将自己的认知、情绪激活、应对方式以及人格特质等方面的综合品质与外界环境达到最佳匹配，因而对外界环境的调控能力更强，适应性水平更高，在面临压力事件时能迅速地从压力反应中恢复。

韧性是可以后天习得的,大家可以尝试从许多途径去挖掘和提高。国际心理韧性研究计划提出了著名的“我有”“我是”和“我能”策略:“我有”,帮助个体发现自己拥有的社会资源,发展安全感和受保护的感觉;“我是”,帮助个体发现个人的内在力量,包含个人的感觉、态度及信念;“我能”,帮助个体发现和培养人际技巧和问题解决能力,如创造力、恒心、幽默、沟通能力等。

推荐阅读——《创伤后应激障碍(PTSD)》

有假说认为,PTSD源于过于强烈的痛苦记忆,压力下释放的激素将这段痛苦的记忆存储到大脑中,在机体的或战或逃反应中,这些激素会迅速增加并激活大脑中负责情绪记忆的区域,从而增加这段记忆的恐怖程度,所以一些小事可以触发患者的强大病态记忆。

以下是美国心理学协会《精神疾病诊断手册》第五版中,PTSD的诊断标准。

患者必须有和创伤性事件接触的历史。也就是说是患者必须曾经暴露于创伤,其遭遇的创伤事件可能造成死亡、危及生命或严重损伤,或者威胁到自己或他人的身体完整性,并且出现以下几种症状群:

(1)入侵性思绪。PTSD患者反复出现和闯入和创伤事件痛苦回忆,反复出现创伤事件的噩梦,包括清醒或朦胧状态的闪回发作,可能包括所有类型的幻觉或错觉,导致个体脱离当前现实,宛如事件再次发生等。在《出租车司机》中,崔维斯的谋杀幻想就是典型的入侵性思维。

(2)回避性症状。PTSD患者会试图回避与创伤有关的想法、谈话或感受,努力回避能唤起创伤回忆的活动、人物或情境、对重要活动的兴趣显著减弱、对他人在情感和社交上感到疏远和隔离等。如2011年新西兰基督城地震的部分幸存者在灾后两年,仍然选择住在汽车、棚屋等无法造成严重坍塌的住处,拒绝搬入房屋。

(3)情绪以及思维的负面变化。PTSD患者常会情绪不佳,认知能力也有所下降。比如美国海军陆战队军官布拉德·科尔伯特从战场回来后,曾在演讲中向退伍士兵和现役军人宣传及时治疗PTSD的重要性,他开场提到:“从伊拉克回来后,我已经不会正常开车。我到现在被吊销了25次驾照,这是一个我希望你们永远不会打破的记录。”

(4)唤起状态与反应度的变化。PTSD患者长期处于高度“唤起”的状态。他们难以入睡或保持睡眠,易激惹或爆发愤怒,难以集中注意力,高度警觉,对微小的或非威胁性刺激反应夸张。比如,在《出租车司机》中,崔维斯没有朋友,每天结束了12小时的工作后,就一个人去通宵电影院坐到天明。被心仪的女孩拒绝后,他越发疑神疑鬼,甚至会把手枪绑在身上随身携带。

需要明确一点的是,PTSD的诊断,不经过和医生的临床交流是不可能的。

儿童和青少年也会罹患PTSD,并表现出与成人相似的症状,却也存在明显的不同。

(1)对创伤事件的噩梦可能变为更一般化的梦,即梦到怪兽或拯救他人。

(2)儿童会表现出无序或焦虑的行为,通过重复的游戏来再现经历。

(3)对于进入青春期的青少年,可能会因为觉得没有保护好其他人而感到自责,或者出现暴力的行为和复仇想法。

通常,用于治疗其他焦虑症的药物也常常被用来缓解 PTSD 引起的焦虑症状,但是,这些药物对 PTSD 似乎没有太大效果。事实上,绝大部分其他药物对 PTSD 的疗效都收效甚微。但是,从纯粹心理治疗的角度上说, PTSD 其实是精神疾病中心理治疗相对成熟的一个。常用并且临床效果较为明显的治疗方法是认知行为疗程。心理医生常会让患者尝试在某种程度上重新经历导致 PTSD 的创伤性事件,处理患者强烈的感情,并根据具体情况制定具体治疗方案,好帮助他们克服 PTSD 的负面症状。

创伤性事件往往很难在生活中可控地重现,所以这个过程通常是通过心理医生引导患者想象来实现的,比如让患者重新叙述一遍创伤性事件发生的过程。必须要注意的是, PTSD 患者被迫重演创伤性事件或表达他们对此的感情是一个非常危险的过程,甚至有可能对他们造成精神上的二次伤害。因此,在治疗过程中心理医生紧密的监督与引导是不可或缺的。

第十五章　生命教育
——追寻生命的意义

人类是世界上唯一能够思考存在的价值并在生活中自主做出选择的生物。“我是谁？我从哪里来？要到那里去？”这是从古希腊时代人们就在思考的三个终极命题。人们终其一生都在寻找和赋予自己的生命以意义，比如遇见一个人的意义、完成一件事的意义、保存一个物件的意义等，寻找这些意义能够帮助我们去接受生活中偶然出现的人或事物，获得一种掌控感。寻找人生的意义和目标对于人类来说是很重要的，了解自己活着与死去的意义，让我们更坦然地面对死亡。相反，如果对自己“活着或死去”的意义感到迷茫——不知道为什么而活，又为什么而死，一旦面临死亡的威胁，就会有一种强烈的失控感。但是生命的意义并不会直接掉到我们的头上，需要我们的主动思考和选择。生命教育的目标便是让我们认识生命，体会生命的意义，培养我们敬畏生命、尊重生命、珍爱生命的情感，最终实现生命的价值，过上有意义的生活。“生命教育”是目前国际上广泛认同的“必备教育”，中国还在起步阶段。

第一节　死　亡

谈到生命教育，“死亡”是一个无法回避的话题，生死一体同命。真科学老老实实地承认自己现有科学技术发展的顶点在哪里。“有时去治愈；常常去帮助；总是去安慰。”，特鲁多医生的这句话，是医学的真实写真，不是自谦。医学虽然极大地延长了人类生命的长度，但却尚没法彻底消除死亡。死亡的终极存在告诫我们，纵使生活中有些事情已经为我们控制，但还有更多的事情我们无法掌控。

适当的死亡教育，可以提高人的生命质量。了解死亡的事实，让我们有勇气去反思，我们的价值观是否让生命变得更有意义。从死亡中去思考生的意义，反而是一条捷径。如果能正视我们只能在世上或一段有限的时间，那我们就可以最充分地利用这段时间，尽可能让每一天过得充实丰富，更关注自己最在意和最看重的事情。对死亡的意识可以是一种觉醒的经历，它能够称为促使人在生活中做出重大改变的非常有效的催化剂。有些心脏病发作或险些溺水身亡的人，表现出一种崭新的活在当下的能力，他们重新发现生命的意义。例如一位叫 Wilko Johnson 的摇滚乐手被诊断得了胃癌，被告知只剩下八九个月的生命。但在听到诊断宣告后不久，他却说他感觉到了自己在真实地活着，这让他感到很兴奋，甚至妙不可言。Johnson 告诉 BBC：“我大部分生命都消耗在闷闷不乐的事上，但是这些都离我远去了……曾经可以轻易击倒我，让我担心，或惹恼我的事情都不重要了”“担心未来或者后悔过去只是在愚蠢地浪费时间。当然我们不可能会遇到迫在睫的死亡的威胁，但想到死亡可能会激起我们头脑中不一样的感受。你看到的每一件小事，每一个拂过你的脸庞冰冷的微风，在路上踏过的每一块砖，都让你觉得你活得很真实。”

死亡教育究竟应该包含哪些内容，采用什么样的形式，众说不一。作者也无法给出一个确切的答案。不过唯一肯定的是，报纸上经常出现的让大学生躺进棺材体验的那种消息，基本都是噱头，真正的死亡教育不是靠吓唬怕黑女孩子实现的。

目前为止，针对大学生的死亡教育课程，作者接触到的，影响力相对较大的，分别是国内北京师范大学陆晓娅老师开设的公共选修课《影像中的生死学》和国外谢利・卡根教授在耶鲁大学开设的《死亡：哲学》课程。前者通过带领学生观看与死亡有关的电影，引导学生循着提问线索深入思考，调用理论知识，升华出一个个与死亡相关的命题：自杀、过度医疗、临终关怀、生命伦理、死亡焦虑等……后者在课程中系统反思死亡的哲学之谜，以更清晰的概念探讨死亡的意义是什么，从形而上学到价值观，认真、理性地思考生命和死亡的真相，进而带领学生们探索生命的价值，该以什么样的态度来面对人生这趟旅程。

如果将我们的社会教育比作强壮的成年男子，那我们的性教育和死亡教育则分别是瘦弱的小孩和嗷嗷待哺的婴儿。父母长辈或者老师在面对孩子们问“我从哪里来？”“人死了会怎么样”的问题时，总会想法设法的转移话题或者胡乱编造一个理由搪塞过去。

死亡教育的兴起，正是源自我们对死亡话题千方百计的逃避。

一、禁忌的死亡话题

死亡不是令人愉悦的话题，我们总是试图将死亡抛在脑后，哪怕有清明节这样的节日在提醒我们，让我们明确感觉到死亡就在周围盘旋，但我们仍不想正视死亡。为什么？

（一）死亡恐惧

死亡象征着多重含义。我们对死亡成熟的认知为，认识到死亡是不可避免、无功能的、普遍的、不可逆转的、不可预知的。当意识到这些时，我们就会自然而然地将“死亡”与“丧失、分离、未知与失落”关联起来。我们对丧失、分离、未知与失落的恐惧，就会转化成一种对死亡的恐惧。

詹姆斯・迪戈里和多琳・罗斯曼曾做过包含 563 个样本的调查，请被试就死亡的好几种评定等级排序，从高到低排出的人们恐惧死亡的原因：1. 会造成亲友的悲痛；2. 计划和构想都结束了；3. 垂死的过程可能很痛苦；4. 再也不能有任何经历了；5. 不能照顾我抚养的人；6. 担心死后另一个世界；7. 担心死后身体会怎么样。

（二）死亡否定

我们的文化对死亡讳莫如深。

在描述他人的死亡时，我们忌讳直接说死字，选择用委婉语代替，诸如：婴儿之死称为“没成人”，幼儿之死称为“夭折”少年之死称为“凋谢”年轻有才气的男子之死称为“英年早逝”“中殇”“兰摧玉折”，年青貌美姑娘之死用“玉陨香消”“葬玉埋香”，对于老年人之死有“殒命”“身故”“去世”“逝世”。离世时甚至会有专人修饰死者遗体，这样看起来音容犹存。数字 4 因为与死谐音，被认为是不吉利的。

之前有个新闻，广州大学有位学生选修该校教授胡宜安开设的 2018 年国家精品在线开放课程《生死学》，竟然遭遇家人的不理解，甚至听说要写遗嘱的时候，该生的母亲都有点生气。总之，“死亡否定”表现在我们文化的方方面面。

（三）对死亡的认知

从少年到老年，各个阶段的人都知道“人终有一死”，不可避免。但对于“生命终结”的客观现象，不同心理发展阶段的个体有着各自的解释。

相对于婴儿期，青少年时期（部分同学所处阶段），人对死亡的理解虽然继续加深，但却很难和现实生活建立关联，他们发展出一种个人神话，即一系列使他们觉得自己很独特的信念，他们认为自己是无法侵犯的，那些在别人身上发生的糟糕事情并不会在自己身上发生。青少年眼中的死亡也许会高度传奇化和富有戏剧性。一项统计数据表明，青少年对个人死亡的关联越弱，他们做出冒险行为的概率就会越高。而且当个人神话面临挑战，诸如疾病引起的死亡时，他们的情绪和行为会变得非常消极，被称为不配合的“病人”。

成年早期（大部分同学所处阶段）被看做是为生活做好准备的开始，正处在朝气蓬勃的年纪，这一时期的死亡是近乎无法想象的，格外让人难以接受，所以他们对死亡的态度大多是回避，不愿意谈论这些话题。

简单来说，死亡使我们离开这个世界，不复存在，我们恐惧死亡，但又同时生活在一个否认死亡的文化中，我们忌讳说死，被安慰节哀，被教导要忘记死亡，个人神话让我们坚信死亡遥不可及，展望未来，我们避谈死亡。

二、死亡焦虑的影响

一个七八十岁的老人站在你面前，问你：“我们俩谁离死亡更近？”你笑了，心想，“我才多大啊，我还年轻得很，我还有好多好多日子”。老人摸了摸自己已经变白了不少的头发，看着还是满头黑发的你，回答到：“其实我们离死亡一样近。”生命短暂，灾祸难挡，各个年龄阶段的人均有可能经历亲友的亡故或者是自身的意外身亡。

死亡是一种客观现象，没法改变，“神龟虽寿，犹有竟时”，真正和生命质量相关的，并且对我们目前选择的生活产生影响的，其实是“死亡焦虑”，因为这是一种主观心理或者情绪表达。用最通俗的话来理解，就是“人迟早是要死的，担心也没法改变这个结果，但人还是会担心”。每时每刻担忧死亡这回事并不容易，这就好像用肉眼去直视骄阳，于是我们寻求各种方法来缓解对死亡的焦虑。

在心理学中，恐惧管理理论认为，为了缓解对死亡的恐惧，人们会选择巩固已有的文化世界观、提高自尊、寻求亲密关系。当我们感受到死亡的临近时，上述三者构成了三重安全防御系统，是我们自我保护的武器。

（一）巩固文化世界观

为了缓解对死亡的恐惧，人类的意识进化出一种解决死亡恐惧的机制，人们创立了文化世界观，能够赋予存在以意义、秩序和永恒，比如神话传说、道德观念、宗教信仰、国家民族等，这种文化价值观可以使人们感觉象征性的超越死亡，这种不朽能够让人感受到世界是富有意义的。研究发现，当人们的死亡意识被唤起的时候，对违背道德的人或事会更加厌恶、惩罚力度会更大，会更加认同本国的价值观、诋毁外国的价值观，会更加排斥外群体的人。比如，“5.12 地震”之后，抱怨地震默哀阻碍了自己玩游戏的人遭到了全国人民的抨击。

（二）提高自尊

当感受到死亡的威胁，我们会提升自尊，通过确认自己是这个有意义的世界中的一份子，给自己底气去抵抗死亡。

电影《金色池塘》里男主人公诺曼退休度假，他所表现出的傲慢、蛮横，其实就源自对老去的恐惧、对死亡的恐惧，影片后面他也承认死亡常常浮上他的心头，这也符合这个年龄段的心理发展特点，虽然死亡在老龄人群中普遍存在，但这并不意味着他们欢迎死亡。影片中很多场景充分表现了诺曼为了将死亡恐惧最小化，通过提升自尊来应对死亡焦虑。诸如在比利说：“你把火柴拿反了。要我来划吗？”时，诺曼怒气冲冲地喊道：“我看我还是知道怎么点火的！”，强调自己依旧很强，不需要别人的怜悯和帮助。这都是诺曼不愿意承认自己的老去和脆弱，甚至想要拔高自己的能力，追根溯源，他是想通过提高自己的自尊来应对死亡带给他的焦虑。

（三）寻求亲密关系

寻求亲密关系是大多数人最优先选择的战胜死亡焦虑的武器。荷兰研究者曾经做过一个实验，让一组人想象自己的死亡，另一组人则想象自己看电视，然后安排这两组人参与小组讨论。结果发现，想象死亡组内的人们倾向于坐得离彼此更近。换言之，死亡阴影会让人们更加亲近，更渴望社交。另一个研究则显示，想象过死亡的人愿为亲密关系付出更高代价。来自伴侣的怨言平常会让人不满，但如果此前刚想过生死，人们的容忍度便会升高。2008 年汶川地震的时候，看有网友说道，“地震的时候，我正在去离婚的路上，结果没离成”。

然而，目前为止，这一理论也有一些矛盾的结果，例如，在一些研究中，人们在意识到死亡之后更加追求财富，变得更加吝啬。

三、如何陪伴丧亲者？

我们常说“生老病死乃人之常情”，但当至亲挚爱与世长辞，又有谁能真正做到无动于衷？根据大学生群体的社会再适应评定显示，对于大学生来说对生活破坏力大且需要付出的调整努力最多的事件便是亲人的死亡。

当身边的朋友遭遇亲人或恋人的死亡时，如何做到有效陪伴？他们真正需要的是什么呢？是否应该直接提及亲人的死亡？如果对方拒绝交谈时应该怎么办？在对方情绪失控时应该怎么如何安慰？

首先，需要明确一点，并不是单凭一番好意就可以承担陪伴者这一角色，不适当的"陪伴"很有可能会加重丧亲者的负担。以下一些建议，希望能够对我们做好陪伴有所启发。

（一）可以提供一些具体事务上的帮助

对于一些刚刚失去至亲的人来说，他们所处的环境和所拥有的资源肯定会有变动，而悲痛会削弱他们应对改变的能力，这个时候如果有人能够帮忙处理一些具体事务，如帮朋友叫个外卖、收拾下个人内务等，会起到非常实际的支持作用。

（二）主动帮助对方

我们经常会说"有需要，就 call 我。"殊不知，对于沉溺于哀伤之中的人来说，即便是外人看来打个电话这么简单的事情，也会让他们觉得困难，并且他们也会担心自己的求助行为会给别人造成困扰，显然，对于一部分处于这个阶段的丧亲者来说，他们需要你的帮助，但并不愿意主动开口求助。

（三）纯粹的支持与陪伴至关重要

在与丧亲者接触时，我们总会急于安慰，鼓励生者，"放心吧，一切会好起来的""坚强，相信你会克服的"等。事实上，对于丧亲者而言，这一类安慰十分苍白无力，甚至传递着"你的伤痛与哀伤是不适宜的，你得尽快调整过来""你必须为你的哀伤设定一个期限"等的信息，并且还会让他们感到你其实无力去承载或不愿意进一步去倾听他们的伤痛。事实上，死亡作为永久性的分离，会产生焦虑，悲痛作为保护机制，虽然感觉并不美好，但可以提醒他们将注意力转向自己以做出调整，改变对世界的看法，重新规划未来的生活，是一种疗愈的过程，所以，承认并接受悲痛的存在是帮助他们从中恢复的第一步。

在此之前，我们也得做好心理准备，因为可能在很长的一段时间内，我们的陪伴都不会起到所预期的作用。有些时候，特别是当很长一段时间过后，对方的生活状况在我们看来仍旧"十分糟糕"，这时，务必不要提出过多的"指导性意见"。例如"你已经过于沉溺哀伤之中了，你应该出去走一走""你必须多与别人交往""你得收拾屋子，这样才能够让自己过得好一点"。哀悼永远不会结束，只会随着逝去的岁月减轻。

坦白地承认不知道该对对方说什么，但是只要明确表达愿意陪着对方，无论对方是否愿意跟我们聊一聊，就可以了。毕竟耐心地等待和陪伴，适当的共情和支持是对待他们最好的方式。伽密斯的一段话可能道出了不少哀悼者的心声，"不要走在我的前头，因为我会跟不上；不要走在我后头，因为我不一定能领路；只要走在我的身旁，做我的朋友"，坚持"不领导、不随从、只陪伴"的原则。

（四）每个人的悲痛是独特的

哀伤的五阶段理论在社会上流传甚广，认为哀伤过程呈线性发展，从否认、愤怒到讨价还价、抑郁，最终接受，很多大众心理读物甚至教材中都能找到它的身影。但在心理学界，哀伤五阶段其实是一个备受质疑的理论，首先，其原始数据可靠性存疑，后期被添油加醋。原书中，五阶段理论其实只是对临终病人心理状态的解释，现今它原本的适用范围被逐渐模糊了。而这些延伸多是空口无凭，没有相应的实证研究作为支持。另外，后续研究也不断冲击着五阶段理论的可靠性。因此，哀伤五阶段论并不足以反映哀伤的真实状态。由于文化背景、人格特点以及个人成长经历的不同，每个人的哀伤过程都是独一无二的。每个人都有其自身的"哀伤时间线"。疗伤的过程可能需要一年，也可能需要一辈子。

所以，在与丧亲者接触的时候，我们要避免为其哀伤预设太多的标准，让他们能够用自己的方式根据自己的进程来恢复。当我们不够真诚地对他们说出"我了解你的感受"的时候，他们会感到非常的不安甚至是拒绝再与你交流，他们会觉得你不够真诚，尽管你的确是出于好心。

在表达我们的关心与共情时，用"虽然我不能完全了解你的感受，但是我好像感觉得到你觉得……（对方的感受），因为……（对方的过往经历、想法、行为）是这样的吗？"这样的语句会更合适。

比如当你的朋友向你倾诉，表示对父亲的逝世感到非常的内疚，觉得自己要是当初能够多给父亲打个电话，多陪陪父亲就好了。你可以这样说："我确实不能完全的了解你的这种感受，但是我感觉到你好像非常的内疚自责，因为你觉得以前不够关心你爸爸，认为要是当初能够多陪陪他就不会发生这样的事了，是这样的吗？"

（五）不要害怕说出逝者的名字

以往哀伤辅导理论强调生者要放下悲伤，慢慢接受没有死者的生活，并将与死亡有关的未竟的事情尽快处理完，因此有些时候，为了避免唤起对方痛苦的回忆，我们会不由自主地避免去谈及逝者或说出逝者的名字，甚至在不小心提及的时候，还会不自觉地说一句抱歉，"啊，不好意思，我不是故意提到的。"殊不知，我们的这种反应会强化生者"回避的行为"，事实上，对于丧亲者而言，他们需要有机会向他人谈起离去的爱人。关系模型认为死亡并不能断绝我们与所爱之人的关系，生者应该通过与逝者建立一种新的关系来获得慰藉，走出悲伤。我们可以通过下面的问题与生者进行交流，"关于逝者，你都记得他的那些故事？""在她逝世后，你怎样保持对她的回忆？""你思念逝者的方式对你的生活有什么意义？"，而我们的回避可能会让他们觉得"你并不想听到这些事情"，或是他们"不应该经常去谈论这些"。

（六）可能需要进一步求助的信号

研究表明，15% ~ 50% 的人哀伤反应能在 1 年内自行缓解，85% 的人在 2 年内哀伤反应能缓解，也就是我们大多数人有自我复原的能力。但是还是存在 15% 的人发展成为延长的哀伤反应。

在哀伤的早期阶段可能会出现以下迹象，但如果随着时间的推移情况越加严重，请引起警惕，并在有需要时向有经验的治疗师求助：

· 自杀的想法及行为；
· 难以控制的哭泣；
· 认为自己不可以出现“快乐”等积极情绪；
· 绝望；
· 不能集中注意力；
· 严重的饮食及睡眠问题；
· 对烟酒上瘾或是依赖药物；
· 拒绝社交；
· 原因不明的躯体疼痛。

四、自杀：最终的选择、最终的投降，还是最终的悲剧？

死亡话题的禁忌性还表现在，自杀者、甚至是自杀者的家人都会遭遇社会歧视。上海17岁少年跳桥自杀，许多人为之震动。有些人同情逝者，有人同情家人，都是人之常情。但还有人出来指责逝者，“怯懦”“极其不负责任”，不想想亲人受到多大打击……事实上，这种“指责自杀的人不负责任”的论调，相当不负责任。在所有的个人层面的自杀风险因素里，没有一条叫做“不负责任”。有自杀行为或想法的人常常被认为是脆弱的、无能的、自私的，自杀者或有自杀企图的人都是精神疾病患者，这种对于自杀、自杀行为及心理问题的歧视及污名，意味着很多有自杀想法的人把想法埋藏在自己心理而不去寻求帮助。自杀是悲剧，它不该被美化，但也不该被污名化。

自杀是一个需要引起广泛关注的涉及大众健康的问题。对很多人而言，自杀似乎是小概率事件，早年有心理学家随机采访发现，大部分的受访者认为他杀比自杀更常见。造成这种认知错觉的其中一个原因是他杀这种事件更容易引起社会关注，从而产生强烈的记忆点，成功地让大家忽视了自杀的普遍性。

就目前的研究结果来看，很难用单一因素完全解释自杀行为，自杀是个人因素和环境因素共同作用的结果。从个人层面来说，自杀未遂的既往史是自杀最重要的危险因素。这是因为，自杀愿望发展为自杀，个体必须要克服对死亡的恐惧，忍受疼痛。但对于有过疼痛体验的人，降低了对死亡的恐惧，提高了身体疼痛的容忍度，从而习得自杀能力，这也是为什么既往自杀未遂是自杀最重要的一个危险因素，同时也是为什么曾经长期忍受虐待的人是自杀的高风险人群。此外，精神障碍、完美主义、冲动都是危险因素。环境诱因往往和负性生活事件有关，比如分手、亲人去世、绝症等。此外，社会效仿也会诱发自杀行为，对自杀者进行模仿的行为被称为“维特效应”（Werther effect），因为，歌德著作《少年维特之烦恼》面世后，曾在欧洲引发近2000起模仿自杀的风潮。

关于自杀，我们了解多少？存在多少误解？自杀者的哪些征兆应该被解读为他们的求救信号？当我们在社交网络上看到朋友透露自杀想法时，我们该怎么办？当身边的人在夜里哭着给你打电话，倾诉他想要自杀的时候，你应该说什么？当你试图帮助想要自杀的人时，有什么必须要避免的误区？

（一）对于自杀的误解

（1）与想自杀的人讨论自杀会使其走向自杀。事实正好相反，与一个能够与之共情的人讨论自杀，将更有可能为他们提供一种安心感并愿意花时间去重新获得对自己的控制力。

（2）威胁别人说自杀的人不会自杀。事实是自杀者的大部分人都曾经威胁过别人或者对他人公开表示过自己的自杀意图。甘肃庆阳一名19岁的女生跳楼自杀，现场的围观者起哄鼓掌，如果不以最大的恶意来揣测那些围观者，或许他们只是认为这名女生的行为在博关注，并没有真的想死。这是常见的对自杀的错误认知。

（3）自杀死亡者都是有精神病性的。虽然，自杀和精神疾病之间有着非常密切的联系，尤其是抑郁症、精神分裂症，但是大多数自杀者都是正常人，只不过他们是极度抑郁、孤独、绝望、无助，或是处于某种可能引起激烈反应的情绪状态之中。

（4）想过一次自杀，就会总是想自杀。事实上大部分人只是在他一生中的某个时候产生过自杀的想法。他们大多数人能从当前的威胁中恢复过来，学会适当的反应和控制，摒除对自己造成伤害的威胁，长久充实地生活，再也不会想自杀。

（5）一个人经历了自杀未遂后挺过来了，其自杀危险也就结束了。事实上是大多数自杀发生在“改善”开始后的三个月内。一个危险的信号就是经过一段情绪上的欣快期后，紧挨着出现情绪抑郁或者发生一些与自杀有关的行为，这往往意味着这个人已经安排并计划好了一切事情，正处在下定决心自杀的冷静阶段。自杀未遂者中大约有10%的人会再次自杀。

（6）自杀总是一种冲动性行为。自杀有多种类型，有一些自杀是冲动的行为，还有一些则是经过周密的安排之后才执行的。

（7）自杀的发生毫无征兆。事实上想自杀的人总是会给出很多信号和征兆。具体信号和征兆会在后面详解。

（8）想要自杀的人很少寻求医疗帮助。研究表明大约75%的人在自杀的当月会去看医生。

（二）识别自杀的征兆

我们总以为自杀都是突然发生、毫无征兆的，那是因为作为旁观者，我们只看到自杀者实施自杀行为的那个瞬间，而且因为自杀者往往会把注意力转移到具体的重复性的生活细节里，以此逃避痛苦的情感，临死前还在做着日常的事情，因此很难被旁人察觉。虽然不排除有一些自杀个案毫无征兆，但是一般来说，自杀行为有线索可循。Barnes 等人（2001）的研究发现有超过50%的自杀者在自杀前的7~10天里会向家人和朋友释放一些言语或者行为上的自杀征兆，诸如一个表现乐观的人，以一种调侃或者讨论的方式跟你提到自杀，但是这些自杀线索通常没有引起周围人的警觉。因此，了解并重视这些“求救”信号，我们就可能有机会阻止悲剧的发生。

1. 言语征兆

“我想死，不想活了。”

“我活着没有任何意义。”

“活一天遭一天罪，我的痛苦仿佛没有尽头。”

“我如果离开这个世界，对谁都好。”

“我的痛苦马上要结束了。”

2. 行为征兆

做一些疯狂的、冒险的行为，甚至是自毁的行为，如酗酒。

中断与他人的交往。

谈论有关自杀的事，即使是以开玩笑的口吻。

将自己之前珍重的东西赠与他人，与身边的家人、朋友告别，有条理地安排后事，写下遗书。

购买安眠药、农药、绳索等可能用于自杀的工具。

浏览或阅读有关自杀的资料。

3. 情绪征兆

心理痛苦、抑郁、情绪突然变化，如长期忧郁的人突然表现的很愉悦。

4. 生理征兆

疲劳、体重减轻、食欲不好、头晕等。

（三）如何帮助一个想自杀的人？

自杀的形成往往不是一时兴起，而是历经一个过程。自杀行为是以易损特质（如完美主义、冲动性、问题解决不足）为基点，在负性认知（如累赘感，未满足的归属感）及消极情绪（如抑郁）的作用下，激活自杀图式（如绝望和无法忍受），最终产生自杀意念与自杀企图 / 自杀。个体产生自杀意念后，往往是非常矛盾的，他会在生死之间反复徘徊，并进行激烈的思想斗争。例如，看知乎上有人说他一天夜里推开六楼的窗户，想要跳下去，一了百了，结果探出身子，看到楼下高高矮矮的灌木，因为担心摔下去死不了，还落个终身残疾，突然迟疑了，甚至还有些恐惧。正是这些犹豫不决、迟疑、恐惧为我们挽救一个人的性命提供了可能。

当发现他人有自杀情绪时，可以借鉴以下几点。

当觉察到对方有自杀想法时，直接询问对方是否真的在考虑自杀。很多人可能会觉得这不好，万一对方没有想自杀，你一问倒是提醒他了。其实并不会，如果对方并没有这样的想法，顶多骂你一句神经病。如果他恰好有这样的想法，询问并不会让原本没打算自杀的人去死，更不会强化他的自杀行为，相反，他会觉得有人能看到他的痛苦，虽然这也远远不够，但起码给他多一点想要活下去的希望。然后你可以问问他有没有自杀计划，或是否已经在实施自杀计划，根据他的回答评估危险等级并采取相应行动。对于只有自杀念头的人，可以建议他寻求专业的心理帮助。对于有自杀计划的人，需要联系周围的人 24 小时看护。自杀的人处在绝望状态时，他们将自杀作为解决问题的策略，而不去考虑其他的策略。因此，如果他们能够看到除自杀之外其他可能解决问题的办法，他们也许就不会选择结束自己的生命。对于已经开始实施计划的人，时间就是金钱，联系公安局或者医院、家人、朋友，请专业的危机干预工作者。从做危机干预的人员的经验来说，最有效也是最有温度的方式就是陪伴，让对方知道，不论他经历怎样的黑暗，你都陪伴左右。有些情况下，自杀者可能会要求你不要将他想要自杀的想法告诉任何人，在这种情况下，千万不要答应替他保密，当然更不能当成八卦一样四处乱说。你的“不保密”对于他们来说，敞开了一条和外界联结的可能性。

在他倾诉的时候用心倾听，让他充分地表达自己，不要着急去否定、批判他的想法，他可能不止一次会跟你说觉得活着没什么意思，你如果跟他讲他那样想怎么不对，活着多么有意思，就是在说，你不接纳、不理解他的感受，那样反而可能会让他陷入更加糟糕的心情，或者关闭跟周围的人沟通的渠道，选择沉默，要知道在关键时刻，愿意倾诉本身就是一件好事，是在释放求救信号。在对话中，相比被教育，有自杀念头的人更需要的是其他人看见并承认他的痛苦，你需要传递给他的核心思想是你未必感同身受，但你理解他的情绪，但不要对他的负面观点表示赞同，例如，你可以说“我能体会到你感到活着很痛苦”，但尽量不要说“活着确实没有什么意思”。在自杀的危机干预中，有牵挂或者在乎的人本身是保护性的因素，但有时跟自杀者说“你看你的家人，你的朋友、大家都非常担心你”，除了严重的精神疾病造成的神智错乱，要求这样的人想想家人，显然是没用的，除此之外，每个自杀者在自杀前一定想到过家人，问题是，他想起的家人，可能是冰冷，不爱他，已经讨厌他，不需要他，懒得听他说话，视他为负担，甚至认为他死了更好。在自杀者的想象中，想想家人，在他听来，可能是自己给别人添麻烦了，在自杀的危险因素中，累赘感，即感觉自己是别人的负担，错误的知觉自己的无能会给朋友、家人及社会造成负担，相信自己死了比活着更有价值，这是一个非常危险的因素。

鼓励对方寻求帮助。在适当的时候，鼓励对方向外界求助。大学生群体中的自杀高危个体主动求助率较低，因此去劝导他去寻求专业帮助，甚至在必要的时候陪同其求助于专业人员是十分必要的，提供给他附近地区可供求助的资源列表，列表上可以写上各种求助资源的详细地址和危机干预热线的号码。同时，你也需要联络包括专业人士在内的其他人一起帮助他。当一个人自杀未遂或者有好转的迹象时，你更不能放松警惕，因为这并不代表他完全脱离危险。

关注自杀死亡发生后周围个体的心理修复工作。心理学家施奈德曼提供了一种心理学解剖的“后干预技术”，即让死者周围的人详细剖析回顾自杀者的心理史，引导人们思考死者为什么发生自杀，如何看待他的自杀。通过分析、回顾、告别仪式、放松技术等活动程序，帮助周围的人消除紧张恐惧心理，使他们理性地看待自杀现象，尽快从震撼、悲哀、忧郁等不良心态中解脱，恢复正常的学习和生活秩序。

劝人不要自杀不是一件容易的事情，因为对于身处困境的人来说非常难。很多人担心自己不够专业，所做的“治标不治本”，但是你可以这样想，“治标”可以为“治本”争取时间。或许，通过这些行动，你能够为专业人士争取更多的时间。

(四)大学生自杀心理危机的预防

自杀是一个复杂的问题。预防自杀也并没有一个简单的答案。山东大学自杀预防研究中心的研究者覃萍和唐方发现社交和应对策略是预防大学生自杀的重要因素。

心理学上主要有主效应模型和缓冲器模型解释社会支持与心理健康的关系。前者认为无论高应激时期或非应激时期,社会支持均可以帮助我们维持良好的情绪体验和身心状态。社会支持可以使人感受到自身的信念、态度和价值观受到尊重,自己被理解和关怀,为个体提供了安全感,增加个体应对压力的资源。后者则强调高应激时期,社会支持对心理健康的重大作用,认为社会支持可以通过降低对压力事件严重性的评价或降低压力的生理反应来缓冲应激源的影响。

构建社会支持就是构建一个来自家庭、亲友和社会各个方面的精神上和物质上的帮助和援助系统。遇到心理危机之后,社会支持就是坚强的后盾,和同学、朋友以及家人多接触,尤其是面对面的人际关系与接触,是一个人免疫力复原力和幸福力的重要来源,即便是在互联网如此发达的时代,也是无法被取代的,和恋人来一个浪漫的晚餐,或是向家人倾诉一番,都能有效改善心理状态。

研究发现,善于寻求外部帮助和指导,问题解决能力强,并会在目标无法达成时寻求替代方法的学生,自杀意念更低;而缺乏主见,忧愁时经常靠发泄情绪来保持心理平衡,逻辑性太强的人,则容易把自己绕进解不开的困境里,导致自杀风险增加。一般而言,问题解决、寻找指导和支持、积极评估等积极应对是自杀意念的保护性因素,而认知回避、接受或放弃等消极应对通常是自杀意念的危险因素。但这并不是一成不变的,积极应对中的某些应对策略也可能是自杀意念的危险因素,消极应对中一些应对策略也可以是自杀意念的保护因素。“逻辑分析”是积极应对策略但它是近期自杀意念的危险因素,而“寻求代偿”是消极应对策略但它却是近期自杀意念的保护因素。

因此,我们应依据压力或事件的类型而采取不同的应对方式,以提高心理健康水平,防止自杀行为的产生。

自杀:最终的选择、最终的投降,还是最终的悲剧?这个问题太复杂,很难给出简单的答案。有些人认为自杀是一种选择,正如我们每个人都能够对自己应该怎样生活做出清醒的选择,同时在一定程度上,也可以选择怎样死去。有些身患不治之症备受煎熬的病人是否可以选择自杀作为解脱的方式?有些人则认为死亡是一种投降,当一个人不愿意再努力下去或者在还未探索其他可能性之前就太快地放弃了这一切。有些人认为对于那些活着的人来说,亲密的人的自杀意味着漫长痛苦的开端。

第二节　校园霸凌

接纳和尊重多样性是生命教育的重要内容。愈来愈多的校园霸凌事件却让很多人思考为什么年纪轻轻的孩子会如此残暴不堪地对他人的生命做出这样的事?试问,在成长的过程中,我们有谁上过尊重他人的生命这堂课?

校园霸凌,简单来说,指一名学生长时间且重复地暴露于一个或多个学生主导的负面行为之下。霸凌可以是直接的,如打、踢或推某个人,也可以是口头的,如恶意取笑、威胁或嘲弄。它可以是间接的或人际关系上的,通过排挤来损害人际关系或社会地位。

一、霸凌从何而来?

(一)家庭教养方式

一些家庭教养方式容易导致孩子成为霸凌的施暴者。诸如:在专制型教养方式下,从小遭受父母体罚的孩子,更容易模仿父母的攻击行为,习得暴力和攻击行为。

(二)挫折－攻击理论

米勒、伯克威茨等心理学家认为,霸凌这种恶意攻击行为绝不是随便发生的,它的出现有一定规律。当人们遭受了挫折却无法向其根源发泄时,可能会转移目标向他人攻击。但遭受挫折并不一定代表会攻击他人,还需要攻击线索作为媒介。

在伯克威茨的实验中,要求参加实验的人对激怒自己的实验者实施电击,结果显示当被激怒的人们看到手枪时,比看到羽毛球拍时实施了更多的电击,手枪可以被当成攻击线索,使人们增加了电击的次数。由此可见,我们可以推测有些霸凌者可能是因为挫折加上攻击线索才产生霸凌行为的。

(三)偏见

每个人的生活背景都不一样,造成我们相互间有效沟通的一个障碍就是我们总是会对那些与我们观念不一样的人持否定态度,很多时候我们的态度其实不是来自别人的实际行为,而只是来自我们对他们的偏见。偏见常常是一种基于有限信息的预先判断,这种判断使得态度变得毫无根据和非理性。带有偏见的态度就像一个有偏差的过滤装置,影响对目标群体中个体成员的评价。当偏见被付诸行动,或者当偏见外显于各种行为方式时,歧视就发生了。

举例来说,对“娘炮”文化的喊打喊杀,并不是因为所谓的“娘炮”本身做错了什么,而是我们自己的心理机制在作祟。性别的刻板印象认为男人都爱舞刀弄枪,女人都爱描眉打鬓,所以一个男孩不爱武装爱女妆可能会遭到周围人的非议。

(四)归因与认知失调

因做而信,霸凌者在面对“认知矛盾”时,也就是纠结于霸凌行为的道德性时,更偏向于给出各种自认为满意和合理的理由,借此想办法消除内心矛盾,成功地进行自我说服。像是把责任推到受霸凌者身上,接纳他人给出的霸凌的借口,或者相信自己在做正义的事情。有些人，在实施霸凌行为的那一刻，已经对自己可能的罪行进行了“豁免”。这也就是为什么若干年后，被告知自己的行为给受害者造成的影响时，会坚持认为自己当时只是开了个玩笑，怎么就毁了他的一生了。对于施霸者来说，能说服别人，自己也必须信服。

（五）社会认同

“罐头笑声”，指电视台播放情景喜剧时，在“观众应该笑”的地方插入的笑声录音，实验发现，使用“罐头笑声”，会让观众在看到滑稽节目时笑的更久、更频繁，认为节目更有趣。之所以“罐头笑声”会产生这样的影响，其中一个原因在于我们在判断何为正确时，会根据别人的意见行事。一般来说，在我们自己不确定、情况不明、含糊不清、意外性太大的时候，我们最可能觉得别人的行为是正确的，我们似乎持有这样的假设：他们必然知道一些我们不知道的事情。与此同时，我们很容易被一些偏颇甚至伪造的证据愚弄。而且在审视他人的反应，消除不确定性的过程中，我们很容易忽视一点：其他人有可能也在寻找社会证据。

最近一篇名为《在校遭欺凌直至工作延续10年，她不再沉默将带头者送入牢狱》的新闻中，王女士备受欺凌将近10年，最终忍无可忍将一位带头诽谤者送进监狱，为自己平反。王女士深陷校园霸凌，起因竟是同学打碎了她一个杯子，她的同桌随口说了句，那个杯子值300万，本是无意的平常玩笑，成为了王女士被霸凌噩梦的开始。从那之后，王女士在学校贴吧被不间断攻击，即使毕业多年后，仍然有人在社交网络上对其无端辱骂。对于王女士来说，除了已经落入法网的施暴者，更不寒而栗的是那些与自己无怨无仇，甚至素未谋面的人对自己散发的恶意，在王女士晒出的贴吧截图里，每个恶毒造谣的前面都带着“听说”，明明知道是传言，却当作自己亲身经历一般地传播，被问及是否是亲眼所见，回答更多只有一句“虽然我不认识她，但大家都知道这事儿”，“别人在做的事情肯定错不了”，同样的行为，做的人越多，越显得正确，这种心态在王女士的被霸凌事件中被一再利用。

显然，我们不应该完全信任类似社会认同这种自动导航装置，一根筋地依赖社会证据，而是需要不定时地检查这台机器，用其他证据与之进行对比，确保它没有出乱子。

二、霸凌的影响

霸凌会影响到卷入其中的所有人。

（一）受害者

霸凌行为对受害者产生的负面影响，不仅体现在即时的身心伤害，更应该关注这种伤害对受害者整个生命历程中的长久影响。

就校园霸凌的即时性影响而言，霸凌者会恶意攻击和贬损受害者的能力和价值，影响他们的自我价值。由于被霸凌带来的不安全感，受害者在学校很难集中注意力，并且部分受害者会因为感到不安全而旷课甚至辍学，影响学习成就。与此同时，虽然对于受害者来说，他们无需为被霸凌这件事负责，犯错的是霸凌者，而不是他们，但他们还是可能会产生自责感,幻想自己如果能更坚强一些,或许霸凌就不会发生。

如果我们将霸凌对受害人影响的时间跨度拉长,就会发现这种遭受霸凌的经历会对被受害者产生持久的消极体验,并有可能影响其未来的生活轨迹。例如,在工作和生活中遭受经常性忧郁,产生低自尊感和难以信任他人等影响。而除了这些较为显见的影响之外,这些受霸凌的经历也会影响其自我定位、社会互动质量和心理健康状态,进而影响其对生活的满足感和幸福感,甚至从根本上改写其人生轨迹。

（二）施霸者

很不公平的是,虽然犯错的是霸凌者,但是比起受害者,霸凌者的精神健康程度更好,也更受人欢迎。施霸者通过某种霸凌形式达到了贬抑对方或迫使对方屈服,以及提高自身地位和形象的目的,产生较高的自我效能感和心理满足感。从这个角度而言,施霸者似乎不会有何损失。

但实际的情形远非如此简单,因为当评估校园霸凌对施霸者造成的长期影响时,就会发现对别人施霸同样会对自身造成非常严重的消极后果。霸凌者在成年后更容易出现行为问题,更容易出现犯罪行为,或是成家后对配偶或子女进行家暴。奥维斯的研究显示,相较于没有实施霸凌行为的个体,长期施霸的个体成为违法犯罪者的可能性是前者的4倍。与此同时,当意识到自己的行为给他人造成深刻的伤害,施霸者会产生深深的愧疚感。

针对霸凌的干预,惩罚是应该却是最后的手段。情感手段,则将关注点放在建立欺凌者对同学的共情,理解自己的行为对他人产生的后果,阻止其对欺凌目标的人性剥夺和贬低。

第三节　追寻生命的意义

一项针对40004人的意义感调查发现,80.17%的受访者认为生活的意义重要,41.45%表示没有意义的人生不值得过,但认为自己生活“很有意义”的人只有9.49%,认为有意义的有39.06%,也就是说,一半多的人都是觉得自己的生活缺乏意义感的。对生活意义感缺失感到困惑和不安,这恰恰证明了大家对精神生活的追求。

人生的意义是一个需要不断探索的话题,弗兰克尔认为,人类天生具备一种寻找生命意义的内在动力,当我们相信生活有意义,并且相信自己可以找到这一意义的时候,就能够体验到一种对生活的掌控感。缺乏生命意义是产生心理问题和选择自杀的重要原因,很多心理问题都源自生活的空虚感和价值观的矛盾。有自杀念头的人往往找不到存在理由和生命的意义,缺乏对生命价值的理解。

生命意义指的是理解生命意味着什么或者生命的含义是什么。二战时期,弗兰克尔被关进纳粹集中营,经历了地狱般的磨难后侥幸逃生,战后成为一名心理学家,在治疗病人的过程中,通过询问病人为什么不自杀,借助病人的回答,总结认为,我们的意义感包括由创造性价值获得工作的意义,由体验性价值获得爱的意义,由态度性价值获得受难的意义。其中,最后的这条途径意味着经历痛苦并战胜苦难的人更可能发现生命意义。因素分析的结果显示，意义感主要来源于：自我超越的经历、自我实现的经历、对内在价值的坚守以及积极情感和他人的陪伴。

或许作者并不能明确告诉大家人生意义究竟是什么，原因可能在于人生的意义常因个人的见解不同而各有差异，即使是同一个体在不同生命阶段也会有不同的感触，正如之前听过的一首打油诗所描述的“0岁闪亮登场，10岁茁壮成长，20岁为情彷徨，30岁拼命打闯（作者所处的阶段），40岁基本定向，50岁回头望望，60岁告老还乡，70岁搓搓麻将，80岁晒晒太阳，90岁躺在床上，100岁挂在墙上”。虽然人生的意义是一个终极宏大的话题，但就与其经常放在一起讨论的几个话题，比如同一性、快乐、幸福，作者希望可以跟大家唠一唠，帮助大家更好地理解人生的意义。

一、寻找自我身份

埃里克森将我们的心理发展过程分为8个阶段，每个阶段，我们都有一个需要解决的挑战，如果没能顺利解决这些挑战，我们可能会被绊住，造成心理发展的迟滞。18—25岁的挑战本应该是探索、建立亲密关系。然而，简单心理和北大心理咨询与治疗中心联合发布的《2016年心理健康认知度与心理咨询行业报告》，报告通过对比各个阶段“我们应该解决的问题”和“实际我们在解决的问题”之间的差异，结果显示：我们的成长滞后了8年，青春期应该解决的个人成长问题遗留到了成年早期，成为除情绪问题之外困扰最高的问题，而应该被解决的亲密关系问题则没得到我们的重视。

同一性构建被认为是人生幸福的关键，作为一个心理学的专业术语，指的是人把自己人生发展上的一系列重大方面在现在、过去和未来的维度结合起来，形成一个协调一致的和别人不一样的“自我”，说简单点其实就是搞清楚“我是谁？”。统计结果表明，“同一性”不稳定的人群，遇到事情倾向于采取回避的应对方式，他们不愿意讨论个人决定和问题，更容易受到当前困境的负面影响，甚至在遭遇一些重大变故时，一些人会选择吸毒甚至自杀。

同一性的构建是一个自然的过程，随着成长，我们本身能做出一定自我调节。在青少年阶段，我们会使用一些人格特质来描述自己，但由于认知水平的局限性，还不能够把这些特质整合起来。不过，随着认知能力的提高，我们逐渐学会分情况讨论，形成自己的评价系统。

同一性这部分内容因为在自我意识那个章节详细讨论过，在此不做赘述。

二、快乐是人生价值的来源吗？

港剧有句经典台词：“呐，做人呢，最重要的就是开心。”面对人生意义这个终极话题，快乐绝对是大多数人脑海中浮现的第一答案，快乐被认为是人生理当直奔的主题。

关于什么是快乐？哲学家有两种主流的观点，一种认为快乐是平和宁静的状态，意思接近于幸福，第二种观点认为快乐是狂放不羁的状态，意思接近于快感。对快乐不同的定义，直接影响我们获得快乐的方式。如果把快乐定义为快感，我们应该及时行乐，可是，只顾一时爽快，可能得承担后果。如果把快乐定义为幸福，节制自己的原始欲望，“为将来做打算”，可能往往得牺牲眼前的快乐。许多心理学家则将快乐定义为一种舒服自在的状态，在当下感觉很好。

许多研究证实,生活的意义和快乐是紧密联系在一起的。然而也有人认为快乐并不能作为人生价值的来源,弗兰克尔认为快乐根本不是作为目标而浮现于人们的追求面前,只不过表现为目标既达的某种附带现象。2013 年发表于 PNAS 的研究发现,快乐感和意义感往往并不重叠,快乐感往往更注重当下和利己,意义感则更长远和利他;并不是快乐感高的人意义感就一定越高,反之亦然。那些报告负面事件和痛苦挣扎(快乐感较少)的个体,人生的意义感更强,他们需要意义感,才得以在逆境中维持信念,相信自己是在获得更长远的、更宏大的人生奖赏。

哈佛大学开展的一项“体验机”实验,假设有一台机器,可以提供他们任何想要的快乐体验,例如品尝顶级美味的食物,或者跟魂牵梦绕的女孩约会,被试人员所需要做的只是把电极插在自己的大脑上,被试人员所体验到的快乐是真实的,他们不会意识到自己是被通了电,实验人员提问参与者,如果真的有这样一台机器,他们是否会选择连上它?结果,大部分参与实验的人都不想连上机器,他们宁愿自己亲身经历那些事,而不是仅仅获得一种感觉,这个实验说明,我们不是小白鼠,我们不仅想要获得快乐的感觉,我们更关心快乐的来源。

三、幸福

幸福,一个曾被认为悬、空、虚、抽象的概念,逐渐摆脱“哲学风格”,变成一个可以做定量分析、实证研究的科学概念,完成了其“心理学化”的历程。

幸福是什么?没有人能够真正准确地回答。威斯康辛大学心理学和精神病学教授理查德·戴维森(Richard Davidson)理解的幸福是“积极情绪状态中的一个占位符,一种人们不愿意去改变而想保持现状的康乐状态,与人拥抱世界的积极态度有关”。

不同年龄阶段的人群,幸福的来源有所不同。对于作者三岁的外甥来说,幸福就是一个棒棒糖。对于大学生来说,彭凯平认为,幸福主要来源于自我的成长、生活的充实,生机勃勃、朝气蓬勃的感受,不幸福的来源主要集中在学业问题、人际交往、迷茫空虚、自我问题和对未来的不确定的担忧。

(一)钱可以买到幸福吗?

这是人们最常问的关于幸福的问题。对 45 万名受试者回应的盖洛普海斯威斯幸福指数分析以及对 1000 名美国人的每日调查,结论是:贫穷使人悲惨,富有可能会提升某个人的生活满意度,但总体来说却不能提高自己的幸福感。

极度的贫穷会增强经验对生活中其他不幸经验的感受,这尤其体现在生病上,生病对于贫穷的人来说会比家道小康的人有更糟糕的感受。位于收入分配前三分之二的人中,因为头痛,原本 19% 说自己担忧的个体会增长到 38%。而在收入分配最后 10% 的穷人中担心的人则会从 38% 增加到 70%。

幸福感会随着收入的增加而增加,但增长到一定程度后,收入对幸福感的贡献就可以忽略不计。一种解释认为,更高的收入会削弱人们享受生活中小乐趣的能力。但对绝大部分人来说,一辈子也不可能达到这个边际拐点,因此,“挣钱越多越开心,挣钱越少越焦虑”可能是适用的。

(二)心流——幸福的途径

大家一定都有过这样的美妙经历:全身心的投入某件事情,进入了一种全神贯注、不受打扰的状态,甚至忘记了时间的流逝,等到结束才发现已经过了很长时间。米哈里·契克森米哈赖将这种体验称为“心流”。

想要进入 flow 状态,需要满足一些条件,比较重要的是自身技能与任务难度的匹配程度:

如果任务难度中偏高,技能却很低,我们会对这件事感到不同程度的焦虑;

如果任务难度中偏高,技能水平偏中,我们会对这件事感到“被唤起”,有兴奋、有紧张、但不会感到无聊;

如果任务难度偏低,技能水平也中偏低,我们会对这件事感到不同程度的无聊,又无聊自己又做不好的事,最容易让我们陷入一种“彻底的无感”里;

而那些对我们来说任务难度偏低,技能水平偏高的事,我们做起来会感到放松;任务难度适中,技能水平偏高的事,则让我们感到“有掌控感”。这都是积极的感觉。

任务难度中偏高,技能偏高,我们就比较容易在做这件事的过程中进入心流。

想要创造心流,除了技能和任务难度的匹配,还有以下几点:

设立明确而具体的目标,并主动寻找反馈。当目标越明确时,人们对于自己能否胜任就越有把握,也越能够专注地努力,而不会左顾右盼、犹豫拖延。而寻找反馈,能够帮助人们根据反馈做出及时地调整,避免反复碰壁而消耗热情与精力。诸如,之所以电子游戏非常容易创造出心流体验,也是因为每个游戏中都设置了非常明确的目标,有了目标,人们就更加能够专心。及时的反馈能够减少不确定性带来的焦虑,让人保持心流。这一点游戏做得也很好。

任务分解。当开始做一项任务的时候,什么时候能完成这件事,还有哪些任务尚未完成等等念头使得我们无法集中精力完成手头的事。因此,用清单列表将一件事情分解成若干个具体的任务,并为每个任务分配时间。在每次开始一项任务时,对照列表,明确自己目前的进展,能帮助清楚杂念——因为你知道在这个时间里你什么都不用想,只要把这件事做了就好。仍以游戏为例,任务的分解能够减少因不知下一步该如何做而产生的游离。

我们是世界上唯一能够思考存在的价值并在生活中自主做出选择的生物。死亡可能会让我们感到焦虑,但是也可以激发我们探索生命的意义,试图去追问“我是谁?”“我要去哪里?”和“为什么?”。

推荐书籍——《活出生命的意义》

这本书可不是什么心灵鸡汤,而是一个心理学家把自己和同时被关进集中营的狱友当成了样本,观察人在极端环境下的心理发展,在此基础之上,所著的一本讲述生存问题的心理学书籍。这本书的作者叫维克多·弗兰克，作为一名犹太人，在纳粹时期，他们全家都被关进了集中营，他的父母、哥哥、妻子都死于毒气室，弗兰克在这种极端的生命体验中，开创了一种创伤疗法，叫作意义疗法。简单地说，就是给处在痛苦中的人找到一个生命的意义。弗兰克发现，那些知道自己还有某项使命没有完成的人，最可能活下来。对弗兰克而言，在进入集中营后，没人在乎他叫什么，没人在乎他的身份地位，他只是一个号码为119104的囚犯，一无所有之际，正是对于重写一部未完成且被没收的书稿的渴望支持了他，构成了他在集中营生活中的生命意义。该书包括以下三个方面的内容：意义疗法产生的背景；意义疗法的含义，这是整本书的精华所在；三种发现人生意义的方式。

推荐电影——《寻梦环游记》

故事讲述了小男孩米格一心逐梦，梦想成为如喜欢的已故偶像一样的歌手，但他的家族世代禁止族人接触音乐。因为曾曾祖父曾因音乐梦想离开了家人和孩子。在亡灵节那一天，米格想证明自己，无意识地想要“偷”已故偶像的吉他，意外来到了亡灵世界，与曾经的家人一同冒险的故事。

电影中设置了亡灵“死亡”这个细节。亡灵为何“死亡”？因为在现实生活中，没有人再拥有与他们的记忆，没有人记起他们，没有人会思念他们，这一细节，让动画片中的生死变得不再简单苍白，反而更有深意。大卫·伊戈曼在《生命的清单》里有这么一段话：人的一生，要死去三次：第一次，当你的心跳停止，呼吸消逝，你在生物学上被宣告了死亡；第二次，当你下葬，人们穿着黑衣出席你的葬礼，他们宣告，你在这个社会上不复存在，你悄然离去；第三次死亡是这个世界上最后一个记得你的人把你忘记，于是，你就真正地死去。整个宇宙，都将不再和你有关。死亡并不能结束所有的事情，有些人虽然死了，但他/她们依然活在怀念他/她们的人的生活中，因为人们还在讲述他/她们的故事。通过对所爱之人的回忆，我们可以构建一种新的关系，即“持续的关系”。因为爱的记忆，我们的生活才有了意义，因为爱的思念，我们的生死从来都是相通的，死亡变得不再可怕与面目狰狞。

推荐阅读——《史上最漫长的“幸福人生”研究》

哈佛成人发展研究，为了破解“幸福人生”“成功诀窍”之谜而做，史上最漫长的跟踪研究，始于1938年，迄今已经近80年，历经四任主持，研究对象共计724人，其中268个哈佛本科生，456个来自波士顿贫民区的、平均智商大概95左右的青少年，这724个人里，许多已经逝去，人生可以“盖棺论定”。

研究者们发现，哈佛人与穷小子身上总结出的“成功诀窍”其实并无区别，无论你出身哪个阶层，无论你的人生开局是抽中彩票还是一塌涂地，有些诀窍是适于每个人的。

首先，具备形成并维持良好关系的能力。良好关系不仅限于爱情，还有友情、亲情……良好温暖的关系就像安全网，这样的关系越多，一个人身边就像有着越多层保护网。即使在攀登途中失足摔落，这一层层网也会一次次承托住他，他可以在网中养伤休整，然后再度出发，继续攀登。

而温馨有爱的童年，正是许多人最初的安全网。温暖的童年就像一剂疫苗，可以保护我们在成长过程里免受许多疾病的侵袭。哈佛成人研究中，有着最好童年的受研究对象里，一半达到了“最佳成人发展”。童年最坏的人里，只有八分之一达到同样的最佳发展水平。但是童年并不会决定我们的一生。童年糟糕的人，也有翻身的机会。长大成人意味着一件事，我们可以学着去爱他人，学着去信任他人。我们可以自己织网。

大学时的整体状态——能不能正常应对问题，能不能与人正常交往，会不会特别不合群，有没有明显的情绪波动？显著影响幸福指数。

20 ~ 35 岁面对逆境的心理应对机制是否成熟？采取怎样的应对机制，显著影响幸福指数。其中，最差的应对机制是精神病型防御，比如对外界事实的强烈否认和扭曲。好一点的是不成熟的应对机制，比如多疑病、被动攻击。再好一点是普通的应对机制，比如压抑，情感隔离。最好的是成熟的应对机制，包括利他主义、幽默、坚定的自制等等。

30 ~ 47 岁人际关系如何？有没有相伴超过十年的伴侣？和原生家庭关系好吗？跟子女关系好吗？有好朋友吗？显著影响幸福指数。

其次，能长久地爱人，拥有长久的、互相依赖的美好婚姻绝对是好事。不过，离婚未必是坏事。重要的是婚姻的质量，而不是婚姻的长度。也许《分手快乐》那句歌词说得对，“挥别错的，才能和对的相逢。”年轻时我们并不清楚自己是怎样的人，或者自己适合怎样的人，完全可能做出糟糕选择。有时候，只有离婚才能结束一个人的不幸，也只有离婚才能带来缔结更好的新婚姻的希望。

最后，绝对不要酗酒，酗酒是导致离婚和短命的重要原因。人人都知道酗酒不好。但哈佛成人发展研究第一次明确指出，酗酒是生活里问题和不幸的起因，而非结果。往往是酗酒先出现，然后才出现了失业、离婚和穷困潦倒。而不是悲剧先发生，然后人们才开始酗酒。

参考文献

[1] 基思·斯坦诺维奇．这才是心理学：看穿世界的批判性思维．第 9 版 [M]. 窦东徽，等译．北京：人民邮电出版社，2014.

[2] 吴国盛．什么是科学 [M]. 广州：广东人民出版社，2016.

[3] 科里．心理咨询与治疗的理论及实践．第 8 版 [M]. 谭晨 译．北京：中国轻工业出版社，2010.

[4] E·阿伦森．社会性动物．第 9 版 [M]. 刑占军 译．上海：华东师范大学出版社，2007.

[5] 戴维·迈尔斯．社会心理学．第 11 版 [M]. 侯玉波 译．北京：人民邮电出版社，2007.

[6] 罗伯特·J·斯腾伯格．凯琳·斯腾伯格．爱情心理学 [M]. 李朝旭，等译．北京：世界图书出版公司，2010.

[7] 戴维·巴斯．进化心理学．第 4 版 [M]. 张勇，等译．北京：商务印书馆，2015.

[8] 罗兰·米勒．亲密关系．第 6 版 [M]. 王伟平 译．北京：人民邮电出版社，2011.

[9] 珍妮特·S·海德，约翰·D·德拉．人类的性存在．第 8 版 [M]. 贺岭峰 译．上海：上海社会科学院出版社，2005.

[10] 莉莎．费德曼·巴瑞特．情绪 [M]. 周芳芳 译．北京：中信出版集团，2019.

[11]Michelle N.Shiota,James W.Kalat. 情绪心理学．第 2 版 [M]. 周仁来，等译．北京：中国轻工业出版社，2009.

[12] 傅小兰．情绪心理学 [M]. 上海：华东师范大学出版社，2016.

[13] 菲利普·津巴多．害羞心理学 [M]. 段鑫星 译．北京：中国人民大学出版社，2009.

[14] 弗朗索瓦·勒洛尔，克里斯托夫·安德烈．我们与生俱来的七情 [M]. 王资 译．北京：生活·读书·新知三联书店，2015.

[15] 谢利·泰勒．健康心理学．第 7 版 [M]. 朱熊兆，等译．北京：中国人民大学出版社，2012.

[16] Seaward,B.L. 压力管理策略——健康和幸福之道．第 5 版 [M]. 许燕，等译．北京：中国轻工业出版社，2008.

[17] 凯利·麦格尼格尔．自控力：和压力做朋友 [M]. 王鹏程 译．北京：北京联合出版公司，2017.

[18] 巴塞尔·范德考克．身体从未忘记：心理创伤疗愈中的大脑、心智和身体 [M]. 李智 译．北京：机械工业出版社，2016.

[19] 维克多・弗兰克尔 . 活出生命的意义 [M]. 吕娜 译 . 北京：华夏出版社 , 2010.

[20] 马丁・塞利格曼 . 真实的幸福 [M]. 洪兰 译 . 沈阳：万卷出版公司 , 2010.

[21] 理查德・K. 詹姆斯 , 伯尔・E. 吉利兰 . 危机干预策略：第 7 版 [M]. 肖水源 , 等译 . 北京：中国轻工业出版社 , 2017.

[22] 米哈里・克森米哈赖 . 心流：最优体验心理学 [M]. 张定绮 译 . 北京：中信出版社 , 2018.

[23] Gerald Corey,Marianne Schneider Corey. 心理学与个人成长 . 第 10 版 [M]. 王晓波 译 . 北京：中国轻工业出版社 , 2015.

[24] 丹尼斯・库恩 . 心理学导论：思想与行为的认识之路 . 第 13 版 [M]. 郑钢 , 等译 . 北京：中国轻工业出版社 , 2014.

[25] 美国精神医学学会 . 精神障碍诊断与统计手册 (案头参考书). 第 5 版 [M]. 张道龙 , 等译 . 北京：北京大学出版社 , 2014.

[26] 罗伯特・费尔德曼 . 发展心理学：人的毕生发展 . 第 6 版 [M]. 苏彦捷 , 邹丹 , 等译 . 北京：世界图书出版公司 , 2013.

[27] 菲利普・津巴多 . 津巴多普通心理学 [M]. 钱静 , 等译 . 北京：北京联合出版公司 , 2017.

[28] 理查德・格里格 . 心理学与生活 . 第 19 版 [M]. 王垒 , 等译 . 北京：人民邮电出版社 , 2016.

[29] 戴维・巴斯 . 欲望的演化 [M]. 谭黎 , 等译 . 北京：中国人民大学出版社 , 2011.

[30] 马修・利伯曼 . 社交天性：人类社交的三大驱动力 [M]. 贾拥民 译 . 杭州：浙江人民出版社 , 2016.

[31] Matt Might. 博士学位图解指南 [EB/OL].[2015.01.26].http：//m.kdnet.net/share-10670935.html?from=timeline&isappinstalled=0.

[32] Naked Facts. 又有某领域突破大新闻？别过来！先回答我这七个问题 [EB/OL].[2017-03-07].https：//mp.weixin.qq.com/s/mJru14Ud7A9fzcoBqY35uw?.

[33] 蔡中元 . 震惊！微信上的文章大多是伪科学！不得不知！ [EB/OL].[2017-08-24].https：//zhuanlan.zhihu.com/p/28759152.

[34] 王明灿 . 心理咨询有效吗？如何评估心理咨询的效果？ [EB/OL].[2019-06-28].https：//www.zhihu.com/question/324442110/answer/687341967?utm_source=com.yinxiang&utm_medium=social&utm_oi=673069158044930048&hb_wx_block=1.

[35] OwlLite. 如何从神经科学或心理学的角度解释或描述 失恋或感情受挫之后心脏很痛，止不住颤抖的感觉？ [EB/OL].[2016-01-02].https：//www.zhihu.com/question/38858159.

[36] KY 作者 / 咯咯 .“我要快乐”不应该是你唯一的目标 | 如何处理生活中的负面情绪？[EB/OL].[2017-09-10].https：//mp.weixin.qq.com/s?__biz=MzA4NjcyMDU1NQ==&mid=2247489048&idx=1&sn=96e3b7a27f7cd37358c890740d061706&chksm=9fc53f5ca8b2b64ae111e9d69a879f32fb136f191fc9c5866d69f90ba7d614e27f4f3f6190d5&mpshare=1&scene=23&srcid=0330KqmphoZ9xCIte8mEfH3T&sharer_sharetime=1585562203105&sharer_shareid=70a984054807500af356f57477c00a5d#rd.